MANUAL
da Justiça Gratuita e dos Honorários (Periciais e Advocatícios) na Justiça do Trabalho

→ Teoria e Prática

DANILO GASPAR · FABIANO VEIGA

MANUAL da Justiça Gratuita e dos Honorários (Periciais e Advocatícios) na Justiça do Trabalho

→ Teoria e Prática

INCLUI Jurisprudência (STF, STJ, TST e TRT's)
atualizada e separada por assuntos

2020

EDITORA JusPODIVM
www.editorajuspodivm.com.br

EDITORA
*Jus*PODIVM
www.editorajuspodivm.com.br

Rua Território Rio Branco, 87 – Pituba – CEP: 41830-530 – Salvador – Bahia
Tel: (71) 3045.9051
• Contato: https://www.editorajuspodivm.com.br/sac

Capa: Maitê Coelho *(maitescoelho@yahoo.com.br)*

G249m Gaspar, Danilo.
Manual da Justiça Gratuita e dos Honorários (Periciais e Advocatícios) na Justiça do Trabalho: Teoria e Prática / Danilo Gaspar, Fabiano Veiga – Salvador: Editora JusPodivm, 2020.
400 p.

Inclui bibliografia
ISBN 978-65-5680-133-9

1. Direito Processual do Trabalho. 2. Justiça Gratuita. 3. Honorários. I. Gaspar, Danilo. II. Veiga, Fabiano. III. Título.

CDD 342.68

À Gabriela Curi, minha eterna companheira, inclusive nos debates jurídicos!

Aos meus filhos Guilherme e Leonardo, que me permitem, diariamente, descobrir o verdadeiro sentido da vida!

Danilo Gaspar

"À Louise, minha esposa, por me acompanhar em todos os momentos!

À Yasmin e Letícia, minhas pequenas, que me proporcionam alegria e motivação para sempre seguir em frente!"

Fabiano Veiga

AGRADECIMENTOS

Agradecemos aos participantes do Projeto Trabalho E(m) Debate por todas as fundamentais reflexões.

Agradecemos, também, aos colegas do TRT da 05ª Região, aqui representados por Débora Machado, Edilton Meireles, Rodolfo Pamplona, Luciano Martinez e Júlio Massa, sempre abertos aos debates e eternas fontes de inspiração para nossos estudos e reflexões.

Agradecemos ainda aos colegas dos demais Tribunais Regionais do Trabalho, aqui representados pelos Desembargadores Arnaldo Boson Paes e Sérgio Torres Teixeira, que nos deram a honra de prefaciar a obra e apresentar os autores, respectivamente.

Agradecemos, outrossim, aos advogados e advogadas trabalhistas do nosso país, fundamentais para que possamos construir um processo do trabalho próximo da realidade social.

Agradecemos aos membros do Ministério Público do Trabalho, essenciais para nossas reflexões dos temas propostos no âmbito das tutelas coletivas.

Agradecemos, por fim, a todos os estudantes (que somos) do Direito Processual do Trabalho. Juntos, com toda certeza, somos mais fortes.

NOTA DOS AUTORES

É chegada a hora de pensar os institutos da justiça gratuita, dos honorários periciais e dos honorários advocatícios no processo do trabalho. A tarefa não foi, não é e nunca será fácil, afinal, além de serem temas bastante dinâmicos, as alterações promovidas pela Lei n. 13.467/2017 (Reforma Trabalhista) promoveram e profunda revolução sobre os temas.

Assim, pensamos, refletimos, debatemos (muito), estudamos e decidimos tentar contribuir com a doutrina processual trabalhista para que seja possível atribuir o(s) verdadeiro(s) sentido(s) e alcance(s) dos textos legais sobre os referidos temas, como forma de aproximá-los da realidade social.

Em alguns (muitos) momentos, tivemos que nos encarregar de propor possíveis linhas interpretativas e nos posicionar, sem, contudo, qualquer pretensão de encerrar os debates e reflexões.

Ao contrário, a nossa verdadeira intenção é que esta obra seja um ponto de partida para que, juntos, possamos construir, no âmbito do processo do trabalho, um ambiente equilibrado e harmônico.

Se o tempo mostrar que erramos em alguma proposta interpretativa, ele também mostrará que acertamos na coragem de propô-las!

APRESENTAÇÃO

Antes da obra, os seus construtores. Ou seria melhor chamar de seus "artistas"?

Danilo Gonçalves Gaspar e Fabiano de Aragão Veiga.

De vez em quando, não todo dia mas apenas de forma esporádica e pontual, surge no horizonte da academia jurídica uma safra de jovens juristas cuja capacidade técnica e brilho intelectual a distingue das demais "fornadas" de grandes estudiosos do Direito.

A luz própria dessa geração especial nasce não apenas daquilo que é exposto nas letras de seus escritos, mas especialmente da sua análise peculiar acerca de tudo que é abordado, demonstrando uma aptidão inigualável e uma habilidade excepcional em dissecar o tema em estudo por um ângulo antes inexplorado, revelando novidades diante daquilo que outros já tinham contemplado, mas sem efetivamente compreender em toda a sua plenitude.

Danilo e Fabiano são dois desses diamantes raros. Acadêmicos "noviços" de brilho ímpar, de destaque peculiar.

Muitos são os nomes dos grandes estudiosos do Direito das mais recentes gerações de jovens juristas do Século XXI. A capacidade visionária compartilhada pelo Danilo Gaspar e pelo Fabiano Veiga, entretanto, é absolutamente sem paralelo.

Com a real capacidade de ver, compreender e examinar de forma crítica aspectos que usualmente escapam ao alcance do acadêmico comum, os insignes baianos conseguem dialogar e fascinar com uma facilidade que impressiona. Uma prosa tranqüila, cativante e bem entendida pelos privilegiados destinatários de suas palavras.

Danilo, nascido na cidade de Salvador, filho de José Carlos Jesus Gaspar e de Vânia Gonçalves Gaspar, concluiu o curso de graduação na Faculdade Ruy Barbosa, em 2007. Em seguida, fez pós-graduação em Direito e Processo do Trabalho e depois concluiu o seu mestrado em Direito Econômico e Privado na grande Universidade Federal da Bahia. Após atuar como advogado e ocupar um cargo em comissão de assessor-chefe de Desembargador da 5ª Região da Justiça do Trabalho, ingressou na magistratura do trabalho por meio de concurso público de provas e títulos em 06/2014, no Tribunal Regional do Trabalho da 5ª Região, isso após ter sido aprovado em idêntico concurso promovido pelo Tribunal Regional do Trabalho da 22ª Região. Hoje, além de magistrado consagrado entre seus pares e instrutor de muitos deles em cursos promovidos por Escolas Judiciais ao redor do país, contribui para a formação de novos destaques da academia jurídica como professor da Faculdade Baiana de Direito e de múltiplos cursos de pós-graduação da área.

Fabiano, nascido na cidade de Vitória da Conquista, filho de Vasny Malta Veiga e de Rita Cátia de Aragão Veiga, bacharel em direito pela tradicional Universidade Federal da Bahia, com dois cursos de especialização em direito (UFBA e Juspodivm). Igualmente começou a sua atuação profissional como servidor público, no cargo de técnico previdenciário do Instituto Nacional do Seguro Social, também ingressou na carreira de juiz do trabalho, após de ter sido aprovado em concurso público de provas e títulos no TRT da 1ª Região no ano de 2012, removendo-se, ainda em 2012, para o TRT da 5º Região. Atualmente, além de autor de várias obras jurídicas de indiscutível qualidade, leciona em diversos cursos de pós-graduação em direito em múltiplas instituições de ensino.

E em qualquer que seja o ambiente no qual se indaga dos presentes uma opinião sobre essa dupla, a resposta é sempre a mesma: são dois magistrados e acadêmicos iluminados.

Agora, os dois jovens juristas se unem para produzir uma obra absolutamente fantástica, dedicada a dissecar três institutos clássicos mas recentemente impactados intensamente pela Reforma Trabalhista de 2017 (Lei nº 13.467 de 2017) e pelo consequente mudança de rumos da jurisprudência dos tribunais laborais: a justiça gratuita, os honorários periciais e os honorários advocatícios.

Lançada agora pela conceituada Editora Juspodivm, com o título de **MANUAL DA JUSTIÇA GRATUITA E DOS HONORÁRIOS (PERICIAIS E ADVOCATÍCIOS) NA JUSTIÇA DO TRABALHO: TEORIA E PRÁTICA**, o livro tem um destino certo: o posto de ponto de referência para a compreensão do novo modelo processual trabalhista.

O estudo desenvolvido pelos autores orbita ao redor do tema honorários (advocatícios e periciais) em correlação com a justiça gratuita. No 1º Capítulo, é desenvolvida uma profunda abordagem em noções históricas e na morfologia dos honorários advocatícios, desde as teorias que debatem a sua índole (pena, ressarcimento e sucumbência) até definir a sua natureza jurídica, abordando o reconhecimento jurisprudencial da titularidade da verba honorária e da sua consequente índole alimentar. No mesmo capítulo, os autores expõem um exame crítico acerca das mais variadas espécies de honorários advocatícios, desde os convencionados até os sucumbenciais, passando pelos honorários assistenciais e os arbitrados.

No 2º Capítulo, os dois autores mergulham na análise da tutela proporcionado pelo ordenamento jurídico aos honorários advocatícios sucumbenciais, expondo os argumentos adotados pelos adeptos da teoria da sucumbência e pelos defensores da teoria da causalidade, enfatizando as distinções entre as distintas teses para em seguida contrapor a sucumbência parcial à sucumbência recíproca em um diálogo composto de apontamentos instigantes. O capítulo é encerrado com uma análise acerca da aplicabilidade (ou não) do instituto da compensação diante de honorários de sucumbência.

O 3º Capítulo é dedicado ao estudo dos honorários advocatícios sucumbenciais no âmbito da Justiça do Trabalho, instaurado com um exame sucessivo do "antes" e "agora" tendo como ponto de referência exatamente a Lei nº 13.467 de 2017, que promoveu a Reforma Trabalhista e lançou no corpo do respectivo diploma laboral vários dispositivos inovadores, dentro os quais o 791-A e sua disciplina sobre os honorários advocatícios no processo do trabalho. Após esmiuçar questões de direito temporal envolvendo o novo ordenamento jurídico pertinente, o estudo dos autores é direcionado à discussão envolvendo elementos como as bases de cálculo, os limites de percentuais e respectivos critérios de fixação da verba em demandas gerais e em ações especiais como as contra a Fazenda Pública e aquelas envolvendo a assistência ou substituição sindical, examinando ainda temas polêmicos como o fim dos honorários assistenciais e o cabimento de indenização reparatória em face a lesões decorrentes da contratação de advogado particular.

No 4º Capítulo, a foco é dirigido ao exame de casos práticos de honorários advocatícios no âmbito da Justiça do Trabalho, com os autores desenvolvendo um magnífico trabalho de pontuar diversas hipóteses de postulações próprias de ações trabalhistas e as consequências relacionadas ao respectivo tópico central. A abordagem de aspectos como honorários em sede de postulação reconvencional, na fase executiva, no âmbito recursal e na seara do duplo grau obrigatório é, com toda certeza, um dos pontos mais altos de uma obra recheada por conteúdo geral de grande riqueza técnica. Os autores foram tão exaurientes na perseguição pelo esgotamento da análise que abordaram questões usualmente esquecidas por outros doutrinadores, como os honorários advocatícios em ações especiais (ação civil pública, mandado de segurança, ação de homologação de acordo extrajudicial, etc.) e aqueles devidos em casos como o de produção antecipada de provas e em conciliações judiciais, concluindo o capítulo com um exame ainda mais minucioso acerca das múltiplas dimensões dos honorários em casos de litisconsórcio.

Sem demonstrar cansaço e com uma narrativa tão envolvente que jamais conseguem cansar o leitor, o Danilo Gaspar e o Fabiano Veiga prosseguem no 5º Capítulo com um tema novo, os honorários periciais no âmbito do processo do trabalho, retornando ao contraponto do "antes" e "a partir de" relativo à Lei nº 13.457 de 2017, para então concentrar o foco de suas atenções no texto normativo do artigo 790-B da Consolidação das Leis do Trabalho e todas as nuanças do conteúdo linguístico de seus dispositivos. O capítulo é complementado com duas abordagens por demais interessantes, envolvendo os honorários do perito assistente e uma crítica instigante a um tratamento normativo diferenciado dado aos honorários do intérprete.

No 6º Capítulo, a fantástica dupla de jovens juristas expõe considerações marcantes sobre a garantia constitucional do processo correspondente ao direito de pleno acesso à justiça, explicando todas as suas dimensões, para em seguida abordar a assistência judiciária gratuita e a justiça gratuita, inclusive e especialmente a partir de uma perspectiva envolvendo a Reforma Trabalhista de 2017. Os efeitos da concessão da justiça gratuita e a possibilidade de cobrança de despesas processuais do respectivo beneficiário, temas de alta densidade de polêmica, são tratados de forma magistral na parte final do capítulo.

O 7º Capítulo, por seu turno, é dedicado a um dos temas de maior controvérsia desde a edição da Lei nº 13.467 de 2017: a cobrança de honorários periciais e/ou advocatícios da parte beneficiada no processo pela concessão da justiça gratuita. Aqui os leitores vão encontrar um texto magnífico, bem construído pelos dois autores, analisando todas as nuanças de tão espinhosa controvérsia. Inclusive com exame da jurisprudência pertinente, desde a atuação do Supremo Tribunal Federal no julgamento da Ação Direta de Inconstitucionalidade 5766 até os posicionamentos encontrados em tribunais regionais do trabalho e no próprio Tribunal Superior do Trabalho.

Os dois capítulos subsequentes, por sua vez, são destinados a expor uma síntese de cada um dos capítulos anteriores (Capítulo 8º) e uma coletânea de jurisprudência sobre a matéria (Capítulo 9º). Noutras palavras, o Danilo Gaspar e o Fabiano Veiga se preocuparam tanto em facilitar a compreensão para seus leitores que reuniram na parte final da obra textos bem articulados e divididos de modo a providenciar para os mesmos um conteúdo auxiliar de grande praticidade.

Um manual teórico e prático, destarte, completo em todos os aspectos possíveis, pronto para servir ao interessado em se dominar esses institutos recém-lançados no modelo processual do trabalho.

Enfim, uma obra jurídica de inigualável valor e que, certamente, será apontada como marco histórico na evolução da doutrina jurídica brasileira.

Aguardo, francamente, que as lições desenvolvidas pelos jovens doutrinadores possam colaborar, especialmente perante os integrantes da advocacia e da magistratura trabalhista, para uma melhor compreensão do novo sistema de honorários advocatícios e periciais lançados no ordenamento jurídico brasileiro pelo legislador de 2017.

Ofereço, agora, minhas congratulações aos autores, à editora e a sociedade brasileira pela publicação desta obra tão rica em conteúdo quanto inovadora na visão crítica proporcionada aos seus leitores.

Recife, 22 de agosto de 2020

Sergio Torres Teixeira

Doutor em Direito. Professor Adjunto da FDR/UFPE e da UNICAP

Diretor da Escola Superior da Magistratura Trabalhista da 6ª Região

Desembargador do Tribunal Regional do Trabalho da 6ª Região

Membro da Academia Brasileira de Direito do Trabalho.

PREFÁCIO

O ACESSO À JUSTIÇA COMO UM ROMANCE EM CADEIA

A interpretação jurídica é hoje tema central da teoria do Direito. O filósofo americano Ronald Dworkin, em sua obra "*Law's Empire*", desenvolve as ideias do Direito como conceito interpretativo e Direito como integridade, objetivando conferir coerência, integridade e racionalidade ao sistema jurídico.

Para dar consistência às suas ideias, Ronald Dworkin compara a interpretação jurídica à interpretação literária. Percebe a interpretação da prática jurídica como a elaboração de um romance em cadeia, na qual o juiz figura, igualmente, como autor e como crítico.

O romance em cadeia pressupõe que cada romancista crie apenas um romance a partir do material que recebeu, tentando criar o melhor romance possível como se fosse obra de um único autor. Isso exige uma série de avaliações à medida que ele escreve e reescreve a obra.

Ronald Dworkin pondera que o juiz, ao julgar o caso, seguindo a metáfora do romance em cadeia, deve-se comportar como um romancista, uma vez que ele sabe que outros juízes decidiram casos análogos que devem ser levados em conta para a decisão no presente.

O livro que o leitor tem em mãos, conferindo concretude à concepção dworkniana de Direito como conceito interpretativo e Direito como integridade, aborda a questão fundamental do acesso à justiça nas perspectivas teórica e prática, a partir da melhor luz que se extrai dos marcos normativo, doutrinário e jurisprudencial.

A obra articula com coerência, integridade e racionalidade as principais categorias jurídico-processuais vinculadas ao tema do acesso à justiça, examinando com extensão e profundidade os regimes jurídicos dos honorários advocatícios, dos honorários periciais e da assistência judiciária gratuita na prática jurisdicional trabalhista.

Como se sabe, a Lei nº 13.467/2017, ao introduzir múltiplas e intensas alterações no processo do trabalho, orientou-se precipuamente pela ideia de restringir, ao máximo, o acesso à justiça, intentando conspurcar as garantias constitucionais do acesso à jurisdição e da assistência judiciária gratuita (CF, artigo 5º, XXXV e LXXIV).

Essa restrição se manifesta de diversas maneiras, sobretudo pela descaracterização do instituto da gratuidade da justiça (CLT, artigo 790), pela instituição dos honorários advocatícios sucumbenciais (CLT, artigo 791-A) e pela imposição ao beneficiário da justiça gratuita das despesas com honorários periciais (CLT, art. 790-B).

O livro dos magistrados do trabalho Danilo Gonçalves Gaspar e Fabiano de Aragão Veiga, dotados de vasta experiência no magistério superior e na produção de obras jurídicas, sistematiza essas categorias jurídico-processuais. Mas com sutil equilíbrio acrescentam algo novo à literatura existente, dando continuidade ao seu desenvolvimento no âmbito do processo do trabalho e levando a sério a metáfora de Dworkin da compreensão do Direito como um romance em cadeia.

Danilo é juiz do Tribunal Regional do Trabalho da 5ª Região. É mestre em Direito Privado e Econômico (UFBA) e pós-graduado em Direito e Processo do Trabalho. É professor de Direito do Trabalho da Faculdade Baiana de Direito – FBD, de Cursos de Pós-Graduação em Direito e de Cursos Preparatórios para Concursos Públicos e Exame da OAB.

Fabiano também é juiz do Tribunal Regional do Trabalho da 5ª Região. É especialista em Direito e Processo do Trabalho pelo Instituto Excelência (*Juspodivm*) e em Direito Constitucional pela Escola Judicial do TRT da 5ª Região. É professor de Cursos de Pós-Graduação em Direito e de Cursos Preparatórios para Concursos Públicos.

O livro "Manual da Justiça Gratuita e dos Honorários (Periciais e Advocatícios) na Justiça do Trabalho: Teoria e Prática" está logicamente estruturado em nove capítulos, cada qual com sua identidade, mas que se entrelaçam, dialogando entre si. Os temas, regulados por fontes normativas diversas, objeto de intensas divergências doutrinária e jurisprudencial, bem explicitadas, que permitem ao leitor extrair suas próprias conclusões, estão coerentemente articulados, formando um todo harmônico.

Os capítulos I a IV são dedicados à temática dos honorários advocatícios, articulando aspectos gerais, marcos teóricos, tutela jurídica e os regimes jurídicos aplicáveis na Justiça do Trabalho, considerando as realidades anterior e posterior à vigência da Lei nº 13.467/2017. O texto analisa exaustivamente múltiplos aspectos e diversas questões recorrentes na Justiça do Trabalho, propiciando construções hermenêuticas muito úteis à prática jurisdicional trabalhista.

É relevante a contribuição dos autores para o aprofundamento do debate em torno das teorias da sucumbência e da causalidade como fundamento para deferimento dos honorários advocatícios. Evidenciam que a responsabilidade pelo pagamento das despesas do processo é determinada pela incidência de dois princípios complementares, a saber, o da sucumbência e o da causalidade.

O primeiro indica que o encargo é da parte vencida na pretensão objeto da demanda, decorrendo a responsabilidade, portanto, do fato objetivo da derrota na causa, ao passo que o segundo, mais abrangente que o da sucumbência, indica que responde pelo custo financeiro do processo aquele que lhe haja dado causa. Nesse caso, não se trata de atribuir ilicitude ao exercício do direito de ação ou de defesa, tampouco de onerar excessivamente a quem foi a juízo formular uma pretensão ou deduzir uma resistência.

Essa relação de complementaridade é bem ressaltada pelos autores ao enfatizarem "certa insuficiência do critério da sucumbência para disciplinar a repartição das despesas processuais, por se constatar que ela não distribui satisfatoriamente tais despesas entre os responsáveis pela existência da demanda." Com sutil equilíbrio, propõem que a noção de causalidade não se dissocia da ideia de sucumbência. Destarte, defendem que, de modo geral, a parte sucumbente no processo é considerada quem deu causa ao processo, mas é possível afastar tal coincidência em certas circunstâncias.

Contribuição igualmente relevante diz respeito ao exame exaustivo da cumulação objetiva nas demandas trabalhistas. Pela própria natureza do direito do trabalho, que alberga conjunto variado de obrigações e direitos, é comum que a demanda contenha pedido composto. Nesse aspecto, são frequentes discussões sobre a configuração ou não da sucumbência recíproca e os seus efeitos sobre a responsabilização pelo pagamento dos honorários advocatícios.

Os critérios normativos existentes revelam-se insuficientes para resolução de tais questões, daí a importância da análise doutrinária, do estudo da jurisprudência e do exame prático dos casos. Nesse ponto, aprofundando as distinções conceituais entre cumulação simples, sucessiva, alternativa, eventual (ou subsidiária), os autores apresentam diversas hipóteses esclarecedoras das soluções mais adequadas para a repartição entre as partes das despesas com honorários advocatícios.

O capítulo V é reservado à análise do regime jurídico dos honorários periciais na Justiça do Trabalho, antes e após a vigência da Lei nº 13.467/2017. Além de abordar aspectos práticos relativos à antecipação e ao parcelamento, o livro destaca a incongruência do legislador ao estabelecer, por meio da Lei nº 13.660/2018, que os honorários devidos ao intérprete correrão por conta da parte sucumbente, salvo se beneficiária de justiça gratuita (CLT, artigo 819, § 2º).

A proximidade cronológica das normas, mas essencialmente tão distantes, como bem observam os autores, pode descortinar outro horizonte hermenêutico. Parece possível conferir ao § 4º do artigo 790-B solução interpretativa semelhante à extraída do § 2º do artigo 819 da CLT. Destarte, para evitar dois pesos e duas medidas, como ressaltam os autores, deve-se adotar solução interpretativa em que o beneficiário da justiça gratuita, quando sucumbente no objeto da perícia, esteja igualmente dispensado das despesas com honorários periciais.

O capítulo VI examina a sistemática da justiça gratuita no processo do trabalho. Após analisar as ondas de acesso à justiça, o livro aborda os múltiplos aspectos da assistência judiciária gratuita e da justiça gratuita, realçando os aspectos normativos anteriores e posteriores à vigência da Lei nº 13.467/2017. O capítulo é concluído com análise de questão central na jurisdição trabalhista que diz respeito à possibilidade de execução das despesas processuais em face do beneficiário da justiça gratuita.

Esta é a parte-chave da obra pelos desdobramentos que dela decorrem. Como é notório, o acesso à justiça constitui o mais fundamental de todos os direitos fundamentais, na medida em que, quando questionada a existência ou negada a efetividade de algum direito, a tutela jurisdicional abre-se como caminho para buscar o seu reconhecimento e sua concretização.

Nessa perspectiva, "o acesso à justiça pode, portanto, ser encarado como o requisito fundamental - o mais básico dos direitos humanos – de um sistema jurídico moderno e igualitário, que pretenda garantir, e não apenas proclamar os direitos de todos", como advertem CAPPELLETTI e GARTH na clássica obra "Acesso à justiça". Isso se mostra mais essencial no âmbito das relações de trabalho, sobretudo com a superveniência da Lei nº 13.467/2017, que criou um cenário de muitas incertezas e elevados riscos econômicos para os demandantes na Justiça do Trabalho.

O acesso à justiça (CF, art. 5º, XXXV) constitui limite à elevação de barreiras objetivas de acesso ao Poder Judiciário. Essa garantia, conjugada com a da justiça gratuita (CF, art. 5º, LXXIV), obstaculiza qualquer alteração legislativa ou interpretação jurídica que conduza à negação do acesso à ordem jurídica justa pelo hipossuficiente econômico.

Nesse ponto, tendo como norte hermenêutico tais garantias e recorrendo ao diálogo das fontes, em especial ao marco normativo contido no Código de Processo Civil de 2015 (Lei nº 13.105/2015), os autores potencializam a interpretação conforme a Constituição e os métodos lógico, sistemático e finalístico da interpretação jurídica. Com isso, extraem das inovações introduzidas pela Lei nº 13.467/2017 soluções compatíveis com os princípios do processo do trabalho e mais adequadas à efetividade dos direitos sociais trabalhistas.

O capítulo VII aborda o tema da cobrança dos honorários advocatícios e periciais da parte beneficiária da justiça gratuita. Após condensar o debate em torno da matéria no Supremo Tribunal Federal, no Tribunal Superior do Trabalho e nos Tribunais Regionais do Trabalho, o estudo revisa os critérios para definição de um crédito capaz de suportar a despesa, ou seja, capaz de retirar a condição de insuficiência que justificou a concessão do benefício da justiça gratuita.

Estando assegurada a possibilidade de execução nos próprios autos quando demonstrada concretamente a superação da situação de insuficiência de recursos que justificou a concessão de gratuidade da justiça, os autores apresentam critérios objetivos para equilibrar os interesses do credor e do devedor. Construindo solução hermenêutica a partir da disposição do artigo 833, IV e § 2º, do CPC, admitem a incidência da penhora sobre crédito de natureza alimentar, considerando as especificidades do limite do crédito disponível.

No capítulo IX, após sintetizarem no capítulo VIII as principais ideais desenvolvidas na obra, os autores compilam por assuntos a jurisprudência das Cortes Superiores e dos Tribunais dos Regionais do Trabalho. Com o crescimento do papel da jurisprudência na formação e no desenvolvimento do Direito, especialmente com a instituição da força obrigatória dos precedentes judiciais, o conhecimento do repertório de decisões dos tribunais é extremamente valioso no processo de argumentação jurídica.

Diante do aumento da complexidade das relações sociais, do que resulta a insuficiência legislativa para regular as situações jurídicas e a dinâmica superveniente dos institutos jurídico-processuais, a seleção e a organização dos verbetes e precedentes judiciais conduzidas pelos autores garantem o acesso rápido e eficiente à jurisprudência atual e iterativa dos tribunais, facilitando sua compreensão e sua aplicação.

Pelo exposto, em especial pela leitura da obra, é possível concluir que os autores levam a sério a interpretação jurídica, apresentando-a como a melhor interpretação da prática jurídica pela comunidade interpretativa. Para tanto, agindo como autores de um romance em cadeia, como na metáfora de Ronald Dworkin, conduzem seu labor hermenêutico levando em conta o material jurídico já produzido nos planos normativo, doutrinário e jurisprudencial.

Ao defenderem suas teses sobre os regimes dos honorários advocatícios, dos honorários periciais e da gratuidade da justiça no processo do trabalho, os autores não inventam uma interpretação melhor, não inventam uma interpretação adequada à sua concepção sobre tais categoriais. O que fazem é interpretar a história jurídica, dando-lhe continuidade por meio do aperfeiçoamento do instrumental já existente, fazendo-o com coerência, integridade e racionalidade.

Esta obra de Danilo Gonçalves Gaspar e Fabiano de Aragão Veiga, pela atualidade e coerência das teses articuladas, associadas à clareza e à consistência das ideias, por si já indica a qualidade do livro que o leitor tem em mãos. Pelo enorme conhecimento teórico e prático, amealhado em variados cursos de formação, no magistério superior e no exercício da magistratura, os autores apresentam nas páginas que seguem soluções criativas, práticas e eficientes para o amplo espectro de problemas comuns à tutela jurisdicional trabalhista.

Teresina, 15 de agosto de 2020.

Arnaldo Boson Paes
Doutor em Direito pela Pontifícia Universidade Católica de São Paulo
Doutor em Direito pela *Universidad de Castilla La Mancha*, Espanha
Desembargador do Tribunal Regional do Trabalho da 22ª Região (Piauí)
Professor da Uninassau – Teresina.

SUMÁRIO

01

05

07

08

09

01

NOÇÕES GERAIS SOBRE HONORÁRIOS ADVOCATÍCIOS

Nesta parte inicial do livro, serão tratados elementos gerais sobre os honorários advocatícios, sem adentrar às especificidades inerentes ao tema no âmbito do processo do trabalho.

É fundamental, pois, conhecer as noções gerais sobre o tema (honorários advocatícios) para que, depois, possamos analisar as suas especificidades no âmbito do processo do trabalho.

1.1. BREVE HISTÓRICO SOBRE HONORÁRIOS ADVOCATÍCIOS

O tema dos honorários advocatícios está ligado a atuação do profissional advogado em benefício do seu cliente, quer mediante atividade consultiva, quer mediante prestação dos serviços no curso de um processo.

A importância do seu estudo, no processo do trabalho, ganhou novos contornos com a edição da Lei n. 13.467/2017 – Reforma Trabalhista, que, ao incluir o art. 791-A, na CLT, alterou, substancialmente, as regras de cabimento dos honorários advocatícios na Justiça do Trabalho.

É importante analisar, ainda que brevemente, as concepções e teorias construídas ao longo do tempo como justificativa para imputação da responsabilidade pelo pagamento de honorários advocatícios, passando pelas seguintes linhas evolutivas: teoria da pena; teoria do ressarcimento; teoria da sucumbência; teoria da causalidade.

Desde logo, cabe apontar que o radical "hono", de honorários, tem origem na palavra honra (do latim), sendo assim considerado como um prêmio, devido em razão da prática de um ato digno de honra ou premiação.

1.1.1. Teoria da Pena

Após a superação do entendimento de que a atuação dos defensores deveria ocorrer de forma gratuita, ideia predominante no Direito Romano, desenvolveu-se, no Direito Canônico, a concepção de que a condenação do vencido teria natureza de sanção (teoria da pena), que deveria ser imposta ao litigante temerário, de modo que a responsabilização apenas seria possível caso demonstrado o elemento subjetivo (dolo), com a demonstração da deliberada intenção de prejudicar a parte contrária.

Partia-se, assim, do pressuposto de que, a princípio, quem demanda e quem é demandado, ao praticarem atos processuais, exercem um direito, não podendo haver punição pelo seu mero exercício regular, ainda que, ao final, sejam vencidos, salvo se comprovada a atuação dolosa em juízo.

Ainda de acordo com a teoria da pena, os honorários advocatícios devidos pelo litigante temerário deveriam ser destinados ao Estado, já que a sanção foi por este imposta.

Registre-se, entretanto, que, em pese a superação desse entendimento, ainda hoje há quem entenda que, no sistema brasileiro, é possível identificar hipóteses em que apenas o litigante temerário (de má-fé) tem a responsabilidade pelo pagamento de honorários advocatícios, como ocorre, ilustrativamente, no caso da ação civil pública (art. 18 da Lei n. 7.347/85) e da ação civil coletiva (art. 87, da Lei n. 8.078/90 – Código de Defesa do Consumidor).

1.1.2. Teoria do Ressarcimento

Posteriormente, a condenação no pagamento de honorários advocatícios deixou de ser considerada uma punição, passando a ser considerada como uma indenização à parte vencedora (teoria do ressarcimento), permanecendo, porém, o elemento subjetivo, não necessariamente decorrente de dolo do vencido, sendo possível em razão de sua culpa. Com essa teoria, os honorários advocatícios passaram a ser destinados à parte vitoriosa, e não mais ao Estado, como se dava ao tempo da prevalência da teoria da pena.

1.1.3. Teoria da Sucumbência

Seguindo a linha evolutiva, surgiu a teoria da sucumbência, a qual tem como fundamento a noção de que o processo, que se tornou necessário para o reconhecimento e a concretização de um direito, não pode provocar prejuízo a parte que tem razão.

O surgimento da obrigação de pagar os honorários advocatícios sucumbenciais decorreria, pois, segundo a teoria da sucumbência, de um fato objetivo, ou seja, da derrota da parte em juízo, pelo que tal teoria superou a necessidade de qualquer elemento anímico do vencido (culpa ou dolo), sendo suficiente que o Estado tenha atribuído à parte contrária a titularidade do direito discutido.

E, incorporando, em certa medida, as contribuições da teoria do ressarcimento, para a teoria da sucumbência, os honorários advocatícios teriam a dupla finalidade de remunerar o profissional e de evitar danos a parte que tem razão, assim considerada a destinatária do direito tutelado. Sob esse último aspecto, a derrota em uma demanda legitimaria a responsabilização ao pagamento dos honorários, independentemente de atuação dolosa ou culposa do devedor, sendo, portanto, de natureza objetiva.

Desse modo, os honorários podem ser analisados sob a ótica de ressarcimento de uma despesa para restabelecimento do prejuízo em razão do processo: se há despesa e se vence a demanda, o que resistiu deve ser condenado ao pagamento das despesas, impondo um retorno ao *status quo ante*.

Por fim, atualmente, há importantes contribuições ao tema realizadas pela teoria da causalidade, a qual será objeto de estudo específico nessa obra (Capítulo 2, item "1.1 Teoria da sucumbência x Teoria da Causalidade"). Desde logo, cumpre destacar que ela não tem a pretensão de superar a teoria da sucumbência[1], pelo contrário, busca o estabelecimento de critério complementar a noção de vitória e derrota na demanda, afinal nem sempre existirá sucumbência, sendo possível, ilustrativamente, a extinção de um processo sem resolução do mérito, como no caso de desistência, inépcia da petição inicial, ausência de pressupostos de existência e validade da relação jurídica processual.

Vale dizer, então, que, de acordo com a teoria da causalidade, aquele que deu causa à instauração do processo deve arcar com as despesas dele decorrentes, o que, na grande maioria dos casos, se revela/materializa por meio da sucumbência, mas nem sempre!

---

1. Esse também é o entendimento pacificado no STJ: "O princípio da causalidade não se contrapõe ao princípio da sucumbência. Antes, é este um dos elementos norteadores daquele, pois, de ordinário, o sucumbente é considerado responsável pela instauração do processo, e, assim, condenado nas despesas processuais" (Nesse sentido, dentre vários outros, REsp n. 284.926, Min. Nancy Andrighi e REsp n. 557.045, Min. José Delgado).

Estas noções foram acolhidas pelo CPC/2015, que trouxe diversas normas ampliativas do direito aos honorários advocatícios, dando grande ênfase ao aspecto remuneratório, como direito do advogado, elementos que serão melhor analisados no decorrer dessa obra.

1.2. NATUREZA JURÍDICA DOS HONORÁRIOS ADVOCATÍCIOS

A Constituição da República Federativa do Brasil de 1988, considerada Pacto Político Fundamental do Estado brasileiro e fundamento de validade do ordenamento jurídico, prevê, em seu art. 5º, "caput", uma série de direitos e garantias fundamentais. Dentro desse contexto, destacam-se diversos princípios constitucionais, vistos como direitos fundamentais, entre os quais o devido processo legal, o acesso à justiça, contraditório, ampla defesa, a efetividade e a celeridade processual (art. 5º, XXXV, LIV, LV, LXXVIII), todos corolários do direito a uma ordem jurídica justa, capaz de proporcionar ao titular do direito tudo aquilo que teria obtido caso não houvesse ocorrido a lesão.

Assim, o processo, atualmente, deve ser estudado a partir de uma perspectiva constitucional, que exige dos sujeitos uma preparação técnica que lhes permita operar com cláusulas gerais e com princípios constitucionais. Vale dizer, as normas processuais, ainda que infraconstitucionais, devem ser lidas à luz da CRFB/88, dando origem ao fenômeno jurídico denominado "Neoprocessualismo".

O CPC/2015, editado sob a ordem constitucional vigente, incorporou diversas previsões constitucionais, evidenciando a necessidade do processo judicial ser pensado sob a perspectiva da efetividade, de modo a garantir uma prestação jurisdicional célere, específica e efetiva. Nesse contexto, trouxe uma extensa e detalhada disciplina do tema dos honorários advocatícios – só no art. 85 são dezenove parágrafos, detalhando muito mais o tema quando comparado com o CPC/1973.

Anteriormente à vigência do CPC/2015, havia um intenso debate acerca da natureza jurídica dos honorários advocatícios, tema de fundamental importância a fim de situar a titularidade e forma de execução do crédito.

Com efeito, mesmo diante das disposições da Lei n. 8.906/94 (Estatuto da OAB), subsistiu a cizânia acerca da titularidade dos honorários advocatícios arbitrados em sede de decisão judicial (honorários advocatícios sucumbenciais), havendo quem admitisse que, em caso de eventual sucumbência recíproca, fosse possível a compensação dos créditos reconhecidos reciprocamente a título de honorários.

Porém, ainda quando da vigência do CPC/1973, o Superior Tribunal de Justiça (STJ)[2] reconheceu a natureza alimentar dos honorários advocatícios.

Desse modo, o art. 85, "caput", do CPC/2015, reafirmando o disposto no art. 23 da Lei n. 8.906/94, esclarece que "A sentença condenará o vencido a pagar honorários ao advogado do vencedor", deixando claro que a titularidade do crédito de honorários advocatícios pertence ao advogado, e não a parte.

A par do "caput" do art. 85 do CPC/2015, os §§ 14 e 15, também na mesma linha do art. 23 da Lei n. 8.906/94, bem assim do entendimento doutrinário e jurisprudencial predominante (Súmula Vinculante n. 47, STF[3]), dispõe que os honorários constituem direito do advogado e têm natureza alimentar, com os mesmos privilégios dos créditos oriundos da

---

2 STJ, Corte Especial, REsp 1.152.218/RS, rel. Min. Luis Felipe Salomão, j. 07.05.2014, DJe 09.10.2014, Recurso Especial repetitivo tema 637.

3 Súmula Vinculante 47: Os honorários advocatícios incluídos na condenação ou destacados do montante principal devido ao credor consubstanciam verba de natureza alimentar cuja satisfação ocorrerá com a expedição de precatório ou requisição de pequeno valor, observada ordem especial restrita aos créditos dessa natureza.

legislação do trabalho, sendo vedada a compensação em caso de sucumbência parcial, sendo possível, inclusive, que ao advogado requeira que o pagamento dos honorários que lhe caibam seja efetuado em favor da sociedade de advogados que integra na qualidade de sócio.

Ademais disso, diante do disposto nos arts. 85 e 96, ambos do CPC/2015, e no art. 23 da Lei n. 8.906/94, entende-se que o advogado tem legitimidade ativa e concorrente com a parte para recorrer do capítulo que arbitrou os honorários advocatícios. Enquanto o advogado tem legitimidade ordinária, defendendo em nome próprio seu próprio interesse, a parte tem legitimidade extraordinária, defendendo em nome próprio, direito alheio, no caso, do advogado que a representa.

Do mesmo modo, também com fundamento nos mencionados dispositivos legais, o advogado tem legitimidade ativa para executar, em nome próprio, o capítulo da decisão que arbitrar honorários advocatícios, seja nos próprios autos, seja mediante execução autônoma (art. 24, § 1º, da Lei n. 8.906/94).

Interessante mencionar que a titularidade dos honorários advocatícios sucumbenciais está devidamente tratada na Orientação Jurisprudencial n. 83 do TRT da 4º Região, ao assentar o entendimento no sentido de que eventual ato da parte que implique alteração do valor da condenação não implica redução proporcional do valor da verba honorária: "A renúncia de créditos pelo exequente para viabilizar a expedição de RPV não implica na proporcional redução dos honorários advocatícios.".

Em razão disso, diante da titularidade do crédito, prevalece o entendimento no sentido de que a Súmula n. 306, STJ[4], na parte que admite a compensação dos créditos a título de honorários advocatícios, não tem mais respaldo legal, devendo, por isso, ser revista.

4 Os honorários advocatícios devem ser compensados quando houver sucumbência recíproca, assegurado o direito autônomo do advogado à execução do saldo sem excluir a legitimidade da própria parte.

Desse modo, em conclusão, predomina, atualmente, o entendimento no sentido de que a verba honorária é de titularidade do advogado e ostenta natureza alimentar, com os mesmos privilégios dos créditos oriundos da legislação do trabalho. Quando da sua fixação, em quaisquer de suas modalidades, deve ser observado o disposto no art. 7º, IV, CRFB/88, de modo que ele não podem se fixados em salários-mínimos, conforme pacificado pela Súmula n. 201, STJ[5].

Entretanto, importante destacar, ainda acerca da temática relativa à natureza dos honorários advocatícios, que o STJ, no dia 03 de agosto de 2020, retomou o julgamento do Recurso Especial n. 1.815.055, de Relatoria da ministra Nancy Andrighi, que discute a possibilidade de penhorar salário para o pagamento de honorários advocatícios. O caso foi afetado à Corte Especial para definir a interpretação das expressões "verbas de natureza alimentar" e "prestações alimentícias", necessária à solução do caso.

Na oportunidade, conforme matéria publicada no Conjur6, ferramenta de consulta, considerando que, até o fechamento da edição da presente obra, o acórdão não havia sido publicado, prevaleceu o voto da Relatora, no sentido de que "o termo 'prestação alimentícia' se restringe a alimentos decorrentes do vínculo familiar, como pensão alimentícia. Por isso, não é possível entender que a expressão abarca toda e qualquer prestação que tenha natureza alimentar, como os honorários.".

Em que pese o devido respeito aos fundamentos apresentados pelo voto condutor, entendemos que tal decisão se distanciou da realidade normativa atual sobre o tema, senão vejamos:

1. A execução deve ser promovida em benefício do credor (arts. 797, CPC/2015), sendo certo que apenas quando por vários

---

5 Os honorários advocatícios não podem ser fixados em salários mínimos.

6 https://www.conjur.com.br/2020-ago-03/nao-possivel-penhorar-salario-pagar-honorarios--stj.

meios o exequente puder promover a execução, o juiz mandará que se faça pelo modo menos gravoso para o executado, incumbindo a este indicar outros meios mais eficazes e menos onerosos (art. 805, "caput" e parágrafo único, CPC/2015). Dada a liquidez do dinheiro, na execução por quantia certa, dificilmente o executado conseguirá indicar um meio mais eficaz que a penhora em dinheiro, condição exigida para utilização de meio menos gravoso;

2. O dinheiro tem preferência na ordem de penhora (arts. 769 e 882, CLT; art. 835 do CPC/15;Súmula n. 417, TST);

3. É certo que, entre os bens impenhoráveis, encontra-se o salário (art. 833, IV, CPC/15), o qual, entretanto, pode ser penhorado na hipótese de "penhora para pagamento de prestação alimentícia, **INDEPENDENTEMENTE DE SUA ORIGEM**, bem como às importâncias excedentes a 50 (cinquenta) salários-mínimos mensais" (art. 833, § 2º, CPC/15);

4. O disposto no referido art. 833, CPC/2015, quando confrontado com regra equivalente do art. 649, IV e § 2º,CPC/1973, indica, sem nenhuma margem de dúvidas, que o acréscimo da expressão "independentemente de sua origem" ao termo "prestação alimentícia" relevou a intenção do Legislador de superar a limitação interpretativa que vinculava o termo prestação alimentícia apenas à espécie pensão alimentícia (pensão decorrente do Direito de Família), retratando, em certa medida, corrente de entendimento que já defendia a ampliação das hipóteses de flexibilização de impenhorabilidade do salário, ante a necessidade de equacionar os bens jurídicos tutelados pelo ordenamento jurídico;

5. Nesse sentido, enfatizando os efeitos decorrentes da alteração legislativa, o Tribunal Superior do Trabalho, em setembro de 2017, alterou a sua Orientação Jurisprudencial n. 153, SDI 2, a

fim de esclarecer que o entendimento nela cristalizado, que não admitia penhora de salário para pagamento de crédito trabalhista, apenas pode ser aplicado com fundamento no art. 649, IV, CPC/1973, ou seja, às penhoras realizadas antes da vigência do CPC/2015;

6. Por outro lado, atualmente, a natureza alimentar dos honorários advocatícios parece ser acolhida pela linha interpretativa predominante. A par das regras insertas no art. 85, "caput" e §§ 14 e 15, CPC/2015, bem assim no art. 23, da Lei n. 8.906/94, a Súmula Vinculante n. 47, STF, dispõe que os honorários constituem direito do advogado e têm natureza alimentar, com os mesmos privilégios dos créditos oriundos da legislação do trabalho, inclusive para efeito de ordem de preferência para pagamento mediante precatório ou Requisição de Pequeno Valor.

Enfim, a divergência ocorrida no julgamento do STJ certamente será objeto de apreciação pelo STF, por, em tese, conflitar com o entendimento previsto na Súmula Vinculante n. 47, STF.

1.3. ESPÉCIES DE HONORÁRIOS ADVOCATÍCIOS

A advocacia, ao lado da Defensoria Pública e do Ministério Público, é uma função essencial à administração da justiça, sendo o advogado inviolável por seus atos e manifestações no exercício da profissão, nos limites da lei (art. 133, CRFB/88).

Desse modo, em reconhecimento ao indispensável papel do advogado, a lei prevê (art. 22 da Lei n. 8.906/94) que, independentemente do valor contratualmente avençado com o cliente, tem o advogado direito a honorários advocatícios sucumbenciais, ou seja, pelo fato de ter patrocinado a parte vencedora, ao menos em parte, nos pedidos formulados na demanda. Conforme art. 85, CPC/15, atendidos certos critérios, a sentença condenará o vencido a pagar honorários ao advogado do vencedor.

Além disso, da leitura combinada dos arts. 22 e 23 da Lei n. 8.906/94, os honorários advocatícios podem, ainda, ser "arbitrados" pelo juiz.

Há, desse modo, no Processo Civil, três espécies de honorários advocatícios: os contratuais, os sucumbenciais e os arbitrados.

No Processo do Trabalho, há, ainda, a discussão acerca do cabimento dos honorários advocatícios assistenciais, os quais eram previstos no art. 14 da Lei n. 5.584/70, revogado pela Lei n. 13.725/2018.

1.3.1. Honorários advocatícios contratuais (convencionados)

Os honorários contratuais têm como fundamento o contrato entre o cliente e seu advogado, sendo, pois, decorrentes de uma obrigação contratual, em que se acerta a prestação de serviços e a respectiva contraprestação. Nada impede, entretanto, que, diante da ausência da formalização do contrato, o advogado requeira, em sede de execução, a retenção dos seus honorários, hipótese em que eles assumem a natureza de honorários advocatícios por arbitramento, consoante será visto mais adiante.

Com efeito, a Lei n. 8.906/94, em seu art. 22, diz que "A prestação de serviço profissional assegura aos inscritos na OAB o direito aos honorários convencionados, aos fixados por arbitramento judicial e aos de sucumbência", prevendo, pois, expressamente, a modalidade de honorários advocatícios em questão.

O Código de Ética e de Disciplina da OAB traz alguns parâmetros que devem ser levados em consideração na fixação dos honorários advocatícios contratuais:

> Art. 36. Os honorários profissionais devem ser fixados com moderação, atendidos os elementos seguintes:
>
> I – a relevância, o vulto, a complexidade e a dificuldade das questões versadas;
>
> II – o trabalho e o tempo necessários;
>
> III – a possibilidade de ficar o advogado impedido de intervir em outros casos, ou de se desavir com outros clientes ou terceiros;
>
> IV – o valor da causa, a condição econômica do cliente e o proveito para ele resultante do serviço profissional;
>
> V – o caráter da intervenção, conforme se trate de serviço a cliente avulso, habitual ou permanente;
>
> VI – o lugar da prestação dos serviços, fora ou não do domicílio do advogado;
>
> VII – a competência e o renome do profissional;
>
> VIII – a praxe do foro sobre trabalhos análogos.

As partes são livres para estipular o momento em que a remuneração será devida ao advogado, sendo certo que, exceto se houver cláusula em sentido contrário, um terço dos honorários é devido no início do serviço, outro terço até a decisão de primeira instância e o restante no final (art. 22, § 3º, da Lei n. 8.906/94).

Bastante comum, contudo, a estipulação de *cláusula quota litis,* mediante a qual o advogado e cliente estipulam, no contrato de honorários advocatícios, que a contraprestação pelo serviço prestado será realizada com base na vantagem financeira obtida pelo cliente na demanda, de sorte que, em caso de derrota do cliente, o profissional nada receberá.

A contraprestação do advogado, nesse caso, fica sujeita ao risco, apenas sendo devida em caso de êxito na causa.

O art. 38 do Código de Ética e de Disciplina da OAB trata do tema:

> Art. 38. Na hipótese da adoção de cláusula quota litis, os honorários devem ser necessariamente representados por pecúnia e, quando acrescidos dos de honorários da sucumbência, não podem ser superiores às vantagens advindas em favor do constituinte ou do cliente.
>
> Parágrafo único. A participação do advogado em bens particulares de cliente, comprovadamente sem condições pecuniárias, só é tolerada em caráter excepcional, e desde que contratada por escrito.

A partir da leitura do dispositivo, percebe-se a vedação de que o advogado tenha um proveito econômico superior ao do seu cliente, pelo que não poderia o percentual dos honorários advocatícios contratuais superar 50%.

1.3.1.1. Pedido de retenção dos honorários, em Juízo, pelo advogado

Aspecto de grande importância prática, comum no cotidiano da Justiça do Trabalho, é o requerimento do advogado, em juízo, sobretudo na hipótese de revogação do mandato no curso da demanda, de retenção do valor de seus honorários contratuais.

É certo que, na linha do já mencionado, é direito do advogado, nos termos do art. 22, § 4º, da Lei n. 8.906/94, caso junte aos autos o seu contrato de honorários antes de expedir-se o mandado de levantamento do valor ou do precatório, que o juiz determine que lhe sejam pagos diretamente, por dedução da quantia a ser recebida pelo constituinte, salvo se este provar que já os pagou.

Discute-se, contudo, se a referida possibilidade se aplica ao Processo do Trabalho, havendo quem entenda, nesse particular, por força do art. 22, § 4º, da Lei n. 8.906/94, ser possível, em qualquer caso, a referida retenção nos autos de uma ação trabalhista.

Por outro lado, há quem entenda, corrente defendida nessa obra, que a possibilidade de ser determinado o pagamento diretamente ao advogado da causa, por dedução do valor recebido por seu constituinte, está limitada à hipótese de não haver impugnação ou resistência sobre a verba devida.

Isso porque, com a impugnação da parte, exsurge controvérsia sobre o contrato de honorários advocatícios, o que demanda pronunciamento jurisdicional impossível de ser realizada no curso de uma demanda trabalhista, por uma questão de incompetência material da Justiça do Trabalho (Súmula n. 363, do STJ[7]). Nesse sentido, inclusive, é o entendimento do TST e do STJ sobre o tema[8]:

> RECURSO ADMINISTRATIVO. EXECUÇÃO DE HONORÁRIOS ADVOCATÍCIOS CONTRATUAIS. DESCONTO EM FOLHA DE PENSÃO RECONHECIDA PELO SUPREMO TRIBUNAL FEDERAL EM RECURSO ORDINÁRIO EM MANDADO DE SEGURANÇA. COMPETÊNCIA DA JUSTIÇA COMUM.
>
> A possibilidade de ser determinado o pagamento diretamente ao advogado da causa por dedução do valor recebido por seu constituinte, como previsto no art. 22, § 4º, do Estatuto do Advogado, está limitada à hipótese de não haver insurgência ou resistência sobre a verba devida. Com a impugnação da pensionista, exsurge controvérsia sobre o contrato de honorários advocatícios, o que demanda pronunciamento jurisdicional, impossível de ser dirimido em sede administrativa ou nos autos em que originariamente foi debatida a relação estável da pensionista com o servidor aposentado falecido. A relação entre o mandante e mandatário é regida pelo art. 653 do CC e não configura relação de

7. Compete à Justiça estadual processar e julgar a ação de cobrança ajuizada por profissional liberal contra cliente.

8. Em idêntico sentido, a Súmula n. 5 do Tribunal Regional do Trabalho da Vigésima Terceira Região:

   SÚMULA Nº 05 – TRT-IU-00335.2009.000.23.00-9 (Originário do TRT- RO n. 00235.2008.026.23.00-4) COBRANÇA DE HONORÁRIOS PROFISSIONAIS ADVOCATÍCIOS. RELAÇÃO JURÍDICA AUTÔNOMA DE DIREITO CIVIL. A Justiça do Trabalho é materialmente incompetente para conhecer e julgar ação que verse sobre cobrança de honorários decorrentes da prestação de serviços autônomos.

trabalho a ensejar a competência da Justiça do Trabalho nos moldes do art. 114, I, "d", da Constituição Federal. O STJ já pacificou a celeuma advinda com a alteração do art. 114 da Constitucional por meio da EC 45/2004 e fixou que é da competência da Justiça Comum o arbitramento de honorários advocatícios, ante a sua natureza civil e não trabalhista. Recurso administrativo não provido. (TST - PROCESSO Nº TST-PA-3102-49.2016.5.00.0000; Órgão Especial; Relator Ministro Augusto César Leite de Carvalho; julgado em 02/05/2016).

CONFLITO DE COMPETÊNCIA. ARBITRAMENTO DE HONORÁRIOS. RELAÇÃO JURÍDICA DE NATUREZA CIVIL. COMPETÊNCIA DA JUSTIÇA ESTADUAL INALTERADA PELA EC 45/2004.

1. Discute-se a competência para julgamento de ação de arbitramento de honorários referentes aos serviços prestados em ação de cobrança de valores devidos a título de FGTS.

2. Ao dar nova redação ao art. 114 da Carta Magna, a EC 45/2004 aumentou de maneira expressiva a competência da Justiça Laboral, passando a estabelecer, no inciso I do retrocitado dispositivo, que compete à Justiça do Trabalho processar e julgar 'as ações oriundas da relação de trabalho, abrangidos os entes de direito público externo e da administração pública direta e indireta da União, dos Estados, do Distrito Federal e dos Municípios'.

3. Entretanto, a competência para julgamento de causas como a dos autos não foi atraída para a Justiça do Trabalho. Isso porque a demanda em questão possui natureza unicamente civil e se refere a contrato de prestação de serviços advocatícios, celebrado entre profissionais liberais e seus clientes, razão pela qual a relação jurídica existente entre os autores e os réus não pode ser considerada como de índole trabalhista.

4. Conflito conhecido para declarar a competência do Juízo de Direito da 3ª Vara Cível da Comarca de Mogi Guaçu/SP, o suscitado. (CC 48.976/MG, Rel. Ministro JOÃO OTÁVIO DE NORONHA, PRIMEIRA SEÇÃO, julgado em 09/08/2006, DJ 28/08/2006).

1.3.1.2. Pedido de retenção dos honorários, em Juízo, pelo Sindicato (substituto processual).

Situação que também gera dúvidas acerca da competência da Justiça do Trabalho diz respeito a hipótese de requerimento, pelo Sindicato (substituto processual), de retenção dos honorários contratuais do valor a ser recebido pelo trabalhador (substituído). Tratando-se de conflito entre trabalhador e sindicato, defende-se a aplicação do art. 114, III, CRFB/88, pelo que a competência para apreciar tal requerimento é da Justiça do Trabalho. Nesse sentido, a Súmula n. 07 do Tribunal Regional do Trabalho da Décima Quarta Região:

> INCIDENTE DE UNIFORMIZAÇÃO DE JURISPRUDÊNCIA. SINDICATO. SUBSTITUIÇÃO PROCESSUAL. DISSENSO JURISPRUDENCIAL ACERCA DA RETENÇÃO DE HONORÁRIOS ADVOCATÍCIOS CONTRATUAIS. INCIDENTE ENTRE SINDICATO SUBSTITUTO E TRABALHADOR SUBSTITUÍDO. COMPETÊNCIA DA JUSTIÇA DO TRABALHO. ART. 114, III, DA CONSTITUIÇÃO DA REPÚBLICA. À exegese do art. 114, III, da Carta Magna, na hipótese de substituição processual, é a da Justiça do Trabalho a competência para autorizar ou não a retenção de honorários advocatícios contratuais do crédito dos trabalhadores substituídos pelo respectivo sindicato.

Tratando de hipótese semelhante, mas em que o trabalhador é quem demanda o sindicato ou o advogado, com o objetivo de indenização por eventual valor indevidamente cobrado pelo advogado indicado pelo sindicato, a título de honorários advocatícios contratuais, a Súmula n. 63 do Tribunal Regional do Trabalho da Décima Oitava Região:

> SÚMULA Nº 63
>
> ASSISTÊNCIA JUDICIÁRIA GRATUITA. ADVOGADO INDICADO PELO SINDICATO. HONORÁRIOS COBRADOS DO TRABALHADOR. RESTITUIÇÃO. PRETENSÃO DIRECIONADA AO

SINDICATO. COMPETÊNCIA DA JUSTIÇA DO TRABALHO. DANOS MORAIS. INOCORRÊNCIA.

I – Compete à Justiça do Trabalho apreciar a restituição de honorários cobrados por advogado indicado pelo sindicato que presta assistência judiciária gratuita quando tal pedido for formulado em face da referida entidade sindical.

II – Não compete à Justiça do Trabalho apreciar a restituição de honorários cobrados por advogado indicado pelo sindicato que presta assistência judiciária gratuita quando tal pedido for formulado em face do causídico ou da sociedade de advogados.

III – A retenção de honorários advocatícios do crédito trabalhista reconhecido em juízo por parte do patrono indicado pelo sindicato que presta assistência judiciária gratuita, embora ilícita, não enseja, por si só, indenização por danos morais."

(RA nº 90/2017 – DEJT: 17.08.2017, 18.08.2017, 21.08.2017)

Nesse caso, e de acordo com o referido entendimento, a competência da Justiça do Trabalho apenas se refere a demanda ajuizada em face do sindicato – incidência do art. 114, III, CRFB/88, não abrangendo a ação em face do advogado.

1.3.1.3. Indenização pelas despesas com advogado particular

Tema também bastante relevante é a questão que diz respeito ao cabimento de indenização pela contratação de advogado particular, destacando-se as normas constantes dos arts. 389 e 404, do CC/2002, bem assim do art. 22 da Lei n. 8.906/94.

Com efeito, nos termos do art. 389, "não cumprida a obrigação, responde o devedor por perdas e danos, mais juros e atualização monetária, segundo índices oficiais regularmente estabelecidos, e honorários de advogado", ao passo que o art. 404, "caput" dispõe que "As perdas e danos, nas obrigações de pagamento em dinheiro, serão pagas com atualização monetária segundo índices oficiais regularmente estabelecidos, abrangendo juros, custas e honorários de advogado, sem prejuízo da pena convencional".

Desse modo, os honorários previstos nos arts. 389,404, CC/2002 e art. 22 da Lei n. 8.906/94, são reconhecidos como "contratuais", pois, como visto, estabelecidos entre a cliente e seu advogado, sendo custeado por aquele. Nesse ponto, cabe registrar que os honorários advocatícios contratuais têm fundamento no Direito Material, e não no Direito Processual.

A indenização ora em análise diz respeito ao ressarcimento da despesa à parte que venceu a demanda, podendo ser compreendida como uma espécie de indenização por perdas e danos. É que se a parte vencida não tivesse resistido à pretensão da parte vencedora, considerada a titular do direito pelo Poder Judiciário, esta não teria realizado os gastos com a contratação de advogado.

A indenização em razão de gastos com honorários advocatícios contratuais está, assim, relacionada ao dano causado pelo vencido, decorrente da diminuição do patrimônio do vencedor.

Nesse sentido, segundo Daniel Assunção Amorim[9], ao analisar os arts. 389 e 404, CC/2002:

> A conjugação dos dispositivos supracitados permite a conclusão de que os honorários contratuais despendidos pela parte vitoriosa na demanda judicial devem ser ressarcidos pela parte vencida, sendo incluídos numa percepção mais ampla das perdas e danos suportados pela parte. O raciocínio é simples: se tivesse seu direito atendido voluntariamente pela parte contrária o processo teria sido desnecessário e com isso o gasto com

---

9. NEVES, Daniel Amorim Assumpção. **Manual de direito processual civil** – Volume único. 8. ed. Salvador: Ed. Juspodivm, 2016, p. 356.

> advogado contratado não existiria. Como a solução da lide dependeu de intervenção jurisdicional, é permitida a cobrança pela parte do valor despendido a título de honorários advocatícios na contratação do advogado que atendeu seus interesses em juízo.

Segundo a doutrina, o dano é a efetiva diminuição do patrimônio do credor em razão do inadimplemento da obrigação, ou seja, a diferença entre a situação patrimonial atual criada em razão do inadimplemento obrigacional e a situação em que o credor se encontraria se não tivesse havido o ato ilícito danoso. E assim sendo, é inegável que os valores pagos para o advogado contratado para atender os interesses da parte no processo devem ser computados como danos e por isso podem ser objeto de compensação.

O direito ao recebimento da indenização pelos gastos realizados com advogado teria como fundamento, desse modo, além dos já mencionados arts. 389 e 404, CC/2002, a incidência do princípio da reparação integral.

Entretanto, o certo é que o tema é bastante controvertido, inclusive na jurisprudência do STJ:

> CIVIL E PROCESSUAL CIVIL. VALORES DESPENDIDOS A TÍTULO DE HONORÁRIOS ADVOCATÍCIOS CONTRATUAIS. PERDAS E DANOS. PRINCÍPIO DA RESTITUIÇÃO INTEGRAL.
>
> 1. Aquele que deu causa ao processo deve restituir os valores despendidos pela outra parte com os honorários contratuais, que integram o valor devido a título de perdas e danos, nos termos dos arts. 389, 395 e 404 do CC/02. 2. Recurso especial a que se nega provimento. (STJ – Resp 1.134.725/MG – 3ª Turma – Rel. Min. Nancy Andrighi – j. 14.06.11 – g.n.)
>
> DIREITO CIVIL E PROCESSUAL CIVIL. PREQUESTIONAMENTO. AUSÊNCIA. SÚMULA 211/STJ. DISSÍDIO JURISPRUDENCIAL. COTEJO ANALÍTICO E SIMILITUDE FÁTICA. AUSÊNCIA. VIOLAÇÃO DA COISA JULGADA. RECLAMAÇÃO

TRABALHISTA. HONORÁRIOS CONVENCIONAIS. PERDAS E DANOS. PRINCÍPIO DA RESTITUIÇÃO INTEGRAL. APLICAÇÃO SUBSIDIÁRIA DO CÓDIGO CIVIL.

1. A ausência de decisão acerca dos dispositivos legais indicados como violados, não obstante a interposição de embargos de declaração, impede o conhecimento do recurso especial.

2. O dissídio jurisprudencial deve ser comprovado mediante o cotejo analítico entre acórdãos que versem sobre situações fáticas idênticas.

3. A quitação em instrumentos de transação tem de ser interpretada restritivamente.

4. Os honorários convencionais integram o valor devido a título de perdas e danos, nos termos dos arts. 389, 395 e 404 do CC/02.

5. O pagamento dos honorários extrajudiciais como parcela integrante das perdas e danos também é devido pelo inadimplemento de obrigações trabalhistas, diante da incidência dos princípios do acesso à justiça e da restituição integral dos danos e dos arts. 389, 395 e 404 do CC/02, que podem ser aplicados subsidiariamente no âmbito dos contratos trabalhistas, nos termos do art. 8º, parágrafo único, da CLT.

6. Recurso especial ao qual se nega provido. (STJ – Resp 1.027.797 - MG (2008/0025078-1) – 3ª Turma – Rel. Min. Nancy Andrighi – DJE 23/02/2011)

AGRAVO INTERNO NO AGRAVO EM RECURSO ESPECIAL. HONORÁRIOS ADVOCATÍCIOS CONTRATUAIS. AUSÊNCIA DE PRÉVIA PACTUAÇÃO. NECESSIDADE DE ARBITRAMENTO JUDICIAL. MAGISTRADO QUE NÃO ESTÁ VINCULADO AOS PERCENTUAIS ESTABELECIDOS NA TABELA DA SECCIONAL DA OAB. IMPRESCINDIBILIDADE DE QUE SEJAM CONSIDERADAS AS PARTICULARIDADES DO CASO CONCRETO, QUE PODEM JUSTIFICAR O ARBITRAMENTO DE VALOR DISTINTO. IMPOSSIBILIDADE DE APLICAÇÃO DOS PARÂMETROS ESTABELECIDOS NO CÓDIGO DE PROCESSO CIVIL, QUE DISPÕE SOBRE HONORÁRIOS SUCUMBENCIAIS. RELAÇÃO JURÍDICA ABSOLUTAMENTE DISTINTA. AGRAVO INTERNO A QUE SE NEGA PROVIMENTO. (AgInt no AREsp 1406711/

DF, Rel. Ministro PAULO DE TARSO SANSEVERINO, TERCEIRA TURMA, julgado em 20/04/2020, DJe 24/04/2020)

RECURSOS ESPECIAIS. PROCESSUAL CIVIL. AÇÃO DE RESCISÃO CONTRATUAL CUMULADA COM PEDIDO INDENIZATÓRIO. PARCERIA AGRÍCOLA. LUCROS CESSANTES. COMPROVAÇÃO. AUSÊNCIA. DEVER DE FUNDAMENTAÇÃO. ART. 489, § 1º, IV, DO CPC/2015. OBSERVÂNCIA. HONORÁRIOS ADVOCATÍCIOS CONTRATUAIS. RESSARCIMENTO. INADMISSIBILIDADE. GRAU DE SUCUMBÊNCIA.

AFERIÇÃO. MATÉRIA FÁTICA. REEXAME. IMPOSSIBILIDADE. SÚMULA Nº 7/STJ.

1. Recurso especial interposto contra acórdão publicado na vigência do Código de Processo Civil de 2015 (Enunciados Administrativos nºs 2 e 3/STJ).

2. Ação de resolução de contratos de parceria agrícola cumulada com pedido de indenização por lucros cessantes.

3. Nos termos do art. 489, § 1º, IV, do CPC/2015, não se considera fundamentada a decisão judicial que não enfrenta todos os argumentos deduzidos no processo capazes de, em tese, infirmar a conclusão adotada pelo julgador.

4. Apresenta fundamentação adequada o acórdão que, ao entender que a parte autora não comprovou a existência de lucros cessantes, deixa de se pronunciar a respeito das conclusões do laudo pericial que, no contexto examinado, serviriam apenas para a quantificação de eventuais prejuízos.

5. Os custos decorrentes da contratação de advogados não são indenizáveis, sob pena de atribuir ilicitude a qualquer pretensão questionada judicialmente. Ademais, a atuação judicial na defesa de interesses das partes é inerente ao exercício regular de direitos constitucionais, como o contraditório, a ampla defesa e o amplo acesso à Justiça.

6. A jurisprudência do Superior Tribunal de Justiça é firme no sentido de ser inviável, em recurso especial, a revisão do grau de sucumbência em que autor e réu saíram vencidos na demanda, porquanto implicaria análise do conteúdo fático-probatório. Incidência da Súmula nº 7/STJ.

> 7. Recursos especiais parcialmente conhecidos e, nessa extensão, não providos. (REsp 1837453/SP, Rel. Ministro RICARDO VILLAS BÔAS CUEVA, TERCEIRA TURMA, julgado em 10/03/2020, DJe 13/03/2020)

Relevante notar que as duas últimas decisões são do ano de 2020 e da Terceira Turma do STJ. Enquanto a primeira, de Relatoria do Ministro Paulo de Tarso Sanseverino, admite até mesmo o arbitramento, pelo juiz, na hipótese do contrato anexado aos autos fazer alusão ao percentual de honorários contratados, a segunda, de Relatoria do Ministro Ricardo Villas Bôas Cueva, rejeita a tese da possibilidade de reparação de indenização pela contratação de advogado, sob o principal fundamento de que os custos decorrentes da contratação de advogados não são indenizáveis, sob pena de atribuir ilicitude a qualquer pretensão questionada judicialmente, bem assim que a atuação judicial na defesa de interesses das partes é inerente ao exercício regular de direitos constitucionais, como o contraditório, a ampla defesa e o amplo acesso à Justiça.

No âmbito do processo do trabalho, o tema é (e sempre foi) ainda mais controvertido, sobretudo em face do advento da Lei n. 13.467/2017, que alterou, de forma substancial, a disciplina dos honorários advocatícios na Justiça do Trabalho.

1.3.2. Honorários advocatícios sucumbenciais.

O art. 22 da Lei n. 8.906/94 dispõe que, independentemente do valor contratualmente avençado com o cliente, tem o advogado direito a honorários advocatícios sucumbenciais, ou seja, pelo fato de ter patrocinado a parte vencedora, ao menos em parte, nos pedidos formulados na demanda, previsão complementada pelo art. 23 do mesmo diploma legal, no sentido de que "Os honorários incluídos na condenação, por arbitramento ou sucumbência, pertencem ao advogado".

De igual modo, conforme art. 85, CPC/15, atendidos certos critérios, a sentença condenará o vencido a pagar honorários ao advogado do vencedor.

Trata-se, pois, da verba devida ao advogado em razão da sucumbência da parte contrária, decorrente do triunfo de seu cliente. Não depende, pois, de ocorrência de má-fé, tampouco de conduta culposa da parte vencida, surgindo, desse modo, objetivamente, como um ônus decorrente da sucumbência em juízo.

1.3.3. Honorários advocatícios arbitrados

Os honorários advocatícios arbitrados (arts. 22 e 23 da Lei n. 8.906/94) são assim denominados pelo fato de serem estipulados por arbitramento do juiz, na hipótese de não haver previsão no contrato formulado entre o advogado e seu cliente do percentual devido a título de honorários advocatícios. São, assim, essencialmente, honorários contratuais, guardando apenas a peculiaridade de, não havendo fixação do percentual no contrato, ter seu montante arbitrado pelo juiz.

Nessa hipótese, cabe ao juiz fixar o valor, de acordo com a remuneração compatível com o trabalho do advogado, o valor econômico da questão discutida em juízo e as tabelas fixadas pela OAB, conforme previsto no § 2º do art. 22 da Lei n. 8.906/94:

> Na falta de estipulação ou de acordo, os honorários são fixados por arbitramento judicial, em remuneração compatível com o trabalho e o valor econômico da questão, não podendo ser inferiores aos estabelecidos na tabela organizada pelo Conselho Seccional da OAB.

Trata-se, pois, de uma desafiadora tarefa a ser cumprida pelo órgão julgador, afinal não é nada fácil "medir" o valor do trabalho alheio.

1.3.4. Honorários advocatícios assistenciais

Inicialmente, cumpre lembrar que, apesar de próximos, os institutos da Assistência Judiciária Gratuita e da Justiça Gratuita se diferenciam enquanto, respectivamente, gênero e espécie. Assim é que a assistência judiciária gratuita revela o direito da parte de ter um advogado do Estado gratuitamente, bem como ser isenta de todas as despesas e taxas processuais.

No Brasil, em geral, a assistência judiciária gratuita é prestada pela Defensoria Pública, ou por quem exerça cargo equivalente, sendo que, se no Estado não houver serviço de assistência judiciária, por ele mantido, caberá a indicação à OAB (arts. 1º e 5º, § 2º e § 5º, da Lei n. 1.060/50).

No âmbito da Justiça do Trabalho, por sua vez, a Assistência Judiciária Gratuita é disciplinada pela Lei n. 5.584 de 1970, que eu seu art. 14 dispõe que, na Justiça do Trabalho, a assistência judiciária a que se refere a Lei n. 1.060, de 5 de fevereiro de 1950, será prestada pelo Sindicato da categoria profissional a que pertencer o trabalhador.

Supletivamente, a obrigatoriedade de concessão de Assistência Judiciária Gratuita, na Justiça do Trabalho, deve ser concedida pelo Estado, através de Promotores ou Defensores Públicos, conforme art. 17 da Lei n. 5.584 de 1970.

Ainda quanto a este ponto, relevante notar que o art. 1º da LC n. 80/1994 dispõe que a Defensoria Pública é instituição permanente, essencial à função jurisdicional do Estado, incumbindo-lhe a orientação jurídica, a promoção dos direitos humanos e a defesa, em todos os graus, judicial e extrajudicial, de forma integral e gratuita, atuando, inclusive, na Justiça do Trabalho (art. 14 da LC n. 80/1994).

Entretanto, a despeito da expressa previsão legal, a Defensoria Pública, seja por conta das previsões constantes na mencionada Lei n. 5.584/70, seja pela ausência de estrutura adequada, não tem atuado nas demandas propostas na Justiça do Trabalho, papel que tem sido cumprido pelos sindicatos, trazendo à tona o debate acerca do cabimento de honorários advocatícios assistenciais.

Com efeito, os honorários advocatícios assistenciais eram previstos no 16 da Lei n. 5.584/70, sendo, no momento anterior à vigência da Lei n. 13.467/2017, a principal espécie de cabimento de honorários advocatícios na Justiça do Trabalho, dependendo, essencialmente, da presença concomitante de dois requisitos: assistência sindical e concessão da justiça gratuita.

Isso porque, sendo obrigado a prestar serviços jurídicos (art. 514, "b", CLT), o sindicato deveria contratar advogado para patrocinar aqueles interesses, devendo justamente ser ressarcido por tais despesas.

Assim, na prática, os honorários advocatícios assistenciais (ou meramente honorários assistenciais) eram honorários advocatícios de sucumbência revertidos à entidade sindical representativa da parte em juízo.

Com o advento da Reforma Trabalhista e, consequentemente, da generalização das hipóteses de cabimento de honorários advocatícios de sucumbência, passou a predominar o entendimento pela derrogação do art. 16 da Lei n. 5.584/70.

Coube, por fim, à Lei n. 13.725/2018, revogar expressamente o art. 16 da Lei n. 5.584/70, de modo que as discussões acerca dessa modalidade de honorários advocatícios, pelo menos nos moldes estabelecidos no mencionado dispositivo, ficam restritas às ações ajuizadas antes da revogação, sendo certo que, ainda que haja assistência sindical, os honorários advocatícios sucumbenciais serão devidos ao advogado, e não mais ao sindicato.

Ocorre que a Lei n. 13.725/2018 também alterou a Lei n. 8.906/94, denominando como "honorários assistenciais" os fixados em ações coletivas propostas por entidades de classe em substituição processual, disciplinando, ainda, que os honorários convencionados com entidades de classe (honorários advocatícios contratuais), no caso de substituição processual, poderão prever a faculdade de indicar os beneficiários que, ao optarem por adquirir os direitos, assumirão as obrigações decorrentes do contrato originário a partir do momento em que este foi celebrado (art. 22, §§ 6º e 7º, da Lei n. 8.906/94).

Desse modo, a denominação "honorários advocatícios assistenciais" deve ser compreendida nos termos tratados pela mencionada Lei n. 13.725/2018, sendo inviável a cumulação, na mesma demanda, com os honorários advocatícios sucumbenciais. Nesse sentido, a seguinte decisão do TRT da 5º Região:

> HONORÁRIOS ASSISTENCIAIS. HONORÁRIOS SUCUMBENCIAIS. CUMULAÇÃO. NÃO CABIMENTO. O § 1º do art. 791-A da CLT, introduzido pela Lei 13.467/17, dispõe que os honorários advocatícios sucumbenciais, previstos no caput, serão devidos inclusive nas ações em que a parte estiver assistida pelo sindicato de sua categoria. Em sendo assim, uma vez que a Lei 13.467/17 disciplinou integralmente a matéria dos honorários sucumbenciais na Justiça do Trabalho, não há que se falar em condenação cumulativa em honorários assistenciais e em honorários de sucumbência, pois, a rigor, ambos visam remunerar o trabalho prestado pelo advogado no processo trabalhista. (Processo 0000695-62.2018.5.05.0032, Origem PJE, Relator(a) Desembargador(a) ANA LUCIA BEZERRA SILVA, Quarta Turma, DJ 01/06/2020).

Feitas essas análises, passamos, agora, para trabalhar algumas noções gerais sobre os honorários advocatícios de sucumbência, especificamente.

02

A TUTELA JURÍDICA DOS HONORÁRIOS ADVOCATÍCIOS DE SUCUMBÊNCIA

Nesse capítulo, abordaremos questões específicas sobre os honorários advocatícios de sucumbência, diferenciando institutos fundamentais para a completa compreensão do tema.

2.1. TEORIA DA SUCUMBÊNCIA X TEORIA DA CAUSALIDADE

Na linha do que foi mencionado anteriormente, a teoria da sucumbência tem como fundamento a noção de que o processo, que se tornou necessário para o reconhecimento e a concretização de um direito, não pode provocar prejuízo a parte que tem razão. Assim, o surgimento da obrigação de pagar os honorários advocatícios sucumbenciais decorreria de um fato objetivo, ou seja, da derrota da parte em juízo, dispensando a necessidade de qualquer elemento anímico do vencido (culpa ou dolo), sendo suficiente que o Estado tenha reconhecido à parte contrária a qualidade de titular do direito discutido.

Em síntese, a derrota em uma demanda legitimaria a responsabilização no pagamento dos honorários, independentemente de atuação dolosa ou culposa do devedor, sendo, portanto, de natureza objetiva.

Sob essa ótica, os honorários podem ser analisados sob a ótica de ressarcimento de uma despesa para restabelecimento do prejuízo em razão do processo: se há despesa e vence-se a demanda, o que resistiu deve ser condenado ao pagamento das despesas, impondo um retorno ao *status quo ante.*

Raphael Miziara[10], em sua Dissertação de Mestrado, ao tratar do tema, explica que

> A teoria da sucumbência funda-se na máxima latina segundo a qual victus victori expensas condemnatur (ressarcimento ao vencedor). Tem, por isso, natureza ressarcitória, na medida em que também parte da premissa de que a atuação da lei não deve representar uma diminuição patrimonial para a parte a cujo favor se efetiva. Em outras palavras, o principal fundamento que sustenta a teoria da sucumbência é o fato de a necessidade do processo não poder provocar uma diminuição no valor final do direito postulado, que deve ser incorporado em sua integralidade no patrimônio daquele que tem razão.

Chiovenda[11], defensor da teoria da sucumbência, sustentava que é fundamental que o titular do direito tutelado seja ressarcido de todos os gastos em que incorreu para sua defesa, pois a condenação do sucumbente a arcar com os custos do processo garante a prestação de uma tutela jurisdicional integral.

---

10. MIZIARA, Raphael. Imputação da responsabilidade pelo pagamento dos honorários advocatícios sucumbenciais no direito processual do trabalho: fundamentos teóricos e aplicações práticas / Raphael Miziara – Brasília, 2020.

11. CHIOVENDA, Giuseppe. *La condanna nelle spese giudiziali.* 2. ed. Roma: Società Editrice Del Foro Italiano, 1935, p. 157.

Prescinde-se, pois, de qualquer elemento subjetivo do vencido, sendo, repita-se, a condenação no pagamento de honorários advocatícios decorrente do fato objetivo da derrota em juízo. Irrelevante, portanto, o comportamento do vencido em juízo, sendo que eventual litigância de má-fé, de modo geral, não é levada em conta para fixação da responsabilidade pelo pagamento de honorários advocatícios.

A teoria da sucumbência foi amplamente acolhida pelo sistema jurídico nacional, o que está expressamente previsto no art. 85, "caput", CPC/2015[12], bem assim art. 791-A, "caput", CLT[13], dispositivos que fazem referência ao elemento "sucumbência" como o fato bastante e necessário para a pagamento de honorários advocatícios.

Entretanto, a teoria da sucumbência é entendida como insuficiente para a definição da responsabilidade pelo pagamento de honorários advocatícios, por adotar como critério, unicamente, o fato objetivo da derrota, sendo certo que nem sempre é possível aferir, com razoável grau de certeza, quem é o vencedor e quem é o vencido, surgindo daí a necessidade de se responsabilizar a parte que deu causa a existência do processo, que pode, no caso concreto, ser a vencedora inclusive.

É nesse contexto que ganha importância a teoria da causalidade, a qual não tem a pretensão de superar a teoria da sucumbência, pelo contrário, busca o estabelecimento de critério complementar a noção de vitória e derrota na demanda, afinal nem sempre existirá sucumbência, como, ilustrativamente, na hipótese de extinção de um processo sem resolução do mérito, como no caso de desistência, inépcia da petição inicial,

12. Art. 85. A sentença condenará o vencido a pagar honorários ao advogado do vencedor.

13. Art. 791-A. Ao advogado, ainda que atue em causa própria, serão devidos honorários de sucumbência, fixados entre o mínimo de 5% (cinco por cento) e o máximo de 15% (quinze por cento) sobre o valor que resultar da liquidação da sentença, do proveito econômico obtido ou, não sendo possível mensurá-lo, sobre o valor atualizado da causa.

ausência de pressupostos de existência e validade da relação jurídica processual. Vale dizer, então, que, de acordo com a teoria da causalidade, aquele que deu causa à instauração do processo deve arcar com as despesas dele decorrentes.

Acerca das críticas lançadas à teoria da sucumbência, Raphael Miziara[14], em sua Dissertação de Mestrado, aponta que

> As críticas lançadas sobre a teoria da sucumbência residem no fato de que ela atribui a responsabilidade à parte sucumbente com base em um único critério, qual seja, o mero fato objetivo da derrota sem, contudo, averiguar um antecedente lógico e necessário para a atribuição, no Direito, de qualquer tipo de responsabilidade: o nexo causal.
>
> Deve-se reconhecer, e a prática assim confirma, que a regra da sucumbência, por estar lastreada em um critério unitário, qual seja, o fato objetivo da derrota, não é suficiente para solucionar todas as hipóteses envolvendo a responsabilidade pelas despesas processuais e, por consequência, dos honorários sucumbenciais.
>
> Há casos em que da situação concreta processual não se podem extrair, porque não estão presentes, as figuras do vencido e do vencedor (como se dá nas hipóteses de desistência, perda do objeto, execução e outras). E, ainda nos casos em que se encontram essas figuras, o critério da sucumbência não é capaz de oferecer a solução mais adequada, como nos casos de extinção da execução por pronúncia da prescrição intercorrente, apenas para que se cite um exemplo.
>
> A proposta de Chiovenda, em verdade, viola a ordem natural das coisas, ao imputar a alguém (no caso, o derrotado), de forma absoluta, automática e sem exceções, a responsabilidade pelo pagamento dos honorários, sem qualquer exame prévio ou posterior acerca da existência ou não do

---

14. MIZIARA, Raphael. Imputação da responsabilidade pelo pagamento dos honorários advocatícios sucumbenciais no direito processual do trabalho: fundamentos teóricos e aplicações práticas / Raphael Miziara – Brasília, 2020.

> nexo de causalidade entre a conduta do derrotado e a própria existência do processo.

A teoria da causalidade tem como premissa o fato de que nem sempre a conduta do vencido na demanda pode ser identificada como a verdadeira causa do processo, a despeito de, na maioria das vezes, efetivamente ser. Desse modo, o ônus do processo não pode ser, em certos casos, atribuído ao vencido, sendo razoável que sejam direcionadas as despesas processuais ao causador da demanda (relação de causalidade), independentemente de ser autor ou réu, vencedor ou vencido.

Verifica-se, assim, certa insuficiência do critério da sucumbência para disciplinar a repartição das despesas processuais, por se constatar que ela não distribui satisfatoriamente tais despesas entre os responsáveis pela existência da demanda.

Ilustrativamente, no caso de jurisdição voluntária, em que não há partes, mas interessados, não é possível verificar, ao final da decisão do magistrado, quem é o vencedor e quem é o vencido, pelo que o CPC/2015, prevê disciplina específica de repartição das despesas processuais; do mesmo modo, na fase de cumprimento de sentença (execução), tendo em vista que a demanda poderia ter sido evitada pelo executado, mediante o cumprimento voluntário da decisão, não há possibilidade de aplicação plena do critério da sucumbência. É que o executado, nesse caso, é a único que poderia ter evitado a existência do processo (ou da fase processual em questão).

Nesse sentido, o STJ, antes mesmo do CPC/2015, já reconhecia a insuficiência do critério da sucumbência para disciplinar o pagamento de honorários advocatícios em determinadas situações:

> O princípio absoluto da fixação da responsabilidade pelo pagamento dos honorários advocatícios e demais despesas processuais, com base no fato objetivo da derrota sofreu significativa modificação ante as complexas relações sócios-jurídicas atuais, merecendo a intervenção do princípio da

> causalidade, segundo o qual aquele que deu causa à instauração do processo deve arcar com as despesas dele decorrentes. (STJ, Primeira Turma, REsp 642.107/PR, rel. Min. Luiz Fux, DJ de 29.11.2004).

Com efeito, é de suma relevância apontar que a noção de causalidade não se dissocia da ideia de sucumbência, na verdade, há uma relação de complementariedade. Na verdade, de modo geral, a parte sucumbente no processo é considerada quem deu causa ao processo, mas é possível que não haja tal coincidência.

Em conclusão, nesse momento da obra, há de se reconhecer que o critério da sucumbência, embora importante e definidor da maioria das hipóteses de responsabilização pelas despesas processuais, não pode ser o único, devendo conviver com os critérios da causalidade e do interesse, aspectos que serão melhor analisados ao longo do livro.

2.2. SUCUMBÊNCIA PARCIAL X SUCUMBÊNCIA RECÍPROCA

Aspecto que tem o condão de provocar importante efeito prático na disciplina do pagamento de honorários advocatícios se refere a possível distinção entre sucumbência parcial e sucumbência recíproca.

Há quem defenda que, para fins de repartição do ônus processual, os honorários advocatícios de sucumbência recíproca se referem ao fato de haver, na mesma demanda, pedidos julgados integralmente procedentes e pedidos julgados integralmente improcedentes, de modo que ambas as partes foram sucumbentes em determinadas pretensões deduzidas em juízo.

Já a sucumbência parcial é analisada sob a ótica única e exclusiva de cada pedido (pretensão) apresentado na petição inicial. Desse modo, ilustrativamente, o acolhimento de determinado pedido, em montante inferior ao postulado, não caracterizaria sucumbência, pois a parcela restou acolhida, sendo o postulante vitorioso, ainda que em expressão econômica menos vantajosa do que a, efetivamente, pretendida.

Essa ideia está contida na Súmula n. 326, STJ[15], no sentido de que o deferimento de parte da pretensão de compensação por dano extrapatrimonial, para efeito de despesa processual, equivale ao seu acolhimento integral, não sendo devidos honorários advocatícios pela parte que teve deferido, ainda que parcialmente, seu pedido.

A possibilidade de existência de efeito prático entre sucumbência parcial e sucumbência recíproca, no Processo do Trabalho, será detidamente analisada em outro capítulo ao longo desta obra.

2.3. COMPENSAÇÃO ENTRE HONORÁRIOS DE SUCUMBÊNCIA

Como visto no Capítulo 1 dessa obra, item "1.2", para onde se remete o leitor, anteriormente à vigência do CPC/2015, havia controvérsia acerca da natureza jurídica dos honorários advocatícios, tema de fundamental importância a fim de definir a titularidade do crédito, bem assim a possibilidade de compensação entre os valores, em caso de sucumbência de ambas as partes.

O art. 85, "caput", CPC/2015, reafirmando o disposto no art. 23, da Lei n. 8.906/94, esclarece que "A sentença condenará o vencido a pagar honorários ao advogado do vencedor", deixando claro que a titularidade do crédito de honorários advocatícios pertence ao causídico, e não a parte.

15. SÚMULA N. 326. Na ação de indenização por dano moral, a condenação em montante inferior ao postulado na inicial não implica sucumbência recíproca.

A par do "caput" do art. 85 do CPC/2015, os § § 14 e 15, também na mesma linha do art. 23, da Lei n. 8.906/94, bem assim do entendimento doutrinário e jurisprudencial predominante (Súmula Vinculante n. 47, STF), dispõem que "Os honorários constituem direito do advogado e têm natureza alimentar, com os mesmos privilégios dos créditos oriundos da legislação do trabalho, sendo vedada a compensação em caso de sucumbência parcial.", sendo possível, inclusive, ao advogado "requerer que o pagamento dos honorários que lhe caibam seja efetuado em favor da sociedade de advogados que integra na qualidade de sócio".

No mesmo sentido, o art. 791-A, § 3º, CLT, determina que na "hipótese de procedência parcial, o juízo arbitrará honorários de sucumbência recíproca, vedada a compensação entre os honorários".

Uma vez assentado que o crédito pertence ao advogado, a conclusão acerca da impossibilidade de compensação não poderia ser mesmo diferente, já que, enquanto modalidade de extinção da obrigação, ela apenas tem cabimento no caso de identidade entre os credores e devedores (art. 368, CC/2002[16]).

Em conclusão, os honorários advocatícios têm natureza alimentar, sendo de titularidade do advogado, de sorte que, em caso de sucumbência de ambas as partes, cada advogado tem direito autônomo aos seus créditos, sendo indevida a compensação entre os honorários devidos ao advogado da parte autora e os devidos ao advogado da parte ré, afinal não há posição concomitante de credor e devedor entre os sujeitos.

16. Art. 368. Se duas pessoas forem ao mesmo tempo credor e devedor uma da outra, as duas obrigações extinguem-se, até onde se compensarem.

03

HONORÁRIOS ADVOCATÍCIOS DE SUCUMBÊNCIA NA JUSTIÇA DO TRABALHO

A partir deste capítulo, buscaremos tratar, da forma mais didática possível, sobre a temática dos honorários advocatícios no âmbito da Justiça do Trabalho, tema que ganhou ainda mais relevância com o advento da Lei n. 13.467/2017, um verdadeiro divisor de águas com relação ao assunto.

3.1. REALIDADE ANTERIOR À LEI N. 13.467/2017

No período anterior à vigência da Lei n. 13.467/2017, os honorários advocatícios no Processo do Trabalho não eram devidos em razão da mera sucumbência, mas sim, essencialmente, no caso de assistência prestada pelos sindicatos e concessão da justiça gratuita.

A grande razão de ser do referido entendimento se amparava na capacidade postulatória (*jus postulandi* – art. 791, CLT) reconhecida às próprias partes no processo do trabalho, de modo que, por esta razão, a despesa relativa a contratação de um advogado sempre foi considerada facultativa, o que sempre repercutiu no entendimento acerca do cabimento da condenação no pagamento da verba honorária.

Segundo o entendimento consolidado pelo TST por meio das súmulas n. 219[17] e 329[18], firmado no período anterior à Reforma Trabalhista, no âmbito Justiça do Trabalho, a condenação ao pagamento de honorários advocatícios não decorria pura e simplesmente da sucumbência, devendo a parte, concomitantemente: a) estar assistida por sindicato da categoria profissional; b) comprovar a percepção de salário inferior ao dobro do salário-mínimo ou encontrar-se em situação econômica que não

---

17. Súmula nº 219 do TST. HONORÁRIOS ADVOCATÍCIOS. CABIMENTO (alterada a redação do item I e acrescidos os itens IV a VI em decorrência do CPC de 2015) - Res. 204/2016, DEJT divulgado em 17, 18 e 21.03.2016.

    I – Na Justiça do Trabalho, a condenação ao pagamento de honorários advocatícios não decorre pura e simplesmente da sucumbência, devendo a parte, concomitantemente: a) estar assistida por sindicato da categoria profissional; b) comprovar a percepção de salário inferior ao dobro do salário mínimo ou encontrar-se em situação econômica que não lhe permita demandar sem prejuízo do próprio sustento ou da respectiva família. (art.14, §1º, da Lei nº 5.584/1970). (ex-OJ nº 305da SBDI-I).

    II – É cabível a condenação ao pagamento de honorários advocatícios em ação rescisória no processo trabalhista.

    III – São devidos os honorários advocatícios nas causas em que o ente sindical figure como substituto processual e nas lides que não derivem da relação de emprego.

    IV – Na ação rescisória e nas lides que não derivem de relação de emprego, a responsabilidade pelo pagamento dos honorários advocatícios da sucumbência submete-se à disciplina do Código de Processo Civil (arts. 85, 86, 87 e 90).

    V – Em caso de assistência judiciária sindical ou de substituição processual sindical, excetuados os processos em que a Fazenda Pública for parte, os honorários advocatícios são devidos entre o mínimo de dez e o máximo de vinte por cento sobre o valor da condenação, do proveito econômico obtido ou, não sendo possível mensurá-lo, sobre o valor atualizado da causa (CPC de 2015, art. 85, § 2º).

    VI – Nas causas em que a Fazenda Pública for parte, aplicar-se-ão os percentuais específicos de honorários advocatícios contemplados no Código de Processo Civil.

18. Súmula nº 329 do TST. HONORÁRIOS ADVOCATÍCIOS. ART. 133 DA CF/1988 (mantida) - Res. 121/2003, DJ 19, 20 e 21.11.2003. Mesmo após a promulgação da CF/1988, permanece válido o entendimento consubstanciado na Súmula nº 219 do Tribunal Superior do Trabalho.

lhe permita demandar sem prejuízo do próprio sustento ou da respectiva família (art. 14, § 1º, da Lei nº 5.584/1970).

Isso porque, sendo obrigado a prestar serviços jurídicos (art. 514, "b", CLT), o sindicato deveria contratar advogado para patrocinar aqueles interesses, devendo justamente ser ressarcido por tais despesas. Dessa forma, a princípio, seriam devidos os honorários, apenas para esse caso.

Ocorre que o próprio TST, antes mesmo da vigência da Lei n. 13.467/2017, passou a compreender que a existência da regra geral para o cabimento de honorários advocatícios, com a exigência de assistência sindical e concessão da justiça gratuita, não afastava a possibilidade de reconhecimento de outras hipóteses.

Ilustrativamente, no caso da demanda se referir a uma ação rescisória, em que não se reconhece a possibilidade de *jus postulandi* às partes (TST, Súmulas n. 219, II e 425), bem assim no caso de ação de indenização por danos morais e materiais decorrentes de acidente de trabalho ou de doença profissional, remetida à Justiça do Trabalho após ajuizamento na Justiça comum, antes da vigência da Emenda Constitucional n. 45/2004, os honorários advocatícios já decorriam da mera sucumbência, nos termos do art. 85 do CPC de 2015 (art. 20 do CPC de 1973), não se sujeitando aos requisitos da Lei n. 5.584/1970 (Orientação Jurisprudencial n. 421, SDI 1, TST).

Assim, o fato é que o *jus postulandi*, que, como visto, era o principal fundamento para, no período anterior a Reforma Trabalhista, negar o cabimento dos honorários advocatícios pela mera sucumbência no processo do trabalho, sempre foi e ainda é objeto de intenso debate e questionamento.

É certo que se trata de regra expressa na CLT desde a sua origem (maio/1943), cujo objetivo era facilitar o acesso do trabalhador à Justiça do Trabalho, tanto por uma questão de custos com a contratação de advogado como de dificuldade de encontrar um advogado para representá-lo em Juízo.

Sucede que a manutenção do *jus postulandi* assumiu o protagonismo dos debates quando da promulgação da CRFB/88 e do Estatuto da OAB (Lei n. 8.906/94).

Isso porque a CRFB/88, em seu artigo 133, prevê que "O advogado é indispensável à administração da justiça, sendo inviolável por seus atos e manifestações no exercício da profissão, nos limites da lei", prevendo o Estatuto da OAB, por sua vez, em seu artigo 1º, I, que "São atividades privativas de advocacia: I – a postulação a qualquer órgão do Poder Judiciário e aos juizados especiais."

Assim, diante dos dispositivos em destaque, questionou-se a manutenção do *jus postulandi* na Justiça do Trabalho, afinal o Estatuto da OAB trouxe regra expressa prevendo como atividade privativa da advocacia a postulação em qualquer órgão do Poder Judiciário, entre os quais se inclui a Justiça do Trabalho (art. 92, IV, da CRFB/88).

Não por outra razão, a Associação dos Magistrados Brasileiros (AMB) ajuizou Ação Direta de Inconstitucionalidade (ADI n. 1.127-8) questionando, dentre outros dispositivos do Estatuto da OAB, a constitucionalidade da expressão "qualquer" presente no texto do art. 1º, I, do Estatuto da OAB.

O STF, no julgamento da ação em questão, concluiu por suspender a eficácia do art. 1º, I, do Estatuto da OAB, excluindo, portanto, a aplicação do dispositivo em questão em relação aos Juizados de Pequenas Causas, a Justiça do Trabalho e a Justiça de Paz.

Assim, mantido mesmo após a promulgação da CRFB/88 e da publicação da Lei n. 8.906/94, o *jus postulandi* na Justiça do Trabalho entrou novamente em questionamento quando da promulgação da EC n. 45/2004, que, alterando a redação do artigo 114 da CRFB/88, ampliou, significativamente, a competência material da Justiça do Trabalho.

A partir de então, houve, mais uma vez, quem defendesse o fim do *jus postulandi*, e, por conseguinte, a generalização do cabimento dos honorários advocatícios pela mera sucumbência no Processo do Trabalho, sob o argumento de que, em face da nova complexidade das lides trabalhistas, o *jus postulandi,* criado para facilitar o acesso das partes à Justiça do Trabalho, acabou se tornando um instrumento de desigualdade no âmbito do processo judicial, afinal a parte assistida por advogado estaria em ampla vantagem sobre a parte no exercício do *jus postulandi.*

Questionou-se, também, se o *jus postulandi* também seria aplicável às lides não decorrentes das relações de emprego (espécie), a partir de então sujeitas à competência material da Justiça do Trabalho.

Nesse particular e na linha do exposto, a consolidação do entendimento do TST no sentido de que, nas lides não decorrentes das relações de emprego, os honorários advocatícios decorrem da mera sucumbência da parte (Súmula n. 219, III, do TST; art. 5º, da Instrução Normativa n. 27/2005, TST), faz crer que, nessas situações, a presença do advogado é indispensável, não cabendo o exercício do *jus postulandi* nesses casos, entendimento esse que se pode extrair, outrossim, da interpretação literal do art. 791 da CLT que se refere apenas a empregado e empregador, não abarcando trabalhadores em sentido amplo, exceto quanto ao caso da típica empreitada (art. 652, III, da CLT).

Seguindo a evolução sobre o tema, merece destaque a nova interpretação conferida pelo TST ao artigo 791 da CLT, consubstanciado na Súmula n. 425 do TST, de maio/2010, limitando o exercício do *jus postulandi* às Varas do Trabalho e aos Tribunais Regionais do Trabalho, não alcançando a ação rescisória, a ação cautelar, o mandado de segurança e os recursos de competência do Tribunal Superior do Trabalho.

Trata-se de uma limitação expressa ao exercício do *jus postulandi,* decorrente dos elementos técnicos que exigem os recursos e ações de competência do TST, exigindo, assim, a elaboração de defesa (em sentido amplo) por advogados devidamente habilitados.

Por fim, o advento do Processo Judicial Eletrônico (Lei n. 11.419/2006) e sua implantação na Justiça do Trabalho passaram a colocar o *jus postulandi*, mais uma vez, no centro do debate.

Isso porque o Processo Judicial Eletrônico, em que pese não seja incompatível formalmente com o *jus postulandi*, torna, no mínimo, mais difícil o seu exercício, afinal o Processo Judicial Eletrônico implanta uma nova cultura processual, com princípios e regras próprias.

Como se vê, o *jus postulandi*, criando inicialmente na Justiça do Trabalho como instrumento de facilitação do acesso das partes à Justiça do Trabalho, atualmente, além de ter o seu exercício formalmente limitado pelo TST (Súmula n. 425), possui, também, limitações materiais, decorrentes da alta complexidade atual das lides trabalhistas, do Processo Judicial Eletrônico e da ampliação da competência material da Justiça do Trabalho (EC 45/2004).

Em resumo, antes da vigência da Lei n. 13.467/2017, as hipóteses de condenação no pagamento de honorários advocatícios poderiam ser divididas em dois grupos: honorários advocatícios assistenciais (honorários advocatícios de sucumbência devidos ao ente sindical que atuava em assistência jurídica ao sujeito do processo), modalidade padrão de cabimento, que dependia do preenchimento dos requisitos previstos no art. 14, § 1º, da Lei n. 5.584/70 (assistência sindical e concessão dos benefícios da justiça gratuita); honorários advocatícios devidos em razão de mera sucumbência, em hipóteses que foram, gradativamente, acolhidas pela jurisprudência do TST.

Possível, assim, sistematizar o tema, antes da vigência da Lei n. 13.467/2017, do seguinte modo:

a) em lides decorrentes da relação de emprego, exigindo a assistência sindical e a concessão da justiça gratuita (art. 14, § 1º, da Lei n. 5.584/70; Súmula n. 219, I, TST). Esses honorários advocatícios eram conhecidos como assistenciais. Possível afirmar que essa era a modalidade "padrão" de cabimento de honorários advocatícios no Processo do Trabalho;

b) em caso de ação rescisória, em razão da mera sucumbência (Súmula n. 219, II, TST);

c) nas lides de que não decorriam da relação de emprego (mas sim de relação de trabalho em sentido amplo), em razão da mera sucumbência (Súmula n. 219, III e IV, TST; art. 5º da Instrução Normativa n. 27/2005, TST);

d) em caso de assistência judiciária sindical ou de substituição processual sindical, em razão da mera sucumbência (Súmula n. 219, V, TST);

e) no caso de ação de indenização por danos morais e materiais decorrentes de acidente de trabalho ou de doença profissional, remetida à Justiça do Trabalho após ajuizamento na Justiça comum, antes da vigência da Emenda Constitucional n. 45/2004, hipótese em que também os honorários advocatícios já decorriam da mera sucumbência da parte (Orientação Jurisprudencial n. 421, SDI 1, TST).

3.2. REALIDADE A PARTIR DA LEI N. 13.467/2017

A Lei n. 13.467/2017 – Reforma Trabalhista, ao incluir o art. 791-A[19], na CLT, alterou, substancialmente, a disciplina do cabimento dos honorários advocatícios no Processo do Trabalho.

---

19. Art. 791-A. Ao advogado, ainda que atue em causa própria, serão devidos honorários de sucumbência, fixados entre o mínimo de 5% (cinco por cento) e o máximo de 15% (quinze por cento) sobre o valor que resultar da liquidação da sentença, do proveito econômico obtido ou, não sendo possível mensurá-lo, sobre o valor atualizado da causa. (Incluído pela Lei nº 13.467, de 2017)

§ 1º Os honorários são devidos também nas ações contra a Fazenda Pública e nas ações em que a parte estiver assistida ou substituída pelo sindicato de sua categoria. (Incluído pela Lei nº 13.467, de 2017)

Ao prever disciplina de cabimento de honorários advocatícios semelhante ao disposto no CPC/2015, provocou uma generalização no cabimento da verba honorária, não mais sendo possível, portanto, sustentar que as hipóteses de condenação são específicas, nem tampouco que o tema está pacificado pelas Súmulas n. 219 e 329, TST.

Ao contrário, inseriu-se, no sistema processual trabalhista, os honorários advocatícios decorrentes da mera sucumbência, inclusive para as lides decorrentes das relações de emprego.

Com efeito, segundo art. 791-A, CLT, ao advogado, ainda que atue em causa própria, serão devidos honorários de sucumbência, fixados entre o mínimo de 5% (cinco por cento) e o máximo de 15% (quinze por cento) sobre o valor que resultar da liquidação da sentença, do proveito econômico obtido ou, não sendo possível mensurá-lo, sobre o valor atualizado da causa, devendo o juiz observar, quando do arbitramento do percentual, o grau de zelo do profissional, o lugar da prestação dos serviços,

---

§ 2º Ao fixar os honorários, o juízo observará: (Incluído pela Lei nº 13.467, de 2017)

I – o grau de zelo do profissional; (Incluído pela Lei nº 13.467, de 2017)

II – o lugar de prestação do serviço; (Incluído pela Lei nº 13.467, de 2017)

III – a natureza e a importância da causa; (Incluído pela Lei nº 13.467, de 2017)

IV – o trabalho realizado pelo advogado e o tempo exigido para o seu serviço. (Incluído pela Lei nº 13.467, de 2017)

§ 3º Na hipótese de procedência parcial, o juízo arbitrará honorários de sucumbência recíproca, vedada a compensação entre os honorários. (Incluído pela Lei nº 13.467, de 2017)

§ 4º Vencido o beneficiário da justiça gratuita, desde que não tenha obtido em juízo, ainda que em outro processo, créditos capazes de suportar a despesa, as obrigações decorrentes de sua sucumbência ficarão sob condição suspensiva de exigibilidade e somente poderão ser executadas se, nos dois anos subsequentes ao trânsito em julgado da decisão que as certificou, o credor demonstrar que deixou de existir a situação de insuficiência de recursos que justificou a concessão de gratuidade, extinguindo-se, passado esse prazo, tais obrigações do beneficiário. (Incluído pela Lei nº 13.467, de 2017)

§ 5º São devidos honorários de sucumbência na reconvenção.

a natureza e a importância da causa, o trabalho realizado pelo advogado e o tempo exigido para o seu serviço.

Destarte, para as demandas ajuizadas a partir de 11.11.2017, a condenação no pagamento de honorários advocatícios passou a ser a regra no Processo do Trabalho, ainda que o advogado atue em causa própria (art. 791-A, "caput", CLT).

Nesse ponto, é importante registrar que, em que pese o ajuizamento de ADI (ADI n. 5766) em face do art. 791-A, CLT, pendente de julgamento pelo STF, aspecto que será melhor analisado no decorrer dessa obra, o TST, por meio de decisões de turmas, já teve oportunidade de se manifestar acerca da constitucionalidade da sistemática de generalização do cabimento dos honorários advocatícios no Processo do Trabalho:

> AGRAVO DE INSTRUMENTO. RECURSO DE REVISTA INTERPOSTO SOB A ÉGIDE DAS LEIS Nos 13.015/2014, 13.105/2015 E 13.467/2017. HONORÁRIOS ADVOCATÍCIOS SUCUMBENCIAIS. AÇÃO AJUIZADA APÓS A VIGÊNCIA DA LEI Nº 13.467/2017. CONSTITUCIONALIDADE DO ART. 791-A, § 4º, DA CLT. 1. A Reforma Trabalhista, implementada pela Lei nº 13.467/2017, sugere uma alteração de paradigma no direito material e processual do trabalho. No âmbito do processo do trabalho, a imposição pelo legislador de honorários sucumbenciais ao reclamante reflete a intenção de desestimular lides temerárias. É uma opção política. 2. Por certo, sua imposição a beneficiários da Justiça gratuita requer ponderação quanto à possibilidade de ser ou não tendente a suprimir o direito fundamental de acesso ao Judiciário daquele que demonstrou ser pobre na forma da Lei. 3. Não obstante, a redação dada ao art. 791, § 4º, da CLT, demonstrou essa preocupação por parte do legislador, uma vez que só será exigido do beneficiário da Justiça gratuita o pagamento de honorários advocatícios se ele obtiver créditos suficientes, neste ou em outro processo, para retirá-lo da condição de miserabilidade. Caso contrário, penderá, por dois anos, condição suspensiva de exigibilidade. A constatação da superação do estado de miserabilidade, por óbvio, é casuística e individualizada. 4. Assim, os condicionamentos impostos restauram a situação de isonomia

> do atual beneficiário da Justiça gratuita quanto aos demais postulantes. Destaque-se que o acesso ao Judiciário é amplo, mas não incondicionado. Nesse contexto, a ação contramajoritária do Judiciário, para a declaração de inconstitucionalidade de norma, não pode ser exercida no caso, em que não se demonstra violação do princípio constitucional de acesso à Justiça. Agravo de instrumento conhecido e desprovido. (AIRR-2054-06.2017.5.11.0003, 3ª Turma, Relator Ministro Alberto Luiz Bresciani de Fontan Pereira, DEJT 31/05/2019)

Também reconhecendo a constitucionalidade da inserção da sistemática da sucumbência recíproca para efeito de pagamento de honorários advocatícios no Processo do Trabalho, a seguinte decisão do Tribunal Regional do Trabalho da 7ª Região:

> ARGUIÇÃO DE INCONSTITUCIONALIDADE. HONORÁRIOS ADVOCATÍCIOS SUCUMBENCIAIS. SUCUMBÊNCIA RECÍPROCA. § 3º DO ART. 791-A DA CLT. CONSTITUCIONALIDADE. A previsão de sucumbência recíproca, no bojo do § 3º do art. 791-A da CLT, introduzido pela Lei nº 13.467/2017, não ofende a Constituição Federal de 1988, adequando-se, inclusive, ao Código de Processo Civil, quando venda a compensação de honorários, consoante seu art. 85, § 14. A Súmula nº 306 do STJ, que compreendia pela compensação de honorários sucumbenciais, encontra sua aplicabilidade restrita à vigência do CPC de 1973. Inconstitucionalidade rejeitada. (TRT-7 – Incidente De Arguição de Inconstitucionalidade Cível: 00800260420195070000, Relator: JOSE ANTONIO PARENTE DA SILVA, Data de Julgamento: 08/11/2019, Data de Publicação: 20/11/2019).

Registre-se que questão de grande relevância prática diz respeito a aplicação intertemporal das normas processuais.

3.2.1. Aplicação, no tempo, da nova sistemática dos honorários advocatícios no processo do trabalho

Com efeito, a segurança jurídica, direito fundamental previsto no art. 5º, XXXVI, da CRFB/88, garante que a lei não prejudicará o direito adquirido, o ato jurídico perfeito e a coisa julgada, materializando, assim, o princípio da irretroatividade normativa.

A eficácia da lei no tempo, contudo, abrange não somente o princípio da irretroatividade normativa, mas também o princípio da aplicação da lei com efeito imediato, previsto no art. 6º da LINDB. Assim é que, conforme referido dispositivo, "A Lei em vigor terá efeito imediato e geral, respeitados o ato jurídico perfeito, o direito adquirido e a coisa julgada".

No âmbito processual, três sistemas apresentam-se para buscar solucionar a questão da eficácia da Lei processual no tempo. Em primeiro lugar, o sistema da unidade processual propõe que, sendo o processo um complexo de atos inseparáveis uns dos outros, deve ele ser considerado em sua inteireza, somente podendo a ele aplicar-se uma mesma lei, do seu início até o seu fim, ainda que nesse interregno ocorram alterações legislativas.

O sistema das fases processuais, por sua vez, secciona o processo em etapas distintas (postulatória, probatória, decisória e recursal). Sendo, cada uma dessas etapas, um módulo mais ou menos autônomo do processo, seria possível restringir a aplicação da lei processual nova às fases subsequentes, mantida a regulação pela lei antiga à fase em curso no momento da alteração.

Por fim, destaca-se o sistema do isolamento dos atos processuais, que propõe o respeito aos atos processuais já realizados, somente aplicando a lei processual nova àqueles atos processuais vindouros, a serem praticados sob a égide do novo diploma.

No âmbito do direito brasileiro, tanto o Processo Civil (arts. 1.046 e 1.047 do CPC/2015), quanto o processo do trabalho (art. 915 da CLT), adotam, como regra, o sistema do isolamento dos atos processuais, que respeita, como visto, os atos processuais já realizados, somente aplicando as novas regras processuais àqueles atos processuais a serem praticados sob a égide da nova Lei.

Assim sendo, a eficácia temporal de uma Lei (fonte formal heterônoma) que altere a norma (CLT) de Direito Processual do Trabalho rege-se a partir do sistema do isolamento dos atos processuais, materializando, assim, o direito fundamental à segurança jurídica (art. 5º, XXXVI, da CRFB/88).

Nesse sentido, inclusive, acerca do tema, o TST editou a Instrução Normativa n. 41/2018, prevendo o seu art. 6º que "Na Justiça do Trabalho, a condenação em honorários advocatícios sucumbenciais, prevista no art. 791-A, e parágrafos, da CLT, será aplicável apenas às ações propostas após 11 de novembro de 2017 (Lei n. 13.467/2017)", ou seja, para a referida Corte as regras quem regem a condenação em honorários advocatícios são as vigentes no momento da propositura da ação.

Desse modo, a despeito do art. 791-A ter trazido para o Processo do Trabalho a sistemática dos honorários advocatícios decorrentes da mera sucumbência, inclusive em caso de sucumbência recíproca, tal cabimento está restrito, no caso das lides decorrentes das relações de emprego, às ações trabalhistas ajuizadas a partir do dia 11/11/2017, data da entrada em vigor da referida Lei.

Pensar diferente seria surpreender o jurisdicionado (decisão surpresa), parte autora e/ou parte ré, que, seja quando apresentou petição inicial, seja quando apresentou contestação, o fez com base na sistemática até então vigente no âmbito da Justiça do Trabalho, que exigia, para cabimento de honorários advocatícios, no caso das lides decorrentes das relações de emprego, não apenas a mera sucumbência, mas também a assistência sindical e a assistência judiciária gratuita (arts. 14 a 16 da Lei n. 5.584/70; Súmula n. 219, I, do TST).

A vedação às decisões surpresas, por seu turno, revela um dos pilares da sistemática processual contemporânea, cuja nova ética foi inaugurada pela Lei n. 13.105/2015 (CPC/2015), conforme se pode extrair, por exemplo, dos artigos 10 e 321 do CPC/2015.

Importante destacar, inclusive sob o prisma do sistema processual adotado no Brasil, tanto no Processo Civil (art. 14), quanto no Processo do Trabalho (art. 915), que é o sistema do isolamento dos atos processuais, que, no caso específico dos honorários advocatícios na Justiça do Trabalho, o ato processual que atrai a incidência do instituto é a provocação do Poder Judiciário, o que se faz a partir da petição inicial.

Não se diga, noutro sentido, que o marco apto a resolver a questão da eficácia da lei no tempo com relação aos honorários advocatícios seria a data da prolação da sentença de primeiro grau, tal qual decidido pelo STJ no âmbito do REsp 1.465.535/SP, afinal, no caso do referido julgamento, o STJ tratou de uma situação na qual houve uma modificação (e não inovação) da sistemática dos honorários advocatícios decorrentes da mera sucumbência, que já existiam no âmbito do CPC/73 e foram apenas alterados pelo CPC/2015.

Assim, no caso julgado pelo REsp 1.465.535/SP, a realidade que existia anteriormente (CPC/73) já deixava as partes (autora e ré) certas, quando da provocação do Poder Judiciário (através da petição inicial e/ou da contestação), mesmo antes do CPC/2015, que sua mera sucumbência geraria para si a despesa relativa aos honorários advocatícios, devidos ao advogado da parte contrária (arts. 20 e 21 do CPC/73).

No caso da Lei n. 13.467/2017, a sistemática é completamente diferente: parte-se de uma realidade na qual a parte, quando provocou o Poder Judiciário (através da petição inicial e/ou da contestação), o fez na certeza de que somente seria condenada ao pagamento de honorários advocatícios ao advogado da parte contrária se ela estivesse assistida pelo Sindicato da categoria e fosse beneficiária da assistência judiciária gratuita. Em outras palavras: o fez na certeza de que a sua mera sucumbência não lhe faria suportar a despesa processual em questão.

Desta forma, se a parte, como dito, quando provocou o Poder Judiciário (através da petição inicial e/ou da contestação), o fez na certeza (decorrente da Lei em vigor no momento da prática do ato processual em questão) de que a sua mera sucumbência não lhe faria suportar a despesa processual dos honorários advocatícios, eventual condenação neste sentido, de forma evidente, importaria decisão surpresa, violando, assim, o art. 10 do CPC/2015 e os arts. 5º, XXXV e LV, ambos da CRFB/88.

Entretanto, é importante destacar a seguinte decisão do STF, proferida em momento posterior a vigência da Lei n. 13.467/2017:

> AGRAVO INTERNO. RECURSO EXTRAORDINÁRIO COM AGRAVO. HONORÁRIOS ADVOCATÍCIOS NO PROCESSO DO TRABALHO. ART. 791-A DA CONSOLIDAÇÃO DAS LEIS DO TRABALHO, INTRODUZIDO PELA LEI 13.467/2017. INAPLICABILIDADE A PROCESSO JÁ SENTENCIADO. 1. A parte vencedora pede a fixação de honorários advocatícios na causa com base em direito superveniente – a Lei 13.467/2017, que promoveu a cognominada "Reforma Trabalhista". 2. O direito aos honorários advocatícios sucumbenciais surge no instante da prolação da sentença. Se tal crédito não era previsto no ordenamento jurídico nesse momento processual, não cabe sua estipulação com base em lei posterior, sob pena de ofensa ao princípio da irretroatividade da lei. 3. Agravo interno a que se nega provimento. (ARE 1014675 AgR; Órgão julgador: Primeira Turma; Relator(a): Min. ALEXANDRE DE MORAES; Julgamento: 23/03/2018; Publicação:12/04/2018).

Diante da referida decisão do STF, alguns Tribunais Regionais do Trabalho passaram a adotar o entendimento de que a sentença, e não o ajuizamento da demanda, deve ser o marco processual para definir o cabimento dos honorários advocatícios, de modo que, ainda que a demanda tenha tido início antes da vigência da Lei n. 13.467/2017, se a sentença for proferida após 11/11/2017, são cabíveis honorários advocatícios. Nesse sentido, os seguintes acórdãos oriundos do TRT da Primeira Região e da Décima Quinta Região:

> HONORÁRIOS ADVOCATÍCIOS DE SUCUMBÊNCIA. ART. 791-A DA CLT ACRESCIDO PELA LEI N.º 13.467/2017. CONDENAÇÃO DEVIDA CONFORME A NORMA PROCESSUAL VIGENTE NO MOMENTO DA PROLAÇÃO DA SENTENÇA. Conforme a decisão, proferida pelo STF no julgamento do Agravo em Recurso Extraordinário

(ARE 1.014.675), em 23/03/2018, o direito aos honorários advocatícios sucumbenciais surge no instante da prolação da sentença. Desta maneira, deve ser observada a norma processual vigente no momento da prolação da sentença trabalhista, que no caso dos autos, era o art. 791-A e § 4º da CLT. Recurso não provido.(TRT-1 – RO: 01009964620185010511 RJ, Relator: ROBERTO NORRIS, Data de Julgamento: 02/10/2019, Quinta Turma, Data de Publicação: 15/10/2019)

HONORÁRIOS ADVOCATÍCIOS SUCUMBENCIAIS. REFORMA TRABALHISTA. ART. 791 -A da CLT. SENTENÇA PROFERIDA NA VIGÊNCIA DA LEI Nº 13.467, DE 13 DE JULHO DE 2017. SISTEMA DO ISOLAMENTO DOS ATOS PROCESSUAIS. DEVIDOS. Por aplicação do sistema do isolamento dos atos processuais, adotado pelo Código de Processo Civil (arts. 15 e 1.046), a lei nova, embora aplicável aos processos em andamento, não interfere nos atos processuais já praticados sob a vigência da lei revogada. No caso dos honorários advocatícios, o respectivo direito da parte vencedora surge com o julgamento, no qual é estabelecida a sucumbência e fixada a responsabilidade da parte vencida (art. 85 do CPC). Dessa maneira, se o processo é julgado já na vigência da Lei nº 13.467/2017, ou seja, a partir de 11 de novembro de 2017, o juiz, independentemente de pedido expresso da parte vencedora (Súmula nº 256 do STF), deverá condenar a parte vencida ao pagamento da verba honorária, destinada ao advogado ex adverso. Precedentes do STJ (REsp nº 1.465.535-SP) e do STF (Ag. Reg. no Recurso Extraordinário com Agravo nº 1.014.675-MG). (TRT-15 - ROPS: 00104167220165150018 0010416-72.2016.5.15.0018, Relator: JORGE LUIZ COSTA, 6ª Câmara, Data de Publicação: 29/10/2018)

Sucede que, ao contrário do que se tem interpretado, a referida decisão do STF não é clara acerca do tema (aplicação da sistemática de honorários advocatícios inserida pela Lei n. 13.467/2017 aos processos ajuizados antes de sua vigência, mas sentenciados a partir de 11/11/2017), de modo que se reputa equivocada a afirmação no sentido que o Supremo Tribunal Federal pacificou o assunto.

Na verdade, da decisão citada é apenas possível extrair que ela adotou entendimento de que a disciplina relativa a honorários advocatícios prevista na Lei n. 13.467/2017 não é aplicável às demandas já sentenciadas quando da sua vigência, o que não quer dizer, automaticamente, que tenha assentado tese no sentido que a sentença é o marco processual que deve definir a sistemática de cabimento de honorários advocatícios por ocasião da Reforma Trabalhista.

Desse modo, reputam-se, no nosso entender, mais adequadas as decisões regionais que, com base nos fundamentos já apresentados, afastam a condenação no pagamento de honorários advocatícios pela mera sucumbência nas demandas ajuizadas antes da Reforma Trabalhista. Nesse sentido, as seguintes decisões, oriundas dos Tribunais Regionais da Primeira Região, Segunda Região, Terceira Região, Sexta Região, Nona Região, Décima Segunda Região, Décima Quarta Região, Décima Sexta Região, Décima Sétima Região, Vigésima Região e Vigésima Quarta Região:

> HONORÁRIOS ADVOCATÍCIOS. APLICAÇÃO DA REGRA CONTIDA NO ART. 791-A DA CLT. Pelos ditames da Instrução Normativa n. 41/2018, aprovada pela Resolução n. 221, de 21/06/2018, do C. TST, não cabem honorários sucumbenciais nas ações ajuizadas antes da vigência do artigo 791-A da CLT, com redação dada pela Lei nº 13.467/17. (TRT-1 – RO: 01017626720175010242 RJ, Relator: ANGELA FIORENCIO SOARES DA CUNHA, Data de Julgamento: 14/05/2019, Gabinete da Desembargadora Angela Fiorencio Soares da Cunha, Data de Publicação: 21/05/2019)

> HONORÁRIOS DE ADVOGADO. INCONSTITUCIONALIDADE DO ARTIGO 791-A DA CLT. NÃO CONFIGURAÇÃO. A condenação ao pagamento de honorários advocatícios sucumbenciais, nesta Justiça Especializada, somente se aplica aos processos distribuídos após a vigência da Lei n.º 13.467/17 (11.11.2017), o que está em conformidade com a segurança jurídica e o princípio da proteção à confiança das partes de não serem surpreendidas por regramento diverso do existente à época da prática do ato processual. Considerando que a ação em foco foi distribuída em 29.05.2018, ou seja, em data posterior ao início da vigência da Lei 13.467/17, não há que se falar no afastamento da condenação imposta ao reclamante, visto que lastreada no art. 791-A, da CLT. As disposições legais não se revelam inconstitucionais, tendo não só observado os requisitos formais de sua aprovação pelo Poder Legislativo, como também o

seu aspecto material. Quanto a este último, inclusive, não há que se falar que a principiologia do Direito do Trabalho impede a novidade legislativa de cabimento de honorários advocatícios em qualquer relação de trabalho discutida nesta Justiça Especializada, visto que observada a paridade das partes no âmbito processual. Segundo porque o acesso à justiça não restou obstaculizado ao autor, que inclusive atua no feito com assistência de profissionais devidamente habilitados.(TRT-2 10004192320185020444 SP, Relator: SERGIO ROBERTO RODRIGUES, 11ª Turma - Cadeira 5, Data de Publicação: 02/06/2020)

HONORÁRIOS ADVOCATÍCIOS. ART. 791-A DA CLT. PROCESSOS EM CURSO. NÃO CABIMENTO. Nos processos em curso quando da entrada em vigor da Lei 13.467/2017 não há falar em condenação ao pagamento de honorários advocatícios, pois em que pese a sua previsão esteja inserida na legislação processual, sua natureza jurídica é de direito material, o que impede a aplicação imediata do novo dispositivo aos processos em curso, seja em atenção ao princípio da segurança jurídica, seja pelo fato de não haver requerimento no sentido da sua condenação. (TRT-3 – RO: 00112300420175030012 0011230-04.2017.5.03.0012, Relator: Jose Murilo de Morais, Sexta Turma)

HONORÁRIOS SUCUMBENCIAIS. PROCESSO AJUIZADO NA VIGÊNCIA DA LEI 13.467/17. BENEFICIÁRIO DA GRATUIDADE DE JUSTIÇA . O benefício da justiça gratuita não resulta em isenção absoluta do pagamento dos honorários sucumbenciais, mas na inexigibilidade do pagamento enquanto perdurar o estado de hipossuficiência da parte, tal como previsto no art. 791-A, § 4º, da CLT, observada a declaração de inconstitucionalidade parcial dada pelo Tribunal Pleno deste TRT no processo nº 0020068-88.2018.5.04.0232. Recurso ordinário da reclamante parcialmente provido.(TRT 4; Data: 18/05/2020; Órgão Julgador: 7ª Turma ; Redator: WILSON CARVALHO DIAS; Acórdão - Processo 0020554-44.2018.5.04.0371).

RECURSO ORDINÁRIO. AÇÃO AUTUADA ANTES DA VIGÊNCIA DA LEI 13.467/17. HONORÁRIOS ADVOCATÍCIOS INDEVIDOS. Não obstante já em vigor a Lei 13.467/17 (que introduziu na CLT o art. 791-A, implementando a previsão de pagamento de honorários advocatícios em razão da sucumbência), deverá ser preservada, excepcionalmente, a ultratividade da norma processual mais benéfica à época da propositura da ação, quando, dado o caráter híbrido de alguns institutos processuais, caracterizados por atos complexos, com efeitos diferidos e repercussões de aspecto material (a exemplo dos honorários advocatícios), as alterações no regramento do processo judicial impliquem ônus financeiros imprevisíveis no momento de avaliação dos custos e riscos da demanda, tendo em vista a vedação à decisão surpresa (art. 10 do CPC/2015 e da Instrução Normativa 39 do TST) e ao princípio constitucional do devido processo legal. Aliás, quanto a este último, oportuno reproduzir o ensinamento de Luiz Rodrigues Wambier: "(...) toda e qualquer consequência processual que as partes possam sofrer, tanto na esfera da liberdade pessoal quanto no âmbito de seu patrimônio, deve necessariamente decorrer de decisão prolatada num processo que tenha tramitado de conformidade com antecedente previsão legal. O devido processo legal significa o processo cujo procedimento e cujas consequências tenham sido previstas na lei" (In Curso avançado de processo civil. 7. ed. São Paulo: Revista dos Tribunais, 2005. p. 73. v. 1) (destaquei). Recurso da reclamada a que se nega provimento. (Processo: ROT – 0000524-54.2016.5.06.0192, Redator: Jose Luciano Alexo da Silva, Data de julgamento: 30/04/2020, Quarta Turma, Data da assinatura: 30/04/2020)

HONORÁRIOS SUCUMBENCIAIS. ART. 791-A DA CLT (ACRESCIDO PELA LEI Nº 13.467/2017). Por mais que as normas de Direito Processual possuam aplicação imediata, sujeitando-se ao princípio do "tempus regit actum" (art. 1.046 do CPC), há a necessidade de se ressalvar que mesmo os atos processuais estão sujeitos a uma consumação, nos termos do que preveem os artigos 14 do CPC e 912 da CLT. Por isso, é necessário proceder uma limitação à aplicação imediata das normas processuais aos processos em curso, mediante uma análise da etapa em que estes se encontrem. Não fosse isso, os honorários advocatícios não encerram questão meramente processual, uma vez que influenciam diretamente nas situações de direito material subjacentes (direito da parte e do advogado), concluindo-se pela sua natureza híbrida (instituto bifronte). À luz do princípio da causalidade, os ônus processuais são assumidos pela parte no momento do ajuizamento da ação. Isto é, a avaliação dos custos e riscos do processo é realizada de acordo com as regras em vigor à época da propositura da demanda. Deste modo, a condenação à verba sucumbencial somente poderia ser imposta nos processos iniciados após a vigência da Lei nº 13.467/2017, sob pena de violação aos princípios da segurança jurídica, devido processo legal (art. 5º, LIV, CRFB/1988) e da vedação à decisão surpresa (art. 10, CPC). Assim, o entendimento que prevalece perante esta E. Primeira Turma, é no sentido de que o disposto no art. 791-A da CLT, introduzido pela Lei nº 13.467/2017, aplica-se apenas às ações ajuizadas depois de 11-11-2017. Recurso do autor ao qual se dá provimento. (TRT-9 - RO: 00009663020155090658 PR, Data de Julgamento: 02/08/2019; Relator Edmilson Antônio de Lima)

HONORÁRIOS ADVOCATÍCIOS SUCUMBENCIAIS. ART. 791-A, § 3º, DA CLT. APLICABILIDADE. Com o advento da Lei nº 13.467/2017, vigente a partir de 11/11/2017, o princípio da sucumbência passou a ser aplicado no Processo do Trabalho de forma mais abrangente, nos termos do art. 791-A, 3º da CLT. Assim, constatado o ajuizamento da demanda em data sob os efeitos da referida norma, tornam-se devidos os honorários advocatícios sucumbenciais fixados na sentença em favor da parte autora, vencedora em suas pretensões apresentadas na inicial. (TRT12 - ROT - 0000155-15.2018.5.12.0001, Rel. NIVALDO STANKIEWICZ , 3ª Câmara, Data de Assinatura: 13/05/2020)

HONORÁRIOS SUCUMBENCIAIS. ARTIGO 791-A DA CLT. NATUREZA HÍBRIDA. Considerando a natureza híbrida das normas que regem os honorários advocatícios, o disposto no art. 791-A na CLT, somente terá aplicação quanto as ações ajuizadas após a vigência da Lei nº 13.467/2017 que o instituiu, ou seja, após 11-11-2017, com o espeque de se evitar surpresa nas decisões judiciais (art. 9º e 10 do CPC) e também com fundamento no princípio da causalidade, porquanto a expectativa de custos e riscos é aferida no momento da propositura da reclamatória trabalhista. (TRT-14 - RO: 00005117820175140004 RO-AC 0000511-78.2017.5.14.0004, Relator: FRANCISCO JOSE PINHEIRO CRUZ, PRIMEIRA TURMA, Data de Publicação: 27/06/2018)

HONORÁRIOS ADVOCATÍCIOS. ART. 791-A, § 2º, DA CLT. O ajuizamento da ação após a vigência da Lei nº 13.467/2017, torna plenamente aplicável a novel sistemática dos honorários advocatícios prevista no art. 791-A, da CLT, cuja fixação deve levar em conta os critérios estipulados no § 2º do mesmo dispositivo legal. Reexame necessário conhecido e improvido. Recurso ordinário conhecido e parcialmente provido. (TRT-16 00177993620185160008 0017799-36.2018.5.16.0008, Relator: JOSE EVANDRO DE SOUZA, Data de Publicação: 05/09/2019)

> HONORÁRIOS ADVOCATÍCIOS. DEMANDA AJUIZADA ANTERIORMENTE À VIGÊNCIA DA LEI 13.467/17. INAPLICABILIDADE DO ART. 791-A DA CLT. Sem olvidar de toda discussão acerca da natureza híbrida dos honorários sucumbenciais, ou instituto de direito processual material, na concepção da Corte Especial do STJ, bem como o posicionamento já sedimentado pela jurisprudência do STJ de que a sucumbência é regida pela lei vigente na data da sentença, adoto entendimento no sentido de que a sucumbência é regida pela lei vigente na data do ajuizamento da ação, uma vez que é fator de peso para que a parte decida pela propositura da demanda. Tal raciocínio preza pela segurança jurídica enquanto previsibilidade dos resultados. (TRT 17ª R., ROT 0001716-31.2017.5.17.0014, Divisão da 3ª Turma, DEJT 21/11/2019)

> HONORÁRIOS SUCUMBENCIAIS - ARTIGO 791-A DA CLT - AÇÃO AJUIZADA ANTERIORMENTE AO INÍCIO DA VIGÊNCIA DA LEI 13.467/17 - INAPLICABILIDADE. Para a reclamação trabalhista ajuizada antes da vigência do art. 791-A da CLT (11/11/2017), que trata dos honorários de sucumbência pelas partes, no âmbito da Justiça do Trabalho, e diante do princípio da não surpresa e da segurança jurídica, aliado à jurisprudência majoritária do C. TST que predominava à época, não há como se aplicar automaticamente o mencionado instituto. Recurso patronal improvido.(TRT-20 00013349020175200002, Relator: JORGE ANTONIO ANDRADE CARDOSO, Data de Publicação: 19/03/2020)

> AÇÃO TRABALHISTA AJUIZADA ANTES DA VIGÊNCIA DA REFORMA TRABALHISTA. CONDENAÇÃO EM HONORÁRIOS ADVOCATÍCIOS SUCUMBENCIAIS. ART. 791-A DA CLT. LEI 13.467/2017. INDEVIDOS. Na Justiça do Trabalho, a condenação aos honorários advocatícios sucumbenciais, prevista no art. 791-A da CLT, será aplicável apenas às ações propostas após 11/11/2017. Recurso provido para excluir a condenação imposta ao reclamante de pagamento de honorários de sucumbência. (TRT-24 00257389120175240004, Relator: RICARDO GERALDO MONTEIRO ZANDONA, Data de Julgamento: 25/09/2018, 2ª Turma)

Em idêntico sentido, entendendo pela impossibilidade de condenação ao pagamento de honorários advocatícios pela mera sucumbência em relação às ações ajuizadas antes da vigência da Reforma Trabalhista

(11.11.2017), a seguinte decisão da Quarta Turma do TST, publicada no Informativo n. 222:

> [...] 2. HONORÁRIOS ADVOCATÍCIOS. SUCUMBÊNCIA DA PARTE AUTORA. APLICAÇÃO DO ART. 791-A DA CLT A AÇÕES AJUIZADAS ANTES DA ENTRADA EM VIGOR DA LEI Nº 13.467/2017. IMPOSSIBILIDADE. TRANSCENDÊNCIA JURÍDICA RECONHECIDA. CONHECIMENTO E PROVIMENTO. I. Trata-se de controvérsia em que se discute a aplicação do art. 791-A da CLT. II. Pelo prisma da transcendência, trata-se de questão jurídica nova, em que se discute a aplicação do art. 791-A da CLT, cujo texto versa sobre o cabimento dos honorários advocatícios sucumbenciais à causa em exame, matéria que ainda não está pacificada no âmbito do Tribunal Superior do Trabalho ou em decisão de efeito vinculante no Supremo Tribunal Federal. Logo, reconhece-se a transcendência jurídica da causa (art. 896-A, § 1º, IV, da CLT). III. Esta Corte Superior elaborou e publicou a Instrução Normativa nº 41/2018, a fim de regulamentar a aplicação das normas processuais previstas na Lei nº 13.467/2017. No art. 6º da referida Instrução, determina-se que os honorários advocatícios sucumbenciais serão aplicados apenas nas causas propostas após 11/11/2017 e que, nas ações ajuizadas anteriormente, mantêm-se as regras previstas no art. 14 da Lei nº 5.584/1970 e nas Súmulas nº 219 e 329 do TST. IV. No caso em apreço, a presente ação coletiva foi ajuizada em 27/07/2017. Portanto, antes da entrada em vigor da Lei nº 13.467/2017, razão pela qual o Tribunal Regional aplicou mal o disposto no art. 791-A da CLT, razão pela qual o provimento do recurso de revista é medida que se impõe. IV. Recurso de revista de que se conhece e a que se dá provimento. (TST-RR-1072-36.2017.5.06.0001, 4ª Turma, rel. Min. Alexandre Luiz Ramos, julgado em 4/8/2020).

Como se vê, a melhor interpretação caminha no sentido de restringir a aplicação das regras sobre honorários advocatícios inseridas pela Lei n. 13.467/2017 aos processos ajuizados a partir da sua entrada em vigor, que ocorreu em 11/11/2017.

3.2.2. Limites máximo e mínimo

O CPC/2015, ao traçar a disciplina da condenação no pagamento de honorários advocatícios, traz diversos parâmetros que devem ser observados pelo juiz quando do arbitramento.

Segundo o art. 85, § 2º, CPC/2015[20], os honorários advocatícios podem ser arbitrados entre o mínimo de 10% e o máximo de 20% sobre o valor da condenação, do proveito econômico obtido ou, não sendo possível mensurá-lo, sobre o valor atualizado da causa, atendidos certos critérios, como o grau de zelo do profissional, o lugar da prestação do serviço, a natureza e a importância da causa, o trabalho realizado pelo advogado e o tempo exigido para o seu serviço. Excepcionalmente, caso a Fazenda Pública seja parte do processo, os critérios específicos estão previstos nos § § 3º e 4º do mesmo art. 85, tema que será objeto de estudo mais detalhado no tópico seguinte.

O certo é que os parâmetros estabelecidos pelo referido art. 85, § 2º, devem ser observados independentemente "de qual seja o conteúdo da decisão, inclusive aos casos de improcedência ou de sentença sem resolução de mérito." (art. 85, § 6º, CPC/2015).

Por outro lado, o art. 791-A, CLT, "caput", CLT[21], tem norma mais restritiva do que a prevista no CPC/2015, fixando o arbitramento de

---

20. Art. 85, § 2º, CPC;2015 : § 2º Os honorários serão fixados entre o mínimo de dez e o máximo de vinte por cento sobre o valor da condenação, do proveito econômico obtido ou, não sendo possível mensurá-lo, sobre o valor atualizado da causa, atendidos: I – o grau de zelo do profissional; II – o lugar de prestação do serviço; III – a natureza e a importância da causa; IV – o trabalho realizado pelo advogado e o tempo exigido para o seu serviço.

21. Art. 791-A. Ao advogado, ainda que atue em causa própria, serão devidos honorários de sucumbência, fixados entre o mínimo de 5% (cinco por cento) e o máximo de 15% (quinze por cento) sobre o valor que resultar da liquidação da sentença, do proveito econômico obtido ou, não sendo possível mensurá-lo, sobre o valor atualizado da causa. (Incluído pela Lei nº 13.467, de 2017)

    § 1º Os honorários são devidos também nas ações contra a Fazenda Pública e nas ações em que a parte estiver assistida ou substituída pelo sindicato de sua categoria. (Incluído pela Lei nº 13.467, de 2017)

    § 2º Ao fixar os honorários, o juízo observará:(Incluído pela Lei nº 13.467, de 2017)

    I – o grau de zelo do profissional; (Incluído pela Lei nº 13.467, de 2017)

    II – o lugar de prestação do serviço; (Incluído pela Lei nº 13.467, de 2017)

    III – a natureza e a importância da causa;(Incluído pela Lei nº 13.467, de 2017)

    IV – o trabalho realizado pelo advogado e o tempo exigido para o seu serviço.(Incluído pela Lei nº 13.467, de 2017) honorários advocatícios entre o mínimo de 5% (cinco por cento) e o máximo de 15% (quinze por cento) sobre o valor que resultar da liquidação da sentença, do proveito econômico obtido ou, não sendo possível mensurá-lo, sobre o valor atualizado da causa. Ao fixar os honorários, o juízo observará o grau de zelo do profissional, o lugar de prestação do serviço, a natureza e a importância da causa e o trabalho realizado pelo advogado e o tempo exigido para o seu serviço (art. 791-A, § 2º, CLT).

Como se vê, do cotejo entre as citadas normas do CPC e da CLT, observa-se que os critérios que devem ser levados em conta pelo juiz quando da fixação dos honorários advocatícios são semelhantes. Há, entretanto, um aspecto que afasta as normas do Processo do Trabalho das normas do Processo Civil: os percentuais mínimo e máximo que podem ser fixados a título de honorários advocatícios.

É que enquanto no Processo Civil é possível variar entre 10% (dez) a 20% (vinte), no Processo do Trabalho, a variação ocorre entre 5% (cinco) e 15% (quinze). Há, portanto, um decréscimo dos honorários no Processo do Trabalho.

Importante destacar, por oportuno, que, apesar da Lei n. 13.467/2017 ter fixado, em 2017, os percentuais de 5% (cinco por cento) a 15% (quinze por cento) como limites mínimo e máximo dos honorários advocatícios no processo do trabalho, antes mesmo da sua vigência, a jurisprudência

---

§ 3º Na hipótese de procedência parcial, o juízo arbitrará honorários de sucumbência recíproca, vedada a compensação entre os honorários.(Incluído pela Lei nº 13.467, de 2017)

§ 4º Vencido o beneficiário da justiça gratuita, desde que não tenha obtido em juízo, ainda que em outro processo, créditos capazes de suportar a despesa, as obrigações decorrentes de sua sucumbência ficarão sob condição suspensiva de exigibilidade e somente poderão ser executadas se, nos dois anos subsequentes ao trânsito em julgado da decisão que as certificou, o credor demonstrar que deixou de existir a situação de insuficiência de recursos que justificou a concessão de gratuidade, extinguindo-se, passado esse prazo, tais obrigações do beneficiário. (Incluído pela Lei nº 13.467, de 2017)

§ 5º São devidos honorários de sucumbência na reconvenção.

já vinha admitindo a utilização dos percentuais fixados no CPC/2015 (de 10% a 20%).

Conforme Súmula n. 219, TST, os percentuais de 5% (cinco por cento) a 15% (quinze por cento), previstos no revogado art. 11 da Lei n. 1.060/50, eram inicialmente aplicáveis no arbitramento de honorários advocatícios nas lides decorrentes da relação de emprego (redação anterior do item I da Súmula n. 219 do TST)[22], ou seja, na fixação dos honorários advocatícios assistenciais (art. 14, § 1º, da Lei n. 5.584/70; Súmula n. 219, I, TST), passando a ser de 10% a 20% a partir da vigência do CPC/2015.

Por conseguinte, mesmo antes da revogação do art. 11 da Lei n. 1.060/50, nas hipóteses em que a jurisprudência trabalhista admitia o cabimento de honorários advocatícios em decorrência da mera sucumbência, quais sejam, ação rescisória (Súmula n. 219, II, TST[23]), lides que não decorriam da relação de emprego (Súmula n. 219, III e IV, TST[24]; art. 5º da Instrução Normativa n. 27/2005, TST), em caso de assistência judiciária sindical ou de substituição processual sindical (Súmula n. 219, V, TST[25]), e, por fim, no caso de ação de indenização por danos morais e materiais decorrentes de acidente de trabalho ou de doença profissional,

---

22. I – Na Justiça do Trabalho, a condenação ao pagamento de honorários advocatícios, nunca superiores a 15% (quinze por cento), não decorre pura e simplesmente da sucumbência, devendo a parte, concomitantemente: a) estar assistida por sindicato da categoria profissional; b) comprovar a percepção de salário inferior ao dobro do salário mínimo ou encontrar-se em situação econômica que não lhe permita demandar sem prejuízo do próprio sustento ou da respectiva família. (art.14,§1º, da Lei nº 5.584/1970). (ex-OJ nº 305da SBDI-I).

23. É cabível a condenação ao pagamento de honorários advocatícios em ação rescisória no processo trabalhista.

24. III – São devidos os honorários advocatícios nas causas em que o ente sindical figure como substituto processual e nas lides que não derivem da relação de emprego.

    IV – Na ação rescisória e nas lides que não derivem de relação de emprego, a responsabilidade pelo pagamento dos honorários advocatícios da sucumbência submete-se à disciplina do Código de Processo Civil (arts. 85, 86, 87 e 90).

25. V – Em caso de assistência judiciária sindical ou de substituição processual sindical, excetuados os processos em que a Fazenda Pública for parte, os honorários advocatícios são devidos entre o mínimo de dez e o máximo de vinte por cento sobre o valor da condenação, do

remetida à Justiça do Trabalho após ajuizamento na Justiça comum, antes da vigência da Emenda Constitucional n. 45/2004 (Orientação Jurisprudencial n. 421, SDI 1, TST), os percentuais devidos eram os previstos no CPC/2015, ou seja, entre 10% (dez) e 20% (vinte), observadas as especificidades no caso da Fazenda Pública ser parte (Súmula n. 219, VI, TST).

Em arremate, cabe apontar que, a despeito da existência de corrente que sustenta a inconstitucionalidade da norma do Processo do Trabalho, no ponto que prevê percentual menor a título de honorários advocatícios, entendemos que, embora criticável, é constitucional a adoção/escolha feita pelo legislador ordinário de percentuais distintos de honorários advocatícios, de acordo com cada ramo processual.

Desse modo, via de regra, os honorários advocatícios, na justiça do trabalho, devem ser arbitrados entre 5% (cinco por cento) e o máximo de 15% (quinze por cento) sobre o valor que resultar da liquidação da sentença, do proveito econômico obtido ou, não sendo possível mensurá-lo, sobre o valor atualizado da causa. A respeito da base de cálculo, o seu estudo será detalhado em momento posterior.

3.2.3. Percentuais nas ações contra a Fazenda Pública

O CPC/2015 faz expressa referência a existência de limites diferenciados caso a parte seja a Fazenda Pública. Oportuna a transcrição do art. 85, no que é objeto de análise nesse tópico:

> Art. 85. A sentença condenará o vencido a pagar honorários ao advogado do vencedor.
>
> § 1º São devidos honorários advocatícios na reconvenção, no cumprimento de sentença, provisório ou definitivo, na execução, resistida ou não, e nos recursos interpostos, cumulativamente.

---

proveito econômico obtido ou, não sendo possível mensurá-lo, sobre o valor atualizado da causa (CPC de 2015, art. 85, § 2º).

§ 2º Os honorários serão fixados entre o mínimo de dez e o máximo de vinte por cento sobre o valor da condenação, do proveito econômico obtido ou, não sendo possível mensurá-lo, sobre o valor atualizado da causa, atendidos:

I – o grau de zelo do profissional;

II – o lugar de prestação do serviço;

III – a natureza e a importância da causa;

IV – o trabalho realizado pelo advogado e o tempo exigido para o seu serviço.

§ 3º Nas causas em que a Fazenda Pública for parte, a fixação dos honorários observará os critérios estabelecidos nos incisos I a IV do § 2º e os seguintes percentuais:

I – mínimo de dez e máximo de vinte por cento sobre o valor da condenação ou do proveito econômico obtido até 200 (duzentos) salários-mínimos;

II – mínimo de oito e máximo de dez por cento sobre o valor da condenação ou do proveito econômico obtido acima de 200 (duzentos) salários-mínimos até 2.000 (dois mil) salários-mínimos;

III – mínimo de cinco e máximo de oito por cento sobre o valor da condenação ou do proveito econômico obtido acima de 2.000 (dois mil) salários-mínimos até 20.000 (vinte mil) salários-mínimos;

IV – mínimo de três e máximo de cinco por cento sobre o valor da condenação ou do proveito econômico obtido acima de 20.000 (vinte mil) salários-mínimos até 100.000 (cem mil) salários-mínimos;

V – mínimo de um e máximo de três por cento sobre o valor da condenação ou do proveito econômico obtido acima de 100.000 (cem mil) salários-mínimos.

§ 4º Em qualquer das hipóteses do § 3º:

I – os percentuais previstos nos incisos I a V devem ser aplicados desde logo, quando for líquida a sentença;

II – não sendo líquida a sentença, a definição do percentual, nos termos previstos nos incisos I a V, somente ocorrerá quando liquidado o julgado;

> III – não havendo condenação principal ou não sendo possível mensurar o proveito econômico obtido, a condenação em honorários dar-se-á sobre o valor atualizado da causa;
>
> IV – será considerado o salário-mínimo vigente quando prolatada sentença líquida ou o que estiver em vigor na data da decisão de liquidação.
>
> § 5º Quando, conforme o caso, a condenação contra a Fazenda Pública ou o benefício econômico obtido pelo vencedor ou o valor da causa for superior ao valor previsto no inciso I do § 3º, a fixação do percentual de honorários deve observar a faixa inicial e, naquilo que a exceder, a faixa subsequente, e assim sucessivamente.
>
> (...)

Já o art. 791-A, único dispositivo da CLT que trata do cabimento de honorários advocatícios, dispõe, sucintamente, no seu § 1º, que são devidos honorários nas ações contra a Fazenda Pública, sem fazer, entretanto, referência aos percentuais mínimos e máximos, nem tampouco aos critérios que devem ser levados em consideração para o arbitramento.

Diante disso, há controvérsia acerca do tema, quanto ao cabimento das normas do Processo Civil ao Processo do Trabalho, especificamente quanto aos critérios de arbitramento e respectivos percentuais.

Há, de um lado, quem sustente que o percentual deve ser o previsto no CPC/2015, pois, embora a norma celetista se refira ao cabimento de honorários advocatícios nos processos em que a Fazenda Pública é parte, nada mencionou sobre os critérios de arbitramento e os percentuais devidos. Entende-se, desse modo, que subsiste o entendimento previsto no item VI, da Súmula n. 219, TST, sendo aplicáveis os percentuais previstos no CPC/2015, entendimento retratado, por exemplo, em acórdão da Segunda Turma do TRT da Quinta Região:

> HONORÁRIOS ADVOCATÍCIOS SUCUMBENCIAIS. FAZENDA PÚBLICA. APLICAÇÃO SUPLETIVA DO ART. 85 §3º DO CPC. Dispondo o §3º do art. 85 do CPC, especificamente, sobre a fixação de

> percentuais para as condenações em honorários sucumbenciais em face da Fazenda Pública, norma concebida com o desiderato de não onerar demasiadamente o Erário, há fundamento para a sua aplicação supletiva nas reclamatórias trabalhistas. Patente a necessidade de uniformidade na condenação em honorários advocatícios sucumbenciais contra a Fazenda Pública, qualquer que seja o juízo de tramitação da ação, razão suficiente para que o parágrafo único do art. 791-A da CLT se limitasse a estabelecer a possibilidade de condenação em honorários sucumbenciais, o que não remete, necessariamente aos percentuais gerais fixados no caput. (TRT – 5; Processo 0000444-23.2018.5.05.0621, Origem PJE, Relator(a) Desembargador(a) ANA PAOLA SANTOS MACHADO DINIZ, Segunda Turma, DJ 19/05/2020)

Nesse ponto, cabe apontar, na linha do noticiado por Gilberto Carlos Maistro Júnior[26], que entre as propostas existentes no âmbito do TST de readequação da sua jurisprudência frente as inovações promovidas pela Lei n. 13.467/2017, encontra-se a proposta de manutenção do texto do item VI da Súmula n. 219, TST[27], que, como visto, remete a disciplina de cabimento dos honorários advocatícios nos processos em que a Fazenda Pública é parte ao quanto previsto no CPC.

De outro lado, contudo, há corrente, defendida nessa obra, que sustenta que, diante do "caput" do art. 791-A, CLT, os percentuais devem ser de 5% (cinco por cento) a 15% (quinze por cento), sem excepcionar qualquer hipótese. Desse modo, os percentuais previstos na norma específica do Processo do Trabalho prevalecem sobre as normas do CPC/2015, não havendo omissão a permitir o transporte das normas. Em síntese, os limites mínimo e máximo previstos no art. 791-A, "caput" aplicam-se a toda e qualquer ação ajuizada na Justiça do Trabalho.

---

26. MIESSA, Élisson et al. Honorários advocatícios na Justiça do Trabalho. Salvador: Editora Juspodivm, 2019, p. 101.

27. Nas causas em que a Fazenda Pública for parte, aplicar-se-ão os percentuais específicos de honorários advocatícios contemplados no Código de Processo Civil.

Pela impossibilidade de aplicação dos percentuais previstos no CPC/2015, Gustavo Bezerra Muniz de Andrade[28] indica os seguintes fundamentos:

> Em que pese a omissão do texto da CLT, acredita-se que a norma processual comum, neste caso, não poderá ser aplicada ao processo do trabalho.
>
> Isto porque a aplicação destes percentuais, mormente aquele previsto no inciso I (cujo proveito econômico de até 200 salários-mínimos representa a maioria das causas trabalhistas), acabará por ser prejudicial ao trabalhador caso ele venha a sucumbir na demanda, vez que superiores aos patamares mínimos e máximos previstos no caput do art. 791-A da CLT.
>
> Poder-se-ia questionar se os demais incisos, principalmente o IV e V, por trazerem situação mais benéfica aos trabalhadores em caso de derrota, seriam aplicáveis. Acredita-se que, ainda assim, a resposta será negativa, pois não há lógica jurídica na aplicação seletiva de alguns incisos de um mesmo parágrafo, o que significaria a criação de uma terceira norma, em nítido ativismo judicial, violador do princípio da separação dos poderes e das competências constitucionais atribuídas ao Poder Legislativo.
>
> Assim, conclui-se pela inaplicabilidade do art. 85, § 3º, do Código de Processo Civil e, por via de consequência, dos § § 4º, 5º e 6º.

Concorda-se com o posicionamento do referido doutrinador, apenas discordando-se quanto ao principal fundamento para não admitir o transporte da norma do CPC/2015 para o Processo do Trabalho. Como visto, entende-se que a CLT tem norma própria a respeito do tema, fixando os percentuais mínimo e máximo de honorários advocatícios sucumbenciais aplicáveis ao Processo do Trabalho.

Nesse sentido, entendendo pela aplicabilidade dos percentuais e parâmetros previstos no art. 719-A, CLT, e afastando a aplicação, no

28. MIESSA, Élisson et al. Honorários advocatícios na Justiça do Trabalho. Salvador: Editora Juspodivm, 2019, p. 961.

particular, do art. 85, § § 3º, 4º e 5º, CPC/2015, a seguinte decisão da Quinta Turma do TRT da Quinta Região:

> RECLAMAÇÃO TRABALHISTA PROPOSTA NA VIGÊNCIA DA LEI N. 13.467/2017. ENTE PÚBLICO. PERCENTUAL DOS HONORÁRIOS ADVOCATÍCIOS. O Magistrado de Origem, considerando os critérios previstos no art. 791-A, 2º, CLT, arbitrou os honorários advocatícios a serem pagos pelo ente público em 10% sobre o valor da condenação. Saliente-se que o Juiz acompanhou todo o desenvolvimento da relação processual, desde a propositura da reclamação até a sentença, entendendo que o trabalho desenvolvido pelos advogados que patrocinaram a causa da Reclamante deve ser remunerado com o valor correspondente a 10% da condenação, com o que concorda este Órgão *ad quem*.
>
> (TRT 5 – Processo 0000097-53.2019.5.05.0621, Origem PJE, Relator(a) Desembargador(a) PAULINO CESAR MARTINS RIBEIRO DO COUTO, Quinta Turma, DJ 26/05/2020)

Como se vê, trata-se de tema polêmico, de modo que a tese defendida neste livro, sem nenhuma pretensão de ser a única, é apenas uma das possíveis interpretações a respeito do tema.

3.2.4. Hipóteses de cabimento e percentuais nas ações de assistência ou substituição sindical

3.2.4.1. O fim dos honorários assistenciais

Antes da vigência da Lei n. 13.467/2017, as hipóteses de condenação no pagamento de honorários advocatícios poderiam ser divididas em dois grupos: honorários advocatícios assistenciais, modalidade padrão de cabimento, que dependia do preenchimento dos requisitos previstos no art. 14, § 1º, da Lei n. 5.584/70; honorários advocatícios devidos em razão de mera sucumbência, em hipóteses que foram, gradativamente, acolhidas pela jurisprudência do TST.

Os honorários advocatícios assistenciais, em lides decorrentes da relação de emprego, exigiam a assistência sindical e a concessão da justiça gratuita (art. 14, § 1º, da Lei n. 5.584/70; Súmula n. 219, I, TST). Eram previstos no art. 16 da Lei n. 5.584/70, sendo, no momento anterior à vigência da Lei n. 13.467/2017, a principal espécie de cabimento de honorários.

Com a Reforma Trabalhista, e a generalização das hipóteses de cabimento de honorários advocatícios, passou a predominar o entendimento pela derrogação do art. 16 da Lei n. 5.584/70.

Coube a Lei n. 13.725/2018 revogar expressamente o art. 16 da Lei n. 5.584/70, de modo que as discussões acerca dessa modalidade de honorários advocatícios, pelo menos nos moldes estabelecidos no mencionado dispositivo, ficam restritas às ações ajuizadas antes da revogação, sendo certo que, ainda que haja assistência sindical, os honorários advocatícios sucumbenciais serão devidos ao advogado, e não ao sindicato.

Ocorre que a Lei n. 13.725/2018 também alterou a Lei n. 8.906/94, denominando como "honorários assistenciais" os fixados em ações coletivas propostas por entidades de classe em substituição processual, disciplinando, ainda, que os honorários convencionados com entidades de classe (honorários advocatícios contratuais), no caso de substituição processual, poderão prever a faculdade de indicar os beneficiários que, ao optarem por adquirir os direitos, assumirão as obrigações decorrentes do contrato originário a partir do momento em que este foi celebrado (art. 22, §§ 6º e 7º, da Lei n. 8.906/94).

Desse modo, a denominação "honorários advocatícios assistenciais" deve ser compreendida nos termos tratados pela mencionada Lei n. 13.725/2018, sendo inviável a cumulação, na mesma demanda, com os honorários advocatícios sucumbenciais. Nesse sentido, a seguinte decisão do TRT da Quinta Região:

> HONORÁRIOS ASSISTENCIAIS. HONORÁRIOS SUCUMBENCIAIS. CUMULAÇÃO. NÃO CABIMENTO. O § 1º do art. 791-A

> da CLT, introduzido pela Lei 13.467/17, dispõe que os honorários advocatícios sucumbenciais, previstos no caput, serão devidos inclusive nas ações em que a parte estiver assistida pelo sindicato de sua categoria. Em sendo assim, uma vez que a Lei 13.467/17 disciplinou integralmente a matéria dos honorários sucumbenciais na Justiça do Trabalho, não há que se falar em condenação cumulativa em honorários assistenciais e em honorários de sucumbência, pois, a rigor, ambos visam remunerar o trabalho prestado pelo advogado no processo trabalhista. (Processo 0000695-62.2018.5.05.0032, Origem PJE, Relator(a) Desembargador(a) ANA LUCIA BEZERRA SILVA, Quarta Turma, DJ 01/06/2020)

Nesse sentido, a doutrina de Élisson Miessa[29]:

> A Lei n. 13.467/2017, entretanto, não impactou apenas os honorários sucumbenciais, mas também a disciplina aplicada aos honorários assistenciais ma Justiça do Trabalho, principalmente pela extinção da contribuição sindical obrigatória e, consequentemente, exclusão do dever legal de os sindicatos prestarem gratuitamente a assistência judiciária.
>
> A assistência sindical passou, portanto, a ser facultativa, razão pela qual os honorários assistenciais deixaram de existir e foram substituídos pelos honorários sucumbenciais. Essa alteração impacta diretamente o destinatário deses honorários que, antes eram revertidos ao sindicato, e, agora, são de titularidade do advogado, conforme confirmado pela Lei n. 13.725/2018.
>
> Quanto ao conceito adotado pela lei, acreditamos que o objetivo da inclusão do art. 22, § 6º, da Lei n. 8.906/94 foi o de confirmar, expressamente, o cabimento dos honorários sucumbenciais no âmbito da Justiça do Trabalho nos casos em que o sindicato atuar como substituto processual nas ações coletivas, o que já estava previsto no art. 791-A, § 1º, CLT.

Fundamental, portanto, compreender que, no contexto atual, nas ações em que o sindicato presta assistência jurídica ao sujeito do processo,

29. MIESSA, Élisson et al. Honorários advocatícios na Justiça do Trabalho. Salvador: Editora Juspodivm, 2019, p. 545.

os honorários eventualmente devidos serão revertidos, tal como verdadeiros honorários de sucumbência, ao advogado e não ao ente sindical.

3.2.4.2. Percentuais em casos de sindicato assistente

De acordo com o § 1º do art. 791-A, CLT, são devidos honorários advocatícios nas causas em que a parte estiver assistida ou substituída pelo sindicato de sua categoria.

No que toca aos honorários advocatícios assistenciais, na linha do entendimento cristalizado na Súmula n. 219, I, TST[30], com fundamento nas disposições das Leis. 1.060/50 e 5.584/70, o percentual fixado sempre foi entre 5% (cinco) e 15% (quinze). Com a vigência do CPC/2015, que revogou expressamente o art. 11 da Lei n. 1.060/50, que tratava do percentual dos honorários assistenciais, o TST passou a entender pela aplicação do percentual previsto no art. 85, § 2º, CPC/2015 (Súmula n. 219, V, TST[31]).

Com a Reforma Trabalhista, que deve ser interpretada em conjunto com as normas do CPC/2015 e da Lei n. 8.906/94, ficou claro que honorários advocatícios são de titularidade do advogado, e não mais do sindicato, como parecia disciplinar as Leis n. 1.060/50 e 5.584/70,

---

30. Na Justiça do Trabalho, a condenação ao pagamento de honorários advocatícios não decorre pura e simplesmente da sucumbência, devendo a parte, concomitantemente: a) estar assistida por sindicato da categoria profissional; b) comprovar a percepção de salário inferior ao dobro do salário mínimo ou encontrar-se em situação econômica que não lhe permita demandar sem prejuízo do próprio sustento ou da respectiva família (art.14, § 1º, da Lei nº 5.584/1970). (ex-OJ nº 305 da SBDI-I).

31. Em caso de assistência judiciária sindical ou de substituição processual sindical, excetuados os processos em que Fazenda Pública for parte, os honorários advocatícios são devidos entre o mínimo de dez e o máximo de vinte por cento sobre o valor da condenação, do proveito econômico obtido ou, não sendo possível mensurá-lo, sobre o valor atualizado da causa (CPC de 2015, art. 85, § 2º).

voltando a viger o percentual entre 5% (cinco) e 15% (quinze), expressamente previsto no art. 791-A, "caput", CLT. O percentual de 10%(dez) a 20% (vinte), constante da Súmula n. 219, V, TST, para os honorários advocatícios assistenciais, apenas é aplicável, portanto, às demandas ajuizadas antes da vigência da Lei n. 13.467/2017, 11 de novembro de 2017.

Destaque-se, por fim, contudo, que, na linha do mencionado no tópico anterior, com a vigência da Lei n. 13.467/2017, e, sobretudo com a revogação do art. 16 da Lei n. 5.584/70, a expressão "honorários advocatícios assistenciais" adquire outro sentido (art. 22, § § 6º e 7º, da Lei n. 8.906/94), de modo que os honorários devidos quando a parte estiver assistida pelo sindicato podem simplesmente ser chamados de "honorários advocatícios", sem fazer referência, portanto, a expressão "assistenciais", já que, a partir de então, tal modalidade passa a exigir os mesmos requisitos dos honorários advocatícios sucumbenciais.

3.2.4.3. Hipóteses de cabimento e percentuais em casos de substituição processual pelo sindicato

Em caso de substituição processual pelo sindicato, quando o ente sindical postula, em nome próprio, direito alheio, mediante a propositura de ação civil coletiva, também são devidos honorários advocatícios, conforme previsão expressa do § 1º do art. 791-A, CLT, não sendo mesmo o caso de se admitir honorários advocatícios na hipótese de assistência sindical e negar o seu pagamento em caso de substituição processual, sob pena de desestímulo ao ajuizamento de ações coletivas.

Nesse ponto, relevante lembrar que, no âmbito trabalhista, a tutela coletiva dos direitos encontra amparo constitucional, com previsão no art. 8º, III, que atribuiu aos Sindicatos a "defesa dos direitos e interesses coletivos ou individuais da categoria", sendo aplicáveis os conceitos previstos no art. 81, parágrafo único, do CDC.

Quanto a atuação do sindicato em juízo, o certo é que havia uma interpretação restritiva do disposto no art. 8º, III, da CRFB/88, tanto assim que o TST chegou a editar a Súmula n. 310[32], não reconhecendo a legitimidade ampla do sindicato e entendendo pela inexistência do direito ao recebimento de honorários advocatícios em caso de substituição processual. Entretanto, diante de diversos julgados do STF, considerando ampla a legitimidade do sindicato, por meio do instituto da substituição processual, o TST cancelou a referida súmula.

Nesse passo, atualmente, predomina o entendimento, defendido nessa obra, de que o art. 8º, III, da CRFB/88 autoriza a atuação ampla

---

32. SUM-310 SUBSTITUIÇÃO PROCESSUAL. SINDICATO (cancelamento mantido) - Res. 121/2003, DJ 19, 20 e 21.11.2003 e republicada DJ 25.11.2003.

I – O art. 8º, inciso III, da Constituição da República não assegura a substituição processual pelo sindicato.

II – A substituição processual autorizada ao sindicato pelas Leis nºs 6.708, de 30.10.1979, e 7.238, de 29.10.1984, limitada aos associados, restringe-se às demandas que visem aos reajuste salariais previstos em lei, ajuizadas até 03.07.1989, data em que entrou em vigor a Lei nº 7.788/1989.

III – A Lei nº 7.788/1989, em seu art. 8º, assegurou, durante sua vigência, a legitimidade do sindicato como substituto processual da categoria.

IV – A substituição processual autorizada pela Lei nº 8.073, de 30.07.1990, ao sindicato alcança todos os integrantes da categoria e é restrita às demandas que visem à satisfação de reajustes salariais específicos resultantes de disposição prevista em lei de política salarial.

V – Em qualquer ação proposta pelo sindicato como substituto processual, todos os substituídos serão individualizados na petição inicial e, para o início da execução, devidamente identificados pelo número da Carteira de Trabalho e Previdência Social ou de qualquer documento de identidade.

VI – É lícito aos substituídos integrar a lide como assistente litisconsorcial, acordar, transigir e renunciar, independentemente de autorização ou anuência do substituto.

VII – Na liquidação da sentença exequenda, promovida pelo substituto, serão individualizados os valores devidos a cada substituído, cujos depósitos para quitação serão levantados através de guias expedidas em seu nome ou de procurador com poderes especiais para esse fim, inclusive nas ações de cumprimento.

VIII – Quando o sindicato for o autor da ação na condição de substituto processual, não serão devidos honorários advocatícios.

dos entes sindicais na defesa dos direitos e interesses individuais (sejam homogêneos ou heterogêneos) e coletivos dos integrantes da categoria respectiva, de maneira irrestrita, de modo que se reconhece a legitimidade do sindicato profissional para pleitear, na qualidade de substituto processual, ilustrativamente, o pagamento de adicional de insalubridade aos integrantes de determinada categoria ou de um grupo de trabalhadores de determinada empresa, hipótese em que, repita-se, atuará na qualidade de substituto processual, defendendo em nome próprio, direito alheio, no caso, dos trabalhadores.

Nesse caso, de atuação do sindicato como substituto processual, como visto, § 1º do art. 791-A, CLT, inserido pela Lei n. 13.467/2017, é expresso no sentido de são cabíveis honorários advocatícios.

Entretanto, ainda no período anterior a Lei n. 13.467/2017, a jurisprudência do TST[33] já era no sentido do cabimento dos honorários advocatícios em caso de ação coletiva ajuizada pelo sindicato, pelo que cabe analisar em que medida a vigência da citada lei alterou a disciplina do tema.

Primeiramente, quanto ao percentual devido, defende-se a aplicação dos fixados na CLT, entre 5%(cinco) a 15% (quinze), de modo que os percentuais de 10% (dez) a 20% (vinte), para os honorários advocatícios em caso de substituição processual, previstos na Súmula n. 219, V, TST[34], apenas são aplicáveis às demandas ajuizadas antes da vigência da Lei n. 13.467/2017.

33. III – São devidos os honorários advocatícios nas causas em que o ente sindical figure como substituto processual e nas lides que não derivem da relação de emprego.

34. V – Em caso de assistência judiciária sindical ou de substituição processual sindical, excetuados os processos em que a Fazenda Pública for parte, os honorários advocatícios são devidos entre o mínimo de dez e o máximo de vinte por cento sobre o valor da condenação, do proveito econômico obtido ou, não sendo possível mensurá-lo, sobre o valor atualizado da causa (CPC de 2015, art. 85, § 2º).

No mais, defende-se que as regras relativas ao cabimento dos honorários advocatícios são as previstas no Código de Defesa do Consumidor – CDC e na Lei da Ação Civil Pública – ACP, normas que fazem parte do sistema de acesso à jurisdição metaindividual, e, portanto, especiais em relação ao regramento genérico contido no art. 791-A, CLT.

Vale dizer, salvo especificamente quanto aos percentuais fixados no art. 791-A, "caput", CLT, aplicam-se, nas demandas coletivas ajuizadas na Justiça do Trabalho, o regramento do CDC e da Lei n. 7.347/85 acerca dos honorários advocatícios

Desse modo, em caso de improcedência dos pedidos formulados na ação coletiva, incide o disposto nos arts. 87, do CDC[35] e 18, da Lei n. 7.347/85 (LACP[36]), os quais condicionam a condenação em honorários advocatícios caso seja comprovada atuação de má-fé pela associação, conceito que abrange o sindicato.

Defendendo a disciplina especial do cabimento de honorários advocatícios, Marcelo Freire Sampaio Costa[37] sustenta que:

> Esses limites e percentuais serão aplicados nas ações coletivas laborais, desde que fique plenamente demonstrada a má-fé do autor na ação

35. Art. 87. Nas ações coletivas de que trata este código não haverá adiantamento de custas, emolumentos, honorários periciais e quaisquer outras despesas, nem condenação da associação autora, salvo comprovada má-fé, em honorários de advogados, custas e despesas processuais. Parágrafo único. Em caso de litigância de má-fé, a associação autora e os diretores responsáveis pela propositura da ação serão solidariamente condenados em honorários advocatícios e ao décuplo das custas, sem prejuízo da responsabilidade por perdas e danos.

36. Art. 18. Nas ações de que trata esta lei, não haverá adiantamento de custas, emolumentos, honorários periciais e quaisquer outras despesas, nem condenação da associação autora, salvo comprovada má-fé, em honorários de advogado, custas e despesas processuais. (Redação dada pela Lei nº 8.078, de 1990)

37. MIESSA, Élisson et al. Honorários advocatícios na Justiça do Trabalho. Salvador: Editora Juspodivm, 2019, p. 545.

> coletiva, conforme os já transcritos dispositivos legais específicos do processo coletivo.
>
> Em suma, qualquer despesa processual (no sentido amplo) somente será devida se o sucumbente agir por comprovada má-fé.

Nesse ponto, cumpre destacar que tem sido rejeitada a tese de que também na hipótese procedência dos pedidos há exigência de comprovação de má-fé da parte requerida como condição para o cabimento de honorários advocatícios.

É que predomina o entendimento de que tais normas, sobretudo os arts. 87, CDC e 18, da Lei n. 13.467/2017, têm como finalidade incentivar a utilização das demandas coletivas como meio de solução de conflitos, de modo a resolver, em um único processo, questões que seriam submetidas individualmente ao Poder Judiciário[38], pelo que seriam um incentivo para a parte ingressar em juízo de modo coletivo.

Nesse sentido, interessante decisão do TST, em que se analisou a disciplina especial do cabimento de honorários advocatícios nas ações coletivas:

> AGRAVO EM RECURSO DE REVISTA – ACÓRDÃO PUBLICADO NA VIGÊNCIA DA LEI Nº 13.015/2014 E DO CPC/2015 - ANTERIOR À LEI Nº 13.467/2017 – "BENEFÍCIO DA JUSTIÇA GRATUITA.
>
> 1. O Sindicato é pessoa jurídica (art. 44, I, do Código Civil), não se confundindo com as pessoas físicas dos substituídos. Dessa maneira, a declaração genérica de pobreza destes não aproveita àquele.
>
> 2. Embora o Sindicato conste do polo ativo no interesse dos substituídos, nos moldes do art. 18, parte final, do CPC/15, é ele quem deve

38. NEVES, Daniel Amorim Assumpção. **Manual de processo coletivo**. Salvador: Editora Juspodivm, 2019, p. 491.

preencher os requisitos como pessoa jurídica que provocou a prestação jurisdicional.

3. A Súmula 463 do TST, em seu item II, é clara ao exigir da pessoa jurídica a comprovação da alegada insuficiência econômica.

4. Antes mesmo da edição da Súmula 463 do TST, o entendimento que vinha prevalecendo nesta esfera recursal é no sentido de que a concessão do benefício da gratuidade da justiça à pessoa jurídica, inclusive em se tratando de entidade sindical ou sem fins lucrativos, somente é devida quando provada a insuficiência de recursos.

5. O Sindicato Autor deveria ter trazido ao processo provas da sua própria insuficiência econômica, não tendo direito aos benefícios da justiça gratuita pelo simples fato de ter juntado aos autos declaração de insuficiência das pessoas físicas substituídas.

6. O art. 99, § 3º, do CPC/15, é plenamente compatível com o processo do trabalho, tanto é que foi observado pela jurisprudência deste Tribunal Superior, provocando a posterior edição do item II da Súmula 463 do TST.

7. Conclui-se que o Agravante não logrou demonstrar o alegado direito ao benefício da justiça gratuita."

Agravo desprovido.

SUBSTITUIÇÃO PROCESSUAL – SINDICATO SUCUMBENTE – HONORÁRIOS ADVOCATÍCIOS SUCUMBENCIAIS – LIDE QUE DERIVA DA RELAÇÃO DE EMMPREGO.

Evidenciado equívoco da decisão monocrática que não conheceu do recurso de revista no tópico atinente aos honorários advocatícios sucumbenciais, impõe-se o provimento do agravo neste capítulo porquanto demonstrada a violação do art. 87 da Lei nº 8.078/1990.

Agravo conhecido e provido para determinar o processamento do recurso de revista.

RECURSO DE REVISTA DO SINDICATO AUTOR – INTERPOSTO NA VIGÊNCIA DA LEI Nº 13.015/2014 E DO CPC/2015 – ANTERIOR À LEI Nº 13.467/2017 – HONORÁRIOS ADVOCATÍCIOS

– SINDICATO – AÇÃO COLETIVA – SUBSTITUIÇÃO PROCESSUAL– MÁ–FÉ – COMPROVAÇÃO – INOCORRÊNCIA.

A atuação coletiva dos sindicatos como associação está sujeita às disposições do Código de Defesa do Consumidor e da Lei da Ação Civil Pública, inclusive quanto aos honorários advocatícios. Nessas leis, há previsão específica no tocante à condenação da parte autora ao pagamento da verba em comento, que somente ocorrerá quando for comprovada a má-fé, conforme os arts. 87, parágrafo único, do CDC e 18 da Lei da Ação Civil Pública. Uma vez que não foi registrada nenhuma deslealdade processual do sindicato autor a ensejar a caracterização da litigância de má-fé, impõe-se a exclusão da condenação ao pagamento de honorários advocatícios.Recurso de revista conhecido e provido. (Processo: RR - 1026-29.2016.5.12.0029 – Fase Atual: RR Número no TRT de Origem: RO-1026/2016- 0029-12.Órgão Judicante: 7ª Turma Relator: Ministro Luiz Philippe Vieira de Mello Filho; Publicado em 23/08/2019)

Na referida decisão, o TST reformou acórdão regional oriundo do TRT da Décima Segunda Região (TRT 12). Segundo a Corte Regional, a Súmula n. 219, III, TST, prevê o cabimento de honorários advocatícios nas demandas em que há substituição processual pelo sindicato, sem fazer qualquer distinção quanto a procedência ou improcedência dos pedidos, e, em razão disso, deve o sindicato responder pelos honorários em caso de julgamento de improcedência dos pedidos, motivo pelo qual negou provimento ao recurso ordinário interposto pelo ente sindical, mantendo a sentença que o condenou no pagamento de honorários advocatícios arbitrados pela sentença do juiz de primeiro grau.

Entretanto, o TST reconheceu a disciplina especial do cabimento de honorários advocatícios nas ações coletivas, no sentido de também ser requisito para condenação da parte autora no pagamento de honorários advocatícios, na hipótese de improcedência dos pedidos, a sua atuação de má-fé.

Ainda quanto ao tema, cabe apontar recente jurisprudência do Superior Tribunal de Justiça (STJ), que, com base na aplicação do princípio da simetria, tem condicionado o cabimento de honorários advocatícios nas demandas coletivas, seja no caso de procedência dos pedidos, seja no caso improcedência dos pedidos, a comprovação da atuação de má-fé da parte sucumbente, quer seja a parte autora, quer seja a parte ré, de modo que, a prevalecer tal entendimento, é possível afirmar que, para referida Corte, a regra é a não condenação no pagamento de honorários advocatícios em de sede de ação civil coletiva:

> PROCESSUAL CIVIL. EMBARGOS DE DIVERGÊNCIA EM AGRAVO EM RECURSO ESPECIAL. DISSENSO CONFIGURADO ENTRE O ARESTO EMBARGADO E ARESTO PARADIGMA ORIUNDO DA QUARTA TURMA. AÇÃO CIVIL PÚBLICA INTENTADA PELA UNIÃO. CONDENAÇÃO DA PARTE REQUERIDA EM HONORÁRIOS ADVOCATÍCIOS.
>
> AUSÊNCIA DE MÁ-FÉ. DESCABIMENTO. ART. 18 DA LEI N. 7.347/1985.
>
> PRINCÍPIO DA SIMETRIA. EMBARGOS DE DIVERGÊNCIA A QUE SE NEGA PROVIMENTO.
>
> 1. Trata-se de recurso interposto em ação civil pública, de que é autora a União, no qual pleiteia a condenação da parte requerida em honorários advocatícios, sob o fundamento de que a regra do art. 18 da Lei n. 7.347/1985 apenas beneficia o autor, salvo quando comprovada má-fé.
>
> 2. O acórdão embargado aplicou o princípio da simetria, para reconhecer que o benefício do art. 18 da Lei n. 7.347/1985 se aplica, igualmente, à parte requerida, visto que não ocorreu má-fé.
>
> Assim, o dissenso para conhecimento dos embargos de divergência ocorre pelo confronto entre o aresto embargado e um julgado recente da eg. Quarta Turma, proferido nos EDcl no REsp 748.242/RJ, Rel.
>
> Ministro Antonio Carlos Ferreira, Quarta Turma, julgado em 12/4/2016, DJe 25/4/2016.
>
> 3. Com efeito, o entendimento exposto pelas Turmas, que compõem a Primeira Seção desta Corte, é no sentido de que, "em favor da simetria, a

previsão do art. 18 da Lei 7.347/1985 deve ser interpretada também em favor do requerido em ação civil pública.

Assim, a impossibilidade de condenação do Ministério Público ou da União em honorários advocatícios - salvo comprovada má-fé - impede serem beneficiados quando vencedores na ação civil pública" (STJ, AgInt no AREsp 996.192/SP, Rel. Ministro Benedito Gonçalves, Primeira Turma, DJe 30/8/2017). No mesmo sentido: AgInt no REsp 1.531.504/CE, Rel. Ministro Mauro Campbell Marques, Segunda Turma, DJe 21/9/2016; AgInt no REsp 1.127.319/SC, Rel. Ministro Sérgio Kukina, Primeira Turma, DJe 18/8/2017; AgInt no REsp 1.435.350/RJ, Rel. Ministro Humberto Martins, Segunda Turma, DJe 31/8/2016; REsp 1.374.541/RJ, Rel. Ministro Gurgel de Faria, Primeira Turma, DJe 16/8/2017.

4. De igual forma, mesmo no âmbito da Terceira e Quarta Turmas do Superior Tribunal de Justiça, ainda que o tema não tenha sido analisado sob a óptica de a parte autora ser ente de direito público - até porque falece, em tese, competência àqueles órgãos fracionários quando num dos polos da demanda esteja alguma pessoa jurídica de direito público –, o princípio da simetria foi aplicado em diversas oportunidades: AgInt no REsp 1.600.165/SP, Rel. Ministro Moura Ribeiro, Terceira Turma, julgado em 20/6/2017, DJe 30/6/2017;

REsp 1.438.815/RN, Rel. Ministra Nancy Andrighi, Terceira Turma, julgado em 22/11/2016, DJe 1º/12/2016; REsp 1.362.084/RJ, Rel. Ministro Luis Felipe Salomão, Quarta Turma, julgado em 16/5/2017, DJe 1º/8/2017.

5. Dessa forma, deve-se privilegiar, no âmbito desta Corte Especial, o entendimento dos órgãos fracionários deste Superior Tribunal de Justiça, no sentido de que, em razão da simetria, descabe a condenação em honorários advocatícios da parte requerida em ação civil pública, quando inexistente má-fé, de igual sorte como ocorre com a parte autora, por força da aplicação do art. 18 da Lei n. 7.347/1985.

6. Embargos de divergência a que se nega provimento.

(EAREsp 962.250/SP, Rel. Ministro OG FERNANDES, CORTE ESPECIAL, julgado em 15/08/2018, DJe 21/08/2018)

Sucede que, em que pese a possível discussão acerca da aplicação do referido entendimento do STJ às demandas coletivas ajuizadas na Justiça do Trabalho, defende-se que ele entra em choque com o sistema de acesso à jurisdição metaindividual, que busca, essencialmente, a defesa coletiva dos direitos.

Na linha do já mencionado, o sindicato exerce o relevante papel constitucional de tutelar os interesses dos trabalhadores (art. 8º, III, da CRFB/88), sendo evidente que reconhecer o direito aos honorários advocatícios em caso de demanda individual, inclusive quando o trabalhador é assistido em juízo pelo sindicato, mas negar honorários advocatícios em caso de ajuizamento de ação coletiva, é subverter a lógica jurídica, que incentiva o ajuizamento de demandas coletivas.

Ou seja, exigir a comprovação de má-fé da requerida, como condição para o cabimento dos honorários advocatícios nas demandas coletivas, é estimular a pulverização das demandas, com o ajuizamento de diversas ações individuais com idêntico objeto, em afronta aos princípios da economia e da celeridade processual.

Ademais, não se pode esquecer que o ajuizamento de ações coletivas é importante instrumento de efetivação dos direitos fundamentais dos trabalhadores, que, na imensa maioria das vezes, apenas busca a satisfação dos seus direitos em juízo após a extinção do contrato de trabalho, em virtude da subordinação inerente ao contrato e o temor de ser dispensado, unicamente, pelo fato de ter ingressado em juízo em face do seu empregador. Assim, é possível a descaraterização da demanda como uma conduta pessoal do empregado, substituído em juízo pelo seu sindicato, sendo identificado nos autos do processo, normalmente, apenas na fase de liquidação.

3.2.5. Critérios para fixação do percentual

O art. 791-A, § 2º, CLT, repetindo o disposto nos incisos I a IV do § 2º do art. 85, CPC/2015, indica os critérios que devem ser utilizados pelo juiz quando do arbitramento dos honorários advocatícios: o grau de zelo do profissional; o lugar da prestação dos serviços; a natureza e a importância da causa; o trabalho realizado pelo advogado e o tempo exigido para o seu serviço.

Aplicando os critérios constantes do art. 791-A, § 2º, CLT, para arbitramento do valor dos honorários advocatícios, a seguinte decisão do Tribunal Regional do Trabalho da Décima Nona Região:

> RECURSO ORDINÁRIO. HONORÁRIOS SUCUMBENCIAIS. ARBITRAMENTO DO PERCENTUAL EM CONFORMIDADE COM O § 2º DO ART. 791-A DA CLT. O § 2º DO ART. 791-A DA CLT PREVÊ QUE: 'AO FIXAR OS HONORÁRIOS, O JUÍZO OBSERVARÁ: I - O GRAU DE ZELO DO PROFISSIONAL; II - O LUGAR DE PRESTAÇÃO DO SERVIÇO; III - A NATUREZA E A IMPORTÂNCIA DA CAUSA; IV - O TRABALHO REALIZADO PELO ADVOGADO E O TEMPO EXIGIDO PARA O SEU SERVIÇO'. NO CASO, A AÇÃO É DE NOTÓRIA SIMPLICIDADE, CONSISTINDO EM MERA REPETIÇÃO DE TANTAS OUTRAS JÁ AJUIZADAS CONTRA O MESMO MUNICÍPIO E SOBRE EXATAMENTE A MESMA MATÉRIA, DE MODO QUE A POUCA COMPLEXIDADE DESAUTORIZA A FIXAÇÃO DOS HONORÁRIOS ADVOCATÍCIOS EM SEU PATAMAR MÁXIMO PREVISTO NO ÂMBITO TRABALHISTA. POR TAIS RAZÕES, ALTERA-SE A SENTENÇA PARA FIXAR OS HONORÁRIOS ADVOCATÍCIOS SUCUMBENCIAIS EM 10% (DEZ POR CENTO) SOBRE O VALOR DA CONDENAÇÃO. RECURSO PARCIALMENTE PROVIDO. II. (TRT-19 - RO: 00004441020195190003 0000444-10.2019.5.19.0003, Relator: Eliane Arôxa, Data de Publicação: 12/12/2019).

Registre-se que os parâmetros fixados devem ser observados independentemente "de qual seja o conteúdo da decisão, inclusive aos casos de improcedência ou de sentença sem resolução de mérito." (art. 85, § 6º, CPC/2015).

3.2.6. Base de cálculo a ser usada

O CPC/2015, ao traçar a disciplina da condenação no pagamento de honorários advocatícios, traz diversos parâmetros que devem ser observados pelo juiz quando do arbitramento.

Segundo o art. 85, § 2º, CPC/2015[39], os honorários advocatícios podem ser arbitrados entre o mínimo de 10% e o máximo de 20% sobre o valor da condenação, do proveito econômico obtido ou, não sendo possível mensurá-lo, sobre o valor atualizado da causa, atendidos certos critérios, como o grau de zelo do profissional, o lugar da prestação do serviço, a natureza e a importância da causa, o trabalho realizado pelo advogado e o tempo exigido para o seu serviço.

O certo é que os parâmetros estabelecidos pelo referido art. 85, § 2º, devem ser observados independentemente "de qual seja o conteúdo da decisão, inclusive aos casos de improcedência ou de sentença sem resolução de mérito." (art. 85, § 6º, CPC/2015).

Por outro lado, o art. 791-A, CLT, "caput", CLT[40], tem norma mais restritiva do que a prevista no CPC/2015, fixando o arbitramento de

39. Art. 85, § 2º, CPC;2015 : § 2º Os honorários serão fixados entre o mínimo de dez e o máximo de vinte por cento sobre o valor da condenação, do proveito econômico obtido ou, não sendo possível mensurá-lo, sobre o valor atualizado da causa, atendidos: I – o grau de zelo do profissional; II – o lugar de prestação do serviço; III – a natureza e a importância da causa; IV – o trabalho realizado pelo advogado e o tempo exigido para o seu serviço.

40. Art. 791-A. Ao advogado, ainda que atue em causa própria, serão devidos honorários de sucumbência, fixados entre o mínimo de 5% (cinco por cento) e o máximo de 15% (quinze por cento) sobre o valor que resultar da liquidação da sentença, do proveito econômico obtido ou, não sendo possível mensurá-lo, sobre o valor atualizado da causa. (Incluído pela Lei nº 13.467, de 2017)

§ 1º Os honorários são devidos também nas ações contra a Fazenda Pública e nas ações em que a parte estiver assistida ou substituída pelo sindicato de sua categoria. (Incluído pela Lei nº 13.467, de 2017) honorários advocatícios entre o mínimo de 5% (cinco por cento) e o máximo de 15% (quinze por cento) sobre o valor que resultar da liquidação da sentença, do proveito econômico obtido ou, não sendo possível mensurá-lo, sobre o valor atualizado da causa. Ao fixar os honorários, o juízo observará o grau de zelo do profissional, o lugar de prestação do serviço, a natureza e a importância da causa e o trabalho realizado pelo advogado e o tempo exigido para o seu serviço (art. 791-A, § 2º, CLT).

Como se vê, do cotejo entre as citadas normas do CPC e da CLT, observa-se que os critérios que devem ser levados em conta pelo juiz quando da fixação dos honorários advocatícios são semelhantes. Há, entretanto, um aspecto que afasta as normas do Processo do Trabalho das normas do Processo Civil: os percentuais mínimo e máximo que podem ser fixados a título de honorários advocatícios. É que enquanto no Processo Civil é possível variar entre 10% (dez) a 20% (vinte), no Processo do Trabalho, a variação ocorre entre 5% (cinco) e 15% (quinze). Há, portanto, um decréscimo dos honorários no Processo do Trabalho.

---

§ 2º Ao fixar os honorários, o juízo observará: (Incluído pela Lei nº 13.467, de 2017)

I – o grau de zelo do profissional; (Incluído pela Lei nº 13.467, de 2017)

II – o lugar de prestação do serviço; (Incluído pela Lei nº 13.467, de 2017)

III – a natureza e a importância da causa; (Incluído pela Lei nº 13.467, de 2017)

IV – o trabalho realizado pelo advogado e o tempo exigido para o seu serviço. (Incluído pela Lei nº 13.467, de 2017)

§ 3º Na hipótese de procedência parcial, o juízo arbitrará honorários de sucumbência recíproca, vedada a compensação entre os honorários. (Incluído pela Lei nº 13.467, de 2017)

§ 4º Vencido o beneficiário da justiça gratuita, desde que não tenha obtido em juízo, ainda que em outro processo, créditos capazes de suportar a despesa, as obrigações decorrentes de sua sucumbência ficarão sob condição suspensiva de exigibilidade e somente poderão ser executadas se, nos dois anos subsequentes ao trânsito em julgado da decisão que as certificou, o credor demonstrar que deixou de existir a situação de insuficiência de recursos que justificou a concessão de gratuidade, extinguindo-se, passado esse prazo, tais obrigações do beneficiário. (Incluído pela Lei nº 13.467, de 2017)

§ 5º São devidos honorários de sucumbência na reconvenção.

No que diz respeito à base de calculo a ser utilizada no arbitramento dos honorários advocatícios sucumbenciais, há coincidência entre as normas previstas no CPC/2015 e na CLT, que fixam os seguintes critérios, de modo sucessivo: percentual sobre o valor da condenação, percentual sobre o proveito econômico obtido, ou, não sendo possível mensurá-lo, sobre o valor atualizado da causa.

Daniel Assunção Amorim[41], analisando a disciplina do tema no CPC/2015, frente ao disposto no CPC/1973 esclarece que há novidades:

> A primeira, fica por conta do proveito econômico como parâmetro para a fixação de honorários advocatícios dentro dos percentuais previstos em lei quando não houver condenação no caso concreto. Pode se imaginar nesse caso tanto as decisões meramente declaratórias como as constitutivas que tenham gerado vantagem econômica para o vencedor, bem como a sentença de improcedência em ações condenatórias, quando o proveito econômico será ter evitado a condenação no valor pretendido pelo autor.
>
> A segunda novidade é a fixação dos honorários quando não há condenação ou proveito econômico obtido, quando a fixação tomará por base o valor da causa.
>
> Sob a égide do CPC/197, a inexistência de condenação permitia ao juiz fixar o valor dos honorários sem qualquer parâmetro, apenas atendendo aos critérios das alíneas do art. 20, § 3º. No Novo CPC tal conduta passa a ser impossível, havendo gradação do parâmetro para, a partir daí, fixar honorários entre dez e vinte por cento: (1º) condenação; (2º) proveito econômico obtido; (3º) valor da causa.
>
> Estabelecido o parâmetro de fixação dos honorários, cabe ao juiz fixar o percentual – entre dez e vinte por cento – que se adequa ao grau de zelo do profissional, o lugar da prestação do serviço, a natureza e importância da causa e o trabalho realizado pelo advogado e o tempo exigido

41. NEVES, Daniel Amorim Assumpção. **Manual de direito processual civil** – Volume único. 8. ed. – Salvador: Ed. Juspodivm, 2016, p. 356.

> para só seu serviço. Esses critérios são os mesmos já existentes no Código revogado.
>
> O § 4º do art. 20 do CPC/1973, vem parcialmente repetido no § 8º do art. 85 do Novo CPC, ao menos para as causas em que for inestimável ou irrisório o proveito econômico ou, ainda, quando o valor da causa for muito baixo, quando o juiz fixará o valor dos honorários por apreciação equitativa, observando o disposto nos incisos do § 2º.
>
> O § 9º do dispositivo ora comentado reformula parcialmente a regra contida no art. 20, § 5º do CPC/1973 ao prever que na ação de indenização por ato ilícito contra a pessoa, o percentual de honorários incidirá sobre a soma das prestações vencidas com mais doze prestações vincendas.

Tendo em vista que maioria das demandas trabalhistas possui conteúdo condenatório, com a formulação de pedidos de pagamento, pelo empregador, de parcelas contratuais e legais, o Juiz do Trabalho normalmente arbitrará os honorários advocatícios com base do valor da condenação, na hipótese de procedência dos pedidos, ou com base no valor do proveito econômico obtido pela parte ré, no caso de improcedência.

3.2.6.1. Base de cálculo dos honorários na hipótese de procedência parcial de pretensões de pagamento de quantia em dinheiro.

A situação mais comum no Processo do Trabalho consiste no deferimento parcial das pretensões de natureza condenatória, com alguns pedidos julgados procedentes e outros improcedentes. Atecnicamente, fala-se que a "ação foi julgada parcialmente procedente", quando, na verdade, a procedência é da pretensão e não da ação (direito autônomo e abstrato).

Nesse caso, a verba honorária devida ao advogado da parte autora deve levar em consideração o valor (a soma deles) dos pedidos julgados procedentes, ao passo que o valor dos honorários advocatícios devidos ao advogado da parte ré deve ter como base o valor (a soma deles) dos pedidos julgados improcedentes. Nesse sentido as seguintes decisões dos Tribunais Regionais do Trabalho da Oitava Região e da Décima Terceira Região:

> HONORÁRIOS ADVOCATÍCIOS. SUCUMBÊNCIA RECÍPROCA. BASE DE CÁLCULO. 1) Considerando a sucumbência parcial de ambas as partes, são devidos honorários advocatícios recíprocos, mesmo em se tratando de reclamante beneficiário da Justiça Gratuita, nos termos dos arts. 791-A, §§3º e 4º, da CLT. 2) Em relação a base de cálculos dos honorários devidos ao patrono do reclamante, basta a leitura do art. 791-A, caput, da CLT c/c OJ nº 348 da SBDI-1 do TST, no qual estabelecem como parâmetros o valor líquido da condenação, do proveito econômico ou o valor da causa. Por outro lado, no caso dos honorários sucumbenciais do advogado da reclamada, a base de cálculo a ser utilizada será a somatória dos pedidos julgados improcedentes devidamente atualizada, observados o mesmo percentual deferido ao causídico do reclamante, em atenção ao princípio da igualdade, uma vez que remuneram o profissional e não a parte. (TRT da 8ª Região; Processo: 0000202-54.2019.5.08.0004 ROT; Data: 31/05/2020; Órgão Julgador: 4ª Turma; Relator: GEORGENOR DE SOUSA FRANCO FILHO)

> HONORÁRIOS DE SUCUMBÊNCIA A CARGO DO RECLAMANTE. QUANTIFICAÇÃO COM BASE NO VALOR EQUIVALENTE AOS TÍTULOS INDEFERIDOS. ART. 791-A DA CLT. Constatando-se que a quantificação dos honorários de sucumbência devidos pelo reclamante foi feita com base no valor da causa, sem excluir as parcelas contempladas na sentença, impõe-se determinar que aquela verba honorária seja calculada com base nos valores correspondentes aos títulos trabalhistas indeferidos, a fim de se ajustar às disposições do art. 791-A da CLT. Recurso parcialmente provido. (TRT-13 - RO: 00000038820195130005 0000003-88.2019.5.13.0005, 2ª Turma, Data de Publicação: 26/08/2019)

Importante destacar que o tema não é pacífico, sendo necessário o amadurecimento da jurisprudência para se consolidar um determinado rumo interpretativo.

3.2.6.2. Base de cálculo dos honorários na hipótese de ausência de pretensão condenatória ao pagamento em dinheiro

Possível, entretanto, que o Juiz do Trabalho se utilize do valor da causa para o arbitramento dos honorários advocatícios, por exemplo, nas ações declaratórias de existência ou inexistência de vínculo de emprego, sem que haja pedidos de condenação de pagamento em dinheiro, assim como na demanda em que parte autora pretende, unicamente, que a parte ré seja condenada a fornecer o Perfil Profissiográfico Previdenciário (PPP) – documento necessário para o requerimento de aposentadoria especial (art. 58, § 4º, da Lei n. 8.213/91).

3.2.6.3. Base de cálculo dos honorários na hipótese de embargos de terceiro

Aplicando o valor da causa como base de cálculo para a incidência dos honorários advocatícios, em sede de ação de embargos de terceiro, ajuizada incidentalmente na fase de execução de determinada ação trabalhista, a seguinte decisão do TRT da Quinta Região:

> HONORÁRIOS ADVOCATÍCIOS DE SUCUMBÊNCIA. BASE DE CÁLCULO. Não tendo havido proveito econômico no feito, os honorários advocatícios sucumbenciais devem ser fixados sobre o valor atualizado da causa, nos termos do art. 791-A da CLT. (TRT 5; Processo 0000897-82.2018.5.05.0341, Origem PJE, Relator(a) Juiz(a) Convocado(a) SEBASTIAO MARTINS LOPES, Quarta Turma, DJ 18/05/2020)

Relevante apontar o seguinte excerto do referido acórdão:

> O Recorrente insurge-se contra o valor de R$ 40.000,00 dado à causa para fins de arbitramento dos honorários advocatícios de sucumbência. Sustenta que o Embargante teria atribuído à causa em sua petição inicial o valor de R$ 374.945,47, e por conseguinte, declarado ser este o proveito econômico da ação para fins de quantificação dos honorários, o que requer. Afirma ainda que nos aditivos da cédula de crédito bancário (ID

> 5c93e5f), os dois imóveis foram avaliados no valor retromencionado, conforme ponto 8.2 da página 6 do contrato.
>
> Com razão.
>
> O art. 791-A da CLT dispõe sobre a base de cálculo dos honorários advocatícios, nos seguintes termos:
>
> 'Ao advogado, ainda que atue em causa própria, serão devidos honorários de sucumbência, fixados entre o mínimo de 5% (cinco por cento) e o máximo de 15% (quinze por cento) sobre o valor que resultar da liquidação da sentença, do proveito econômico obtido ou, não sendo possível mensurá-lo, sobre o valor atualizado da causa.'
>
> Na hipótese dos autos, os Embargos de Terceiro opostos pelo Banco Bradesco foram julgados improcedentes, não tendo havido proveito econômico propriamente dito. Assim, entendo que os honorários advocatícios deveriam ser fixados com base no valor atualizado da causa, nos termos do dispositivo retromencionado.
>
> Apura-se da inicial (ID fd145b8) que a instituição financeira atribuiu à causa o valor de R$ 374.945,47, razão pela qual deve ser este o valor fixado como base de cálculo dos honorários advocatícios arbitrados.
>
> Nestes termos, reformo a sentença para fixar como base de cálculo dos honorários advocatícios o valor atribuído à causa, de R$ 374.945,47.

Assim, na citada decisão, com a improcedência do pedido formulado na ação de embargos de terceiro, entendeu-se, corretamente, que, diante da ausência do elemento condenação e da impossibilidade de se aferir o proveito econômico, os honorários advocatícios deveriam ser fixados com base no valor atribuído à causa.

3.2.6.4. Base de cálculo dos honorários na hipótese de nulidade de auto de infração

Utilizando-se do valor da causa para fixação dos honorários advocatícios, em demanda em que se discutia a validade dos autos de infração lavrados pela União, em face de supostas infrações praticadas pela empresa, autora na ação de declaração de nulidade, cujo pedido foi julgado procedente, o excerto da seguinte decisão, proferida pelo TRT da Terceira Região:

> Invertidos os ônus da sucumbência na presente lide, absolvo a autora da condenação ao pagamento dos honorários advocatícios de sucumbência que lhe foi imposta na sentença.
>
> Como corolário e em observância ao disposto no artigo 791-A da CLT, aplicável no caso vertente, condeno a ré (União Federal) ao pagamento dos honorários advocatícios de sucumbência no percentual de 10% sobre o valor atualizado da causa (que também corresponde ao proveito econômico obtido, relativo à soma dos valores das multas inscritas na dívida ativa da União cuja nulidade foi acolhida), que deverão ser pagos aos advogados da autora. (TRT da 3.ª Região; PJe: 0010775-35.2018.5.03.0002 (RO); Disponibilização: 03/06/2019; Órgão Julgador: Segunda Turma; Relator: Sebastião Geraldo de Oliveira)

Como se vê, utiliza-se, no caso, como base de cálculo dos honorários, o valor atualizado da causa, "que também corresponde ao proveito econômico obtido, relativo à soma dos valores das multas inscritas na dívida ativa da União cuja nulidade foi acolhida".

3.2.6.5. Base de cálculo dos honorários nas hipóteses de causa de valor inestimável e de indenizações por danos materiais com condenação ao pagamento de pensão mensal

Diante da omissão da norma celetista, e da compatibilidade com a sistemática do Processo do Trabalho (art. 769, CLT; art. 15, CPC/2015), também é aplicável o disposto nos § § 8º[42] e 9º[42] do art. 85, CPC/2015.

42. Art. 85, § 8º: § 8º Nas causas em que for inestimável ou irrisório o proveito econômico ou, ainda, quando o valor da causa for muito baixo, o juiz fixará o valor dos honorários por apreciação equitativa, observando o disposto nos incisos do § 2º.

Assim, nas causas em que for inestimável ou irrisório o proveito econômico ou, ainda, quando o valor da causa for muito baixo, o juiz fixará o valor dos honorários por apreciação equitativa, observando o disposto nos incisos do § 2º do art. 85, CPC/2015, como, ilustrativamente, quando o valor do proveito econômico obtido for muito pequeno em relação ao trabalho desenvolvido pelo advogado e o tempo exigido para o seu serviço.

Nas causas em que se discute indenização por dano ilícito contra a pessoa, ilustrativamente, as ações em que se busca indenização por danos materiais em forma de pensão, decorrentes de acidente de trabalho, o percentual de honorários advocatícios deve incidir sobre as parcelas atrasadas e sobre a soma das próximas doze parcelas (vincendas). Em consonância com essa norma, registre-se a Orientação Jurisprudencial n. 57 do TRT da Quarta Região:

> Orientação Jurisprudencial nº 57 – AGRAVO DE PETIÇÃO. HONORÁRIOS ADVOCATÍCIOS/ASSISTENCIAIS. PARCELAS VINCENDAS.
>
> Os honorários advocatícios/assistenciais são devidos sobre as parcelas objeto da condenação, incidindo sobre as vincendas até doze parcelas mensais seguintes ao trânsito em julgado do título executivo judicial.

Tratam-se, pois, de critérios transportados do CPC/2015 para o processo do trabalho, tendo em vista a omissão, na CLT, sobre o tema, justificando, assim, a aplicação supletiva prevista no art. 15 do CPC/2015.

3.2.6.6. Não incidência das contribuições previdenciárias e imposto de renda

No arbitramento dos honorários advocatícios, no que diz respeito a sua base de cálculo, deve o juiz levar em conta que será utilizado o valor

43. Art. 85, § 9º : § 9º Na ação de indenização por ato ilícito contra pessoa, o percentual de honorários incidirá sobre a soma das prestações vencidas acrescida de 12 (doze) prestações vincendas.

total encontrado na liquidação, sem desconto das contribuições previdenciárias e imposto de renda. Nesse sentido, a Orientação Jurisprudencial n. 348, da SDI 1, TST:

> OJ-SDI1-348 HONORÁRIOS ADVOCATÍCIOS. BASE DE CÁLCULO. VALOR LÍQUIDO. LEI Nº 1.060, DE 05.02.1950 (DJ 25.04.2007)
>
> Os honorários advocatícios, arbitrados nos termos do art. 11, § 1º, da Lei nº 1.060, de 05.02.1950, devem incidir sobre o valor líquido da condenação, apurado na fase de liquidação de sentença, sem a dedução dos descontos fiscais e previdenciários.

Nesse sentido, tese Jurídica Prevalecente no âmbito do TRT da Terceira Região, de acordo com o qual apenas deve ser excluída da base de cálculo dos honorários advocatícios a cota-parte do empregador de contribuição previdenciária:

> Tese Jurídica Prevalecente n. 4:
>
> Honorários advocatícios. Base de cálculo. Contribuição Previdenciária. Cota-parte do empregador. A cota-parte de contribuição previdenciária do empregador não integra a base de cálculo dos honorários advocatícios, porquanto não constitui crédito do empregado, já que se trata de obrigação tributária do empregador junto à União. (RA 192/2015, disponibilização: DEJT/TRT-MG/Cad. Jud. 25, 26 e 27/08/2015)

Portanto, deve o juiz levar em conta que será utilizado o valor total encontrado na liquidação, sem desconto das contribuições previdenciárias e imposto de renda.

3.2.6.7. *Base de cálculo dos honorários na hipótese de conversão da obrigação em perdas e danos*

Por fim, relevante destacar que, para efeito da quantificação do valor devido pela parte ré, em caso de procedência dos pedidos, com condenação nas parcelas postuladas, cabe até mesmo a incidência de honorários advocatícios em relação as parcelas convertidas em perdas em danos (obrigação de pagar), como ocorre, por exemplo, quando o empregador não cumpre a determinação judicial de entregar ao trabalhador os documentos necessários para habilitação no programa do seguro-desemprego, conforme excerto de acórdão oriundo do Tribunal Regional do Trabalho da Oitava Região:

> Da integração do valor do seguro-desemprego no cálculo dos honorários advocatícios.
>
> A sentença condenou a primeira reclamada a entregar as guias de seguro-desemprego ao reclamante após o trânsito em julgado, sob pena de conversão dessa obrigação de fazer em obrigação de indenizar o reclamante, no montante equivalente ao que receberia se estivesse regularmente habilitado ao recebimento do benefício.
>
> Em seu recurso, o reclamante pede que o valor correspondente à indenização do seguro-desemprego seja incluído no cálculo dos honorários advocatícios devidos à patrona do recorrente.
>
> Pois bem.
>
> O não fornecimento pelo empregador da guia necessária para o recebimento do seguro-desemprego dará origem ao direito à indenização compensatória, nos termos da Súmula nº 389, II, do TST.
>
> Assim, caso a reclamada não entregue as guias do seguro-desemprego após o trânsito em julgado, pagará o equivalente a título de indenização, a ser calculada em liquidação de Sentença, que por certo fará parte da base de cálculo dos honorários advocatícios sucumbenciais devidos aos patronos do reclamante.
>
> Nada a reformar. (TRT da 8ª Região; Processo: 0000861-30.2019.5.08.0209 ROT; Data: 29/05/2020; Órgão Julgador: 2ª Turma; Relator: JOSE EDILSIMO ELIZIARIO BENTES)

Fica claro, portanto, que incidem honorários advocatícios em relação às parcelas convertidas em perdas em danos (obrigação de pagar), como ocorre, por exemplo, quando o empregador não cumpre a determinação judicial de entregar ao trabalhador os documentos necessários para habilitação no programa do seguro-desemprego.

3.2.7. Sucumbência recíproca x sucumbência parcial no processo do trabalho

Discussão bastante interessante, e com muita importância prática, diz respeito à distinção (ou não) entre sucumbência recíproca e sucumbência parcial.

Tendo em vista a cumulação objetiva (dedução de vários pedidos na mesma demanda), circunstância que é a regra no Processo do Trabalho, cabe uma análise mais aprofundada do tema.

Assim, relevante destacar o entendimento no sentido de que para que sejam cabíveis honorários advocatícios de sucumbência recíproca faz-se imprescindível que haja, na mesma demanda, pedidos (a pretensão em si) julgados procedentes e pedidos julgados improcedentes, de modo que ambas as partes sejam sucumbentes em determinadas pretensões deduzidas em juízo.

Assim, por exemplo, na hipótese de terem sido formuladas pretensões de pagamento de horas extras (4 horas extras por dia, durante todo o contrato, totalizando R$ 30.000,00), aviso prévio, e adicional de insalubridade, na hipótese da sentença concluir pela procedência (total) dos pedidos de aviso prévio e adicional de insalubridade, mas também concluir pela improcedência (total) do pedido de horas extras, haveria sim, neste caso, sucumbência recíproca, já que a parte autora foi vencedora nos pedidos de aviso prévio e adicional de insalubridade (pedidos nos quais a parte ré foi sucumbente) e sucumbente no pedido de pagamento de horas extras (pedido no qual foi vencedora a parte ré).

Por outro lado, para essa linha de pensamento, se, no mesmo caso acima destacado, sentença concluísse pela procedência (total) dos pedidos de aviso prévio e adicional de insalubridade, mas também concluísse pela procedência do pedido de pagamento de horas extras, limitando, contudo, a duas horas extras por dia, não haveria falar em sucumbência recíproca, tendo em vista que a parte autora fora vencedora em todos os pedidos (pretensões em si), mesmo que, quanto ao pedido de horas extras, não tenha obtido êxito na quantidade de horas extras pretendidas.

Aqueles que entendem que há diferença conceitual entre sucumbência recíproca e sucumbência parcial, no primeiro exemplo citado haveria sucumbência recíproca, autorizando, assim, a condenação ao pagamento de honorários advocatícios de maneira recíproca. Por outro lado, o segundo exemplo retrataria apenas um caso de sucumbência parcial (interna), não autorizando, no processo do trabalho, a condenação ao pagamento de honorários de sucumbência recíproca, já que, pelo texto da CLT, é necessário que haja, efetivamente, sucumbência na pretensão em si (e não na quantidade/montante pleiteado).

Assim, a sucumbência parcial acaba sendo analisada sob a ótica única e exclusiva de cada pedido (pretensão) apresentado na petição inicial. Desse modo, ilustrativamente, o acolhimento de determinado pedido, em montante inferior ao postulado, não caracterizaria sucumbência, pois a parcela restou acolhida, sendo o postulante vitorioso, ainda que em expressão econômica menos vantajosa do que a, efetivamente, pretendida.

Pajardi sustenta a existência de distinção de efeitos práticos quanto aos termos, defendendo que sucumbência parcial e sucumbência recíproca não podem ser tratadas como sinônimos, conforme trecho extraído da obra de Yussef Cahali[44]:

44. PAJARDI, Piero. Op. cit., p. 226-227 apud CAHALI, Yussef Said. Op. cit., p. 503.

> Há efetivamente certa confusão no emprego dos termos sucumbência mútua, recíproca e parcial. Entre sucumbência mútua e sucumbência recíproca não ocorre nenhuma diferença: trata-se do mesmo conceito que exprime a situação de duas partes, cada uma delas como tendo pedido qualquer coisa que não tenha sido objeto (seja, assim, de ordem formal, segundo o conceito de sucumbência formal, seja, igualmente, aquela de sucumbência substancial Chiovendiana). Assim, a sucumbência mútua ou recíproca pressupõe duas partes em posição dinâmica de atividade em relação ao juízo investido da mesma função de prover a lide (o demandado não se limita à defesa mais ou menos ativa, mas é levado a reconvir ao autor, e propõe a exceção de compensação, ou reclama expressamente um determinado provimento, seja apenas formal, como, por exemplo, a extinção do débito). Na sucumbência parcial, ocorre a situação de uma vitória do autor, porém em extensão menor que o petitum inicial.

Sobre o tema, também afirmando haver distinção entre sucumbência recíproca e sucumbência parcial, Gilberto Carlos Maistro Junior[45] destaca que:

> Tal conclusão remete à distinção entre sucumbência recíproca e sucumbência parcial. Há sucumbência recíproca (ensejadora do direito à verba honorária para os advogados de ambas as partes, sem possibilidade de compensação) quando há êxito do autor em relação a alguns pedidos, mas, com relação a outros, não. A hipótese é distinta daquela na qual o autor obtém o reconhecimento do direito que consubstancia o pedido deduzido em juízo, porém, tal se dá em valor inferior ao indicado na petição inicial. Tem-se, aqui, sucumbência parcial, insuficiente para ensejar a obrigação de pagamento de honorários sucumbenciais.

Desse modo, segundo essa corrente de entendimento, só serão devidos honorários pela parte autora se o pedido for julgado integralmente

45. MIESSA, Élisson *et al.* **Honorários advocatícios na Justiça do Trabalho**. Salvador: Editora Juspodivm, 2019, p. 105.

improcedente. Vale dizer, se for deferida em parte a pretensão (duas das quatro horas extras pleiteadas, por exemplo), nada será devido a título de honorários advocatícios pela parte autora, pelo que, por conseguinte, a aplicação do § 3º do art. 791-A, CLT, somente tem lugar na hipótese de haver, na mesma demanda, pedido julgado procedente e pedido julgado improcedente.

Argumenta-se, ainda, que a questão relativa à sucumbência no Processo do Trabalho sempre teve disciplina própria em relação ao Processo Civil, pois a CLT, prevê que as custas, espécie de despesas processuais, são pagas pelo "vencido" (art. 789, § 4º, CLT), ou seja, aquele que foi condenado a pagar qualquer quantia (ainda que inferior a postulada) à parte contrária, ao passo que, no Processo Civil, as despesas do processo são divididas pelas partes, em caso de procedência parcial da pretensão.

A respeito do tema, o CONAMAT (Congresso Nacional de Magistrados do Trabalho), por ocasião da Segunda Jornada de Direito Material e Processual do Trabalho, mediante sua Comissão n. 7 (Acesso à justiça e justiça gratuita. Honorários advocatícios. Honorários periciais. Litigância de má-fé e dano processual), aprovou o enunciado n. 2, cujo teor é o seguinte[46]:

> SUCUMBÊNCIA RECÍPROCA.
>
> O JUÍZO ARBITRARÁ HONORÁRIOS DE SUCUMBÊNCIA RECÍPROCA (ART. 791-A, PAR.3º, DA CLT) APENAS EM CASO DE INDEFERIMENTO TOTAL DO PEDIDO ESPECÍFICO. O ACOLHIMENTO DO PEDIDO, COM QUANTIFICAÇÃO INFERIOR AO POSTULADO, NÃO CARACTERIZA SUCUMBÊNCIA PARCIAL, POIS A VERBA POSTULADA RESTOU ACOLHIDA. QUANDO O LEGISLADOR MENCIONOU "SUCUMBÊNCIA PARCIAL", REFERIU-SE AO ACOLHIMENTO DE PARTE DOS PEDIDOS FORMULADOS NA PETIÇÃO INICIAL.

46. http://www.jornadanacional.com.br/listagem-enunciados-aprovados-vis1.asp.

No mesmo sentido, as seguintes decisões dos Tribunais Regionais do Trabalho da Quarta Região, da Sexta Região, da Décima Segunda Região e da Décima Terceira Região:

> Os honorários de sucumbência recíproca apenas são aplicados aos casos de indeferimento total do pedido específico formulado. Significa dizer que, acolhido o pedido, ainda que com quantificação inferior ao postulado, não há a caracterização de sucumbência parcial, concluindo-se que a verba pretendida foi acolhida. A referência à "procedência parcial" do § 3º do artigo 791-A da CLT refere-se ao acolhimento de parte dos pedidos formulados na petição inicial, não se reportando a pedido específico. (TRT da 4ª Região, 7ª Turma, 0021237-43.2017.5.04.0104 ROPS, em 14/06/2018, Desembargadora Denise Pacheco – Relatora)
>
> RAZÕES DE DECIDIR: RECURSO DA RECLAMADA. HONORÁRIOS ADVOCATÍCIOS. SUCUMBÊNCIA DO AUTOR. A decisão de origem afasta a condenação do autor em honorários da sucumbência pela adoção do entendimento insculpido na PROPOSTA 2 da Comissão nº 05 da I Jornada sobre a Reforma Trabalhista realizada por este Regional, assim redigida: "PROPOSTA 2: SUCUMBÊNCIA RECÍPROCA. O juízo arbitrará honorários de sucumbência recíproca (art. 791-A, § 3º, da CLT) apenas em caso de indeferimento total do pedido específico. O acolhimento do pedido, com quantificação inferior ao postulado, não caracteriza sucumbência parcial, pois a verba postulada restou acolhida. Quando o legislador mencionou "sucumbência parcial", referiu-se ao acolhimento de parte dos pedidos formulados na petição inicial. Aprovada por maioria". A reclamada busca a reforma da decisão, alegando que a redação dada pelo art. 791-A da CLT não comporta interpretação restrita, de modo que, havendo sucumbência, ainda que parcial, deve ser aplicada a regra nela insculpida. Salienta ter havido acolhimento parcial dos pedidos do recorrido, devendo ser reformada a sentença, para o fim de condená-lo ao pagamento de honorários advocatícios pela sucumbência parcial, a teor da previsão contida na citada regra da CLT. Sem razão. A ação foi ajuizada em 06.02.2018, já sob a égide da Lei 13.467/2017, que alterou a CLT e reconheceu o direito aos honorários sucumbenciais ao patrono da parte vencedora. No caso, incide o entendimento presente na Súmula nº 326 do E. STJ: "Na ação de indenização

por dano moral, a condenação em montante inferior ao postulado na inicial não implica sucumbência recíproca". Vencedor o demandante, os honorários sucumbenciais são devidos ao seu procurador, e não ao procurador da parte reclamada, esta sim sucumbente na demanda. A Proposta 2 adotada pelo Juízo também é adotada por este Relator. Nego provimento, embora por diverso fundamento. (TRT da 4ª Região, 6ª Turma, 0020077-22.2018.5.04.0791 ROPS, em 12/07/2018, Desembargador Raul Zoratto Sanvicente).

Consoante se observa da petição inicial, a presente reclamatória foi ajuizada em 02.12.2019. Assim, tendo em conta que a reforma trabalhista entrou em vigor em 11.11.2017, à hipótese são aplicáveis as diretrizes da Lei 13.467/2017 relativas aos honorários advocatícios pela mera sucumbência.

Conforme estabelecido pelo artigo 791-A da CLT, "Ao advogado, ainda que atue em causa própria, serão devidos honorários de sucumbência, fixados entre o mínimo de 5% (cinco por cento) e o máximo de 15% (quinze por cento) sobre o valor que resultar da liquidação da sentença, do proveito econômico obtido ou, não sendo possível mensurá-lo, sobre o valor atualizado da causa".

Quanto à sucumbência recíproca, penso que nos pedidos em que houve indeferimento parcial de pedido específico deveria a parte autora ser compelida ao pagamento da verba em comento.

Entretanto, ressalvando o entendimento pessoal, sigo a tese prevalecente na Turma, no sentido de que somente são devidos honorários advocatícios de sucumbência pela reclamante (artigo 791-A, § 3º, da CLT) em caso de indeferimento integral do pedido específico, porquanto a quantificação inferior à postulada não caracteriza sucumbência parcial, vez que essa se dá em razão do pedido e não de seu valor monetário.

No caso, observa-se que o pedido de condenação da reclamada ao pagamento da multa prevista no art. 467 da CLT foi indeferido, o que já configura, portanto, a sucumbência parcial.

Assim, deve ser mantida a condenação ao empregado de pagar os honorários de sucumbência, no percentual já indicado na sentença (5% - cinco por cento) sobre a parcela indeferida.

> Nego provimento. (TRT da 6º Região - Processo: 0001434-09.2019.5.06.0182; Classe Processual: Recurso Ordinário - Rito Sumaríssimo; Redator: Ana Claudia Petruccelli de Lima Orgão Colegiado: Quarta Turma Data da Assinatura: 28/05/2020 Data de Julgamento: 28/05/2020)
>
> HONORÁRIOS ADVOCATÍCIOS SUCUMBENCIAIS. ART. 791-A, § 3º DA CLT. SUCUMBÊNCIA PARCIAL OU RECÍPROCA. Cabíveis honorários advocatícios de sucumbência recíproca (§ 3º do art. 791-A da CLT) apenas no caso de indeferimento total do pedido específico. O acolhimento da pretensão em quantificação inferior ao postulado não caracteriza a sucumbência parcial, uma vez que a referência à "sucumbência parcial" contida no art. 791-A, § 3º da CLT relaciona-se ao acolhimento, ainda que parcial, dos pedidos formulados na inicial, e não à quantificação de cada pedido pelo autor. (TRT da 12º Região - ROT - 0000159-56.2018.5.12.0032, Rel. NIVALDO STANKIEWICZ, 3ª Câmara, Data de Assinatura: 13/05/2020)
>
> RECURSO DA RECLAMADA. HONORÁRIOS ADVOCATÍCIOS SUCUMBENCIAIS. ART. 791-A da CLT. A sucumbência recíproca, que autoriza a aplicação do artigo 791-A da CLT, é caracterizada pelo indeferimento total do pedido específico da exordial. Recurso parcialmente provido. RECURSO DA RECLAMANTE. GOZO REGULAR DE FÉRIAS. ART. 137 DA CLT. Comprovado nos autos que a parte reclamante não gozava integralmente de seu período de férias, o empregador pagará em dobro a respectiva remuneração, nos termos do artigo 137 da CLT. No entanto, como já houve pagamento de forma simples, é devida ao reclamante apenas a dobra respectiva. Recurso parcialmente provido. (TRT da 13º Região-RO: 00002767920195130001 0000276-79.2019.5.13.0001, 2ª Turma, Data de Publicação: 14/11/2019)

A par disso, argumenta-se que a Súmula n. 326[47], STJ corrobora esse entendimento, no sentido de que o deferimento de parte da pretensão, para efeito de despesa processual, equivale ao seu acolhimento integral,

---

47. "Na ação de indenização por dano moral, a condenação em montante inferior ao postulado na inicial não implica sucumbência recíproca."

não sendo devidos honorários advocatícios pela parte que teve deferido, ainda que parte, seu pedido.

Sucede que, na presente obra, defende-se entendimento diverso, pelo que entendemos que, por mais que se possa diferenciar conceitualmente os institutos, tais situações – sucumbência recíproca e sucumbência parcial – geram o mesmo efeito prático na disciplina da responsabilidade pelo pagamento das despesas processuais.

3.2.7.1. Sucumbência recíproca no pedido de pagamento de indenização por danos morais: as razões de ser da Súmula n. 326 do STJ e sua superação (ou não) pelo CPC/2015

De acordo com o disposto na Súmula n. 326 do STJ, "Na ação de indenização por dano moral, a condenação em montante inferior ao postulado na inicial não implica sucumbência recíproca".

Com efeito, na vigência do CPC/1973, predominava o entendimento, no Processo Civil, de que a parte autora não estava obrigada a indicar o valor que pretendia a título de compensação por danos ao seu patrimônio imaterial (indenização por danos morais, por exemplo), na medida em que a definição do valor incumbia ao magistrado que, mediante o seu prudente arbítrio, deveria estimar seu valor. Assim, eventual quantia indicada na petição inicial era entendida como uma mera estimativa, não vinculando o juiz.

Por consequência, uma vez deferida, ainda que parcialmente, a pretensão de compensação por dano moral, não havia falar em sucumbência recíproca, sendo a parte ré a única sucumbente, e, por isso, a responsável por arcar com as despesas processuais.

Nesse contexto, o STJ editou a referida súmula n. 326, segundo a qual, repetimos, "Na ação de indenização por dano moral, a condenação em montante inferior ao postulado na inicial não implica sucumbência recíproca", retratando, pois, o entendimento prevalecente à época.

Com a edição do CPC/2015, entretanto, há quem sustente que o tema mereça ser revisitado, a fim de verificar a compatibilidade entre o disposto na súmula n. 326, STJ, e o seu art. 292, V, de acordo com o qual "O valor da causa constará da petição inicial ou da reconvenção e será (...) na ação indenizatória, inclusive a fundada em dano moral, o valor pretendido".

De um lado, pois, há aqueles que entendem que, diante da obrigatoriedade legal, no contexto do CPC/2015, de indicação do valor do pedido de indenização por danos morais, não há falar em aplicação do entendimento consta na Súmula n. 326 do STJ aos processos ajuizados a partir da entrada em vigor do CPC/2015.

Por outro lado, há aqueles que entendem, corrente à qual nos filiamos, que, mesmo no contexto do CPC/2015, é necessário concluir que não há falar em sucumbência recíproca quando, na ação de indenização por dano moral, houver condenação em montante inferior ao postulado na inicial.

Isto porque, independentemente da necessidade ou não de indicação do valor do pedido na petição inicial, o fato é que o arbitramento do valor da indenização por danos morais é algo que escapa das reais possibilidades da parte de interferir na sua ocorrência, afinal compete ao órgão julgador, a partir da análise das circunstâncias do caso concreto, em especial da extensão do dano (art. 944 do CC/2002), definir o valor em questão, razão pela qual, pela falta de critérios efetivamente objetivos para se pedir (e se deferir) a indenização por danos morais, não há como escapar, mesmo na vigência do CPC/2015, do entendimento constante na Súmula n. 326 do STJ.

Neste particular, inclusive, importante destacar a seguinte decisão do STJ:

> (...) No que diz respeito à sucumbência aplicável à espécie, manifestou-se o Tribunal de origem no julgamento da apelação (fls. 197/200 e-STJ): A referida sentença também merece reforma no ponto que trata da sucumbência, pois de acordo com a Súmula nº. 326 do Superior Tribunal de Justiça, a fixação da indenização por danos morais em quantia inferior àquela que pleiteada na petição inicial não implica em sucumbência recíproca, por essa razão o município requerido deve arcar com a integralidade dos ônus sucumbenciais. Vale mencionar o artigo 292, inciso V do Código de Processo Civil/2015, que trata dos requisitos necessários da petição inicial referentes ao valor da causa, vejamos: Art. 292. O valor da causa constará da petição inicial ou da reconvenção e será: [...] V - na ação indenizatória, inclusive a fundada em dano moral, o valor pretendido; [...] De acordo com o artigo anteriormente mencionado, verifica-se a imposição à parte autora de especificar no valor da causa, o montante que pretende a título de danos morais, destaca-se que o referido artigo não revogou a súmula anterior. Como se pode notar, a modificação supramencionada que impõe a parte à obrigação de informar a quantia pretendida em danos morais, exerce a função de mera estimação, pois o montante indenizatório continua sendo fixado com base nos parâmetros de razoabilidade e proporcionalidade, prevalecendo o prudente alvedrio do julgador, atentando ao marco apontado pela parte autora (STJ - REsp: 1774574 CE 2018/0277011-3, Relator: Ministro MAURO CAMPBELL MARQUES, Data de Publicação: DJ 22/11/2018)

Assim é que concluímos pela aplicabilidade do entendimento consagrado na Súmula n. 326 do STJ mesmo na vigência do CPC/2015.

A par disso, é fundamental destacar que, de acordo com o nosso entendimento, não há falar em aplicação da Súmula n. 326, STJ, para outras hipóteses, sendo o caso de restringir, portanto, seu cabimento apenas aos pedidos de indenização por dano moral, de maneira que fica evidente que a referida Súmula não pode, isoladamente, servir de fundamento para, de maneira geral, implicar diferenciação prática entre sucumbência parcial e recíproca.

Assim, conclui-se que a súmula n. 326, STJ, apesar de subsistir ao CPC/2015, tem cabimento limitado apenas aos pedidos de pagamento de indenização por danos morais.

Defende-se, desse modo, que sucumbência recíproca é sinônimo apenas conceitual (e não prático) de sucumbência parcial, nos mesmos termos da linha da doutrina de Dinamarco[48]: "não conduz a resultado prático algum a discussão sobre se é mais correto dizer sucumbência parcial ou sucumbência recíproca. Ambas as locuções são inteligíveis e razoáveis e, portanto, se equivalem".

Nesse sentido, defendendo a divisão do ônus da sucumbência em caso de acolhimento parcial do pedido, a precisa lição de Júlio César Bebber[49]:

> A técnica de impor ao réu a responsabilidade pelo pagamento dos honorários advocatícios quando o pedido for deferido em parte corresponde a asseverar que: sempre que o autor tiver apenas parte do que pediu, ostentará o *status* de vencedor e o réu de vencido. Referida técnica, entretanto, afronta a lógica processual, uma vez que ao negar ao autor a condição de vencido, subtrai dele, também, a possibilidade de interpor recurso, na medida em que somente o vencido possui interesse recursal (CPC, 996).
>
> O conceito processual de vencido é um só. Não há um conceito de vencido exclusivamente para honorários advocatícios. Vencido é o sujeito que não obteve tudo aquilo que pediu no processo, assim, "se cada litigante for parcialmente vencedor e parcialmente vencido, isso significa que a na parte que foi vencido ele sucumbiu. Isso pode acontecer sempre que o processo tenha um *objeto composto*, como no caso de cúmulo de pedidos, ou que ele seja decomponível (pedido de dinheiro, coisas fungíveis).

48. DINAMARCO, Cândido Rangel. **Capítulos de sentença**. 3. ed. Malheiros: São Paulo, 2006 p. 193.

49. MIESSA, Élisson *et al.* **Honorários advocatícios na Justiça do Trabalho**. Salvador: Editora Juspodivm, 2019, p. 248.

> Decaindo, então, o autor em parte de um pedido será simultaneamente, vencedor (na parte obtida) e vencido (na parte negada).

De todo modo, independentemente da posição acolhida, quer pela ausência, quer pela presença, de efeitos práticos da distinção entre sucumbência parcial e sucumbência recíproca, o certo é que deve o magistrado atentar-se para o disposto no art. 85, § 14, CPC/2015, no sentido de que "Os honorários constituem direito do advogado e têm natureza alimentar, com os mesmos privilégios dos créditos oriundos da legislação do trabalho, sendo vedada a compensação em caso de sucumbência parcial", em razão do que superado o entendimento pela possibilidade de compensação de honorários advocatícios.

3.2.7.2. A noção de sucumbência mínima e a aplicação do art. 86, parágrafo único, do CPC/2015, ao processo do trabalho.

Ademais disso, na hipótese de deferimento parcial do pedido, deve-se atentar a "sucumbência parcial mínima". É que não se pode deixar de lembrar da hipótese prevista no art. 86, parágrafo único do CPC/2015 (aplicável ao Processo do Trabalho, em face de omissão e compatibilidade – art. 769, CLT), segundo o qual "Se um litigante sucumbir em parte mínima do pedido, o outro responderá, por inteiro, pelas despesas e pelos honorários.".

Assim, se o pedido for atendido quase que na integralidade pelo magistrado, excepcionalmente, não haverá responsabilidade da parte autora no pagamento de honorários advocatícios ao advogado da parte ré.

Desse modo, em regra, se cada litigante for, em parte, vencedor e vencido, serão proporcionalmente distribuídas entre eles as despesas (art. 86, "caput", CPC/2015). Entretanto, se um litigante sucumbir em parte mínima do pedido, o outro responderá, por inteiro, pelas despesas e pelos honorários (art. 86, "caput", CPC/2015).

O certo é que "sucumbir em parte mínima" pode ser considerado um conceito jurídico indeterminado, cumprindo ao magistrado, no caso concreto, a sua definição, de sorte a atribuir com equidade a responsabilidade pelo pagamento das despesas processuais às partes, em razão do que a doutrina rejeita a possibilidade de ser fixado em abstrato o percentual que se enquadra nesse conceito, a ser aplicado em todas as hipóteses.

3.2.7.3. Tipos de cumulação objetiva.

Aspecto de fundamental importância, e que não deve ser desconsiderado no estudo da sucumbência no Processo do Trabalho, já mencionado anteriormente, mas que merece estudo mais detalhado, se refere a existência, quase como uma regra, de pedidos cumulados nas demandas trabalhistas. Nesse ponto, cabe apontar a autorização legal para cumulação de demandas o mesmo processo, realizada, essencialmente, pelo art. 327, "caput", CPC/2015, segundo o qual "é lícita a cumulação, em um único processo, contra o mesmo réu, de vários pedidos, ainda que entre eles não haja conexão".

Essa cumulação pode ser simples, sucessiva, alternativa, eventual (ou subsidiária).

3.2.7.3.1. Cumulação simples

É a modalidade mais comum de cumulação de pedidos. Se refere a cumulação de demandas (pretensões) no mesmo processo, ou seja, a realização de vários pedidos cumulados sem que um deles influencie, necessariamente, no resultado do julgamento do outro, devendo o magistrado analisar cada um deles, sob pena de violação ao princípio da congruência, com a prolação de sentença citra petita (arts. 128 e 460, CPC/73 e arts.141 e 491, CPC/15; Orientação Jurisprudencial n. 41, SDI 1, TST), sendo certo que o juiz deve decidir nos limites em que foi proposta a ação, sendo-lhe vedado conhecer de questões que a lei exija a iniciativa da parte e proferir sentença em favor do autor de natureza diversa da pedida ou condenar o réu em quantidade superior ou em objetivo diverso do que foi demandado.

Ilustrativamente, pode ser citado o caso de pedidos de aviso prévio e pagamento de saldo de salário. Como se sabe, o direito ao primeiro exige a análise da modalidade de terminação do contrato de trabalho, ao passo que o segundo depende apenas da prestação de serviços em determinado mês. O deferimento de um não tem, a princípio, consequência (nem prejudicialidade) sobre o resultado do julgamento do outro.

Em caso de deferimento integral de ambos os pedidos, em uma demanda na qual foram apresentadas apenas estas duas pretensões, a parte ré arcará com o ônus de sucumbência decorrente do pagamento de honorários advocatícios sucumbenciais, a ser arbitrado, como visto anteriormente, de acordo com os critérios definidos em Lei, observados os limites de 5% a 15%.

Por outro lado, se for deferido apenas um dos pedidos, ilustrativamente, com o indeferimento do pedido de aviso prévio e o deferimento do saldo de salário, a parte autora pagará honorários advocatícios sucumbenciais em relação ao pedido indeferido (aviso prévio), ao passo que a parte ré arcará com os honorários em relação ao pedido deferido (saldo de salário), observada a vedação a compensação de honorários advocatícios sucumbenciais, já tratada anteriormente.

Ainda tomando como referência essa demanda, em que se postula apenas o pagamento de aviso prévio e saldo de salário, maior dificuldade ocorre, a exigir o domínio dos conceitos de sucumbência parcial e sucumbência recíproca, quando parte do pedido é deferida pelo juiz.

Nesse caso, entende-se que, salvo se tratar de sucumbência de parte mínima do pedido, ambas as partes arcarão com o pagamento de honorários advocatícios sucumbenciais decorrentes de sua derrota em juízo, analisando cada pedido separadamente (art. 86, "caput" e parágrafo único, CPC/2015).

Se o valor indicado a título de aviso prévio foi de R$ 3.000,00, mas o juiz reconheceu como devido apenas a quantia de R$ 2.400,00, a parte autora pagará honorários sobre os R$ 600,00 e a parte ré pagará honorários advocatícios sucumbenciais sobre os R$ 2.400,00 deferidos; se o valor atribuído, na petição inicial, ao pedido de saldo de salário foi de R$ 2.100,00, mas, no julgamento, foi reconhecido apenas R$ 1.800,00, a parte autora pagará honorários advocatícios sucumbenciais sobre os R$ 300,00 em que ficou vencida, ao passo que a parte ré pagará honorários sobre os R$ 1.800,00 deferidos pelo magistrado.

3.2.7.3.2. Cumulação sucessiva

A cumulação (objetiva) sucessiva de pretensões também é comum na prática trabalhista e ocorre quando a parte autora formula pedido (considerado acessório) cuja análise depende do julgamento (favorável) de outro pedido (considerado principal).

É o caso, por exemplo, em que a parte autora formula pedido de pagamento de adicional de insalubridade, com sua integração para efeito de pagamento FGTS. A incidência do FGTS apenas será analisada após o julgamento, e deferimento, do adicional de insalubridade.

Nesse ponto, há algumas possibilidades que merecem ser analisadas individualmente, ainda tomando com ponto de partida o exemplo do pedido de adicional de insalubridade, com incidência do FGTS sobre a parcela deferida.

No caso do deferimento integral do pedido de adicional de insalubridade, nos exatos termos em que postulado, com integral deferimento do pedido de incidência do FGTS, deferimento em parte ou até mesmo indeferimento, propõe-se o reconhecimento de sucumbência mínima do pedido (art. 86, parágrafo único, CPC/2015), atribuindo o ônus, exclusivamente, a parte ré.

Vale dizer, então, que o que importa para sucumbência, nesse caso, é o julgamento do pedido principal, de modo que a sucumbência quanto ao pedido acessório em nada influenciará na distribuição do ônus da sucumbência.

Por outro lado, no caso de indeferimento do pedido principal, levando em conta ainda o exemplo acima, ao decidir que não há direito ao adicional de insalubridade postulado, consequência lógica também será o indeferimento do pedido de incidência de FGTS, hipótese em que ônus de sucumbência é integralmente da parte autora.

Situação mais complexa ocorre quando o juiz defere em parte o pedido dito principal (pagamento do adicional de insalubridade em valor menor do que o pretendido), com o deferimento integral, parcial ou até mesmo indeferimento do pedido acessório (incidência do FGTS). A despeito de possível controvérsia quanto a esta situação, defende-se que as partes responderão proporcionalmente à extensão que forem vencidas, com aplicação do disposto no art. 791-A, § 3º, CLT e art. 86, "caput", CPC/2015.

3.2.7.3.3. Cumulação alternativa.

O pedido será alternativo quando, pela natureza da obrigação, o devedor puder cumprir a prestação de mais de um modo, sendo certo que, quando pela lei ou pelo contrato, a escolha couber ao devedor, o juiz lhe assegurará o direito de cumprir a prestação de um ou de outro modo, ainda que o autor não tenha formulado pedido alternativo (art. 325, "caput" e parágrafo único, CPC/2015).

A respeito da hipótese de cumulação alternativa, Júlio César Bebber[50] traz o seguinte exemplo:

50. MIESSA, Élisson *et al.* **Honorários advocatícios na Justiça do Trabalho**. Salvador: Editora Juspodivm, 2019, p. 250.

> Vale dizer, o autor deduz dois ou mais pedidos excludentes entre si (para que apenas um deles seja deferido), sem ordem de preferência (A ou B). Ex: o autor pede a entrega de uma motocicleta XZ ou de R$ 15.000,00, por ter atingido a meta de vendas, uma vez que o regulamento da empresa prevê que "o empregado que atingir a meta receberá como prêmio uma motocicleta ou R$ 15.000,00, a ser escolhido pela empresa".

Nesse caso, no exemplo mencionado pelo doutrinador, se quaisquer dos pedidos for deferido, seja o prêmio em si, seja o valor a ele correspondente, entende-se que houve integral satisfação da pretensão da parte autora, pelo que, sendo ela vencedora, a parte ré responderá integralmente pelos honorários advocatícios.

Já, por outro lado, se quaisquer das pretensões for reconhecida apenas parcialmente, as partes responderão proporcionalmente à extensão que forem vencidas, com aplicação do disposto no art. 791-A, § 3º, CLT e art. 86, "caput", CPC/2015.

3.2.7.3.4. Cumulação subsidiária (eventual)

É lícito formular mais de um pedido em ordem subsidiária, a fim de que o juiz conheça do posterior, quando não acolher o anterior (art. 326, "caput", CPC/2015).

Ou seja, na cumulação subsidiária, a parte autora fixa uma ordem de preleção, de modo que o pedido subsidiário (subordinado) apenas deve ser apreciado caso haja o indeferimento do pedido principal (antecedente). Vale dizer, há o estabelecimento de uma hierarquia entre os pedidos.

É o caso, por exemplo, da demanda trabalhista em que o autor formula pedido de pagamento de horas extraordinárias, e, não deferido, requer que lhe seja reconhecido o acréscimo salarial previsto no art. 62, II, parágrafo único, CLT.

Na hipótese de deferimento do pedido principal, nos termos em que postulado na petição inicial, há integral triunfo do autor, de sorte que a parte ré arcará integralmente com os honorários advocatícios sucumbenciais. Registre-se que, nesse caso, o pedido subsidiário sequer será apreciado.

Já, por outro lado, se houver acolhimento parcial do pedido principal (antecedente), há apenas satisfação parcial da parte autora, pelo que as partes responderão proporcionalmente à extensão que forem vencidas, com aplicação do disposto no art. 791-A, § 3º, CLT e art. 86, "caput", CPC/2015. Também nesse caso, o pedido subsidiário sequer será apreciado.

Quando houver indeferimento do pedido principal (antecedente), mas integral deferimento do pedido subsidiário (subordinado), há de ser reconhecida a sucumbência parcial da parte autora, já que ela havia indicado o pedido indeferido como pedido principal, e, ao mesmo tempo, há de ser reconhecida a sucumbência da parte ré, já que foi derrotada no julgamento do pedido subsidiário. As partes responderão proporcionalmente, pois, à extensão que forem vencidas, sendo o autor responsável pelos honorários advocatícios pelo indeferimento do pedido principal e a parte ré responsável pelo pagamento dos honorários pelo deferimento do pedido subsidiário, com aplicação do disposto no art. 791-A, § 3º, CLT e art. 86, "caput", CPC/2015, salvo no caso de decaimento de parte mínima do pedido (art. 86, parágrafo único, CPC/2015), quando, então, o magistrado poderá atribuir o encargo exclusivamente à parte ré.

Por fim, quando houver indeferimento do pedido principal (antecedente), mas deferimento parcial do pedido subsidiário (subordinado), também há de ser reconhecida a sucumbência recíproca das partes, sendo o autor responsável pelos honorários advocatícios pelo indeferimento do pedido principal e da parcial derrota quanto ao pedido subsidiário, ao passo que a parte ré será responsável pelo pagamento dos honorários pelo parcial deferimento do pedido subsidiário, com aplicação do disposto no art. 791-A, § 3º, CLT e art. 86, "caput", CPC/2015, salvo no caso de decaimento de parte mínima do pedido (art. 86, parágrafo único, CPC/2015), quando, então, o magistrado poderá atribuir o encargo exclusivamente à parte ré.

3.3. INDENIZAÇÃO POR PERDAS E DANOS DECORRENTES DA CONTRATAÇÃO DE ADVOGADO PARTICULAR (ARTS. 389 E 404 DO CC/2002) NO PROCESSO DO TRABALHO

No Processo do Trabalho, o cabimento da indenização por contratação de advogado particular sempre foi bastante controvertido, prevalecendo, entretanto, mesmo antes das alterações promovidas pela Lei n. 13.467/2017, a corrente que defendia o seu não cabimento, sob o fundamento de que a disciplina dos honorários advocatícios tem regramento próprio, bem assim que se reconhece às partes, no processo do trabalho, o *jus postulandi*.

No âmbito dos Tribunais Regionais do Trabalho, o TRT da 01ª Região editou Súmula n. 52 a respeito do tema, também pelo não cabimento da indenização:

> Perdas e danos decorrentes da contratação de advogado. Não cabimento. No processo trabalhista, o pagamento de honorários advocatícios e contratuais deve observar os requisitos da Lei nº 5.584/70 e o disposto nas Súmulas 219 e 329 do TST.

A jurisprudência do TRT da 2º Região é no mesmo sentido, retratada na Súmula n. 18:

> Súmula n. 18. Indenização. Artigo 404 do Código Civil. (Res. nº 01/2014 – DOEletrônico 02/04/2014). O pagamento de indenização por despesa com contratação de advogado não cabe no processo trabalhista, eis que inaplicável a regra dos artigos 389 e 404, ambos do Código Civil.

O TRT da 3º Região, igualmente, editou a Súmula n. 37 acerca do tema:

> Postulado da reparação integral. Honorários advocatícios. Perdas e danos. Inteligência dos artigos 389 e 404 do código civil.
>
> É indevida a restituição à parte, nas lides decorrentes da relação de emprego, das despesas a que se obrigou a título de honorários advocatícios contratados, como dano material, amparada nos arts. 389 e 404 do Código Civil. (RA 105/2015, disponibilização: DEJT/TRT-MG/Cad.Jud. 21/05/2015, 22/05/2015 e 25/05/2015)

O TRT da 5ª Região, por meio da Súmula de n. 60, pacificou o entendimento no sentido de não cabimento da indenização:

> Os honorários advocatícios, na Justiça do Trabalho, somente são devidos, quando preenchidos, concomitantemente, os requisitos exigidos no artigo 14 da Lei n.º 5.584/70, o direito ao benefício da justiça gratuita e à assistência do sindicato. A concessão desses honorários, a título ressarcitório, com fundamento nos artigos 389 e 404 do Código Civil, não encontra guarida no processo do trabalho, que tem regramento próprio.

Merece destaque, ainda, a edição, pelo TRT da 10º, da Súmula n. 67 no mesmo sentido:

> HONORÁRIOS ADVOCATÍCIOS. INDENIZAÇÃO. DANOS MATERIAIS. SÚMULAS 219 E 329 DO COLENDO TST.
>
> Consoante orientação das Súmulas 219 e 329 do TST, o deferimento de honorários advocatícios é restrito à hipótese prevista na Lei nº 5.584/1970, sendo incabível a indenização por danos materiais a tal título.

O TST, de igual modo, tem jurisprudência no sentido da impossibilidade de condenação da parte no ressarcimento de despesas com a contratação de advogado:

EMBARGOS INTERPOSTOS NA VIGÊNCIA DA LEI Nº 13.015/2014. ARTIGO 894, § 2º, DA CLT. ITERATIVA E NOTÓRIA JURISPRUDÊNCIA DA SbDI-1 DO TST. HONORÁRIOS

ADVOCATÍCIOS. PERDAS E DANOS. ARTIGOS 389 E 404 DO CÓDIGO CIVIL. INAPLICABILIDADE NA JUSTIÇA DO TRABALHO. ASSISTÊNCIA SINDICAL. NÃO CONFIGURAÇÃO. SÚMULA Nº 219, I, DO TRIBUNAL SUPERIOR DO TRABALHO.

1. A jurisprudência pacífica da SBDI-1 do TST sedimentou-se no sentido de que os artigos 389 e 404 do Código Civil são inaplicáveis ao Processo do Trabalho. Precedentes. 2. Na Justiça do Trabalho, a condenação em honorários advocatícios continua a não decorrer pura e simplesmente da sucumbência. Permanece a exigência de satisfação dos requisitos de assistência jurídica por sindicato da categoria profissional e de apresentação de declaração de hipossuficiência econômica, exceto nas causas em que o ente sindical figure como substituto processual e nas lides que não derivem da relação de emprego. Incidência da Súmula nº 219, I, do TST, em pleno vigor. 3. A partir da vigência da Lei nº 13.015/2014, nos termos da redação do artigo 894, § 2º, da CLT, não viabiliza o conhecimento de embargos, por divergência jurisprudencial, a indicação de arestos cuja tese jurídica encontre-se superada por iterativa e notória jurisprudência da Subseção I Especializada em Dissídios Individuais do TST. 4. Embargos da Reclamante de que não se conhece, com fundamento na norma do artigo 894, § 2º, da CLT. (TST-E-ED-RR-758-06.2010.5.03.0006, Relator Ministro João Oreste Dalazen, Subseção I Especializada em Dissídios Individuais, DEJT 12/02/2016).

RECURSO DE REVISTA. HONORÁRIOS ADVOCATÍCIOS. INDENIZAÇÃO POR PERDAS E DANOS. PRINCÍPIO DA RESTITUIÇÃO INTEGRAL. IMPOSSIBILIDADE. EXISTÊNCIA DE LEI ESPECÍFICA (LEI Nº 5.584/70).

É firme a jurisprudência deste Tribunal Superior quanto à impossibilidade jurídica do reconhecimento de perdas e danos pela contratação de advogado particular para atuar na Justiça do Trabalho, dada a não aplicação dos arts. 389, 395 e 404 do Código Civil às ações trabalhistas, em que os honorários advocatícios são cabíveis apenas nas hipóteses

> previstas na Súmula nº 219 do TST. Recurso de revista conhecido e provido. (TST-RR-10356-82.2013.5.14.0002, Relator Ministro Walmir Oliveira da Costa, 1ª Turma, Data de Publicação: DEJT 11/03/2016).

O TRT da 8º Região chegou a editar Tese Jurídica Prevalecente, a seguir reproduzida, no sentido de entender pelo cabimento da indenização pela contratação de advogado, mas ela foi cancelada por meio da Resolução n. 24/2019 do mesmo Tribunal:

> Empregador que descumpre a legislação violando direito e levando empregado a contratar advogado para reclamar o que lhe é devido comete ato ilícito, causa dano material e fica obrigado a repará-lo com pagamento de indenização conforme dicção e inteligência dos arts. 186, 187 e 927 do Código Civil.

Sucede que, com a devido respeito a opinião divergente, entendemos que o principal fundamento para negar o cabimento dos honorários advocatícios contratuais (cabimento de honorários advocatícios apenas na hipótese de assistência sindical) não mais subsiste, tendo em vista as alterações promovidas pela Lei n. 13.467/2017.

É que, na linha do já mencionado, foi incluído na CLT o art. 791-A, passando a prever disciplina de cabimento de honorários advocatícios semelhante ao previsto no CPC/2015, gerando, portanto, uma generalização no cabimento da verba honorária não mais sendo possível, portanto, sustentar que as hipóteses de condenação são específicas, nem tampouco que o tema está pacificado pelas Súmulas n. 219 e 329, TST.

Assim, quando se pleiteia o pagamento de indenização em face das despesas com advogado, a parte pretende, sob a rubrica de perdas e danos, o recebimento de um valor equivalente àquele contratado junto ao advogado particular (honorários convencionados/contratuais), argumentando, para tanto, que as violações perpetradas pela outra parte impuseram a contratação e, por sua vez, gastos com a contratação de advogados, sendo cabível, portanto, o pagamento de uma indenização específica neste particular (fundamento de Direito Material).

Já os honorários advocatícios sucumbenciais são, por previsão no CPC (art. 85), despesas processuais e, por esta razão, devidas independentemente de pedido específico neste particular, assim como ocorre com as custas processuais.

Destarte, nesta hipótese, os honorários advocatícios sucumbenciais não se tratam de ressarcimento dos gastos com a contratação de advogado, até porque, conforme dispõe a parte final do artigo 85, § 17, do CPC/2015, "Os honorários serão devidos quando o advogado atuar em causa própria".

Ademais, incide o art. 23 do Estatuto da OAB, que prevê a cumulação dos honorários advocatícios sucumbenciais e contratuais:

> Os honorários incluídos na condenação, por arbitramento ou sucumbência, pertencem ao advogado, tendo este direito autônomo para executar a sentença nesta parte, podendo requerer que o precatório, quando necessário, seja expedido em seu favor.

Tratam-se, pois, de institutos distintos que merecem, portanto, tratamento e análise em separado, sendo a indenização pelas despesas com a contratação de advogado devida à parte e a condenação ao pagamento de honorários advocatícios devidos ao advogado, sendo possível, inclusive, sua condenação concomitante no âmbito de um mesmo processo, na linha, inclusive, do quanto previsto na jurisprudência do STJ:

> CIVIL E PROCESSUAL CIVIL. VALORES DESPENDIDOS A TÍTULO DE HONORÁRIOS ADVOCATÍCIOS CONTRATUAIS. PERDAS E DANOS. PRINCÍPIO DA RESTITUIÇÃO INTEGRAL.
>
> 1. Aquele que deu causa ao processo deve restituir os valores despendidos pela outra parte com os honorários contratuais, que integram o valor devido a título de perdas e danos, nos termos dos arts. 389, 395 e 404 do CC/02.

> 2. Recurso especial a que se nega provimento. (STJ – Resp 1.134.725/MG – 3ª Turma – Rel. Min. Nancy Andrighi – j. 14.06.11 – g.n.)
>
> DIREITO CIVIL E PROCESSUAL CIVIL. PREQUESTIONAMENTO. AUSÊNCIA. SÚMULA 211/STJ. DISSÍDIO JURISPRUDENCIAL. COTEJO ANALÍTICO E SIMILITUDE FÁTICA. AUSÊNCIA. VIOLAÇÃO DA COISA JULGADA. RECLAMAÇÃO TRABALHISTA. HONORÁRIOS CONVENCIONAIS. PERDAS E DANOS. PRINCÍPIO DA RESTITUIÇÃO INTEGRAL. APLICAÇÃO SUBSIDIÁRIA DO CÓDIGO CIVIL.
>
> 1. A ausência de decisão acerca dos dispositivos legais indicados como violados, não obstante a interposição de embargos de declaração, impede o conhecimento do recurso especial.
>
> 2. O dissídio jurisprudencial deve ser comprovado mediante o cotejo analítico entre acórdãos que versem sobre situações fáticas idênticas.
>
> 3. A quitação em instrumentos de transação tem de ser interpretada restritivamente.
>
> 4. Os honorários convencionais integram o valor devido a título de perdas e danos, nos termos dos arts. 389, 395 e 404 do CC/02.
>
> 5. O pagamento dos honorários extrajudiciais como parcela integrante das perdas e danos também é devido pelo inadimplemento de obrigações trabalhistas, diante da incidência dos princípios do acesso à justiça e da restituição integral dos danos e dos arts. 389, 395 e 404 do CC/02, que podem ser aplicados subsidiariamente no âmbito dos contratos trabalhistas, nos termos do art. 8º, parágrafo único, da
>
> CLT.
>
> 6. Recurso especial ao qual se nega provido. (STJ – Resp 1.027.797 - MG (2008/0025078-1) – 3ª Turma – Rel. Min. Nancy Andrighi – DJE 23/02/2011)

Vale destacar que há quem entenda que o deferimento da indenização por perdas e danos prevista nos arts. 389 e 404 do CC/2002 depende, por se tratar de indenização por dano material, da comprovação, pela parte autora, de que efetivamente necessitou da contratação de advogado particular para o recebimento das parcelas devidas.

No nosso entender, contudo, a referida comprovação pode ser feita por meio da juntada do contrato de honorários que, no caso da Justiça do Trabalho, é, via de regra, um contrato de risco, através do qual se fixa um percentual calculado sobre o valor de eventual condenação, bem como através de gastos que, eventualmente, a parte já tenha tido com a contratação do advogado, o que ocorre quando é exigido o pagamento de uma quantia para a prática dos primeiros atos processuais.

E não se diga que o juspostulandi da própria parte, no processo do trabalho, afasta, por si só, a aplicação dos arts. 389 e 404 do CC/2002, afinal a ideia de que, diante da assistência judiciária gratuita prestada pelos sindicatos e do *jus postulandi*, os custos da contratação de advogado particular pelo empregado devem ser assumidos única e exclusivamente por ele, não se compatibilizam com a realidade jurídica e social atual, sobretudo fazendo a análise do tema à luz do direito fundamental de acesso à Justiça (art. 5º, XXXVI, CRFB/88), afinal, se qualquer cidadão, para exercer este direito fundamental, entende indispensável a contratação de advogado particular, isto não pode jamais ser considerado um motivo para negar o direito ao ressarcimento pretendido.

Ademais, mesmo se a parte quiser litigar na Justiça do Trabalho sem constituir advogado para tanto, não mais poderá fazê-lo ao longo de todo o processo. Isto porque o *jus postulandi* não é mais sequer ilimitado, sendo que, nos termos da Súmula n. 425 do TST, "O *jus postulandi* das partes, estabelecido no art. 791 da CLT, limita-se às Varas do Trabalho e aos Tribunais Regionais do Trabalho, não alcançando a ação rescisória, a ação cautelar, o mandado de segurança e os recursos de competência do Tribunal Superior do Trabalho".

Outrossim, além da limitação imposta pelo próprio Tribunal Superior do Trabalho, o *jus postulandi*, idealizado pelo legislador como uma forma de permitir que qualquer empregado, mesmo na ausência de advogado na localidade, pudesse acionar o Poder Judiciário, atualmente, é um instituto que, quando utilizado pelo empregado, e até mesmo pelo empregador, serve como instrumento de prejuízo à parte que dele se utiliza, sobretudo em face da atual complexidade que envolve as lides trabalhistas.

Por fim, vale salientar que, na hipótese de deferimento da indenização de honorários advocatícios contratuais, cabe uma advertência: trata-se de valor que deve ser apurado em separado, destinado única e exclusivamente à parte, motivo pelo qual somente a esta cabe o saque da referida quantia, uma vez que os honorários contratuais negociados entre as partes devem ser calculados sobre o valor líquido da condenação, sem incidência da indenização em questão, para que, com o pagamento da indenização prevista nos arts. 389 e 404 do CC/2002, a parte seja efetivamente ressarcida da totalidade dos custos tidos com contratação de advogado.

04

CASOS PRÁTICOS DE HONORÁRIOS ADVOCATÍCIOS NA JUSTIÇA DO TRABALHO

Neste capítulo, buscaremos trazer algumas situações práticas (envolvendo algumas espécies de pretensões deduzidas em juízo), de maneira a apresentar possíveis soluções em termos de condenação (ou não) ao pagamento de honorários advocatícios.

4.1. PEDIDO DE PAGAMENTO DE HORAS EXTRAS

O pedido de horas extraordinárias é, sem dúvida, o mais frequente nas demandas trabalhistas, normalmente cumulado com outros pedidos decorrentes de alegação violação à lei e/ou ao contrato de trabalho.

A CRFB/88, na qualidade de pacto político fundamental do Estado brasileiro, goza de supremacia sobre as demais normas do ordenamento jurídico, prevendo uma série de direitos e garantias fundamentais, assim considerados como aqueles inerentes à pessoa, os mínimos para uma existência digna, entre eles os direitos trabalhistas, considerados de segunda dimensão.

Prevê, ainda, a CRFB/88, o valor social do trabalho e a livre iniciativa, determinando que a ordem econômica, fundada na valorização do trabalho humano e na livre iniciativa, tem por fim assegurar a todos a existência digna, conforme os ditames da justiça social, observados, entre outros, os princípios da soberania nacional, propriedade privada, função social da propriedade, livre concorrência, defesa do consumidor, defesa do meio ambiente, redução das desigualdades regionais e sociais e busca do pleno emprego (CRFB/88, arts. 1º, IV, e 170, I a VIII).

Nesse contexto, cumpre destacar que o direito à limitação da jornada de trabalho tem caráter fundamental, pois essencial a uma vida digna, sendo garantido pela CRFB/88 (art. 7º, XIII e XIV), bem assim que as normas que tratam acerca do limite de jornada de trabalho não são de conteúdo meramente econômico, tendo, também, caráter de norma de saúde, medicina e segurança do trabalho (art. 7º, XXII, da CRFB/88).

Desse modo, a limitação da jornada de trabalho é um dos direitos historicamente reclamados pelos trabalhadores, sobretudo a partir da perspectiva de sua redução, como forma de permitir que o trabalhador utilize de forma mais efetiva seu dia para o lazer, para a família e para outros interesses relacionados ao seu bem-estar.

Nesse contexto, o Direito do Trabalho, enquanto conjunto de regras, princípios e institutos, tem como função central a melhoria das condições de trabalho, realizando, assim, a dignidade do ser humano trabalhador, de modo que, para sua materialização, ele contribui com uma gama de direitos destinados à proteção da higidez física e mental do trabalhador, de modo a permitir que o trabalho, mais do que não seja tratado como uma mercadoria, seja um instrumento de dignificação do homem.

Entretanto, ao apresentar sua demanda, deve a parte autora atentar-se para as peculiaridades que envolvem o pedido de condenação da parte ré no pagamento de horas extraordinárias, sobretudo no que toca à dificuldade de especificação do montante aproximadamente devido.

Com efeito, a Lei n. 13.467/2017 – Reforma Trabalhista, deu nova redação ao art. 840, § 1º, CLT, inserindo a obrigatoriedade de indicação do valor (que pode ser meramente estimado - § 2º do art. 12 da Instrução Normativa n. 41/2018, TST) do pedido na petição inicial, sob pena de extinção do processo sem resolução do mérito (§ 3º do art. 840, CLT).

Diante desse novo requisito da petição inicial trabalhista (indicação do valor dos pedidos), há controvérsia acerca do procedimento a ser adotado na hipótese de a parte autora alegar que não tem condições de estimar o valor dos pedidos sem acesso a documentos em poder da parte ré, como por exemplo, cartões de ponto, para fins de apuração do pedido de condenação em horas extraordinárias.

Vislumbramos, nesse caso, ao menos três alternativas à parte autora.

Entre tais medidas, destaque-se a possibilidade de produção antecipada de provas, prevista nos arts. 381 a 383, do CPC/2015. A produção antecipada de provas é admissível nos casos em que: I – haja fundado receio de que venha a tornar-se impossível ou muito difícil a verificação de certos fatos na pendência da ação; II – a prova a ser produzida seja suscetível de viabilizar a autocomposição ou outro meio adequado de solução de conflito; III – o prévio conhecimento dos fatos possa justificar ou evitar o ajuizamento de ação (art. 381, CPC/2015).

Entende-se, nesse caso, que o prévio conhecimento dos fatos, mediante a análise dos documentos apresentados pela parte ré, possa permitir ao autor a correta indicação do valor do pedido, ou, até mesmo, evitar o ajuizamento de ação futura, decorrendo daí a utilidade da produção antecipada da prova.

Outrossim, registre-se que, ao lado da produção da antecipada de provas, é possível reconhecer como instrumento processual para viabilizar indicação do valor dos pedidos da ação trabalhista a exibição de documentos, em tutela provisória cautelar antecedente (CPC, arts. 305/310 c/c arts. 396/404).

Por fim, a última alternativa é indicar, por mera estimativa, os valores dos pedidos, na forma autorizada pelo § 2º do art. 12 da Instrução Normativa n. 41/2018, TST.

Assim, uma vez indicado valor ao pedido de horas extraordinárias (seja com efetiva liquidação, seja com mera estimativa), cumpre analisar o aspecto relativo a sucumbência, com a responsabilidade no pagamento de honorários advocatícios.

De um lado, é possível entender (fundamentando na diferença prática entre sucumbência parcial e sucumbência recíproca) que, uma vez acolhido, ainda que em parte (em relação ao valor ou à quantidade de horas extras pretendidas na petição inicial), o pedido de pagamento de horas extras, a parte autora não deve ser condenada no pagamento de honorários advocatícios, uma vez que seria o caso de sucumbência parcial, e não sucumbência recíproca, sendo da parte ré, exclusivamente, a responsabilidade pelo pagamento de honorários advocatícios (ao advogado da parte autora). Argumenta-se, ainda, que a parte autora tem muitas dificuldades de indicar o valor do pedido de horas extras, uma vez que, de modo geral, não tem os documentos relativos à relação de emprego.

Sucede que, tendo em vista os fundamentos expostos anteriormente, defende-se, nessa obra, que a parte autora deve responder por honorários advocatícios decorrentes de sua sucumbência, decorrente da derrota, consistente na diferença entre o postulado e o deferido pelo magistrado, com exceção da hipótese prevista no art. 86, parágrafo único, CPC/2015, sucumbência de parte mínima do pedido.

Além disso, o argumento relativo à dificuldade de a parte autora promover a indicação do valor do pedido não é suficiente para afastar a condenação em pagamento de honorários advocatícios, pois, como visto, há medidas processuais que permitem a apuração do pedido, ainda que em momento posterior apresentação da petição inicial, se permitindo até mesmo a indicação do valor por mera estimativa.

Assim, ilustrativamente, se a parte autora postula o pagamento de R$ 20.000,00 a título de horas extraordinárias, mas o magistrado reconhece como devido apenas R$ 14.000,00, a parte autora deverá pagar honorários advocatícios, no percentual arbitrado pelo magistrado, tendo como base o valor de R$ 6.000,00, ao passo que a parte ré, quanto ao presente pedido, terá que arcar com honorários advocatícios sobre os R$ 14.000,00 em que sucumbiu.

4.2. PEDIDOS DE PAGAMENTO DE ADICIONAIS DE INSALUBRIDADE E/OU PERICULOSIDADE

São muitas as demandas em que se pretende a condenação da parte ré no pagamento de adicionais de insalubridade e de periculosidade.

Prevê a CRFB/88, em seu art. 7º, XXII, o direito dos trabalhadores à redução dos riscos inerentes ao trabalho, e, no inciso XXIII do referido dispositivo, o direito dos trabalhadores ao recebimento de adicional de remuneração para as atividades penosas, insalubres ou perigosas, na forma da lei.

Nesse contexto, oportuno destacar que a CRFB/88 conferiu a todo e qualquer cidadão, e ao trabalhador de modo particular, o direito a um meio ambiente ecologicamente equilibrado (art. 225), no qual se inclui o meio ambiente do trabalho (art. 200, VIII, da CRFB/88).

O sistema de proteção do meio ambiente do trabalho e de preservação da integridade física e psíquica do trabalhador (art. 7º, XXII e XXVIII, art. 225 e art. 200, VIII, todos da CRFB/88) compreende medidas preventivas, destinadas a evitar a ocorrência de danos à saúde do trabalhador, e repressivas/compensatórias, essas últimas, por sua vez, voltadas à reparação de eventual dano sofrido pelo empregado em decorrência de alguma irregularidade no meio ambiente de trabalho.

Nesse particular, os adicionais de insalubridade e periculosidade, regulamentados por norma infraconstitucional (arts. 192 e 193 da CLT), constituem complemento salarial (salário sob condição) devido ao trabalhador que exerce trabalho em condições insalubres, acima dos limites de tolerância estabelecidos pelo Ministério do Trabalho e Emprego (com a extinção do Ministério do Trabalho, tal competência foi atribuída ao Ministério da Economia, com a criação de uma Secretaria Especial de Previdência e Trabalho), bem assim em atividades que por sua natureza ou método de trabalho impliquem em risco permanente do trabalhador a inflamáveis, explosivos ou energia elétrica, roubos ou outras espécies de violência física nas atividades profissionais de segurança pessoal ou patrimonial, e, ainda, com o uso de motocicleta.

4.2.1. Adicional de insalubridade: agente diverso

As pretensões em tela, uma vez apresentadas em juízo, permitem o surgimento de alguns aspectos processuais relativos à sucumbência e a definição da responsabilidade pelo pagamento de honorários advocatícios, destacando-se as questões relacionadas ao percentual, à fungibilidade dos adicionais e à possibilidade de cumulação de ambos os adicionais.

O adicional de insalubridade (art. 192, CLT) constitui complemento salarial (salário sob condição) devido ao trabalhador que exerce trabalho em condições insalubres, acima dos limites de tolerância, com acréscimo de 40%, 20% e 10% do salário-mínimo (Súmula Vinculante n. 4, STF), segundo se classifiquem nos graus máximo, médio e mínimo, respectivamente.

Com efeito, diante da aplicação do princípio da ultra/extra petição, decorrente da simplicidade inerente ao Processo do Trabalho, em regra, a indicação de agente nocivo pela parte autora não impede a análise da ocorrência de agente nocivo diverso. É que se trata de questão técnica, cujo conhecimento escapa à parte. Nesse sentido, a Súmula n. 293, TST.

Registre-se que a inteligência da súmula n. 293, TST, é não prejudicar a parte por questões meramente técnicas, já que a identificação do agente nocivo apenas ocorrerá quando da realização da prova técnica (perícia) em juízo (art. 195 da CLT).

Desse modo, no momento da postulação (apresentação da petição inicial), a parte autora, em muitos casos, não tem condições de saber ao certo a qual agente nocivo estava exposto no seu ambiente laboral, e nem tampouco em que grau (mínimo, médio ou máximo).

A par desse efeito, também deve ser reconhecido que a questão técnica gera consequências no regime da sucumbência, e, consequentemente, no pagamento de honorários advocatícios.

Isto porque, se é aceita a premissa de que o agente nocivo indicado na petição inicial não vincula o magistrado, já que apenas será definido na instrução processual, consequência lógica é o reconhecimento de que o percentual pretendido a título de adicional de insalubridade também não é capaz de ser definido pela parte autora quando do ajuizamento da demanda, exceto, neste último caso, se a parte autora já recebia o adicional de insalubridade em determinado grau e postula, em juízo, o pagamento em percentual superior.

Assim, ilustrativamente, se a parte autora indica determinado agente nocivo (agente "x'"), que permite o pagamento de adicional de insalubridade no percentual de 40%, mas, ao realizar a perícia, o perito conclui que o agente nocivo é diferente do alegado pela parte autora (agente "y"), que enseja o pagamento de apenas 20%, sendo acolhido o laudo pelo magistrado, com a condenação da parte ré no pagamento de adicional de insalubridade no percentual de 20%, não há falar em pagamento de honorários advocatícios pela parte autora, quanto à referida pretensão, já que, dadas as limitações técnicas, a parte autora não pode ser considerada sucumbente na sua pretensão.

4.2.2. Adicional de insalubridade: busca por percentual mais elevado

Diferente é o caso, contudo, no qual a parte autora, que já recebia adicional de insalubridade em determinado grau, vai a juízo pretendendo o recebimento de adicional de insalubridade em maior grau em face do mesmo agente nocivo. Neste caso, entendemos que a parte autora não possui as mesmas limitações técnicas capazes de lhe permitir avaliar os riscos da sucumbência, motivo pelo qual, nesta hipótese, eventual improcedência do pedido lhe gerará os ônus da sucumbência.

É relevante notar que nas situações acima citadas há incidência do princípio da causalidade, anteriormente estudado, que impõe à parte que deu causa ao ajuizamento da demanda, no caso, a parte ré (no primeiro exemplo e no terceiro), que foi considerada como violadora da ordem jurídica pelo magistrado, o ônus pelo pagamento dos honorários advocatícios e, no segundo caso, a parte autora, que, inconformada (sem razão, dado o resultado do processo) com o percentual do adicional recebido, movimentou a máquina judiciária pretendendo algo que não possuía direito.

4.2.3. Fungibilidade entre os adicionais de insalubridade e periculosidade

Do mesmo modo, reconhece-se certa fungibilidade entre os pedidos de insalubridade e periculosidade, pelo que, ainda que postulado determinado adicional, o deferimento pelo magistrado do adicional não postulado também não implica sucumbência pela parte autora, ainda que distinto o valor deferido do valor pretendido.

4.2.4. Sucumbência no caso de pretensão de recebimento cumulativo dos adicionais

Por fim, discutível a possibilidade de cumulação de ambos os adicionais de insalubridade e periculosidade. Esse tema passa pela análise do art. 193, § 2º, CLT, que, ao tratar especificamente do adicional de periculosidade, dispõe que o empregado poderá optar pelo adicional de insalubridade que porventura lhe seja devido.

É certo que há discussão acerca da recepção de tal norma pela CRFB/88, sobretudo diante do art. 7º, XXII, CRFB/88, além incidência de normas internacionais, especialmente as Convenções números 148 e 155 da Organização Internacional do Trabalho (OIT).

Porém, o TST, recentemente, em acórdão proferido pela Subseção I Especializada em Dissídios Individuais, nos autos do Processo TST-IRR-239-55.2011.5.02.0319, publicado em 15/5/2020, definiu tese jurídica para o Tema Repetitivo n. 0017-Cumulação de Adicionais de Periculosidade e de Insalubridade amparados em fatos geradores distintos e autônomos da seguinte forma: "O art. 193, § 2º, da CLT foi recepcionado pela Constituição Federal e veda a cumulação dos adicionais de insalubridade e de periculosidade, ainda que decorrentes de fatos geradores distintos e autônomos."

Possível definir, assim, a data da pacificação da matéria pelo TST como marco temporal para o reconhecimento da sucumbência da parte autora quanto a derrota na pretensão de pagamento de ambos os adicionais, de modo que, para as ações ajuizadas até 14.05.2020, o deferimento de apenas um dos adicionais pretendidos, não implica sucumbência da parte autora, dada o caráter técnico da questão e a existência de fundada controvérsia quanto a possibilidade de cumulação.

Do mesmo modo, para as demandas ajuizadas a partir de 15.05.2020, o deferimento de apenas um dos adicionais implica sucumbência da parte autora, e, consequentemente, pagamento de honorários advocatícios relativo ao pedido indeferido, afinal o julgamento em grau de Incidente de Recurso de Revista Repetitivo vincula todos os sujeitos no âmbito da Justiça do Trabalho, havendo, pois, a partir de então, definição jurídica da tese posta.

4.3. PEDIDO DE PAGAMENTO DE INDENIZAÇÃO POR DANOS MATERIAIS

São diversas as possibilidades de ajuizamento de demandas indenizatórias na Justiça do Trabalho, sendo a dinâmica da relação de emprego, sobretudo em razão da característica de trato sucessivo do contrato de trabalho, capaz de ensejar a necessidade de reparação por dano material, quer o ato seja praticado pelo empregado, quer o ato seja praticado pelo empregador, quer, por fim, e de modo excepcional, caso o ato seja praticado por um terceiro.

A pretensão indenizatória mais comum, entretanto, é a apresentada pelo empregado em face do empregador em decorrência de acidente de trabalho.

A Justiça do Trabalho é competente para processar e julgar ações de indenização por dano moral e material, decorrentes da relação de trabalho, inclusive as oriundas de acidente de trabalho e doenças a ele equiparadas, ainda que propostas pelos dependentes ou sucessores do trabalhador falecido.

Após muitas controvérsias com a edição da Emenda Constitucional n. 45/2004, o STF editou a Súmula Vinculante n. 22:

> A Justiça do Trabalho é competente para processar e julgar as ações de indenização por danos morais e patrimoniais decorrentes de acidente de trabalho propostas por empregado contra empregador, inclusive aquelas que ainda não possuíam sentença de mérito em primeiro grau quando da promulgação da Emenda Constitucional nº 45/04.

Ainda a respeito do tema, pertinente a transcrição da Súmula n. 392, TST:

> SUM-392 DANO MORAL E MATERIAL. RELAÇÃO DE TRABALHO. COMPETÊNCIA DA JUSTIÇA DO TRABALHO (redação alterada na sessão do Tribunal Pleno realizada em 27.10.2015) - Res. 200/2015, DEJT divulgado em 29.10.2015 e 03 e 04.11.2015

> Nos termos do art. 114, inc. VI, da Constituição da República, a Justiça do Trabalho é competente para processar e julgar ações de indenização por dano moral e material, decorrentes da relação de trabalho, inclusive as oriundas de acidente de trabalho e doenças a ele equiparadas, ainda que propostas pelos dependentes ou sucessores do trabalhador falecido.

Diante dos julgamentos da Suprema Corte, é relevante apontar que o STJ teve que adequar sua jurisprudência, inclusive com o cancelamento da Súmula n. 366, que atribuía à Justiça Comum a competência para o julgamento das ações indenizatórias em caso de morte do trabalho, com a postulação do dano moral em ricochete e outras espécies de danos.

Pois bem.

Superada a questão da competência, é importante destacar que, em linhas gerais, a responsabilidade civil pressupõe a presença dos seguintes requisitos (arts. 186, 187 e 927, todos Código Civil de 2002): a) conduta humana (comissiva ou omissiva); b) dano ou prejuízo; c) nexo de causalidade; d) culpa ou dolo, salvo na hipótese de reconhecimento de responsabilidade objetiva, inclusive em virtude de atividade de risco (por aplicação do parágrafo único do art. 927 do CC/2002, conforme tese firmada pelo STF no âmbito do julgamento do RE n. 828040).

Imprescindível, pois, como regra, para conformar a responsabilidade civil, a ação ou omissão do lesante, não se podendo negar, porém, que na maioria das vezes deve vir acompanhada do ânimo (dolo de ofender o direito de outrem) lesivo ou da chamada culpa *stricto sensu*, na qual o agente não visa causar prejuízo, mas de sua atitude negligente, de sua imprudência ou imperícia decorre prejuízo à vítima.

Desse modo, uma vez ocorrido acidente de trabalho, possível o surgimento da responsabilidade civil do empregador, desde que preenchidos os seus pressupostos, ganhando destaque a obrigação do causador do dano de indenizar.

O dano material decorrente de um acidente de trabalho, vale lembrar, pode ser composto pelos lucros cessantes (o que razoavelmente deixou de lucrar – art. 949 do CC/2002), pelo dano emergente (prejuízo verificado de plano), ilustrativamente, gastos com o tratamento e pela pensão mensal devida ao ofendido (art. 950 do CC/2002) ou, em caso de morte, às pessoas a quem o morto os devia, levando-se em conta a duração provável da vida da vítima (art. 948, II, do CC/2002).

No que toca aos honorários advocatícios sucumbenciais nos pedidos de indenização por dano material, ele deverá levar em consideração a proporção entre o valor pretendido e o valor efetivamente deferido, exceto no que toca a eventual pensão mensal deferida (ao ofendido ou aos seus dependentes), situação na qual deve ser observado o disposto no § 9º do art. 85 do CPC/2015.

Desse modo, no caso concreto, se da ofensa resultar defeito pelo qual o ofendido não possa exercer o seu ofício ou profissão, ou se lhe diminua a capacidade de trabalho, a indenização, além das despesas do tratamento e lucros cessantes até ao fim da convalescença, incluirá pensão correspondente à importância do trabalho para que se inabilitou, ou da depreciação que ele sofreu, sendo certo que o prejudicado, se preferir, poderá exigir que a indenização seja arbitrada e paga de uma só vez (art. 950, parágrafo único, do CC/2002), hipótese na qual "o percentual de honorários incidirá sobre a soma das prestações vencidas acrescida de 12 (doze) prestações vincendas." (art. 85, § 9º, do CPC/2015), devendo ser levado em consideração, neste caso, para fins de fixação da sucumbência, a pretensão (ou não) em relação ao pedido em si (pagamento de pensão mensal), sem se considerar o efetivo valor pleiteado para esse fim, já que há norma expressa limitando a base de cálculo nestes casos à soma das prestações vencidas acrescida de 12 (doze) prestações vincendas.

Quanto ao dano emergente, por outro lado, se, ilustrativamente, a parte postula o ressarcimento de R$ 20.000,00, em razão da alegada despesa médica, mas, o juiz, diante das provas constantes dos autos, defere apenas R$ 8.000,00, a parte autora sucumbiu em R$ 12.000,00, pelo que, em razão desse pedido, deverá arcar com honorários advocatícios devidos ao advogado da parte ré, no percentual arbitrado pelo magistrado, levando em conta esse montante, ao passo que a parte ré sucumbiu em R$ 8.000,00, valor que será a base de cálculo do arbitramento dos honorários advocatícios devidos ao advogado da parte autora.

4.4. PEDIDO DE INDENIZAÇÃO POR DANOS MORAIS

De igual modo, são diversas as possibilidades de ajuizamento de demanda na Justiça do Trabalho com o objetivo de obter compensação por dano ao patrimônio imaterial relacionado a fato ocorrido em razão do contrato de trabalho. Ilustrativamente, no caso de dano decorrente de acidente de trabalho (art. 19, da Lei n. 8.213/91), com ofensa a saúde e integridade física do empregado, prática de assédio moral, além de tantas outras hipóteses de atos antijurídicos, praticados pelo empregado ou pelo empregador (arts. 186, 187 e 927 do CC/2002 / arts. 223-A a 223-G da CLT).

É pertinente lembrar que a CRFB/88 garante o respeito aos direitos da personalidade, resguardando proteção ao patrimônio imaterial. Conforme art. 5º, V e X, é assegurado o direito a indenização por dano material, moral ou à imagem, sendo invioláveis a intimidade, a vida privada, a honra e a imagem das pessoas. Ademais, a dignidade da pessoa humana (art. 1º, III, da CRFB/88) é fundamento da República e vetor axiológico do ordenamento jurídico pátrio.

Os direitos fundamentais, entre eles os direitos da personalidade, são oponíveis também na relação entre particulares, inclusive na relação de emprego, sendo reconhecida a eficácia horizontal dos direitos fundamentais.

Não obstante seja reconhecido ao empregador o "poder empregatício" (art. 2º, CLT), que possui como uma de suas espécies o poder fiscalizatório ou de controle, com a possibilidade de controlar e fiscalizar a prestação dos serviços, deve exercê-lo em conformidade com a Constituição da República, sob pena de incorrer em abuso de direito (art. 187, do CC/2002), e, consequentemente, ser obrigado a indenizar o obreiro.

Especificamente quanto à indenização por danos morais, trata-se de um instrumento que se destina a compensar/reparar um dano aos direitos da personalidade (art. 5º, V e X, CRFB/88; art. 12 do CC/2002).

Quanto ao presente tema, em termos processuais, um dos pontos mais controvertidos diz respeito à necessidade de a parte indicar o valor pretendido a título de indenização por danos extrapatrimoniais, bem assim do aspecto relativo à distribuição do ônus da sucumbência, em caso de deferimento de montante inferior ao postulado.

Com a edição do CPC/2015, há quem sustente que o tema mereça ser revisitado, a fim de verificar a compatibilidade entre o disposto na súmula n. 326, STJ, e o seu art. 292, V, de acordo com o qual "O valor da causa constará da petição inicial ou da reconvenção e será (...) na ação indenizatória, inclusive a fundada em dano moral, o valor pretendido".

Assim, de um lado, há aqueles que entendem que, diante da obrigatoriedade legal, no contexto do CPC/2015, de indicação do valor do pedido de indenização por danos morais, não há falar em aplicação do entendimento consta na Súmula n. 326 do STJ aos processos ajuizados a partir da entrada em vigor do CPC/2015.

Por outro lado, há aqueles que entendem, corrente à qual nos filiamos, que, mesmo no contexto do CPC/2015, é necessário concluir que não há falar em sucumbência recíproca quando, na ação de indenização por dano moral, houver condenação em montante inferior ao postulado na inicial.

Isto porque, independentemente da necessidade ou não de indicação do valor do pedido na petição inicial, o fato é que o arbitramento do valor da indenização por danos morais é algo que escapa das reais possibilidades da parte de interferir na sua ocorrência, afinal compete ao órgão julgados, a partir da análise das circunstâncias do caso concreto, em especial da extensão do dano (art. 944 do CC/2002), definir o valor em questão, razão pela qual, pela falta de critérios efetivamente objetivos para se pedir (e se deferir) a indenização por danos morais, não há como escapar, mesmo na vigência do CPC/2015, do entendimento constante na Súmula n. 326 do STJ.

Assim, caso a parte autora pretenda o pagamento de indenização por danos morais no valor de R$ 100.000,00, mas seja reconhecido como devido apenas R$ 70.000,00, não que falar em sucumbência quanto aos R$ 30.000,00, nada sendo devido a título de honorários advocatícios pela parte autora. A parte ré, por sua vez, deverá arcar com os honorários sobre os R$ 70.000,00, devidos ao advogado da parte autora.

4.5. HONORÁRIOS NA RECONVENÇÃO

A reconvenção é espécie de resposta da parte ré, mediante a qual ajuíza demanda em face do autor, dentro do mesmo processo. Por meio dela, a parte ré assume uma postura ativa, deduzindo pretensão em face da parte autora.

Na contestação, é lícito ao réu propor reconvenção para manifestar pretensão própria, conexa com a ação principal ou com o fundamento da defesa (art. 343, "caput", CPC/2015).

Uma vez apresentada a reconvenção, ambas as partes passam a ser autoras e rés: autor-reconvinte e ré-reconvinda. O processo passa, desse modo, a ter duas ações: a primitiva, conhecida como ação principal, e a demanda reconvencional.

No Processo do Trabalho, em que prevalecem os princípios da oralidade e da concentração dos atos, a audiência é de grande importância, sendo nela praticados diversos atos processuais.

Nesse sentido, dispõe a CLT, em seu art. 847, que não havendo acordo, o reclamado terá vinte minutos para aduzir sua defesa, após a leitura da reclamação, quando esta não for dispensada por ambas as partes. Aos poucos, porém, a prática forense passou a admitir a apresentação de defesa escrita.

Com a instituição do processo judicial eletrônico (PJE – Lei n. 11.419/06), houve a edição da Resolução n. 136/2014 do CSJT, cujo art. 29 (atual art. 22 da Resolução 185/2017 do CSJT) exige que a parte ré encaminhe, eletronicamente, "até a realização da proposta de conciliação infrutífera", a defesa e documentos, deixando claro, pela parte final do referido dispositivo, que o recebimento da defesa em si, mesmo nos feitos que tramitam eletronicamente, ocorre tão somente quando da realização da audiência, mantidas, pois, as disposições dos arts. 843, 844 e 847 da CLT.

Nesse sentido, mais recentemente, a Lei n. 13.467 – Reforma Trabalhista, inseriu o parágrafo único no art. 847, CLT, corroborando a possibilidade de apresentação, eletronicamente, da defesa escrita.

A despeito das normas se referirem à defesa, deve-se compreender como "resposta", de modo a permitir também a apresentação da reconvenção (que não é, tecnicamente, uma defesa) também por meio de peça escrita.

Em se tratando de uma demanda, e não mero incidente processual, a reconvenção goza de certa autonomia em relação a demanda principal, afinal a desistência da ação ou a ocorrência de causa extintiva que impeça o exame de seu mérito não obsta o prosseguimento do processo quanto à reconvenção (art. 343, § 2º, CPC/2015).

Por conseguinte, especificamente quanto aos honorários de sucumbência, prevê o CPC/2015, em seu art. 85, § 1º, que a sentença condenará o vencido a pagar honorários ao advogado do vencedor, sendo devidos, também, na reconvenção.

Em idêntico sentido, o § 5º do art. 791-A, CLT, inserido na CLT pela Lei n. 13.467/2017, prevê que são devidos honorários de sucumbência na reconvenção. O arbitramento, em tal hipótese, deve levar em consideração os critérios e parâmetros já analisados nessa obra.

Tratando a respeito do tema, ensina Daniel Assunção Amorim[51]:

> A natureza de ação da reconvenção já vinha levando o Superior Tribunal de Justiça a entender pelo cabimento de fixação de honorários advocatícios na ação reconvencional independentemente do resultado da ação principal. O Novo Código de Processo Civil apenas consagra expressamente esse entendimento, o que não deixa de ser interessante porque com o fim da autonomia formal da reconvenção, que passa a ser alegada na própria contestação, algum intérprete mais incauto poderia concluir erroneamente que a reconvenção também perdeu sua autonomia material, ou seja, sua natureza de ação, e com isso concluir, também erroneamente, pelo não cabimento de condenação a pagar honorários advocatícios.

Assim é que, no particular, CPC/2015 e CLT caminham na mesma direção.

4.6. HONORÁRIOS EM CASO DE EXTINÇÃO DO PROCESSO SEM RESOLUÇÃO DO MÉRITO

Na linha do já analisado, embora sejam conhecidos como honorários advocatícios sucumbenciais, os honorários previstos em lei e arbitrados pelo magistrado em sede de ação judicial não dependem, necessariamente, da ocorrência de sucumbência, com derrota e triunfo de quaisquer das partes.

4.6.1. Desistência, renúncia e reconhecimento da procedência do pedido

É certo que, na linha do CPC/1973, o CPC/2015 adota, para fins de cabimento de honorários advocatícios, em regra, o critério da

51. NEVES, Daniel Amorim Assumpção. **Manual de direito processual civil** – Volume único. 8. ed. – Salvador: Ed. Juspodivm, 2016, p. 356.

sucumbência, entretanto o faz em conjunto com o princípio da causalidade, atribuindo, em determinadas hipóteses, à parte que deu causa ao processo, o ônus do pagamento dos honorários, independentemente de ter sucumbido e até mesmo em caso de êxito na demanda.

Parte-se do pressuposto de que, em determinadas situações, a parte, independentemente do direito material lhe ser reconhecido, foi a única responsável pelo surgimento do processo.

O professor José Miguel Garcia Medina[52], acerca do princípio da causalidade, mencionando decisões do Superior Tribunal de Justiça, aponta que:

> Em princípio, os honorários devem ser pagos pela parte vencida. Essa regra, no entanto, não é absoluta, pois nem sempre a parte sucumbente no processo é a que deu causa ao surgimento da lide. Este critério (princípio da causalidade) prepondera sobre aquele (princípio da sucumbência). Nesse sentido, decidiu-se que o princípio da sucumbência deve ser tomado "apenas como um primeiro parâmetro para a distribuição das despesas do processo, sendo necessária a sua articulação com o princípio da causalidade" (STJ, REsp 684.169/RS, rel. Min. Sidnei Beneti, 3.ªT., j. 24.03.2009). Assim, "no processo civil, para se aferir qual das partes litigantes arcará com o pagamento dos honorários advocatícios e das custas processuais, deve-se atentar não somente à sucumbência, mas também ao princípio da causalidade, segundo o qual a parte que deu causa à instauração do processo deve suportar as despesas dele decorrentes" (STJ, REsp 1.160.483/RS, rel. Min. Luis Felipe Salomão, 4.ª T.,j. 10.06.2014). Assim, por exemplo, "em embargos de terceiro, quem deu causa à constrição indevida deve arcar com os honorários advocatícios" (STJ, Súmula 303). Seguindo esse princípio, dispõe o § 10 do art.85 do CPC/2015 que, "nos casos de perda do objeto, os honorários serão

52. MEDINA, José Miguel Garcia. **Novo Código de Processo Civil Comentado com remissões e notas comparativas ao CPC/1973**. 1 ed – São Paulo: Ed. Revista dos Tribunais, 2015, p. 101.

> devidos por quem deu causa ao processo". Cf. também comentário ao art. 90 do CPC/2015.

Daniel Assunção Amorim[53], a respeito do assunto, traz um interessante exemplo:

> Um exemplo emblemático e amplamente reconhecido pelo Superior Tribunal de Justiça é a condenação do autor vitorioso na ação cautelar de exibição de documentos quando o réu exibe o documento pretendido no prazo da contestação e não há nos autos prova de pedido extrajudicial de exibição. Nesse caso, como o réu não deu causa, mesmo vencido (o julgamento será de procedência), a condenação ao pagamento de honorários recaíra sobre o vencedor.
>
> Apesar de consagrar a regra da sucumbência, o Novo Código de Processo Civil não foi totalmente alheio ao princípio da causalidade, consagrando--o ao menos em duas situações.
>
> Segundo o § 10 do art. 85 do Novo CPC, nos casos de perda do objeto, os honorários serão devidos por quem deu causa ao processo, ou seja, havendo carência de ação superveniente por falta de interesse recursal superveniente, não importará para a fixação dos honorários quem sucumbiu (no caso será sempre o autor), mas quem deu causa ao processo.
>
> A responsabilidade pelo pagamento das despesas e honorários advocatícios previstos no art. 90, *caput*, do Novo CPC na hipótese de extinção do processo por decisão homologatória de desistência, renúncia ou reconhecimento jurídico do pedido, mantém a regra consagrada no art. 26, *caput*, do CPC/1973: cabe o pagamento à parte que praticou o ato que levou o processo a extinção, tendo o novel dispositivo apenas incluído a renúncia como causa de extinção, não prevista no artigo revogado, mas devidamente incluída na melhor doutrina. Trata-se de consagração específica do princípio da causalidade : responde o autor por ter dado causa ao processo e depois desistido dele ou renunciado ao direito material ;

53. NEVES, Daniel Amorim Assumpção. **Manual de direito processual civil** – Volume único. 8. ed. Salvador: Ed. Juspodivm, 2016, p. 341.

> responde o réu por ter exigido do autor a propositura da ação e reconhecido seu pedido em juízo.
>
> A renúncia, por se tratar de ato de disposição de direito material, pode ocorrer a qualquer tempo, independentemente de anuência do réu. A desistência será homologada independentemente de tal anuência desde que requerida antes do réu apresentar resposta. Havendo um ato de disposição pelo autor antes da apresentação de defesa do réu, em regra, não haverá fixação de honorários advocatícios, mas excepcionalmente será possível ao advogado do réu demonstrar que realizou o trabalho de defesa de seu cliente e só não levou ao juízo em razão da desistência ou renúncia. Nesse caso entendo que cabe a fixação de honorários, nos termos do artigo ora comentado.

Pertinente, ainda, a citação das lições de Cândido Rangel Dinamarco[54] acerca do tema, para quem a regra geral de definição da responsabilidade pelo pagamento dos honorários advocatícios, ou seja, a sucumbência, decorre, em verdade, da noção geral de causalidade:

> Só por comodidade de exposição alude-se à sucumbência como critério para atribuir o custo final do processo a uma das partes, sabendo-se, no entanto, que essa é apenas uma regra aproximativa, ou mero indicador do verdadeiro critério a prevalecer, que é o da causalidade: deve responder pelo custo do processo, sempre, aquele que houver dado causa a ele ao propor uma demanda improcedente ou sem necessidade, ou ao resistir a ela sem ter razão.

Com efeito, em caso de desistência, renúncia ou reconhecimento da procedência do pedido[55], os honorários de sucumbência são devidos pela

54. DINAMARCO, Cândido Rangel. **Capítulos de sentença**. 3. ed. Malheiros: São Paulo, 2006, p. 92-93.

55. O TST reconheceu a aplicação do art. 90, CPC/2015, ao Processo do Trabalho: RECURSO DE REVISTA. RECLAMANTE. LEI Nº 13.467/2017. LEI Nº 13.015/2014. INSTRUÇÃO NORMATIVA Nº 40 DO TST. HONORÁRIOS ADVOCATÍCIOS.

parte que desistiu, renunciou ou reconheceu a procedência do pedido, em função do princípio da causalidade, sendo certo que, se parcial a desistência, a renúncia ou o reconhecimento do pedido, a condenação deverá ser proporcional à parcela reconhecida, à qual se renunciou ou da qual se desistiu (artigo 90, *caput* e seu § 1º, do CPC).

Nesse contexto, é relevante notar que o CPC/2015 adotou um conceito híbrido de sentença, que leva em consideração tanto o conteúdo quanto o efeito, ao dispor que a sentença é o pronunciamento por meio do qual o juiz, com fundamento nos arts. 485 e 487, põe fim à fase cognitiva do procedimento comum, bem como extingue a execução (art. 203, § 1º), ao passo que adotou conceito "residual" de decisão interlocutória, ao considerá-la como todo pronunciamento do juiz de natureza decisória que não seja uma sentença.

Assim, na fase de conhecimento, para ser considerada uma sentença, a decisão deve ter o efeito de pôr fim a tal fase, enquadrando-se em uma

---

INCIDÊNCIA SOBRE O VALOR DE FGTS DEPOSITADO NO CURSO DA AÇÃO. [...] Acerca da base de cálculo dos honorários advocatícios, o CPC/15 determina que estes devem incidir, nos casos de desistência, renuncia e reconhecimento do pedido. Partindo de tais dispositivos, verifica-se que há previsão expressa para que os valores objeto de reconhecimento do pedido pelo demandado constem da base de cálculo dos honorários advocatícios. Isso porque, mesmo nos casos de reconhecimento do pedido - como na hipótese dos autos - há um proveito econômico para o reclamante, que possivelmente não receberia as verbas pleiteadas se não tivesse ingressado em juízo. O art. 90, caput e §1º, do CPC/15 demonstra a preocupação do legislador - além de valorizar o trabalho do advogado que, independente do reconhecimento do pedido, precisou provocar o Judiciário, e o dispêndio de tempo e recursos da parte reclamante - em penalizar o demandado que reconheceu seus débitos apenas em razão da provocação judicial. Excluir da base de cálculo dos honorários advocatícios os valores dos pedidos quitados no curso da ação, antes da prolação de sentença, serve de estímulo para que os devedores protelem a quitação de seus débitos, uma vez que, mesmo sendo necessário mover a máquina pública para lhes retirar da inércia, não haverá prejuízos pecuniários superiores aos anteriormente devidos. [...] (RR-1183-98.2017.5.12.0018, Relatora Ministra: Kátia Magalhães Arruda, Data de Julgamento: 29/05/2019, 6ª Turma, Data de Publicação: DEJT 31/05/2019).

das hipóteses previstas no art. 485 (sentenças terminativas, sem análise do mérito) ou do art. 487 (sentenças definitivas, com análise do mérito).

Desse modo, independentemente da classificação da sentença, ela deve se manifestar acerca da condenação da(s) parte(s) ao pagamento de honorários advocatícios, conforme arts. 82 e 85, CPC/2015.

Nesse sentido, ensina Cassio Scarpinella Bueno[56] que:

> A sentença final referida no *caput* do art. 82 deve ser entendida como a decisão que encerra (por completo) a fase de cognição na primeira instância, sendo indiferente, portanto, o proferimento de eventuais decisões de julgamento *parcial* de mérito, o que pode ocorrer com fundamento no art. 356.

A respeito do tema, é relevante apontar a existência de corrente que defende a impossibilidade de condenação em honorários advocatícios sucumbenciais, no Processo do Trabalho, quando não houver condenação.

Ao tratar do tema, Gilberto Carlos Maistro Júnior[57], citando a posição de Ivani Contini Bramante, expõe que:

> Para chegar a essa conclusão, Ivani Bramante propõe a interpretação literal do texto do artigo 791-A, de modo a dele extrair que somente se houver *condenação* haverá o direito ao recebimento dos honorários de sucumbência. Por isso, não seriam devidos nas hipóteses de improcedência, desistência, renúncia, extinção sem resolução do mérito ou arquivamento – o que representa negativa de aplicação, no Processo do Trabalho, do disposto no CPC, artigo 90. No mais, extrai a mesma conclusão da interpretação histórica e sistemática dos artigos. 14 e 16 da Lei n. 5.584/70 e

56. BUENO, Cassio Scarpinella. **Manual de direito processual civil**: volume único/Cassio Scarpinella Bueno. 5.ed. São Paulo: Saraiva Educação, 2019, p. 262.

57. MIESSA, Élisson *et al.* **Honorários advocatórios na Justiça do Trabalho**. Salvador: Editora Juspodivm, 2019, p. 92/93.

> do artigo 11 da Lei n. 1.060/50, negando aplicação subsidiária ou supletiva das regras sobre honorários advocatícios encontradas no CPC (...).

Há decisões de Tribunais Regionais do Trabalho nesse sentido, negando a possibilidade de condenação no pagamento de honorários advocatícios na hipótese de extinção do processo sem resolução do mérito, sustentando apenas serem devidos na hipótese de sucumbência (que pressupõe, nesta linha de raciocínio, êxito ou derrota) de uma das partes, motivo pelo qual eles não caberiam na hipótese de sentença terminativa, sem exame do mérito (art. 485, CPC/2015):

> ARQUIVAMENTO DO FEITO. HONORÁRIOS SUCUMBENCIAIS. NÃO CABIMENTO. O arquivamento da reclamação previsto no artigo 844 da CLT não implica em sucumbência de qualquer das partes litigantes, ou seja, não há enquadramento no art. 791-A da CLT, que trata apenas dos honorários de sucumbência. (TRT da 3ª Região; PJe: 0010921-23.2018.5.03.0052 (RO); Disponibilização: 16/08/2018; Órgão Julgador: Nona Turma; Relator: Rodrigo Ribeiro Bueno).

> RECURSO ORDINÁRIO. ARQUIVAMENTO DO PROCESSO. AUSÊNCIA DO RECLAMANTE NA AUDIÊNCIA INAUGURAL. SUCUMBÊNCIA. INEXISTENTE. HONORÁRIOS ADVOCATÍCIOS. ART. 791-A DA CLT. INDEVIDOS. No processo do trabalho, os honorários advocatícios somente são devidos quanto uma das partes resta sucumbente, o que não ocorre na hipótese em que o processo é arquivado em razão da ausência do reclamante à audiência inaugural. Recurso ordinário conhecido e desprovido. (TRT-14 - RO: 00005735720185140401 RO-AC 0000573-57.2018.5.14.0401, Relator: ILSON ALVES PEQUENO JUNIOR, SEGUNDA TURMA, Data de Publicação: 19/07/2019)

Entretanto, Gilberto Carlos Maistro Júnior reconhece que se trata de corrente não prevalecente, pelo que defende a aplicação ao Processo do Trabalho do princípio da causalidade e das normas do CPC/2015 sobre o tema, corrente também adotada nessa obra.

4.6.2. Honorários advocatícios na hipótese de arquivamento da ação trabalhista

Situação de grande impacto prático que implica sentença terminativa se refere à ausência da parte autora à audiência inicial trabalhista (art. 844 da CLT).

Como se sabe, no Processo Trabalhista, a grande maioria das demandas está sujeita à realização de audiência, seja para recebimento da defesa, seja para a realização da instrução processual (arts. 843, 844, 846, 849, 852-C, CLT; 1º, da I.N. n. 27/05, TST).

Com efeito, tratando-se de Processo Trabalhista, na audiência inaugural, a ausência do autor implica arquivamento (desistência), com a consequente extinção do processo sem resolução do mérito (arts. 844 e 847, CLT; art. 485, VIII, CPC/2015, aplicado subsidiariamente ao Processo do Trabalho).

Com efeito, tecnicamente, o arquivamento se trata, em verdade, de desistência da demanda, em face da ausência da parte autora na audiência inicial. Desse modo, tem como consequência a extinção do processo sem resolução do mérito, por meio de sentença terminativa (art. 485, VIII, CPC/2015).

Registre-se, inclusive, por oportuno, que, na qualidade de decisão que encerra a fase de conhecimento, está sujeita a recurso ordinário (art. 895, I, CLT), o qual deve ser interposto no prazo de oito dias. Assim, uma vez decorrido o prazo recursal, opera-se o trânsito em julgado da decisão que determinou a extinção do processo sem resolução do mérito.

Desta maneira, em caso de arquivamento da demanda, pela ausência da parte autora, cabe a condenação no pagamento de honorários advocatícios, desde que a parte ré já tenha apresentado, ainda que apenas eletronicamente, defesa, não sendo necessário que ela tenha sido recebida pelo juiz, afinal este recebimento dependeria da efetiva realização da audiência inicial, o que não ocorreu em face da ausência da parte autora.

Ademais, entendemos que são cabíveis honorários advocatícios na hipótese de arquivamento, mesmo que a parte ré não tenha protocolizado, até a abertura da audiência, sua contestação, mas comprove que a contestação foi efetivamente elaborada por advogado. Isso porque, conforme já destacado anteriormente, o atual art. 22 da Resolução 185/2017 do CSJT permite que a parte ré encaminhe sua resposta, eletronicamente, "até a realização da proposta de conciliação infrutífera", ato processual que somente ocorre com a presença de ambas as partes.

Portanto, percebe-se que o elemento determinante para o cabimento de honorários advocatícios em caso de arquivamento da ação trabalhista é o efetivo trabalho desenvolvido pelo(a) advogado(a) contratado(a) pela parte ré, independentemente da efetiva protocolização eletrônica da resposta até o momento do arquivamento.

Em resumo, conclui-se que, em caso de arquivamento da ação, cabe a condenação da parte autora ao pagamento de honorários advocatícios desde que a parte ré já tenha, por meio de advogado, ELABORADO (e não necessariamente apresentado) defesa.

Outrossim, cabe lembrar que o efeito em questão, desistência da demanda, em face da ausência da parte, apenas tem lugar se se tratar da primeira sessão da audiência, uma vez que em caso de ausência das partes à audiência de instrução, possível a ocorrência de confissão (TST, Súmula n. 74), com o prosseguimento da demanda, inclusive instrução processual, se necessária, seguida da prolação de sentença pelo juiz.

4.6.3. Honorários advocatícios na hipótese de desistência da ação trabalhista antes da audiência e/ou apresentação de defesa

Igualmente de grande importância e recorrente no Processo do Trabalho é a hipótese de desistência da demanda manifestada pela parte autora antes da audiência (ou da apresentação de contestação, se considerarmos a regra prevista no art. 841, § 3º, da CLT).

Aqui, adota-se o mesmo raciocínio, quanto a disciplina do cabimento de honorários advocatícios, exposto em relação a hipótese de extinção do processo sem resolução do mérito em face da ausência da parte autora na audiência inicial: cabe a condenação no pagamento de honorários advocatícios, desde que a parte ré já tenha, por meio de advogado, elaborado defesa.

Entretanto, cabe mencionar corrente divergente, que entende que os honorários advocatícios, em caso de arquivamento ou desistência expressa da ação pela parte autora, apenas serão devidos caso a defesa tenha sido recebida pelo Juiz. Nesse sentido, decisão da Quarta Turma do TRT da Terceira Região:

> DESISTÊNCIA DA AÇÃO ANTES DO RECEBIMENTO DA DEFESA. HONORÁRIOS SUCUMBENCIAIS. INDEVIDOS. Indevido o pagamento de honorários advocatícios sucumbenciais, na hipótese de desistência da ação, devidamente homologada, quando sequer houve o recebimento da defesa em audiência. Afigura-se eloquente o silêncio do art. 791-A da CLT, que disciplina os honorários advocatícios sucumbenciais no âmbito trabalhista, ao contrário do CPC que é expresso no sentido de que os honorários nos seus limites e critérios são devidos "independentemente de qual seja o conteúdo da decisão, inclusive aos casos de improcedência ou de sentença sem resolução do mérito". (CPC, art. 85, § 6º). (TRT da 3ª Região; PJe: 0010277-05.2019.5.03.0001 (RO); Disponibilização: 22/08/2019, DEJT/TRT3/Cad.Jud, Página 1050; Órgão Julgador: Quarta Turma; Relator: Denise Alves Horta)

Há ainda quem defenda que o marco processual para o cabimento de honorários advocatícios, em caso de desistência, é a citação da parte ré. Nesse sentido, decisão da Nona Turma do TRT da Terceira Região:

> DESISTÊNCIA DA AÇÃO. HONORÁRIOS DE SUCUMBÊNCIA. A teor do disposto no artigo 90 do CPC, em caso de sentença proferida

> com fundamento em desistência da ação, ainda que antes da apresentação de contestação, são devidos honorários de sucumbência, cuja isenção, em tais casos, restringe-se às hipóteses de julgamento de causas repetitivas reguladas pelos artigos 1.039 e seguintes do CPC. (TRT da 3ª Região; PJe: 0011713-12.2017.5.03.0084 (RO); Disponibilização: 18/07/2018, DEJT/TRT3/Cad. Jud, Página 1040; Órgão Julgador: Nona Turma; Relator: Maria Stela Alvares da S. Campos)

No nosso entender, contudo, o marco processual para o cabimento de honorários advocatícios, em caso de desistência, é a efetiva elaboração, por meio de advogado(a) contratado(s), de defesa pela parte ré, o que se comprova mediante sua juntada eletrônica ao processo ou mediante qualquer outro meio de prova.

4.6.4. Honorários advocatícios na hipótese de extinção do processo sem resolução do mérito por ausência de indicação do(s) valor(es) do(s) pedido(s)

Outra hipótese de relevância prática, que poderá ensejar a extinção do processo sem resolução do mérito, se refere à ausência de indicação do valor dos pedidos pretendidos na petição inicial (art. 840, § 3º, CLT).

Até a vigência da Lei n. 13.467/2017, os pedidos, no rito ordinário, poderiam ser formulados sem qualquer indicação de valores, e os números apareciam quando da prolação da sentença, se líquida, ou na fase de liquidação da sentença. Possível afirmar que a necessidade de permitir que a parte ré tivesse, logo no início da demanda, uma maior noção do seu conteúdo econômico, fez com que o Legislador impusesse a nova exigência à parte autora.

Acontece que, caso a parte autora não indique o valor de um ou mais pedidos, a extinção da ação não deverá ocorrer imediatamente. Diante de toda sistemática aplicada ao CPC de 2015, com o privilégio sempre pelo enfrentamento do mérito da questão (princípio da primazia da decisão de mérito), visando evitar formalismos em excesso, faz-se necessário que inicialmente busque-se o saneamento do problema identificado, quando possível.

Assim, ao receber uma ação trabalhista que não tenha os valores atribuídos a cada um de seus pedidos, o juiz deverá intimar a parte autora para que possa emendar a petição inicial, corrigindo a falha técnica observada (art. 321, CPC/2015; TST, Súmula n. 263).

Caso permaneça silente a parte autora, aí sim o destino do(s) pedido(s) sem indicação do (s) respectivo(s) valor(es) será a extinção sem resolução do mérito, e, nesse caso, tendo em vista que a parte autora deu causa a demanda, provocando a sua extinção (total ou apenas em relação aos pedidos sem indicação de valor) sem exame do mérito, deve ser condenada no pagamento de honorários advocatícios (em relação àquilo que foi objeto de extinção sem resolução do mérito), desde que a parte ré tenha participado de algum modo do processo (elaborado contestação por meio de advogado).

Nesse sentido, entendendo pela possibilidade de condenação de honorários advocatícios em caso de julgamento sem exame do mérito (inclusive por extinção de pedido sem indicação de valor), as seguintes decisões do TRT da Terceira Região, do TRT da Sexta Região e do Tribunal Superior do Trabalho:

> I - AGRAVO DE INSTRUMENTO EM RECURSO DE REVISTA REGIDO PELAS LEIS 13.015/2014 E 13.467/2017. TRANSCENDÊNCIA JURÍDICA.CONFIGURAÇÃO. PETIÇÃO INICIAL. PEDIDOS ILÍQUIDOS. PROCESSO EXTINTO SEM RESOLUÇÃO DO MÉRITO. HONORÁRIOS ADVOCATÍCIOS. CONDENAÇÃO. CABIMENTO. PRINCÍPIO DA CAUSALIDADE.
>
> Caracterizada a existência de transcendência jurídica, em razão de possível violação do art. 791-A da CLT, dá-se provimento ao agravo de instrumento para determinar o prosseguimento do recurso de revista. Agravo de instrumento provido.

II - RECURSO DE REVISTA REGIDO PELAS LEIS 13.015/2014 E 13.467/2017. TRANSCENDÊNCIA JURÍDICA. CONFIGURAÇÃO. PETIÇÃO INICIAL. PEDIDOS ILÍQUIDOS. PROCESSO EXTINTO SEM RESOLUÇÃO DO MÉRITO. HONORÁRIOS ADVOCATÍCIOS. CONDENAÇÃO. CABIMENTO. PRINCÍPIO DA CAUSALIDADE.

1. Discussão centrada na possibilidade de condenação em honorários advocatícios, na hipótese em que o processo foi extinto sem resolução do mérito, por descumprimento da exigência prevista no § 1º do art. 840 da CLT. 2. Questão de direito ainda não examinada por este Tribunal Superior do Trabalho, caracterizando transcendência jurídica e autorizando a admissão do recurso de revista (art.896-A, § 1º, IV da CLT). 3. No ordenamento jurídico brasileiro, a condenação em honorários advocatícios está fundada na ideia central da causalidade, segundo a qual a parte responsável pela movimentação do Poder Judiciário deve suportar os ônus econômicos decorrentes, nas situações em que for sucumbente ou em que o processo for extinto sem resolução do mérito (art. 85 e § 6º do CPC) ou nos casos em que desistir ou renunciar ou em que for reconhecida pelo Réu a procedência do pedido (art. 90 do CPC). Desse modo, o critério da sucumbência, enquanto causa de imposição de honorários, representa apenas um dos desdobramentos da noção ampla de causalidade, estando por ela abarcada.4. A ausência de disciplina específica para situações outras na legislação processual do trabalho não autoriza a exclusão do direito à verba honorária dos advogados, reputados essenciais à administração da Justiça (CF, art. 133) e que são instados, como no caso, a dedicarem tempo para estudo das causas e preparação de peças processuais, além de deslocamentos aos fóruns judiciais.

Cenário em que se faz necessário o recurso à disciplina processual comum, por imposição dos artigos 769 da CLT e 15 do CPC. 5. Assim, a Corte Regional, ao entender devida a condenação à verba honorária, na hipótese de extinção do processo, sem resolução do mérito, por descumprimento do § 1ºdo art. 840 da CLT, decidiu em consonância com o art. 791-A da CLT. Recurso de revista não conhecido. (Processo: RR - 10806-86.2018.5.18.0083 - Fase Atual: RR (Lei 13.467/2017 - Lei 13.015/2014 - Conector PJe-JT - eSIJ - Julgado com análise de transcendência - Tramitação Eletrônica; Número no TRT de Origem:

AIRR-10806/2018-0083-18.Órgão Judicante: 5ª Turma; Relator: Ministro Douglas Alencar Rodrigues; Publicado acórdão em 07/02/2020).

HONORÁRIOS ADVOCATÍCIOS: AÇÃO AJUIZADA APÓS A VIGÊNCIA DA 13.467/2017. Ajuizada a presente ação na vigência da Lei 13.467/2017, deve ser observada a sistemática dos honorários advocatícios prevista no art. 791-A, §§ 2º, 3º e 4º, da CLT. O arquivamento dos autos, ante a ausência injustificada do reclamante na audiência, por si só, no entendimento deste Relator, não afasta a condenação ao pagamento de honorários sucumbenciais em favor do advogado da parte ré, a qual, antes mesmo da audiência inicial, manifestou-se na lide, colacionando a defesa e os documentos pertinentes, inclusive com a contratação de advogado para tanto. (TRT da 3ª Região; PJe: 0010602-53.2018.5.03.0182 (RO); Disponibilização: 08/11/2018, DEJT/TRT3/Cad. Jud, Página 1672; Órgão Julgador: Quinta Turma; Relator: Convocado Alexandre Wagner de Morais Albuquerque)

RECURSO ORDINÁRIO. DESISTÊNCIA DA AÇÃO. CONDENAÇÃO EM HONORÁRIOS ADVOCATÍCIOS. CRITÉRIOS PARA FIXAÇÃO. Considerando os balizamentos contemplados nos incisos I e IV, do § 2º, do art. 791-A, isto é, no grau de zelo do profissional, no trabalho realizado pelo advogado e no tempo estimado para o seu serviço, impõe-se reduzir ao importe de 5% o percentual dos honorários de sucumbência devidos pela reclamante. Recurso parcialmente provido. (TRT da 6º Região - Processo: ROT - 0001849-97.2017.5.06.0008, Redator: Martha Cristina do Nascimento Cantalice, Data de julgamento: 29/08/2019, Quarta Turma, Data da assinatura: 30/08/2019)

RECURSO ORDINÁRIO DO RECLAMADO. DIREITO PROCESSUAL DO TRABALHO. HONORÁRIOS ADVOCATÍCIOS. ART. 791-A DA CLT. A norma esculpida no parágrafo 4º, do art. 791-A da CLT compatibiliza a previsão dos honorários sucumbenciais trabalhistas com o princípio da inafastabilidade da jurisdição, expresso no art. 5º, incisos XXXIV e XXXV, da CRFB. Com efeito, ao prever a possibilidade de suspensão da exigibilidade das obrigações decorrentes da sucumbência, bem como a sua extinção, conclui-se que o legislador observou a condição do beneficiário da justiça gratuita. Destaque-se que, em observância à teoria da causalidade, a extinção da ação sem resolução do mérito não afasta a condenação dos honorários advocatícios em favor do patrono

> daquele contra o qual se moveu à ação. Recurso ordinário a que se dá provimento parcial. (TRT da 6º Região - RO: 00006675520195060251, Data de Julgamento: 15/04/2020, Primeira Turma)

Nesse contexto, percebe-se que a 5ª turma do TST, na linha do quanto defendido também na presente obra, ao entender pela possibilidade de condenação no pagamento de honorários advocatícios sucumbenciais em caso de sentença terminativa, sem exame do mérito (art. 485, CPC/2015), rejeitou a corrente interpretativa que busca uma análise da literalidade do art. 791-A, CLT, de modo a impedir o transporte de normas do CPC/2015 ao Processo do Trabalho.

4.7. HONORÁRIOS RECURSAIS

O art. 85, § 1º, CPC/2015, a fim de dirimir controvérsias acerca do tema, é expresso no sentido de que é devida a majoração dos honorários advocatícios na hipótese de interposição de recurso, norma complementada pelo § 11 do mesmo dispositivo:

> O tribunal, ao julgar recurso, majorará os honorários fixados anteriormente levando em conta o trabalho adicional realizado em grau recursal, observando, conforme o caso, o disposto nos §§ 2º a 6º, sendo vedado ao tribunal, no cômputo geral da fixação de honorários devidos ao advogado do vencedor, ultrapassar os respectivos limites estabelecidos nos § § 2º e 3º para a fase de conhecimento.

Os §§ 2º e 3º do art. 85, mencionados pelo § 11, tratam dos critérios e parâmetros que devem ser levados em consideração pelo juiz, ao arbitrar os honorários advocatícios, nas causas em geral e naquelas em que a Fazenda Pública for parte.

Embora não se desconheça a existência de corrente em sentido contrário, adota-se nessa obra o entendimento no sentido que tais disposições do CPC/2015 são aplicáveis ao Processo do Trabalho, em face da omissão da CLT sobre o tema em questão e da harmonia (compatibilidade) com o sistema processual trabalhista (art. 769, CLT; art. 15, CPC/2015), sendo certo que o fato de o art. 791-A, § 5º, CLT, prever o cabimento de honorários advocatícios na reconvenção, sem fazer menção à fase recursal ou executiva, não autoriza a ilação de que tratou de indicar a única hipótese adicional em que é devida a verba. Ao contrário, entendemos que o referido dispositivo abre espaço para a aplicação supletiva das demais hipóteses previstas no CPC/2015.

Entretanto, na linha do já mencionado nessa obra, os critérios para arbitramento dos honorários advocatícios previstos no CPC/2015 devem ser compatibilizados com os estabelecidos pela CLT (art. 791-A, "caput" e § 1º), mormente no que toca aos percentuais mínimos (5%) e máximo (15%), o que, portanto, também deve ser observado para fins de honorários recursais.

Outra questão de relevância do tema em análise diz respeito a aplicação intertemporal das normas processuais, na linha do já analisado na presente obra.

Analisando o tema da majoração do montante arbitrado a título de honorários advocatícios em sede de recurso, mas condicionando a aplicação às demandas ajuizadas a partir de 11/11/2017, o seguinte excerto de acórdão oriundo do TRT da 3º Região:

> Considerando as regras de pagamento dos honorários advocatícios com o advento da Lei n.º 13.467/2017 - aplicáveis no caso vertente (inteligência do artigo 6º da IN 41/2018/TST) - e da sucumbência recíproca com o acolhimento parcial do apelo da reclamante, dou provimento à pretensão recursal para condenar a reclamada ao pagamento dos honorários advocatícios de sucumbência aos advogados da autora, no percentual de 10% sobre o valor que resultar da liquidação da sentença, já considerados os critérios consubstanciados nos incisos I a IV do § 2º do artigo 2º do artigo 791-A da CLT.

> Considerando ainda que o artigo 791-A da CLT também se trata de norma processual, sendo implícita a apreciação dos honorários advocatícios por esta Especializada nas ações ajuizadas após o advento da Lei n.º 13.467/2017 (inteligência dos artigos 322, § 1º, do NCPC e 6º da IN 41/2018/TST), devidos inclusive na hipótese de sucumbência recíproca (art. 791-A, § 3º, da CLT), e que a reclamante obteve em juízo parte dos créditos trabalhistas postulados na lide em relevo, condeno a autora ao pagamento de honorários advocatícios de sucumbência aos advogados da reclamada, no percentual de 5% sobre o total dos valores atribuídos em relação aos pedidos que não foram acolhidos na presente demanda ("proveito econômico obtido"), conforme se apurar no petitório. O valor da verba honorária deverá ser deduzido do crédito apurado em favor da reclamante na presente demanda (inteligência do artigo 791-A, *caput* e §§ 2º 3º 4º, da CLT). (TRT da 3.ª Região; PJe: 0010429-31.2018.5.03.0149 (RO); Disponibilização: 03/06/2019, DEJT/TRT3/Cad.Jud, Página 630; Órgão Julgador: Segunda Turma; Redator: Sebastiao Geraldo de Oliveira)

Também oriundo do TRT da 3º Região, mas tratando da majoração dos honorários advocatícios sucumbenciais fixados em sentença, o seguinte excerto de acórdão:

> (...)
>
> Honorários advocatícios
>
> A sentença combatida encerra a condenação das partes ao pagamento da verba honorária no percentual de 10%, conforme excerto transcrito por ocasião do exame do apelo patronal.
>
> A reclamante busca a majoração da verba honorária para 15%.
>
> O percentual de 10% arbitrado pelo Juízo de origem a título de honorários advocatícios sucumbenciais em favor dos advogados da reclamante se revela, a meu sentir, proporcional e razoável ante o grau de zelo demonstrado e a complexidade da causa, devendo ser mantido no percentual fixado.
>
> Nada a prover. (TRT da 3.ª Região; PJe: 0010032-87.2016.5.03.0004 (RO); Disponibilização: 03/06/2019; Órgão Julgador: Segunda Turma; Redator: Sebastião Geraldo de Oliveira)

Entretanto, importante destacar que há decisões da mesma Corte Regional que entendem pela impossibilidade, em qualquer caso, de aplicação dos § § 2º, 3º e 11 do art. 85, CPC/2015, defendendo, pois, o não cabimento da majoração do percentual de honorários advocatícios sucumbenciais pela interposição de recurso, conforme seguinte excerto de acórdão:

> HONORÁRIOS ADVOCATÍCIOS. MAJORAÇÃO DO PERCENTUAL EM RAZÃO DA INTERPOSIÇÃO DE RECURSO. A d. Turma ressaltou que, no processo trabalhista, são indevidos honorários advocatícios decorrentes, especificamente, da interposição de recursos, tendo em vista que esta possibilidade não foi prevista pelo art. 791-A, da CLT, e considerando que, diante da inexistência de omissão sobre a matéria, o direito processual civil não pode ser utilizado como fonte subsidiária, nos termos do art. 769, da CLT. Desse modo, negou provimento. (TRT da 3.ª Região; PJe: 0010996-13.2018.5.03.0036 (ROPS); Disponibilização: 13/03/2019; Órgão Julgador: Decima Turma; Relator: Taisa Maria M. de Lima)

Alinhados, contudo, à tese interpretativa de aplicabilidade dos honorários recursais ao processo do trabalho, entendemos que, uma vez interposto recurso em demanda ajuizada em data posterior a 10/11/2017, e, consequente, com apelo também apresentado após essa data, é o caso de se entender pelo cabimento dos honorários advocatícios recursais, aplicando-se, na linha do já defendido, os dispositivos do CPC/2015 que tratam da matéria.

De outra parte, entendemos que, uma vez interposto o recurso até o dia 10/11/2017 (um dia anterior à vigência da Lei n. 13.467/2017), sem dúvidas, é o caso de rejeitar a tese de cabimento de majoração de honorários advocatícios recursais, pois a norma que prevê o cabimento dos honorários advocatícios no processo do trabalho sequer estava vigente no momento de sua interposição. A condenação no pagamento de honorários advocatícios nessa hipótese geraria uma surpresa às partes, que não tinham a expectativa do cabimento da verba honorária.

A hipótese que gera mais dificuldade, sem dúvidas, é quando a demanda foi ajuizada antes de 11/11/2017, mas a publicação da sentença, e, consequentemente, a apresentação do recurso, ocorreu após essa data.

Quanto a essa hipótese, não há, de acordo com a pesquisa jurisprudencial feita até o fechamento da edição deste livro, posicionamento expresso dos Tribunais acerca desse ponto.

Contudo, destacamos nosso entendimento, construído a partir da teoria do isolamento dos atos processuais (art. 1.046 do CPC/2015 e art. 915 da CLT) e no sentido de que as regras relativas aos honorários recursais incidem caso a sentença tenha sido publicada, e, por conseguinte, o recurso interposto, a partir de 11/11/2017, pois nesta data a parte já tinha ciência de que os honorários advocatícios eram devidos no Processo do Trabalho, inclusive os devidos em razão de eventual sucumbência recursal.

Ademais, ainda quanto a esse ponto, há um aspecto de fundamental importância a ser destacado. O art. 6º da Instrução Normativa n. 41/2018, ao dispor que os honorários advocatícios são devidos apenas para as demandas propostas após 11 de novembro de 2017, faz expressa referência aos honorários previstos no art. 791-A, CLT, ao passo que, como visto, o fundamento legal para o reconhecimento do direito aos honorários advocatícios recursais é o art. 85, § § 1º, 2º, 3º e 11, CPC/2015, de modo que o ato normativo editado pela Corte Superior, nesse ponto, não pode ser utilizado como fundamento para impedir o direito à majoração recursal dos honorários advocatícios no caso de demandas ajuizadas antes da entrada em vigor da Lei n. 13.467/2017, com sentenças prolatadas já na sua vigência.

Desse modo, de acordo com o entendimento já defendido, uma vez generalizado o regime de cabimento de honorários advocatícios no Processo do Trabalho, são aplicáveis as disposições do CPC/2015, fazendo-se, entretanto, os necessários ajustes, de modo a compatibilizá-las com as normas previstas no ramo juslaboral, no caso, o único dispositivo que trata do tema, o art. 791-A, CLT.

No que toca especificamente à majoração dos honorários advocatícios na hipótese de interposição de recurso, a norma parte do pressuposto de que a impugnação da decisão judicial, com o prolongamento da demanda perante o juízo revisor, importa acréscimo ao trabalho do advogado, devendo, por isso, ser devidamente remunerado.

Impõe-se, entretanto, uma limitação: os limites estabelecidos para o arbitramento dos honorários advocatícios na fase de conhecimento, quer seja a parte ente privado, quer a parte seja ente integrante da administração pública.

Ilustrativamente, no caso de interposição de recurso ordinário em face de sentença (art. 895, I, CLT), em que o empregado apresentou demanda em face do seu antigo empregador, poderá o Tribunal Regional do Trabalho majorar o percentual dos honorários advocatícios, respeitado o limite máximo de 15% (art. 791 – A, CLT) do valor da condenação, do proveito econômico ou do valor da causa.

Vale dizer, então, que, uma vez já arbitrado o valor máximo a título de honorários advocatícios pelo órgão julgador de primeiro grau, cuja decisão foi impugnada mediante recurso, não cabe majoração da verba honorária pelo órgão revisor.

Comentando o § 11 do art. 85, CPC/2015, Cassio Scarpinella Bueno[58] faz a seguinte reflexão:

> O § 11 do art. 85 estabelece que eventual majoração dos honorários devida pela existência do segmento recursal – independentemente de o

58. BUENO, Cassio Scarpinella. **Manual de direito processual civil**: volume único/Cassio Scarpinella Bueno. – 5.ed. São Paulo: Saraiva Educação, 2019, p. 269.

> recurso ser julgado monocrática ou colegiadamente – deve respeitar os limites estabelecidos nos §§ 2º e 3º para a fase de conhecimento. Efeito colateral que a regra provavelmente trará é a fixação da verba honorária mais próxima dos percentuais mínimos na primeira instância para que haja "espaço" para eles serem majorados no caso de haver recurso.

Além da finalidade de remunerar o advogado, a majoração dos honorários advocatícios, em sede recursal, também tem como finalidade desestimular a interposição de recursos, já que a renovação da instância recursal poderá encarecer o processo para a parte sucumbente.

4.7.1. Honorários recursais em caso de embargos de declaração

Interessante notar, por outro lado, que, a despeito da ausência de previsão legal expressa nesse sentido, predomina o entendimento de que a majoração dos honorários advocatícios apenas deve ocorrer caso o julgamento do recurso seja de competência de órgão jurisdicional distinto do prolator da decisão recorrida, pelo que, na hipótese de apresentação dos embargos de declaração (arts. 897-A, CLT e 1.022, CPC/2015), não há falar no acréscimo de honorários advocatícios.

4.7.2. Honorários recursais em caso de agravo interno

Por outro lado, em que pese possível posição em sentido contrário, entende-se que tal raciocínio não se aplica na hipótese de interposição do recurso de agravo interno, o qual, de modo geral, visa impugnar decisões monocráticas do Relator, como, ilustrativamente, o indeferimento de uma medida liminar em sede de mandado de segurança impetrado em face da decisão do Juiz do Trabalho que concedeu a antecipação de tutela (determinação de reintegração no emprego, por exemplo; art. 709,

§ 1º, CLT; arts. 2º, II, "d" e 3º, II, "a" da Lei n. 7.701/98; art. 1.021, CPC/2015; TST, Súmula n. 414, II).

É que, nesse caso, embora não haja alteração na instância recursal, haverá alteração do Órgão Julgador, deixando de ser o Desembargador ou Ministro Relator e passando a ser o Órgão Colegiado competente para conhecer da impugnação, Turma ou Seção Especializada em Dissídios Individuais, por exemplo.

4.7.3. (Des)necessidade de pedido expresso de majoração dos honorários

Relevante, ainda, enfrentar a necessidade de pedido expresso da parte para que haja majoração dos honorários advocatícios quando do julgamento do recurso. Diante da redação do já mencionado §11 do art. 85, CPC/2015, segundo o qual o Tribunal "majorará" os honorários advocatícios, tem-se entendido que tal majoração independe de pedido, devendo o Tribunal readequar, até mesmo de ofício, o montante dos honorários, sob pena, inclusive, de cabimento de embargos de declaração na hipótese de omissão.

4.7.4. Inclusão do valor dos honorários advocatícios na base de cálculo do depósito recursal

Outra questão de fundamental importância prática é a discussão se, no caso de improcedência dos pedidos, com a condenação da parte autora (não beneficiária da Justiça Gratuita) em custas e honorários, é necessária a comprovação do depósito recursal com relação ao valor dos honorários advocatícios que sobre si recaiu, com requisito de admissibilidade do recurso.

Nesse contexto, como prolongamento do direito de ação, o recurso pode ser entendido como o meio previsto em lei para, dentro da mesma relação processual, impugnar uma decisão judicial, com o objetivo de se obter a reforma, declaração de nulidade ou esclarecimento/integração.

Na interposição dos recursos, a parte deve preencher os pressupostos recursais, intrínsecos e extrínsecos, entre estes, o preparo, composto do recolhimento das custas e do depósito recursal (art. 899, § § 1º e 2º, CLT), tendo este natureza híbrida, constituindo, além de um pressuposto recursal, uma garantia da futura execução, em caso de procedência dos pedidos formulados em juízo.

Registre-se, entretanto, que o depósito recursal é devido apenas no caso de condenação no pagamento em pecúnia, conforme pacificado pela Súmula n. 161, TST.

Oportuno destacar, outrossim, que, sendo a parte beneficiária da Justiça Gratuita, está dispensada do recolhimento não apenas das custas (art. 790-A, CLT), mas, também, de acordo com alteração promovida pela Reforma Trabalhista – Lei n. 13.467/2017, do recolhimento do depósito recursal (art. 899, § 10, CLT).

Na hipótese em questão, de improcedência dos pedidos, com a condenação da parte autora (não beneficiária da Justiça Gratuita) em custas e honorários, é possível entender que, em que pese não haja condenação da parte no pagamento de valores à parte contrária, há se de exigir o depósito recursal, na medida em que, independentemente do destinatário do crédito, haverá futura execução, a qual deve ser devidamente garantida.

De outro lado, possível entender, corrente defendida nessa obra, que tal hipótese de condenação da parte no pagamento de despesas processuais (custas e honorários advocatícios), não se configura como "condenação em pecúnia", pois os valores não são destinados à parte contrária, mas, sim, ao advogado, quanto aos honorários advocatícios, e ao Estado, quanto às custas processuais. Nesse sentido, inclusive, tem decidido o TST, conforme o seguinte julgado:

> RECURSO DE REVISTA – PROCESSO SOB A ÉGIDE DA LEI Nº 13.015/2014, DO CPC/2015 E DA INSTRUÇÃO NORMATIVA Nº 40 DO TST - RECURSO ORDINÁRIO – DEPÓSITO RECURSAL – SENTENÇA SEM CONDENAÇÃO EM PECÚNIA - DESERÇÃO - NÃO OCORRÊNCIA.
>
> 1. O art. 899 da CLT exige que a parte vencida deposite previamente o valor da condenação, até o limite de dez salários-mínimos, para a admissão do recurso interposto. O depósito recursal tem como finalidade precípua resguardar que a parte vencedora da demanda receba ao menos porção do valor da condenação.
>
> 2. Na hipótese, o comando sentencial efetivamente não prevê a condenação do sindicato-autor ao pagamento de pecúnia para réu, mas apenas condenação em honorários advocatícios de sucumbência.
>
> 3. Ressalta-se que os honorários de advogado não se inserem na quantia a ser recebida pela parte vencedora e não são objeto de depósito recursal, visto que devidos exclusivamente ao advogado constituído nos autos, com a possibilidade, inclusive, de execução autônoma da sentença nessa parte, nos termos dos arts. 22 e 23 da Lei nº 8.906/94.
>
> 4. Logo, desnecessária a realização do depósito recursal para o conhecimento de recurso ordinário. Incide a Súmula nº 161 do TST. Recurso de revista conhecido e provido.(Processo: RR – 20385-65.2016.5.04.0003; Número no TRT de Origem: ROPS-20385/2016-0003-04; Órgão Judicante: 7ª Turma; Relator: Ministro Luiz Philippe Vieira de Mello Filho; Publicado em 25/05/2018)

Por fim, é de fundamental importância saber se o art. 85, 11, CPC/2015, se aplica na hipótese de remessa necessária.

4.7.5. Honorários recursais no caso de remessa necessária

Com efeito, a remessa necessária não tem natureza recursal, já que não goza da característica da voluntariedade, própria dos recursos, sendo, na verdade, uma condição para o trânsito em julgado das decisões proferidas em face da Fazenda Pública, desde que o valor da condenação ou proveito econômico supere determinado patamar (art. 1º, V, Decreto-Lei n. 779/69; art. 496, CPC/2015; TST, Súmula n. 303).

A despeito da existência de entendimento divergente, que nega, em qualquer hipótese, o cabimento de honorários advocatícios nesse caso, entende-se que deve ser analisado se houve efetivo trabalho do advogado na instância recursal, o que ocorre, por exemplo, caso o advogado realize sustentação oral no Tribunal. Nesse sentido, Cassio Scarpinella Bueno[59] destaca que

> Outra questão pertinente é saber se o § 11 do art. 85 tem aplicação na remessa necessária que, a despeito de sua maior flexibilização, foi preservada pelo art. 496 do CPC de 2015. A incidência da nova verba honorária deve pressupor exercício de efetiva atividade pelo advogado, ainda que se trate de remessa necessária (embora ela não ostente natureza recursal). Assim, por exemplo, o oferecimento de contrarrazões à remessa necessária (prática, de qualquer sorte, incomum) e a realização de sustentação oral por ocasião de sua análise são fatores que, por si próprios, devem justificar a majoração da verba honorária em sede recursal.

Conclui-se, desse modo, que, como não há, no Processo do Trabalho, disposição legal a respeito da disciplina dos honorários advocatícios recursais, e sendo as normas do CPC/2015 compatíveis com o ramo juslaboral (art. 769, CLT), elas devem ser aplicadas às demandas ajuizadas na Justiça do Trabalho, respeitados os critérios e parâmetros específicos previstos no art. 791-A, CLT.

---

59. BUENO, Cassio Scarpinella. **Manual de direito processual civil**: volume único/Cassio Scarpinella Bueno. – 5. ed. São Paulo: Saraiva Educação, 2019, p. 270.

4.8. HONORÁRIOS NA FASE DE EXECUÇÃO (CUMPRIMENTO DE SENTENÇA) E PROCESSO DE EXECUÇÃO

O art. 85, § 1º, CPC/2015, é expresso no sentido de que são devidos honorários advocatícios na fase de cumprimento de sentença, provisório ou definitivo, e na execução, resistida ou não, inovando em relação ao CPC/1973, que não tinha regra expressa a respeito do tema. Entretanto, consoante ensina Daniel Assunção Amorim[60], mesmo na vigência do CPC/1973, o STJ[61], por meio da Súmula n. 517, tinha entendimento pelo reconhecimento do direito aos honorários advocatícios na fase de execução:

> Também já vinha sendo entendimento do Superior Tribunal de Justiça o cabimento da fixação de honorários advocatícios em sede de cumprimento de sentença, como agora vem expressamente previsto no §1 do art. 85, do Novo CPC. Quanto ao tema, cumpre destacar a relevância do art. 537, § 1º, do Novo CPC, ao prever que a fixação de honorários de advogado será realizada em dez por cento do valor da execução e somente na hipótese de o executado deixar de pagar o débito no prazo de quinze dias após a sua intimação. Trata-se de mais um dispositivo que consagra o entendimento do Superior Tribunal de Justiça sobre a matéria.

Aqui cabe uma observação: em que pese o respeitado autor se refira ao art. 537, § 1º, CPC/2015, em verdade, a possibilidade de não condenação em honorários advocatícios na fase de cumprimento de sentença encontra-se no art. 523, § 1º, CPC/2015, segundo o qual "Não

60. NEVES, Daniel Amorim Assumpção. **Manual de direito processual civil** – Volume único. 8. ed. Salvador: Ed. Juspodivm, 2016, p. 341.

61. Súmula n. 517: São devidos honorários advocatícios no cumprimento de sentença, haja ou não impugnação, depois de escoado o prazo para pagamento voluntário, que se inicia após a intimação do advogado da parte executada.

ocorrendo pagamento voluntário no prazo do caput, o débito será acrescido de multa de dez por cento e, também, de honorários de advogado de dez por cento", sendo certo que "Efetuado o pagamento parcial no prazo previsto no caput, a multa e os honorários previstos no § 1º incidirão sobre o restante" (art. 523, § 2º, CPC/2015).

Assim, de acordo com o art. 523, § 1º, do CPC/2015, caso o devedor quite, voluntariamente, no prazo de 15 (quinze) dias, o valor da quantia certa, ou já fixada em liquidação, não haverá falar em incidência de honorários advocatícios na fase de execução.

José Miguel Garcia Medina[62], comentando o art. 85, § 1º, CPC/2015, destaca que:

> Se o réu, no prazo de quinze dias previsto no art. 523, *caput*, do CPC/2015, não cumpre espontaneamente a sentença condenatória, impondo ao credor requer a execução, incidem honorários advocatícios (cf. §1º do mesmo artigo). Trata-se de consequência lógica, já que a sentença condenatória fixou honorários tendo em vista o trabalho *realizado no passado*, e não o que será realizado no curso da execução da sentença. A jurisprudência, mesmo sob o CPC/1973, já era no sentido de que, não havendo cumprimento voluntário da sentença condenatória, pelo réu, ensejando o exercício de nova demanda pelo exequente, deverá o juiz definir os honorários advocatícios devidos ao advogado deste.

A previsão legal do cabimento de honorários advocatícios na fase de execução, arbitrados de modo autônomo em relação à verba fixada na fase de conhecimento, se justifica pela incidência do princípio da causalidade, afinal o devedor, ao deixar de cumprir espontaneamente a condenação, dá causa ao surgimento de nova fase processual, destinada à satisfação do

62. MEDINA, José Miguel Garcia. **Novo Código de Processo Civil Comentado com remissões e notas comparativas ao CPC/1973**. 1. ed. São Paulo: Ed. Revista dos Tribunais, 2015, p. 101/102.

direito reconhecido em juízo. Assim, quem deu causa à nova movimentação da máquina judiciária (o devedor), responde pelo pagamento dos honorários advocatícios específicos dessa fase processual, aspecto que será melhor analisado ainda no presente tópico.

Analisando os motivos para o cabimento de honorários advocatícios autônomos, distintos do fixado na fase de conhecimento, Raphael Miziara[63], em tese de Dissertação de Mestrado, aponta os seguintes motivos:

> Diante do até aqui exposto, pode-se afirmar que também devem ser considerados devidos honorários advocatícios de sucumbência novos e distintos na fase executiva, pelo menos, pelos seguintes motivos: i) é uma forma de execução indireta ou por coerção, servindo para estimular o devedor ao pagamento imediato e espontâneo do valor exequendo, sob pena de piora de sua situação, tornando, assim, a execução mais efetiva; ii) o trabalho, distinto e acrescido, do advogado realizado na fase de cumprimento de sentença ou no processo autônomo de execução deve ser remunerado.

Por outro lado, caso a execução seja promovida em face da Fazenda Pública e haja necessidade de expedição de precatório, prevê o art. 85, § 7º, CPC/2015, que, em regra, não serão devidos honorários advocatícios, desde que não tenha ocorrido impugnação pelo ente público. É que, diante dos princípios da indisponibilidade e impenhorabilidade dos bens públicos, a ausência de pagamento imediato a e expedição de precatório é o caminho constitucionalmente previsto (art. 100, CRFB/88).

Inclusive, a previsão de que não serão devidos honorários advocatícios pela Fazenda Pública nas execuções não embargadas não é nova, constando desde a época da Lei n. 9.494/97.

---

63. MIZIARA, Raphael. **Imputação da responsabilidade pelo pagamento dos honorários advocatícios sucumbenciais no direito processual do trabalho: fundamentos teóricos e aplicações práticas**/Raphael Miziara – Brasília, 2020.

Nesse sentido, decidiu o TRT da 8º Região, ao condenar o ente público (Município) no pagamento de honorários advocatícios em razão de ter apresentado embargos à execução (oferta de impugnação pelo ente público), com aplicação do disposto no art. 85, § 7º, CPC/2015, conforme excerto do acórdão da 4º Turma:

> C) DOS HONORÁRIOS SUCUMBENCIAIS.
>
> Requer o exequente a reforma da r. sentença de piso para que Ente Municipal seja condenado ao pagamento de honorários sucumbenciais, nos termos do art. 85, §7º, do CPC.
>
> Aprecio.
>
> Neste particular, tenho por certo que o exequente tem razão em seus argumentos.
>
> O caput do art. 791-A, da CLT assim dispõe:
>
> "Ao advogado, ainda que atue em causa própria, serão devidos honorários de sucumbência, fixados entre o mínimo de 5% (cinco por cento) e o máximo de 15% (quinze por cento) sobre o valor que resultar da liquidação da sentença, do proveito econômico obtido ou, não sendo possível mensurá-lo, sobre o valor atualizado da causa."
>
> Em vista disso, entendo que por se tratar de verba decorrente de imposição legal, é devido o pagamento da verba honorária, cujo percentual arbitro em 10% (dez por cento), de acordo com os parâmetros estabelecidos no §2º, do art. 791-A, da CLT e os precedentes nesta e. 4ª Turma.
>
> Consoante o exposto, dou provimento, neste item, para determinar a inclusão, na liquidação, dos honorários sucumbenciais, a serem suportados pelo Município executado, na razão de 10% (dez por cento) sobre o crédito exequendo, que serão revertidos a favor dos patronos da ora agravante. (TRT da 8ª Região; Processo: 0000171-22.2019.5.08.0008 AP; Data: 03/06/2020; Órgão Julgador: 4ª Turma; Relator: WALTER ROBERTO PARO)

Ademais, nas execuções individuais em sede de ação coletiva, são devidos honorários advocatícios, ainda que a Fazenda Pública não apresente impugnação.

De suma importância destacar que "as verbas de sucumbência arbitradas em embargos à execução rejeitados ou julgados improcedentes e em fase de cumprimento de sentença serão acrescidas no valor do débito principal, para todos os efeitos legais" (art. 85, § 13, CPC/2015). Vale dizer, ao valor inicialmente fixado como devido pelo executado, em caso de rejeição da impugnação apresentada, serão adicionados os honorários advocatícios devidos em razão dessa fase específica do processo.

Registre-se, entretanto, que, conforme apontado do Daniel Assunção Amorim[64], a jurisprudência entende que se a execução em face da Fazenda Pública se processar mediante Requisição de Pequeno Valor (RPV), ainda que não haja impugnação pela executada, são devidos honorários advocatícios pelo ente público.

Não há, no Processo do Trabalho, disposição legal a respeito da disciplina dos honorários advocatícios na fase de cumprimento de sentença/execução, sendo as normas do CPC/2015, no nosso entender, compatíveis com o ramo juslaboral (art. 769, CLT), razão pela qual elas devem são aplicáveis às demandas ajuizadas na Justiça do Trabalho, desde que sejam realizadas determinadas adequações.

É o caso, por exemplo, da referida disciplina relativa à isenção de pagamento de honorários advocatícios na fase de cumprimento da sentença/execução. Ela pode ser aplicada ao Processo do Trabalho, adequando-se, entretanto, o prazo para cumprimento voluntário da decisão, que no ramo juslaboral é de apenas 48 horas (art. 880, CLT), afastando, especificamente quanto a este ponto, o disposto no art. 523, CPC/2015.

---

64. NEVES, Daniel Amorim Assumpção. **Manual de direito processual civil** – Volume único. 8. ed. – Salvador: Ed. Juspodivm, 2016, p. 341

Gilberto Carlos Maistro Junior[65], tratando do tema, também defende o cabimento de honorários advocatícios na fase de execução no Processo do Trabalho:

> Aliás, nesta via, alcança-se o propósito der atribuição de tratamento isonômico entre as partes da relação jurídico-laboral (empregado e empregador) no bojo do processo, já que, se é imposto ao trabalhador o risco dos encargos de sucumbência caso não obtenha êxito na fase de conhecimento, não se pode deixar de fazê-lo ao empregador na execução, sob pena de restar admitido tratamento menos gravoso a este que, reconhecido pelo Estado-Juiz como devedor de quantias decorrentes da tomada de serviços de pessoa natural e a ele subordinada, força pessoal da qual se apropriou, deliberadamente deixou de se curvar ao comando judicial condenatório, dando ensejo à pendência do estado de afronta à ordem jurídica material e à manutenção da sobrecarga de trabalho que recai sobre os órgãos jurisdicionais. Note-se que, na fase cognitiva, remasce possível crise de certeza quanto aos direitos. Já na fase executiva, não : parte-se da certeza e a crise instalada é de satisfação, portanto, mais grave. Por isso, até em razão de critérios sociais e pedagógicos, há de se admitir o necessário diálogo das fontes e a aplicação das regras pertinentes à sucumbência na fase executiva do CPC, observadas as necessárias adaptações à realidade do Processo do Trabalho.

Raphael Miziara[66], em sua Dissertação de Mestrado, também sustenta a aplicação dos dispositivos previstos no CPC/2015 que regulam os honorários advocatícios na fase de execução ao Processo do Trabalho, fazendo a seguinte ponderação:

65. MIESSA, Élisson *et al.* **Honorários advocatícios na Justiça do Trabalho**. Salvador: Editora Juspodivm, 2019, p. 112/113.

66. MIZIARA, Raphael. **Imputação da responsabilidade pelo pagamento dos honorários advocatícios sucumbenciais no direito processual do trabalho: fundamentos teóricos e aplicações práticas**/Raphael Miziara – Brasília, 2020.

> Observa-se que, por um lado, reconhece-se que o trabalhador sucumbente, depois da Reforma Trabalhista, deve mesmo ser condenado em honorários advocatícios. Mas, por outro, a empresa, condenada em ação trabalhista a cumprir determinada obrigação trabalhista que não adimpliu antes do seu ajuizamento e que, mesmo que depois condenada em definitivo a cumpri-la, continua a descumprir deliberadamente, em nova e distinta conduta antijurídica, esse comando sentencial, parece ter tratamento menos gravoso do que ter o reclamante formulado, em sua petição inicial, uma pretensão afinal julgada inteiramente improcedente.
>
> Por um lado, a vingar esse entendimento tradicional flagrantemente anti-isonômico, desestimula-se o ingresso ao Poder Judiciário pelos trabalhadores ao prever a possibilidade de sua condenação em honorários advocatícios. E, por outro, incentiva-se o descumprimento do comando sentencial por parte daquele que é devedor, pois a lei não impôs expressamente nenhuma medida impondo-lhe um ônus acrescido por sua injustificada renitência em cumprir espontaneamente o título judicial exequendo, o que seria evidentemente capaz de tornar mais efetivo o processo executivo.

Em caso de título executivo judicial, com o cumprimento de sentença, serão fixados, provisoriamente, os honorários advocatícios, específicos dessa fase e autônomos em relação ao fixado na sentença na fase de conhecimento, no percentual de 10% (previsto no art. 523, § 1º, CPC/2015), os quais devem constar no despacho que determinar a citação do devedor (art. 880, CLT), a fim de que cumpra a decisão ou o acordo no prazo, pelo modo e sob as cominações estabelecidas ou, quando se tratar de pagamento em dinheiro, inclusive de contribuições sociais devidas à União, para que o faça em 48 (quarenta e oito) horas ou garanta a execução, sob pena de penhora.

Havendo cumprimento integral da determinação, não haverá a incidência dos honorários advocatícios fixados no mandado; não ocorrendo pagamento voluntário no prazo, o débito será acrescido de honorários de advogado de dez por cento (10%), na forma da já mencionada Súmula n. 517, STJ[67]; efetuado o pagamento parcial no prazo, os honorários incidirão sobre o restante (art. 523, "caput", §§ 1º e 2º, CPC/2015).

Já no caso de execução de título executivo extrajudicial, serão fixados, provisoriamente, os honorários advocatícios em 10% (art. 827, CPC/2015), os quais devem constar no despacho que determinar a citação do devedor (art. 880, CLT). No caso de integral pagamento no prazo de 3 (três) dias, o valor dos honorários advocatícios será reduzido pela metade (art. 827, § 1º, CPC/2015), servindo tal redução como espécie de incentivo para que o devedor cumpra espontaneamente a obrigação, pelo que se entende que se trata de uma espécie de meio de "execução indireta".

Já no caso de embargos à execução, ele pode ser acrescido de mais 5% – em respeito ao percentual máximo de honorários advocatícios em cada fase, no Processo do Trabalho – art. 791-A, CLT, conforme art. 827, § 2º, CPC/2015.

Nesse ponto, relevante lembrar que, no Processo do Trabalho, são títulos executivos, expressamente previstos na CLT, as sentenças, inclusive homologatórias de acordo, os termos de ajuste de conduta firmados perante o Ministério Público do Trabalho e os termos de conciliação firmados perante as Comissões de Conciliação Prévias (art. 876, CLT). Além de tais títulos executivos, acrescente-se a Certidão de inscrição na dívida ativa da União (CDA – Lei n. 6.830/80), referente às penalidades administrativas impostas ao empregador pelos órgãos de fiscalização do trabalho, em face da ampliação da competência promovida pela E. C. n. 45/04 (art. 114, VII, CRFB/88).

67. Súmula n. 517: São devidos honorários advocatícios no cumprimento de sentença, haja ou não impugnação, depois de escoado o prazo para pagamento voluntário, que se inicia após a intimação do advogado da parte executada.

Há controvérsias, entretanto, acerca da possibilidade de cabimento, no Processo do Trabalho, dos títulos executivos extrajudiciais do CPC/15, entre os quais o cheque (art. 784, CPC/15).

De um lado, há quem defenda a inaplicabilidade do referido art. 784, CPC/15, sob o fundamento de que o Processo do Trabalho tem norma própria, não sendo possível o transporte da norma prevista no CPC/15, uma vez que o rol previsto na CLT seria taxativo.

De outro lado, há quem entenda, corrente defendida nessa obra, ser possível a utilização de títulos executivos extrajudiciais previstos no CPC/15, desde que eles tenham sido elaborados em razão da relação de emprego ou de trabalho, de modo a atrair a competência da Justiça do Trabalho (art. 114, I, CRFB/88). Neste sentido, inclusive, o art. 13 da Instrução Normativa n. 39/2016, TST, ao considerar ser possível a execução direta de cheque e da nota promissória na Justiça do Trabalho, se emitidos em reconhecimento de dívida, inequivocamente, de natureza trabalhista:

> Por aplicação supletiva do art. 784, I (art. 15 do CPC), o cheque e a nota promissória emitidos em reconhecimento de dívida inequivocamente de natureza trabalhista também são títulos extrajudiciais para efeito de execução perante a Justiça do Trabalho, na forma do art. 876 e segs. da CLT.

Na fase de execução, desse modo, é possível a majoração dos honorários advocatícios provisoriamente fixados em 10%, quando da expedição do mandado de citação ao executado. A respeito do tema, sistematizando as possibilidades, ensina Júlio César Bebber:[68]

> Ofertada a impugnação ou embargos pelo executado, sendo ela (e):

68. MIESSA, Élisson *et al.* **Honorários advocatícios na Justiça do Trabalho.** Salvador: Editora Juspodivm, 2019, p. 266/267.

a) *rejeitada(o) ou acolhida(o) em parte* – os honorários advocatícios serão acrescidos de até mais 5%;

b) *acolhida integralmente, acarretando a extinção da execução sem que tenha ocorrida a extinção da obrigação* – os honorários advocatícios (fixados provisoriamente) serão devidos pelo executado, por força dos princípios da causalidade, uma vez que a sua inadimplência deu causa à execução (e seus incidentes);

c) *acolhida integralmente, acarretando a extinção da execução em razão da extinção da obrigação* – os honorários advocatícios serão devidos pelo exequente (de 5% a 15%), invertendo-se os encargos da sucumbência.

Nesse ponto, vale destacar que a Súmula n. 519, STJ[69], por ter sido editada com base no CPC/1973, não tem o condão de afastar, atualmente, a majoração dos honorários advocatícios na fase de execução, como visto, atualmente expressamente prevista no CPC/2015.

O mesmo raciocínio relativo à disciplina do cabimento dos honorários advocatícios na fase de execução deve ser aplicado à hipótese de apresentação de exceção de pré-executividade.

Nesse ponto, relevante apontar voto divergente apresentado pelo pelo Desembargador do Trabalho do TRT da 2º Região, Francisco Ferreira Jorge Neto, em sede de julgamento de agravo de petição, em que se impugnou sentença que considerou possível o arbitramento de honorários advocatícios na fase de execução, fixando como marco temporal o início da execução:

> Apesar dos embargos à execução, no processo do trabalho, serem processados nos mesmos autos, não lhes retira a natureza de ação autônoma e de cunho incidental, principalmente de natureza declaratória constitutiva

69. Na hipótese de rejeição da impugnação ao cumprimento de sentença, não são cabíveis honorários advocatícios.

pois pode visar não só questões atinentes à relação jurídica processual executiva como o próprio título executivo ou a sentença de liquidação.

Assim sendo, faço a divergência parcial para manter na totalidade a decisão agravada. O art. 791-A, CLT, é aplicável à fase de conhecimento em que se tem a sucumbência, contudo, não se pode negar que, mesmo de forma mitigada, também há o contraditório na fase de execução.

O objetivo dos embargos é desconstituir a relação jurídica processual executiva, assim, há a presença do contraditório.

Por outro lado, mesmo que se entenda que o art. 7991-A é aplicável somente à fase de conhecimento, ante o teor do art. 15, CPC e do art. 769, CLT, há de ser aplicável o art. 885, § 1º, CPC, o qual indica que os honorários também são devidos na execução.

Vide a jurisprudência (TRT – 13ª R. – 1ª T. – AP 0000778-14.2017.5.13.0025 – Relator Desembargador Paulo Maia Filho):

Embargos à execução. Dispensada a manifestação da parte contrária.

Condenação em honorários de sucumbência. Não cabimento.

O exequente pugna pela condenação da executada em honorários de sucumbência, no importe de 15% sobre o valor atualizado devido.

Ressalta que, na sentença agravada, o D. Juízo consignou expressamente que dispensou a manifestação do reclamante, motivo pelo qual não pôde requerer tal benefício antes deste agravo, que foi a primeira oportunidade franqueada para vir aos autos se manifestar.

Defende que a ausência de condenação em honorários de sucumbência decorreu de premissa equivocada de que as novas regras processuais somente poderão incidir sobre as ações ajuizadas na vigência da Lei 13.467/2017, pois desconsiderou a natureza jurídica dos Embargos à Execução, que é de ação autônoma incidental, logo, uma ação proposta em 29/01/2018, inequivocamente após o início da vigência da aludida lei, o que enseja a condenação em honorários advocatícios.

Argumenta que, pela nova lei, os honorários advocatícios são efeitos da sentença e decorrem da mera sucumbência, de modo que, em havendo a sucumbência da ré, decorrente do incidente protelatório que interpôs na fase de execução, nada mais justo do que a sua condenação no pagamento da verba honorária.

Alega que, por qualquer ângulo que se observe a questão, serão devidos honorários de sucumbência à parte autora: quer pelo marco da distribuição da ação de embargos à execução, quer pelo marco da prolação da respectiva sentença, que, por óbvio, também o foi na vigência do art. 791-A da CLT. Cita decisão do STF. Requer assim, a condenação da reclamada ao pagamento de honorários de sucumbência de 15% sobre o valor atualizado devido.

À análise.

É sabido que, enquanto o processo de conhecimento visa dialeticamente aplicar aos fatos uma norma concreta, o processo de execução parte do direito ao crédito de alguém, materializado pelo título executivo, para seguir em direção à satisfação deste direito. Todavia, embora haja divergência na doutrina quanto à natureza dos embargos à execução, ora entendidos como espécie de recurso, ora como defesa, ora como ação autônoma, o entendimento majoritário assentado tanto nesta Corte quanto na jurisprudência dos Tribunais Superiores é de que sua natureza jurídica é de ação de conhecimento incidental ao processo de execução, cujo objeto é destruir no todo ou em parte o direito à execução (seja pela anulação do título, seja em virtude da falta de pressupostos processuais).

Possuem os embargos, portanto, julgamento de mérito, uma vez que são considerados como processo autônomo frente a execução.

Isso porque é nessa via que existe um mérito a ser analisado pelo magistrado, qual seja, a redução ou extinção da execução, estando sujeito, inclusive, aos efeitos da coisa julgada. Ou seja, os embargos à execução têm natureza de ação de cognição incidental de caráter constitutivo negativo, visando a desconstituição da relação processual da execução ou da eficácia do título executivo.

Assim, entendo ser plenamente possível a condenação em honorários advocatícios sucumbenciais em sede de embargos à execução, ajuizados após a vigência da Lei n. 13.467/2017.

Ocorre que, no caso vertente, conforme o próprio exequente destaca no início do seu recurso, o juiz dispensou a manifestação da parte contrária, no caso, o próprio exequente, ante a liminar improcedência do pedido da executada, que contrariou a Súmula n. 18 deste Regional.

Deferiu o MM. Juízo, apenas, a dedução do que já tenha sido pago a título a quo de custas quando da interposição do recurso ordinário, o que em absolutamente nada altera o valor da execução devido ao exequente.

Houve um julgamento liminar, portanto, nos moldes do art. 332, IV, do NCPC, caso em que, se não houvesse recurso, o exequente seria intimado apenas do trânsito em julgado da sentença de mérito proferida em seu favor nos embargos à execução, nos termos do art. 332, § 2º, combinado com o art. 241, ambos do NCPC.

Assim, até o momento em que proferida a sentença agravada, não houve a participação do exequente e seu respectivo advogado, ou seja, estes não atuaram nos embargos à execução e em nada contribuíram para o julgamento pela improcedência do pedido principal formulado, razão pela qual não haveria que se falar em condenação da executada embargante em honorários de sucumbência.

Todavia, diante da interposição do agravo de petição pelo executado, foi o exequente intimado para atuar pela primeira vez no feito após os embargos à execução, para apresentar contraminuta ao agravo de petição interposto pelo embargante, o que, em aplicação analógica do art. 332, § 4º, do NCPC, corresponderia à sua citação para ingresso no feito, passando as partes a arcarem com os ônus da sucumbência nesta fase recursal.

Desse modo, diante do não provimento do agravo de petição da executada, deverá arcar com o ônus de sua sucumbência, razão pela qual condeno-a em honorários advocatícios em favor do patrono do exequente, o que, ante a inicial e baixa complexidade da presente atuação, fixo no importe de 5% (cinco por cento) sobre o valor atualizado do débito em execução. (Número Processo 20190008764;Número Único 01902004320095020009; Relator LUIS AUGUSTO FEDERIGHI; Data de Publicação 18/10/2019).

Também entendendo pela possibilidade de condenação de honorários advocatícios na fase de execução, o seguinte acórdão, oriundo do TRT da 10º Região:

> AÇÃO EXECUTIVA INDIVIDUAL AUTÔNOMA. AJUIZAMENTO POSTERIOR À LEI 13.467/2017. HONORÁRIOS ADVOCATÍCIOS. ART. 791-A DA CLT. Tratando-se de ação individual autônoma de execução de sentença proferida em ação coletiva, ajuizada após a vigência da Lei nº 13.467/2017, o percentual dos honorários advocatícios fica limitado ao teto máximo previsto no art. 791-A da CLT, notadamente quando a sentença proferida nos autos da ação coletiva menciona que os honorários ali fixados são independentes daqueles eventualmente atribuídos nas ações individuais. (TRT-10 - ap: 00008423720195100801 DF, Data de Julgamento: 20/05/2020, 1ªturma, Data de Publicação: 29/05/2020)

Desse modo, entendemos que deve ser revista a Súmula n. 54 do TRT da 4º Região, a seguir reproduzida, editada antes da vigência da Lei n. 13.467/2017, que, como visto, promoveu a generalização do cabimento dos honorários advocatícios sucumbenciais no Processo do Trabalho:

> HONORÁRIOS ADVOCATÍCIOS/ASSISTENCIAIS. INCIDENTES DA EXECUÇÃO.
>
> Não cabe a fixação de honorários advocatícios ou assistenciais em embargos à execução, embargos de terceiro ou incidente revisional.

Outrossim, vale destacar que o TST tem jurisprudência que afasta a aplicação do art. 523, CPC/2015 no que toca ao prazo para cumprimento da decisão e da multa coercitiva nele prevista, segundo a tese jurídica fixada pelo Pleno em sede IRRR – Incidente de Recurso Repetitivo – nos autos do Proc. n. TST – IRR – 1786-24.2015.5.04.0000, o que pode ser utilizado como fundamento para impedir a aplicação dos honorários advocatícios previstos no mesmo dispositivo legal, conforme excerto da ementa da seguinte decisão:

> RECURSO DE REVISTA INTERPOSTO PELA RECLAMADA (JBS S.A.). ACÓRDÃO REGIONAL PUBLICADO ANTES DA VIGÊNCIA DA LEI Nº 13.015/2014. 1. REPOUSO SEMANAL REMUNERADO. TRANSAÇÃO JUDICIAL. ALEGAÇÃO DE

OFENSA À COISA JULGADA. NÃO CONHECIMENTO . I . Não procede a alegada violação da coisa julgada (art. 5º, XXXVI, da Constituição Federal), uma vez que o Tribunal Regional decidiu que " não há na reclamação ajuizada anteriormente qualquer referência ao pedido de repouso semanal remunerado, e no acordo judicial aludida parcela não foi incluída ". II. Recurso de revista de que não se conhece. 2. ADICIONAL NOTURNO E REPOUSO SEMANAL REMUNERADO. ATIVIDADE EXTERNA. CONTROLE DE JORNADA. NÃO CONHECIMENTO. I. Em relação ao repouso semanal remunerado, o Tribunal Regional não emitiu tese à luz do art. 62, I, da CLT, nem foi instado a se pronunciar sobre a matéria disciplinada no referido dispositivo celetista. Logo, não houve o necessário prequestionamento, nos termos da Súmula nº 297 do TST, o que inviabiliza o conhecimento de recurso de revista no particular. II. No tocante ao adicional noturno, não há violação do art. 62, I, da CLT, pois a Corte Regional analisou a prova e concluiu que "restou demonstrado, através do depoimento do preposto que confessou que o autor estava sujeito a controle de viagens, que parte da jornada se dava no horário noturno". III. Recurso de revista de que não se conhece. 3. EQUIPARAÇÃO SALARIAL. REQUISITOS. ÔNUS DA PROVA. NÃO CONHECIMENTO. I. O Tribunal Regional não se orientou pelo critério do ônus da prova para a solução da controvérsia, mas procedeu à sua valoração e firmou o seu convencimento, nos termos do art. 131 do CPC/1973. Rejeita-se, portanto, a indicação de ofensa aos arts. 818 da CLT e 333 do CPC/1973. II. Recurso de revista de que não se conhece. 4. MULTA PREVISTA NO ART. 475-J DO CPC/1973 (ART. 523, § 1º, DO CPC/2015). INAPLICABILIDADE AO PROCESSO DO TRABALHO. CONHECIMENTO E PROVIMENTO. I. No julgamento do Incidente de Recursos Repetitivos IRR-1786-24.2015.5.04.0000, o Pleno deste Tribunal Superior uniformizou entendimento no sentido de que "a multa coercitiva do art. 523, § 1º, do CPC de 2015 (art. 475-J do CPC de 1973) não é compatível com as normas vigentes da CLT por que se rege o processo do trabalho, ao qual não se aplica". II. Ademais, nos termos do art. 769 da Consolidação das Leis do Trabalho, a aplicação subsidiária do direito processual comum ao processo do trabalho somente será possível em caso de omissão na CLT e desde que não haja incompatibilidade com as normas processuais trabalhistas. III.

> A execução trabalhista tem regras próprias para instar o devedor a pagar o débito, prevendo que, para tanto, o devedor deverá ser citado para pagar em 48 horas ou garantir a execução sob pena de penhora (arts. 880, 882 e 883 da CLT). IV. Dessa forma, no particular não há omissão (lacuna) na legislação processual trabalhista a justificar a aplicação subsidiária da lei processual civil. V. Nesse contexto, ao entender aplicável ao processo do trabalho a multa do art. 475-J do CPC/1973 (atual art. 523, § 1º, do CPC/2015), penalidade não prevista na legislação processual trabalhista, o Tribunal Regional violou o princípio da legalidade disposto no art. 5º, II, da Constituição Federal. VI. Recurso de revista de que se conhece, por violação do art. 5º, II, da Constituição Federal, e a que se dá provimento. 5. HONORÁRIOS ADVOCATÍCIOS. AUSÊNCIA DE ASSISTÊNCIA SINDICAL. CONHECIMENTO E PROVIMENTO. I. A jurisprudência desta Corte Superior está consolidada no sentido de que a condenação ao pagamento de honorários advocatícios na Justiça do Trabalho se sujeita à constatação da ocorrência concomitante de três requisitos: (a) sucumbência do empregador, (b) comprovação do estado de miserabilidade jurídica do empregado e (c) assistência do trabalhador pelo sindicato da categoria (Súmulas nos 219, I, e 329 do TST). II. Extrai-se da decisão recorrida que o Reclamante não está assistido por advogado credenciado junto ao sindicato da categoria profissional, razão por que a condenação ao pagamento de honorários assistenciais contraria o entendimento consagrado na Súmula nos 219, I, e 329 deste Tribunal. III. Recurso de revista de que se conhece, por contrariedade à Súmula nº 329 do TST, e a que se dá provimento" (RR-1918-83.2010.5.08.0117, 4ª Turma, Relator Ministro Alexandre Luiz Ramos, DEJT 22/05/2020).

Além disso, importante registrar que, em que pese os fundamentos aqui apresentados, há decisões que entendem pela impossibilidade de reconhecimento de honorários advocatícios na fase de execução, conforme se pode extrair das seguintes decisões dos TRTs da 5º e da 8º Regiões:

> HONORÁRIOS ADVOCATÍCIOS EM EXECUÇÃO. APLICAÇÃO SUBSIDIÁRIA DO ART. 85, §1º DO CPC. IMPOSSIBILIDADE. INEXISTÊNCIA DE OMISSÃO NA CLT. A CLT, com a

> redação dada pela Lei nº 13.467/17, não prevê o pagamento da verba honorária em incidentes no processo de execução trabalhista. O legislador quando disciplinou as hipóteses de cabimento de honorários advocatícios, o fez de forma explícita, tanto que tratou dos honorários de sucumbência na reconvenção de forma destacada no §5º do art. 791-A, cujo caput disciplinou o pagamento da verba honorária, sendo aquela a única previsão de incidência dessa parcela em ações incidentais. Não houve, pois, omissão na legislação trabalhista, de que trata os arts. 8º, 769 e 889 da CLT, mas deliberada intenção do legislador em não contemplar a execução trabalhista com esse ônus da sucumbência, razão pela qual não há falar em aplicação subsidiária do art. 85, §1º do CPC.
>
> (Processo 0000064-62.2019.5.05.0201, Origem PJE, Relator(a) Desembargador(a) MARIA DE LOURDES LINHARES LIMA DE OLIVEIRA, Segunda Turma, DJ 20/05/2020)
>
> I - AGRAVO DE PETIÇÃO. ÍNDICE DE ATUALIZAÇÃO. IPCA-E. PRECLUSÃO. A matéria objeto do presente agravo deveria ter sido enfrentada na fase de conhecimento. Transitada em julgado a sentença, operou-se a preclusão do direito de impugnar as contas de liquidação. II - AGRAVO DE PETIÇÃO. CONDENAÇÃO EM HONORÁRIOS DE SUCUMBÊNCIA NA EXECUÇÃO. IMPOSSIBILIDADE. Diferentemente da esfera cível, o legislador optou por limitar os honorários de sucumbência à fase de conhecimento no processo do trabalho, a teor do art. 791-A, § 5º, da CLT. (TRT da 8ª Região; Processo: 0000762-94.2018.5.08.0015 AP; Data: 31/05/2020; Órgão Julgador: 4ª Turma; Relator: GEORGENOR DE SOUSA FRANCO FILHO)

Como se vê, as referidas decisões Regionais partem do pressuposto de que o art. 791-A, CLT, regula integralmente a disciplina do cabimento dos honorários advocatícios sucumbenciais no Processo do Trabalho, premissa não defendida nessa obra, na medida em que o art. 791-A não esgota a matéria, impondo-se, por conseguinte, a aplicação supletiva das normas do Processo Civil (art. 769, CLT; art. 15, CPC/2015).

4.8.1. Aplicação no tempo dos honorários na fase de execução

O certo é que, superado o aspecto da aplicabilidade ao Processo do Trabalho das normas que versam sobre honorários advocatícios na fase de execução (cumprimento de sentença) e processo de execução, subsiste, ainda, a mesma discussão quanto a aplicação das regras do direito intertemporal, enfrentada no tópico anterior, ao analisar os honorários advocatícios recursais.

Necessário delimitar, desse modo, a partir de que momento são devidos os honorários advocatícios.

Primeiramente, no que toca as ações de conhecimento ajuizadas a partir de 11/11/2017, e, consequentemente, com execução iniciada após esta data, não há maiores dificuldades para se concluir pelo cabimento dos honorários advocatícios devidos especificamente em razão da execução. O mesmo se diga quanto as ações executivas, ilustrativamente decorrentes da execução de um termo de acordo firmado junto à Comissão de Conciliação Previa (CCP – arts. 625-E, parágrafo único, e 876, CLT), apresentadas após 11/11/2017.

Por decorrência lógica, no caso da ação executiva iniciada antes de 11/11/2017, conclui-se pela ausência do cabimento dos honorários advocatícios autônomos do processo de execução.

Maior dificuldade, sem dúvida, se dá quanto ao cabimento ou não de honorários advocatícios nas ações de conhecimento apresentadas até 10/11/2017 (um dia anterior a vigência da Lei n. 13.467/2017), cuja execução teve início, por consequência, após 11/11/2017.

Aqui, mais uma vez, cabe apontar que a Instrução Normativa n. 41/2018 não pode ser utilizada como fundamento jurídico a impedir a aplicação das outras hipóteses de cabimento de horários advocatícios que não os previstos no art. 791-A, CLT, que trata da verba honorária fixada em sentença proferida na fase de conhecimento.

Nesse contexto, entende-se que o marco para definir o cabimento dos honorários advocatícios, em razão da execução, é o momento em que esta fase teve início (art. 880, "caput", CLT), via de regra, com o requerimento do exequente nesse sentido, de sorte que, apresentado o requerimento de cumprimento da decisão a partir de 11/11/2017, caso não haja cumprimento no prazo de 48 horas, o débito será acrescido de dez por cento (10%), a título de honorários advocatícios.

Em sentido contrário, entretanto, ao defendido nessa obra, relevante destacar acórdão da 4º Turma do TRT da 8º Região, que rejeitou a tese de fixação do marco temporal para incidência de honorários advocatícios no momento de início da execução, entendendo que deve ser aplicada a regra constante da Instrução Normativa n. 41/2018 (art. 6º), conforme seguinte excerto do acórdão:

> DOS HONORÁRIOS DE SUCUMBÊNCIA
>
> Os agravantes pedem a exclusão dos honorários sucumbenciais, sob o argumento de sem inadequados nos Embargos do Devedor. De forma alternativa, postula a inversão do ônus de sucumbência.
>
> Aprecio.
>
> Em relação à norma processual, o Direito Brasileiro adota a teoria do isolamento dos atos processuais, segundo a qual a eficácia da lei processual é prospectiva e imediata, alcançando o processo em seu curso. Ou seja, a princípio, a partir do dia 11/11/2017, data de vigência da lei supramencionada, deveriam as partes observar as normas processuais da legislação nova, inclusive em relação à contagem de prazo (em dias úteis), ao preparo e aos demais pressupostos processuais. Neste sentido, dispõe o art. 14 do CPC: "a norma processual não retroagirá e será aplicável imediatamente aos processos em curso, respeitados os atos processuais praticados e as situações jurídicas consolidadas sob a vigência da norma revogada".

Todavia, deve-se ter em mente que a eficácia prospectiva e imediata de que é dotada a legislação processual não pode surpreender de forma prejudicial as partes no curso do processo, sob pena de violação às diretrizes do *tempus regit actum* (arts. 1046, *caput*, e §1º, do CPC e 912 e 915 da CLT), direito adquirido (arts. 5º, XXXVI, da CF/88 c/c 6º, § 1º da LINDB) e segurança jurídica (sob o prisma da estabilidade e previsibilidade), que é inerente ao próprio Estado Democrático de Direito (art. 1º, caput, da CF/88), razão pela qual as novas disposições relativas ao Direito Processual do Trabalho só podem ser impostas aos processos iniciados após a entrada em vigor da Lei 13.467/2017, haja vista a garantia de não surpresa, bem como em razão do princípio da causalidade, uma vez que a expectativa de custos e riscos é aferida no momento da propositura da ação, não se aplicando ao caso em exame, pois a ação foi ajuizada em 16/01/2017, antes da vigência da Lei nº 13.467/17.

O art. 85, § 1º, do CPC dispõe sobre a possibilidade de honorários cumulativos em cada fase processual, sendo que, na seara trabalhista, o art. 791-A da CLT determina que o percentual de honorários incide sobre o valor que resultar da liquidação da sentença, do proveito econômico obtido ou, não sendo possível mensurá-lo, sobre o valor atualizado da causa, ou seja, os honorários sucumbenciais são únicos.

Neste sentido, coaduno com o entendimento de que os Embargos à Execução no Processo do Trabalho possuem natureza de ação incidental à execução, não autônoma. Ademais, a verba em questão está consumada dentro da relação processual no momento da propositura da ação, razão pela qual todas as ações ajuizadas antes do término da vacatio legis não se sujeitam às novidades advindas com o texto da Reforma, uma vez que a lei nova não pode retroagir para atingi-la. Adotar entendimento em sentido contrário seria ofender a segurança jurídica e o princípio que veda surpreender de forma prejudicial os litigantes que iniciaram a relação processual sob a égide da lei velha.

Considerando que a ação foi ajuizada em 28/08/2015, ou seja, em momento anterior à vigência da Lei nº 13.467/2017, não há falar em condenação ao pagamento dessa parcela, razão pela qual dou provimento aos agravos, neste particular, para excluir a condenação os honorários sucumbenciais.(TRT da 8ª Região; Processo: 0000247-52.2015.5.08.0019 AP;

> Data: 02/06/2020; Órgão Julgador: 4ª Turma; Relator: MARIA ZUILA LIMA DUTRA)

Como se vê, trata-se, também, de tema polêmico, que demandará uma acomodação, com o passar dos anos, pela jurisprudência.

4.8.2. Honorários e prescrição intercorrente

Por fim, ainda no que toca ao tema do cabimento dos honorários advocatícios na fase de execução, cabe analisar uma questão que tem grande efeito prático: a disciplina do tema em caso de prescrição intercorrente ou da própria demanda executiva, após o reconhecimento do direito em sede de decisão judicial.

Esse tema ganha ainda maior importância em face do disposto no art. 11-A, CLT, inserido pela Lei n. 13.467/2017, segundo o qual a prescrição intercorrente é aplicável ao Processo do Trabalho.

A discussão gira em torno da possibilidade de condenação do exequente ao pagamento de honorários advocatícios, sob o argumento de que ele teria dado causa à extinção do processo (ou fase) de execução. Entretanto, o STJ decidiu, recentemente, que, no caso de reconhecimento da prescrição na fase executiva, não há falar em responsabilidade do exequente no pagamento de honorários advocatícios, na medida em que a fase executiva apenas existe em razão de omissão da executada no cumprimento da determinação judicial:

> RECURSO ESPECIAL. DIREITO CIVIL E PROCESSUAL CIVIL (CPC/15). ART. 85 DO CPC. AÇÃO DE EXECUÇÃO DE TÍTULO EXECUTIVO EXTRAJUDICIAL. PRESCRIÇÃO INTERCORRENTE. HONORÁRIOS ADVOCATÍCIOS SUCUMBENCIAIS EM FAVOR DO ADVOGADO DA PARTE EXECUTADA. DESCABIMENTO. PRINCÍPIO DA CAUSALIDADE. PRECEDENTES DO STJ.

> 1. Ação de execução de título executivo extrajudicial proposta contra o cliente do advogado que recorre em nome próprio.
>
> 2. Controvérsia em torno da possibilidade de condenação da parte exequente ao pagamento de honorários advocatícios sucumbenciais no caso de extinção do processo de execução pela prescrição intercorrente.
>
> 3. Apesar da dicção do art. 85 do CPC, nem sempre o "vencedor' e o "vencido" são, respectivamente, os únicos sujeitos passíveis de serem credores e devedores de honorários advocatícios sucumbenciais.
>
> 4. Há situações em que, mesmo não sucumbindo no plano do direito material, a parte vitoriosa é considerada como geradora das causas que produziram o processo e todas as despesas a ele inerentes.
>
> 5. "O princípio da causalidade não se contrapõe ao princípio da sucumbência. Antes, é este um dos elementos norteadores daquele, pois, de ordinário, o sucumbente é considerado responsável pela instauração do processo e, assim, condenado nas despesas processuais. O princípio da sucumbência, contudo, cede lugar quando, embora vencedora, a parte deu causa à instauração da lide" (REsp 303.597/SP, Rel. Ministra Nancy Andrighi, 3ª Turma, julgado em 17/04/2001, DJ 11/06/2001, p. 209).
>
> 6. Caso concreto em que a prescrição intercorrente por ausência de localização de bens não afasta o princípio da causalidade em desfavor da parte executada, nem atrai a sucumbência para a parte exequente.
>
> 7. Recurso Especial desprovido. (REsp 1835174/MS, Rel. Ministro Paulo de Tarso Sanseverino, 3ª Turma, julgado em 05/11/2019, DJe 11/11/2019)

Todavia, Raphael Miziara fornece um exemplo em que a extinção da execução tem o condão de impor ao exequente a responsabilidade pelo pagamento de honorários advocatícios, consequência justificada pelo fato de a parte executada ter adotado todas as medidas que estavam ao seu alcance para o cumprimento da condenação, enquanto o exequente quedou-se inerte, não praticando atos que lhe incumbia:

> Situação distinta é aquela na qual, transitada em julgado a sentença, o seu cumprimento depender da vontade conjugada de credor e devedor, como

> se dá, por exemplo, nos casos em que a sentença determina a reintegração do empregado. Se, dentro do prazo para cumprimento voluntário da obrigação de fazer a devedora se dispôs a reintegrar o empregado e, este, nada fez, não se pode imputar à Reclamada-devedora a existência da execução.
>
> Por outro lado, se a devedora somente se dispôs a cumprir a obrigação depois de já escoado o prazo para cumprimento voluntário, dando causa ao processo de execução, deverá a ela ser imputada a responsabilidade pelas despesas e honorários, ainda que posteriormente a execução seja extinta por inércia do credor, pois a responsabilidade deve ser imputada não a quem deu causa à extinção, mas sim a quem deu causa ao processo de execução.

Neste particular, concordamos com o referido autor, cabendo a condenação do exequente ao pagamento de honorários advocatícios nesta hipótese.

4.9. OMISSÃO NA DECISÃO TRANSITADA EM JULGADO A RESPEITO DO CABIMENTO DOS HONORÁRIOS ADVOCATÍCIOS

A CLT não tem norma a respeito da hipótese do magistrado se omitir quanto a questão do cabimento dos honorários advocatícios na sua decisão, aspecto relevante sobretudo na hipótese de trânsito em julgado da decisão omissa.

Na linha do já analisado nessa obra, o cabimento dos honorários advocatícios deve constar expressamente na decisão judicial, pois, consoante o art. 85, "caput", CPC/2015, "A sentença condenará o vencido a pagar honorários ao advogado do vencedor."

Trata-se, assim, de pedido implícito, uma exceção ao princípio da congruência, que limita a decisão do juiz ao que foi postulado pela parte.

Aplicável ao Processo do Trabalho, desse modo, o disposto no art. 85, §18, CPC/2015, de acordo com o qual "Caso a decisão transitada em julgado seja omissa quanto ao direito aos honorários ou ao seu valor, é cabível ação autônoma para sua definição e cobrança.", de modo que restou superado, pelo CPC/2015, o entendimento fixado na Súmula n. 453, STJ, de acordo com a qual "Os honorários sucumbenciais, quando omitidos em decisão transitada em julgado, não podem ser cobrados em execução ou em ação própria."

Aspecto interessante e que certamente provocará bastante controvérsia se refere a competência para analisar a demanda proposta pelo advogado, para a definição e cobrança dos honorários advocatícios, que deveriam ter sido expressamente apreciados pelo Juiz do Trabalho, quando proferiu a sua decisão, mas não foram objeto de análise, com o trânsito em julgado da decisão omissa.

Aqui, cabe lembrar que o conceito de Relação de Trabalho, contrato de atividade, com prestação de serviços por pessoa física para outra pessoa física ou jurídica, é gênero, sendo a relação de emprego (composta dos elementos fático-jurídicos e jurídico-formais) espécie.

Assim, até o advento da Emenda Constitucional n. 45/2004, que, ao promover a reforma do Poder Judiciário, alterou, de forma substancial, o art. 114 da CRFB/88, a competência material da Justiça do Trabalho limitava-se, no que toca aos dissídios individuais, às lides entre trabalhadores e empregadores, ou seja, às lides decorrentes da relação de trabalho prevista nos arts. 2º e 3º da CLT (relação de emprego), bem como aos dissídios resultantes de contratos de empreitadas em que o empreiteiro seja operário ou artífice, por força, neste último caso, do disposto no art. 652, a, III, da CLT.

Fato é que, mesmo com a Emenda Constitucional n. 45/2004, permaneceu a controvérsia acerca do real alcance da dilatação da competência da Justiça do Trabalho.

Há quem entenda que, diante da especialização da Justiça do Trabalho, nada mudou com a inclusão do termo "relação de trabalho" no art. 114, I, CRFB/88, devendo ser entendida como relação de emprego.

Por outro lado, há quem entenda que, tendo em vista que a CRFB/88 reconhece, com a redação conferida pela EC n. 45/2004. a competência da Justiça do Trabalho para processar e julgar as ações oriundas da relação de trabalho, ela teria, por conseguinte, a ampla e irrestrita jurisdição em relação às causas de natureza trabalhista, desde que prestado por pessoa física, tendo como beneficiário uma pessoa física ou uma pessoa jurídica.

De acordo com tal entendimento, a competência da Especializada alcançaria as controvérsias que tenham origem no contrato de trabalho, isto é, que tenham como elemento central uma obrigação de fazer consubstanciada em uma atividade do homem em benefício de um terceiro, labor por conta alheia, portanto.

É que o mencionado art. 114, I, CRFB/88, disciplina a competência da Justiça do Trabalho para as demandas oriundas da relação de trabalho, sem fazer ressalva quanto a qualidade do tomador de serviços, de sorte que o critério para definição da competência da Justiça do Trabalho deixou de ser eminentemente pessoal, em razão da qualidade de empregado e empregador, para ser objetivo, decorrendo da conjunção dos elementos objetivos da demanda, ou seja, da causa de pedir e do pedido.

Registre-se, por fim, corrente intermediária, defendida nessa obra, que, a despeito de reconhecer a distinção do alcance das expressões "relação de trabalho" e "relação de emprego", afasta da competência da Justiça do Trabalho às relações regidas por leis especiais, tal como a relação de consumo. Neste sentido, inclusive, a súmula n. 363, STJ, segundo a qual "Compete à Justiça estadual processar e julgar a ação de cobrança ajuizada por profissional liberal contra cliente".

Assim, a jurisprudência se consolidou, tanto no TST quanto no STJ (retratada na referida Súmula n. 363, STJ), no sentido de que não há competência da Justiça do Trabalho para analisar as questões que dizem respeito à cobrança de honorários advocatícios pelo advogado em face do seu cliente.

Diferente é o caso, contudo, no qual o advogado pretende a fixação de honorários pelo Juízo prolator da decisão. Desse modo, na hipótese em que o Juiz do Trabalho se omitiu quanto aspecto que deveria ter se manifestado na sua sentença (fixação dos honorários devidos ao advogado), possível defender a competência da Justiça do Trabalho, pois a condenação no pagamento de honorários advocatícios sucumbenciais pode ser entendida como mero efeito de uma sentença proferida na Justiça do Trabalho, a qual, por um vício, uma omissão, não fez referência à verba honorária, entendimento acolhido nessa obra.

Portanto, concluímos que, aplicando-se o disposto no art. 85, §18, CPC/2015, de acordo com o qual "Caso a decisão transitada em julgado seja omissa quanto ao direito aos honorários ou ao seu valor, é cabível ação autônoma para sua definição e cobrança", cabe ao advogado, no caso de eventual decisão trabalhista, transitada em julgado, na qual o Juízo se omitiu acerca dos honorários advocatícios devidos, ajuizar uma ação autônoma, no âmbito da Justiça do Trabalho, para sua definição e cobrança.

A referida ação, no nosso entender, deve ser ajuizada em face parte devedora dos honorários, no caso, a parte ex adversa ao cliente do advogado autor da ação, cujos honorários não foram arbitrados em sentença.

4.10. HONORÁRIOS ADVOCATÍCIOS SUCUMBENCIAIS EM AÇÕES CIVIS PÚBLICAS PROPOSTAS PELO MINISTÉRIO PÚBLICO DO TRABALHO

A massificação dos conflitos sociais, uma característica da globalização e das revoluções tecnológicas desencadeadas a partir da segunda metade do século XX, exigiu do Direito uma nova concepção de ação judicial, inaugurando, assim, a era das Ações Coletivas, gênero do qual é possível extrair a ação civil pública e a ação civil coletiva (em sentido estrito, em que se postula direitos individuais homogêneos).

No âmbito trabalhista, a tutela coletiva dos direitos encontra amparo constitucional, com previsão nos arts. 8º, III, e 129, III, que atribuem aos Sindicatos e ao Ministério Público a "defesa dos direitos e interesses coletivos ou individuais da categoria", bem assim no art. 129, III, que dispõe ser função do Ministério Público a promoção de inquérito e de ação civil pública para a "proteção do patrimônio público e social, do meio ambiente e de outros interesses difusos e coletivos".

Nessa ordem de ideias, relevante apontar que os conceitos de interesses difusos, coletivos e individuais homogêneos não se confundem. Consoante o art. 81, parágrafo único, Lei n. 8.078/90 (CDC), interesses ou direitos difusos são os transindividuais, de natureza indivisível, de que sejam titulares pessoas indeterminadas e ligadas por circunstâncias de fato; interesses ou direitos coletivos, podem ser entendidos como os transindividuais, de natureza indivisível de que seja titular grupo, categoria ou classe de pessoas ligadas entre si ou com a parte contrária por uma relação jurídica base; por fim, os interesses ou direitos individuais homogêneos são os decorrentes de origem comum.

À nível infraconstitucional, a previsão de legitimidade ativa para a Ação Civil Pública encontra-se nos arts. 5º da Lei n. 7.347/85, 82 do Código de Defesa do Consumidor (Lei n. 8.078/90) e 6º, da LC n. 75/93, ganhando especial destaque os sindicatos e o Ministério Público.

No que toca à legitimação do Ministério Público do Trabalho, a despeito da previsão constitucional de proteção de direitos difusos e coletivos e da existência de respeitável corrente em sentido oposto, o certo é que, em consonância com a interpretação do sistema de acesso à jurisdição metaindividual, quando ele ajuíza uma ação civil pública o faz com espeque no art. 129, III, da CRFB/88, combinado com os arts. 83, III, 84, V e 6º, VII, "a", "b", "c" e "d", da LC 75/93, art. 5º, I, da Lei n. 7.347/85 e art. 90, CDC, isto é, objetivando a proteção dos direitos constitucionais, do patrimônio público e social e dos interesses ou direitos individuais indisponíveis, homogêneos, sociais, difusos e coletivos.

Vale dizer que, atualmente, prevalece a teoria ampliativa, que se utiliza tanto da interpretação sistemática quanto da extensiva e teleológica, na medida em que invoca as normas da CRFB/88, da LC n. 75/93, da Lei n. 7. 347/85 e CDC.

Essas normas, aplicadas de forma integrada, tal como permitido pelos arts. 21, LACP e 90, CDC, autorizam a ilação de que a defesa de quaisquer interesses individuais homogêneos constitui matéria de ordem pública e de interesse social, cuja defesa se amolda integralmente ao perfil institucional do Ministério Público, por força do inciso IX, do art. 129, CRFB/88, mesmo porque os direitos ou interesses individuais homogêneos dos trabalhadores são sempre direitos sociais, ou direitos humanos de segunda dimensão, estando, pois, ao albergue incondicional da proteção institucional do "Parquet", conforme art. 127, CRFB/88.

Traçada a noção geral a respeito das ações coletivas em sentido amplo (ação civil pública e ação civil coletiva em sentido restrito), cabe apontar que os Membros do Ministério Público não têm direito à percepção de honorários advocatícios. Nesse ponto, a CRFB/88 é expressa no sentido de que é vedado aos Promotores e Procuradores do Ministério Público receber, a qualquer título e sob qualquer pretexto, honorários, percentagens ou custas processuais (art. 128, § 5º, II, "a"), disposição que é repetida pelo art. 237, I, da L.C. n. 75/93.

Essa vedação, quanto ao recebimento de honorários advocatícios, pelo Membro do Ministério Público, é absoluta, não havendo exceção.

É fato que há entendimento no sentido de que, em caso de procedência dos pedidos da ação civil pública, é cabível a condenação em honorários advocatícios, em favor da Fazenda Pública, haja vista a condição de órgão despersonalizado do *parquet, pertencente à Administração Direta (Federal ou Estadual).*

Entretanto, predomina o entendimento, defendido nessa obra, de que não é possível reconhecer o cabimento dos horários em caso de procedência de ação civil pública proposta pelo Ministério Público, inclusive pelo Ministério Público do Trabalho.

Isto porque os honorários advocatícios, como se infere da própria denominação, são devidos em razão do trabalho do advogado, a quem o Membro do Ministério Público não pode ser equiparado. As normas que tratam dos honorários advocatícios, especialmente o CPC/2015 e o Estatuto da Advocacia, são claras nesse sentido, ou seja, dos honorários advocatícios sucumbenciais como um direito do profissional advogado.

Ademais, a tentativa de direcionamento da verba honorária ao ente federativo a que pertence o Ministério Público, no caso do Ministério Público do Trabalho, a União, não deixa de ser uma forma de indireta violação ao disposto no art. 128, § 5º, II, "a", CRFB/88.

Nesse sentido, defende Marcelo Freire Sampaio Costa[70], embora reconheça o citado doutrinador que o tema guarda certa controvérsia:

> Na hipótese do MPT restar vencedor na ação civil pública proposta, o réu não poderia ser condenado no pagamento de honorários advocatícios, pela singela razão de os honorários sucumbenciais pertencerem ao advogado, e o membro do MPT não ser advogado, daí a falta de cabimento dessa parcela. O STJ já decidiu nessa mesma linha.

---

70. MIESSA, Élisson *et al.* **Honorários advocatícios na Justiça do Trabalho**. Salvador: Editora Juspodivm, 2019, p. 565.

Também nesse sentido, a seguinte decisão do STF, não admitindo sequer a destinação da verba honorária:

> HONORÁRIOS ADVOCATÍCIOS – AÇÃO CIVIL PÚBLICA – MINISTÉRIO PÚBLICO. Longe fica de vulnerar o inciso II do § 5º do artigo 128 da Constituição Federal pronunciamento judicial no sentido de não se mostrarem devidos honorários advocatícios em ação civil pública ajuizada pelo Ministério Público e julgada procedente considerada a articulação de a verba ser recolhida à Fazenda Pública. (STF - RE: 428324 DF, Relator: Min. MARCO AURÉLIO, Primeira Turma, Data de Publicação: DJe-208 DIVULG 05-11-2009 PUBLIC 06-11-2009 EMENT VOL-02381-06 PP-01281)

O TST, em idêntico sentido, já se pronunciou acerca da impossibilidade de condenação da parte requerida em honorários advocatícios, em sede de ação civil pública proposta pelo Ministério Público do Trabalho, consoante o seguinte acórdão:

> RECURSO ORDINÁRIO EM AÇÃO ANULATÓRIA AJUIZADA PELO MINISTÉRIO PÚBLICO DO TRABALHO. PEDIDO DE CONDENAÇÃO DO AUTOR DA AÇÃO AO PAGAMENTO DOS HONORÁRIOS ADVOCATÍCIOS EM RAZÃO DA SUCUMBÊNCIA. Conquanto se considere a legitimidade do advogado da empresa ré para pleitear, em nome próprio, como terceiro interessado, o pagamento dos honorários advocatícios em razão da sucumbência, há de se considerar que, no caso em tela, a parte sucumbente na ação é o Ministério Público do Trabalho, autor da ação. Ainda que a questão dos honorários advocatícios esteja regulamentada no art. 85 do CPC e na Súmula nº 219 do TST, os referidos dispositivos nada falam acerca dessa particularidade. Nesse contexto, e considerando que o Ministério Público do Trabalho , ao ajuizar a ação anulatória, atuou na defesa de direitos dos trabalhadores, exercendo sua função de defesa da ordem jurídica, do regime democrático, dos interesses sociais e dos interesses individuais indisponíveis, deve-se aplicar, por analogia, o art. 18 da Lei nº 7.347/1985, o qual, ao se referir às ações civis públicas, estabelece que não haverá condenação da associação autora em honorários de advogado,

> salvo comprovada má-fé, o que não se evidenciou no caso destes autos. Recurso ordinário conhecido e não provido. fls. PROCESSO Nº TST-RO-513-28.2017.5.08.0000 Firmado por assinatura digital em 10/10/2018 pelo sistema AssineJus da Justiça do Trabalho, conforme MP 2.200-2/2001, que instituiu a Infra-Estrutura de Chaves Públicas Brasileira. (TST - RO: 5132820175080000, Relator: Dora Maria da Costa, Data de Julgamento: 08/10/2018, Seção Especializada em Dissídios Coletivos, Data de Publicação: DEJT 15/10/2018)

Assim, no caso de procedência dos pedidos da demanda coletiva ajuizada pelo Ministério Público do Trabalho, não há falar na condenação no pagamento de honorários advocatícios pela parte requerida.

Do mesmo modo, no caso de improcedência dos pedidos da ação civil pública proposta pelo Ministério Público, em regra, também não caberá condenação no pagamento de honorários advocatícios sucumbenciais.

É relevante notar, entretanto, que, excepcionalmente, é possível a condenação do Ministério Público pelo pagamento de honorários advocatícios sucumbenciais, quando for reputado como litigante de má-fé (art. 18 da Lei n. 7.347/85; art. 81, CPC/2015), bem assim quando o *parquet atuar fora de suas atribuições constitucionais e for sucumbente na demanda, hipótese que o ente federativo responsável, a que pertencer o Ministério Público responderá pelo encargo, sendo, no caso do Ministério Público do Trabalho, a União.*

4.11. HONORÁRIOS ADVOCATÍCIOS SUCUMBENCIAIS EM SEDE DE MANDADO DE SEGURANÇA

Trata-se o mandado de segurança de ação constitucional de rito especial destinada a tutelar direito líquido e certo, não amparado por *habeas corpus* ou *habeas data,* quando o responsável pela ilegalidade ou abuso de poder for autoridade pública ou agente de pessoa jurídica no exercício de atribuições do Poder Público (art. 5º, LXIX, CRFB/88; Lei n. 12.016/2009).

É, pois, uma garantia constitucional que tem como objetivo garantir direitos fundamentais, em razão do que, ainda sob a vigência da Lei n. 1.533/1951, prevalecia o entendimento de que não cabiam honorários advocatícios de sucumbência na ação de mandado de segurança (STF, Súmula n. 512; STJ, Súmula n. 105), ainda que não fosse possível à parte o exercício do *jus postulandi* (TST, Súmula n. 425).

Com a Lei n. 12.016/2009, este entendimento foi incorporado pelo Legislador, fazendo constar no art. 25 que não cabe, em sede de mandado de segurança, a condenação ao pagamento dos honorários advocatícios, sem prejuízo da aplicação de sanções no caso de litigância de má-fé.

Logo, independentemente da nova disciplina dos honorários advocatícios no Processo do Trabalho a partir da Reforma Trabalhista – Lei n. 13.467/2017, e, desse modo, da data de impetração do mandado de segurança, não cabe a condenação em honorários advocatícios.

4.12. HONORÁRIOS ADVOCATÍCIOS EM CASO DE CONCILIAÇÃO

No direito e Processo do Trabalho, a despeito das controvérsias acerca da validade dos atos de disposição pelo empregado, em face da prevalência de normas de ordem pública no Direito do Trabalho (arts. 9º, 444 e 468, CLT), é inequívoco que a CLT prestigiou a conciliação judicial (realizada sob a coordenação do Magistrado) como meio de solução do conflito, a ponto de prever que os dissídios individuais ou coletivos devem ser sempre sujeitos à conciliação, bem assim a necessidade de se realizar duas tentativas obrigatórias de conciliação (arts. 764, 846 e 850, CLT).

4.12.1. Conciliação celebrada na fase de conhecimento

A conciliação pode ocorrer tanto na fase de conhecimento quanto na execução, após o trânsito em julgado da sentença. Em sendo realizada na fase de conhecimento, antes da prolação da sentença, entendemos aplicável o disposto no art. 90, § 2º, CPC/2015, de sorte que, nada tendo as partes disposto quanto às despesas, estas serão dispensadas do pagamento de honorários advocatícios, presumindo-se que cada uma arcará com as despesas decorrentes da contratação do seu advogado.

Nada impede, contudo, que, se for da vontade das partes, elas façam constar no termo de conciliação eventual responsabilidade de uma das partes ao pagamento dos honorários advocatícios ao advogado da parte contrária.

4.12.2. Conciliação celebrada na fase de execução

Uma vez transitada em julgado a decisão que reconhece ao advogado o direito aos honorários advocatícios sucumbenciais, eventual conciliação celebrada na fase de execução, a princípio, não atinge o direito do causídico, salvo se houver cláusula expressa nesse sentido. É que, nesse caso, os titulares do título executivo são distintos: a parte autora é titular das parcelas deferidas em sentença; o advogado, e não o cliente, é o titular do direito aos honorários advocatícios sucumbenciais.

Nesse sentido, Edilton Meireles[71] destaca que

> Neste caso, em havendo acordo judicial, devidamente homologado, não se está diante de uma demanda na qual uma das partes foi vencida. E os

71. MIESSA, Élisson *et al.* **Honorários advocatícios na Justiça do Trabalho**. Salvador: Editora Juspodivm, 2019, p.918/919.

> honorários advocatícios somente são devidos quando a sentença condenar o vencido (art. 85 do CPC).
>
> Logo, na hipótese de transação, firmado o acordo judicial, as partes são livres para dispor sobre o pagamento de honorários advocatícios em favor dos seus próprios assistentes jurídicos ou do ex-adverso. E em nada dispondo a respeito no acordo, presume-se que cada parte deva arcar com as despesas com a contratação de seu advogado, não se impondo à parte contrária esse ônus.
>
> Pode ocorrer, todavia, de as partes acordantes, estabelecerem a exclusão dos honorários advocatícios do acordo celebrado, ou seja, pactuarem que o acordo não envolve essa verba sucumbencial. Neste caso, então, a demanda deve prosseguir para que o juiz decida quem deu causa à lide de modo a imputar ao mesmo o ônus de sucumbência em honorários advocatícios.
>
> Cabe ressaltar, porém, que uma vez havendo a condenação em honorários advocatícios, sendo essa parcela autônoma em relação ao direito da parte assistida, transitada em julgado a decisão respectiva, o eventual crédito devido ao demandante ou demandado, em nada prejudica aqueles. Ou seja, transitada em julgado a decisão que impôs o pagamento dos honorários advocatícios ainda que ilíquida, o acordo firmado pelas partes em derredor do crédito principal não afetará o direito do advogado. Esta, aliás, é a regra disposta no § 4º do art. 24 da Leu n. 8.906/94 (Estatuto dos Advogados).

Portanto, como regra, eventual conciliação na fase de execução não prejudica os honorários dos advogados fixados no título executivo judicial.

4.13. HONORÁRIOS ADVOCATÍCIOS NOS PROCESSOS DE JURISDIÇÃO VOLUNTÁRIA E O PRINCÍPIO DO INTERESSE

É relevante perceber que os critérios para o estabelecimento e definição da responsabilidade pelo pagamento de honorários advocatícios sucumbenciais no Processo do Trabalho – sucumbência e causalidade – não são suficientes no caso de jurisdição voluntária. É que, nesse caso, o processo é inevitável, sendo uma condição para o exercício de um direito, que não pode ser realizado sem a intervenção do Estado.

Nesse sentido, há incidência das normas dispostas nos arts. 88 e 89, do CPC/ 2015:

> Artigo 88. Nos procedimentos de jurisdição voluntária, as despesas serão adiantadas pelo requerente e rateadas entre os interessados.
>
> Artigo 89. Nos juízos divisórios, não havendo litígio, os interessados pagarão as despesas proporcionalmente a seus quinhões.

De acordo com os referidos dispositivos do CPC/2015, as despesas processuais em sede de jurisdição voluntária deverão ser arcadas pela parte interessada, retratando, portanto, **o princípio do interesse, acolhido pela jurisprudência**[72]**.** Também nesse sentido, defendendo a aplicação

---

72. RECURSO ESPECIAL. OBRIGAÇÃO DE FAZER. FORNECIMENTO DE DADOS PESSOAIS. MARCO CIVIL DA INTERNET. NECESSIDADE DE DECISÃO JUDICIAL. CAUSALIDADE. NÃO APLICÁVEL. INTERESSE. SUCUMBÊNCIA. INEXISTÊNCIA. [...] 3. O Marco Civil da Internet afirma a obrigatoriedade de ordem judicial para que os provedores de acesso e de aplicação apresentem dados considerados pessoais e sigilosos a interessados. Trata-se de a proteção necessária e esperada à privacidade e à intimidade dos usuários de aplicações da internet. 4. Essa proteção legalmente conferida aos usuários da internet foi o motivo do ajuizamento da ação pela recorrida e seus representantes, como meio de tentar identificar a pessoa que criou o perfil ofensivo à menor adolescente. 5. Na hipótese, **não há como afirmar a existência de sucumbência com fundamento no princípio da causalidade, ante a ausência de resistência por parte da recorrente em oferecer as informações solicitadas judicialmente**. [...] (REsp 1782212/SP, Rel. Ministra Nancy Andrighi, 3ª Turma, julgado em 05/11/2019, DJe 07/11/2019) (gn). Também nesse sentido: HONORARIOS DE ADVOGADO. AÇÃO DE USUCAPIÃO NÃO CONTESTADA. ARTIGO 20 DO CPC. Tendo a pessoa em cujo nome figura o imóvel no registro imobiliário declarado seu nenhum interesse na demanda, abstendo-se assim de contestar o pedido, não incide o art. 20 do CPC. A ação de usucapião implica em **processo necessário, regido, quanto à imposição dos ônus processuais, pelo**

do princípio do interesse na disciplina do pagamento de honorários advocatícios na jurisdição voluntária, César Cipriano de Fazio[73]:

> Em determinadas situações, em que se manifesta a chamada jurisdição voluntária, o processo serve à tutela assistencial de interesses particulares, concorrendo o órgão judicial com sua vontade para o nascimento, a validade ou eficácia de um ato da vida privada, para a formação, o desenvolvimento, a documentação ou a extinção de uma relação jurídica ou para a eficácia de uma situação fática ou jurídica. A atividade judicial nesses casos se dá independentemente da existência de uma lide, ou resistência à pretensão do autor.
>
> Nesses casos, se não houver resistência do demandado, sendo o processo de interesse exclusivo do demandante, este se responsabiliza pelo seu custo, por outro lado, se o processo for do interesse de outra ou outras partes, o custo é dividido entre todos os interessados. Esses são o conteúdo e o âmbito de aplicação do critério do interesse, o qual pode ser reduzido à causalidade, porque o interessado teria dado causa ao processo e ao seu custo, como previsto pelos arts. 88 e 89, do CPC/15.

A respeito do tema, analisando a possibilidade de cabimento de honorários advocatícios em processos de jurisdição voluntária, Edilton Meireles[74] ensina que:

> Em resumo, sem pretender se alongar sobre esse tema, no exercício da jurisdição voluntária o Estado atua na administração de direitos individuais, proferindo ato constitutivo ou mesmo preventivo, de modo que o ato, negócio jurídico ou relação jurídica se forme, se altere ou se extinga.

---

princípio do interesse e não pelos princípios do sucumbimento ou da causalidade. [...] (REsp 23.369/PR, Rel. Ministro Athos Carneiro, 4ª Turma, julgado em 22/09/1992, DJ 19/10/1992, p. 18248). (gn)

73. DIDIER, Fredie. **Honorários advocatícios.** Salvador: Editora Juspodivm, 2019, p.621.

74. MIESSA, Élisson *et al.* **Honorários advocatícios na Justiça do Trabalho**. Salvador: Editora Juspodivm, 2019, p. 910.

> Em outras palavras, na jurisdição voluntária o Estado atua, não para solucionar um conflito de interesses, mas, sim, para assistir as pessoas em relação a ato ou negócio jurídico ao qual a lei suprime do particular integralmente a autonomia da vontade ou parte dela.
>
> Essas situações ocorrem por vontade política do legislador, que, em face do interesse que pretende proteger, suprime da pessoa ao menos uma parte de sua autonomia, colocando o Estado como seu assistente ou representante para a prática do ato.

Desse modo, de acordo os arts. 88 e 89, CPC/2015, bem assim com os ensinamentos dos referidos doutrinadores, possível, com base da aplicação dos princípios da causalidade e do interesse, sistematizar o cabimento de honorários advocatícios em sede de jurisdição voluntária do seguinte modo:

1 – caso o procedimento seja de interesse exclusivo de um dos interessados, não havendo oposição do outro participante, aquele responderá integralmente pelo pagamento dos honorários advocatícios;

2 – caso o procedimento seja de interesse de ambos participantes do procedimento de jurisdição voluntária, os honorários advocatícios serão rateados, com a aplicação literal do disposto no art. 88, CPC/2015, salvo disposição em contrário;

3 – caso o procedimento seja de interesse, inicialmente, do requerente, uma vez encontrando resistência do outro participante, assume a natureza de jurisdição contenciosa, razão pela qual passa a incidir o regramento geral da imputação da responsabilidade pelo pagamento de honorários advocatícios, sobretudo com aplicação dos arts. 85 a 87, CPC/2015.

Entretanto, cabe apontar a existência de corrente[75] que nega o cabimento de honorários advocatícios em sede de procedimento de jurisdição

---

75. RECURSO ORDINÁRIO. INTERPELAÇÃO JUDICIAL. PROCEDIMENTO DE JURISDIÇÃO VOLUNTÁRIA. HONORÁRIOS ADVOCATÍCIOS NÃO SÃO

voluntária, sob o fundamento de que os arts. 88 e 89, CPC/2015, não preveem o pagamento de honorários advocatícios, mas, sim, o rateio de despesas processuais, o que não se pode concordar, já que estas (despesas processuais) são gênero, ao passo que aqueles (honorários advocatícios) são espécie.

Passamos a analisar, agora, os três casos mais recorrentes de jurisdição voluntária no Processo do Trabalho: requerimento de homologação de acordo extrajudicial; requerimento de expedição de alvará judicial para soerguimento dos valores constantes da conta vinculada do Fundo de Garantia de Tempo de Serviço – FGTS e para habilitação no programa do seguro-desemprego; procedimento de produção antecipada de prova.

DEVIDOS. ART. 88 DO CPC. A interpelação judicial é um procedimento de jurisdição voluntária pelo qual o requerente manifesta sua vontade no sentido de que o requerido faça ou deixe de fazer algo que o requerente entende ser de seu direito, conforme art. 727 do CPC. Na jurisdição voluntária não há litígio, ou seja, não há conflito de interesses. O Poder Judiciário administra interesses privados. Ao contrário da jurisdição contenciosa na qual o Estado-juiz pacifica os litígios, ou seja, soluciona a controvérsia entre as partes, na jurisdição voluntária o Estado-juiz faz a gestão pública de interesses privados. Já os honorários advocatícios a teor do disposto no art. 791-A da CLT decorrem de um fato objetivo no processo, qual seja, a derrota da parte adversa. Isso significa que os honorários advocatícios somente são devidos no âmbito do processo que espelha uma lide (conflito de interesses). Isso porque o fato gerador dos honorários advocatícios é a sucumbência da parte. Como na jurisdição voluntária não há lide consequentemente não há processo nem vencidos nem vencedores. Por isso, a dicção do art. 88 do CPC é que na jurisdição voluntária as despesas serão adiantadas pelo requerente e rateadas entre os interessados. Assim, não há honorários advocatícios na jurisdição voluntária.(TRT-2 10008432520195020446 SP, Relator: MARCELO FREIRE GONCALVES, 12ª Turma - Cadeira 1, Data de Publicação: 22/05/2020)

PROCEDIMENTO DE JURISDIÇÃO VOLUNTÁRIA. HONORÁRIOS DE SUCUMBÊNCIA. INCABÍVEIS. Em se tratando de produção antecipada de prova, procedimento de jurisdição voluntária, é incabível a condenação ao pagamento de honorários advocatícios de sucumbência. (TRT12 – ROT – 0000721-37.2019.5.12.0030, Rel. ROBERTO LUIZ GUGLIELMETTO, 1ª Câmara, Data de Assinatura: 09/06/2020)

4.13.1. Honorários advocatícios em caso homologação de acordo extrajudicial

Sempre se discutiu, no campo do Direito Individual do Trabalho, a viabilidade de se reconhecer a validade de transação extrajudicial, com a submissão posterior do pacto à homologação pela Justiça do Trabalho. Com efeito, era discutível, no particular, a aplicação, ao Processo do Trabalho, do art. 515, III, CPC/15, que considera título executivo judicial a decisão homologatória de autocomposição extrajudicial de qualquer natureza.

De um lado, havia quem entendesse ser tal norma incompatível com o Processo do Trabalho, dada a hipossuficiência do empregado e a possibilidade da composição violar direitos indisponíveis do empregado ou se constituir em ato de simulação para lesar a ordem jurídica, ou, até mesmo, pelo risco de se chancelar lides simuladas.

De outro lado, havia quem entendesse que aspectos relacionados à indisponibilidade do direito ou lesão a ordem jurídica ou direitos de terceiros fazem parte do mérito em si, valendo destacar que não está o Magistrado obrigado a homologar a conciliação, se, por exemplo, entender que a composição viola direitos indisponíveis do empregado ou se constitui em ato de simulação para lesar a ordem jurídica ou lesar direitos de terceiros, na medida em que diz respeito a ato jurisdicional, que depende do seu convencimento motivado (art. 131, CPC/73 – art. 371, CPC/15; TST, Súmula n. 418).

Por fim, registre-se que, com a Lei n. 13.467/2017 (Reforma Trabalhista), houve a inserção dos arts. 855-B a 855-E, na CLT, disciplinando o procedimento de homologação judicial de transação extrajudicial no Processo do Trabalho.

No caso de homologação de acordo extrajudicial, tendo em vista se tratar de hipótese de jurisdição voluntária, em que o Estado atua na administração de direitos individuais, não há falar no cabimento de honorários advocatícios sucumbenciais.

Assim, o procedimento indicado nos arts. 855-B, 855-C, 855-D e 855-E não se compatibiliza com a condenação no pagamento de honorários advocatícios sucumbenciais, até mesmo porque ele tem início por meio de petição conjunta, o que autoriza concluir que não há conflito de interesses, ao contrário, há convergência, retratada no requerimento de homologação judicial do acordo celebrado extrajudicialmente.

Sendo evidente a existência de convergência de interesse das partes, torna-se incompatível o cabimento de honorários advocatícios por qualquer dos critérios adotados, seja pela sucumbência, seja pela causalidade, seja, por fim, pelo critério do interesse (arts. 88 e 89, do CPC/ 2015).

Nesse caso, e sendo necessário que cada um dos interessados esteja representada por advogado, não se aplicando, portanto, o *jus postulandi (arts. 791 e 855-B, "caput", CLT), e, ainda, que tal representação seja realizada por advogados distintos (art. 855-B, § 1º, CLT), cada um deve arcar com os custos da contratação de seus advogados, salvo ajuste expresso em sentido contrário, devidamente contemplado como uma das cláusulas do acordo levado ao Poder Judiciário.*

Nada impede, assim, por exemplo, que, no termo de conciliação extrajudicial, a empregadora se responsabilize pelo pagamento de um determinado valor, a título de honorários, ao advogado do empregado.

O referido pagamento, no nosso entender, não tem o condão de violar o § 1º do art. 855-B, que impede que as partes requerentes estejam representadas por advogado comum, afinal se trata, no caso, de cláusula livremente pactuada entre as partes, destinadas a permitir que o empregado tenha acesso integral ao valor objeto de acordo.

4.13.2. Honorários advocatícios em requerimento de expedição de alvará judicial para saque dos valores constantes da conta vinculada do Fundo de Garantia de Tempo de Serviço – FGTS

A CRFB/88 prevê uma série de direitos e garantias fundamentais aos trabalhadores, além de permitir a criação de outros, de sorte a possibilitar a melhoria da condição social, valendo destacar que ela prevê, como direito do trabalhador, o FGTS, sendo certo que, despeito da controvérsia quanto a sua natureza, dada a sua variada destinação, ele está inserido no sistema da proteção da relação de emprego e de retribuição do emprego (art. 7º, I e III, da CRFB/88; art. 10, II, ADCT).

Assim, além dos depósitos mensais, no percentual de 8% da remuneração (art. 15, da Lei n. 8.036/90), em caso de dispensa sem justa causa, o empregado tem direito a uma indenização de 40% do montante de todos os depósitos realizados na conta vinculada durante a vigência do contrato (art. 10, II, ADCT e art. 18, §1º, da Lei n. 8.036/90).

Nesse contexto, é bastante comum, na Justiça do Trabalho, procedimento em que se requer a expedição de alvará para saque dos valores constantes da conta vinculada do Fundo de Garantia de Tempo de Serviço – FGTS, nas hipóteses previstas no art. 20 da Lei n. 8.036/90, constando, de um lado, o trabalhador, e, de outro lado, a Caixa Econômica Federal – CEF. Trata-se, pois, de procedimento que normalmente não conta com oposição da outra parte interessada, Caixa Econômica Federal, em razão do que o procedimento se insere no conceito de jurisdição voluntária.

É o caso, por exemplo, de morte do trabalhador, com a existência de valores depositados na sua conta vinculada do FGTS, hipótese em que o art. 20, IV, da Lei n. 8.036/90[76] autoriza a movimentação da conta. Nesse caso, aplicável o art. 1º da Lei n. 6.858/80:

> Os valores devidos pelos empregadores aos empregados e os montantes das contas individuais do Fundo de Garantia do Tempo de Serviço e do Fundo de Participação PIS-PASEP, não recebidos em vida pelos respectivos titulares, serão pagos, em quotas iguais, aos dependentes habilitados perante a Previdência Social ou na forma da legislação específica dos servidores civis e militares, e, na sua falta, aos sucessores previstos na lei civil, indicados em alvará judicial, independentemente de inventário ou arrolamento.

No mesmo sentido, dispensando a abertura de inventário ou arrolamento para soerguimento dos valores de FGTS do trabalhador falecido, o disposto no art. 666, CPC/2015.

Assim, cabe aos dependentes do trabalhador habilitados perante a Previdência Social, assim considerados os previstos no art. 16, da Lei n. 8.213/91[77], ingressarem com procedimento de jurisdição voluntária, visando a obtenção de alvará com autorização para o saque do FGTS.

---

76. Art. 20. A conta vinculada do trabalhador no FGTS poderá ser movimentada nas seguintes situações: (...) IV- falecimento do trabalhador, sendo o saldo pago a seus dependentes, para esse fim habilitados perante a Previdência Social, segundo o critério adotado para a concessão de pensões por morte. Na falta de dependentes, farão jus ao recebimento do saldo da conta vinculada os seus sucessores previstos na lei civil, indicados em alvará judicial, expedido a requerimento do interessado, independente de inventário ou arrolamento.

77. Art. 16. São beneficiários do Regime Geral de Previdência Social, na condição de dependentes do segurado:

    I – o cônjuge, a companheira, o companheiro e o filho não emancipado, de qualquer condição, menor de 21 (vinte e um) anos ou inválido ou que tenha deficiência intelectual ou mental ou deficiência grave; (Redação dada pela Lei nº 13.146, de 2015)

    II – os pais;

Frise-se que, a despeito de haver dúvidas quanto ao ramo do Judiciário competente para apreciar o requerimento, diante da Emenda Constitucional n. 45/2004, que ampliou a competência da Justiça do Trabalho, o TST cancelou a Súmula n. 176, TST[78], passando a predominar o entendimento de que se trata de parcela decorrente do contrato de trabalho,

---

III – o irmão não emancipado, de qualquer condição, menor de 21 (vinte e um) anos ou inválido ou que tenha deficiência intelectual ou mental ou deficiência grave; (Redação dada pela Lei nº 13.146, de 2015)

IV – (Revogada pela Lei nº 9.032, de 1995)

§ 1º A existência de dependente de qualquer das classes deste artigo exclui do direito às prestações os das classes seguintes.

§ 2º O enteado e o menor tutelado equiparam-se a filho mediante declaração do segurado e desde que comprovada a dependência econômica na forma estabelecida no Regulamento. (Redação dada pela Lei nº 9.528, de 1997)

§ 3º Considera-se companheira ou companheiro a pessoa que, sem ser casada, mantém união estável com o segurado ou com a segurada, de acordo com o § 3º do art. 226 da Constituição Federal.

§ 4º A dependência econômica das pessoas indicadas no inciso I é presumida e a das demais deve ser comprovada.

§ 5º As provas de união estável e de dependência econômica exigem início de prova material contemporânea dos fatos, produzido em período não superior a 24 (vinte e quatro) meses anterior à data do óbito ou do recolhimento à prisão do segurado, não admitida a prova exclusivamente testemunhal, exceto na ocorrência de motivo de força maior ou caso fortuito, conforme disposto no regulamento. (Incluído pela Lei nº 13.846, de 2019)

§ 6º Na hipótese da alínea c do inciso V do § 2º do art. 77 desta Lei, a par da exigência do § 5º deste artigo, deverá ser apresentado, ainda, início de prova material que comprove união estável por pelo menos 2 (dois) anos antes do óbito do segurado. (Incluído pela Lei nº 13.846, de 2019)

§ 7º Será excluído definitivamente da condição de dependente quem tiver sido condenado criminalmente por sentença com trânsito em julgado, como autor, coautor ou partícipe de homicídio doloso, ou de tentativa desse crime, cometido contra a pessoa do segurado, ressalvados os absolutamente incapazes e os inimputáveis. (Incluído pela Lei nº 13.846, de 2019)

78. A Justiça do Trabalho só tem competência para autorizar o levantamento do depósito do Fundo de Garantia do Tempo de Serviço na ocorrência de dissídio entre empregado e empregador.

incidindo o disposto no art. 114, I, que, por ser norma especial, prevalece sobre o art. 109, I, ambos da CRFB/88.

Oportuno lembrar que, com a nova redação do art. 114, I, CRFB/88, a competência deixou de ser definida em razão dos sujeitos, empregado e empregador, passando a ser definida em razão da natureza da relação jurídica sob apreciação da Justiça do Trabalho, prevalecendo a competência desta ainda que as partes (ou interessados) não ostentem a qualidade de empregado e empregador.

Nesse sentido, dispõe o Enunciado n. 63, da Primeira Jornada de Direito Material e Processual do Trabalho do Tribunal Superior do Trabalho:

> COMPETÊNCIA DA JUSTIÇA DO TRABALHO. PROCEDIMENTO DE JURISDIÇÃO VOLUNTÁRIA. LIBERAÇÃO DO FGTS E PAGAMENTO DO SEGURO-DESEMPREGO.
>
> Compete à justiça do Trabalho, em procedimento de jurisdição voluntária, apreciar pedido de expedição de alvará para liberação do FGTS e de ordem judicial para pagamento do seguro-desemprego, ainda que figurem como interessados os dependentes de ex-empregado falecido.

Quanto ao cabimento de honorários advocatícios nesta hipótese, entendemos que há incidência das normas dispostas nos arts. 88 e 89, do CPC/ 2015, pelo que as despesas processuais em sede de jurisdição voluntária deverão ser arcadas pelos interessados, retratando, portanto, o princípio do interesse, acolhido pela jurisprudência.

Desse modo, como regra, não haverá, no âmbito deste procedimento de jurisdição voluntária para saque do FGTS, condenação ao pagamento de honorários ao advogado da "parte" contrária.

Havendo oposição pelo outro participante do procedimento, converte-se em jurisdição contenciosa, dada a presença da litigiosidade, pelo que a responsabilidade pelo pagamento dos honorários advocatícios deve ser atribuída a parte sucumbente, com aplicação dos arts. 85 a 87, CPC/2015.

4.13.3. Honorários advocatícios em requerimento de expedição de alvará judicial para habilitação no seguro-desemprego

Há jurisprudência consolidada no sentido de amparar o entendimento pela competência da Justiça do Trabalho para processar e julgar a lide entre empregado e empregador tendo por objeto indenização pelo não fornecimento das guias do seguro-desemprego[79].

Contudo, também é relativamente comum na Justiça do Trabalho o procedimento de jurisdição voluntária instaurado com objetivo de obter alvará judicial para habilitação no programa do seguro-desemprego.

O seguro-desemprego, devido em caso de desemprego involuntário (art. 7º, II, CRFB/88), é benefício de natureza previdenciária, na medida em que o art. 201, III, CRFB/88 prevê que a Previdência Social atenderá a proteção ao trabalhador em situação de desemprego involuntário (art. 2º, I, da Lei n. 7.998/90). Não obstante a natureza previdenciária, o seguro-desemprego não é pago pelo Instituto Nacional do Seguro Social – INSS.

O requerimento do benefício deve ser feito junto às Superintendências Regionais do Trabalho e Emprego (SRTE), valendo lembrar que com

79. Também nesse sentido a Súmula n. 389, TST: SÚMULA Nº 389 – SEGURO-DESEMPREGO. COMPETÊNCIA DA JUSTIÇA DO TRABALHO. DIREITO À INDENIZAÇÃO POR NÃO LIBERAÇÃO DE GUIAS. I – Inscreve-se na competência material da Justiça do Trabalho a lide entre empregado e empregador tendo por objeto indenização pelo não-fornecimento das guias do seguro-desemprego. II - O não-fornecimento pelo empregador da guia necessária para o recebimento do seguro-desemprego dá origem ao direito à indenização.

a extinção do Ministério do Trabalho, a competência deste foi, em grande parte, atribuída ao Ministério da Economia, com a criação de uma Secretaria Especial de Previdência e Trabalho. Uma vez aprovado, o pagamento é feito pela Caixa Econômica Federal.

Quanto ao cabimento de honorários advocatícios, sendo o trabalhador o único interessado, há incidência das normas dispostas nos arts. 88 e 89, do CPC/ 2015, pelo que as despesas processuais em sede de jurisdição voluntária deverão ser arcadas por ele, retratando, portanto, o princípio do interesse, acolhido pela jurisprudência.

Havendo oposição pelo outro participante do procedimento, converte-se em jurisdição contenciosa, dada a presença da litigiosidade, pelo que a responsabilidade pelo pagamento dos honorários advocatícios deve ser atribuída a parte sucumbente, com aplicação dos arts. 85 a 87, CPC/2015.

4.14. HONORÁRIOS ADVOCATÍCIOS NA PRODUÇÃO ANTECIPADA DE PROVA

A produção antecipada de provas (arts. 381 a 383, CPC/2015) é admissível nos casos em que haja fundado receio de que venha a tornar-se impossível ou muito difícil a verificação de certos fatos na pendência da ação; II – a prova a ser produzida seja suscetível de viabilizar a autocomposição ou outro meio adequado de solução de conflito; III – o prévio conhecimento dos fatos possa justificar ou evitar o ajuizamento de ação (art. 381, CPC/2015).

Entende-se, nesse caso, que o prévio conhecimento dos fatos, mediante a análise dos documentos apresentados pela parte ré, possa permitir ao autor a correta indicação do valor do pedido, ou, até mesmo, evitar o ajuizamento de ação futura, decorrendo daí a utilidade da produção antecipada da prova.

É sempre do interesse de um dos interessados, o que inicia o procedimento de jurisdição voluntária, de sorte que a disciplina do cabimento dos honorários advocatícios é a seguinte:

1 – Sendo o procedimento, ilustrativamente, iniciado pelo trabalhador, e não havendo oposição por parte do tomador de serviços, ao obreiro deve ser imputada a responsabilidade pelo pagamento dos honorários advocatícios, por ser o único interessado, com a incidência das normas dispostas nos arts. 88 e 89, do CPC/ 2015, retratando, portanto, o princípio do interesse;

2 – Sendo o procedimento, ilustrativamente, iniciado pelo trabalhador, e havendo oposição por parte do tomador de serviços, converte-se em jurisdição contenciosa, dada a presença da litigiosidade, pelo que a responsabilidade pelo pagamento dos honorários advocatícios **deve ser atribuída à parte sucumbente, com aplicação dos arts. 85 a 87, CPC/2015.**

Nesse sentido, inclusive, a jurisprudência do STJ:

> GRAVO INTERNO NO AGRAVO EM RECURSO ESPECIAL. AÇÃO DE EXIBIÇÃO DE DOCUMENTOS. HONORÁRIOS ADVOCATÍCIOS. NÃO CABIMENTO. AUSÊNCIA DE RESISTÊNCIA DA PARTE RÉ. RECUSA ADMINISTRATIVA JUSTIFICADA. REEXAME DE PROVAS. AGRAVO INTERNO A QUE SE NEGA PROVIMENTO. 1. Consoante entendimento desta Corte Superior, somente são devidos honorários advocatícios em ação cautelar de exibição de documentos se demonstrada a indevida recusa administrativa e configurada a resistência à pretensão autoral, o que não ocorre na presente hipótese. Precedentes. 2. O Tribunal de origem, com fundamento nas provas documentais trazidas aos autos, concluiu que a recusa administrativa foi justificada e não houve resistência na apresentação dos documentos requeridos no procedimento de produção antecipada de provas. A modificação do entendimento lançado no v. acórdão recorrido demandaria o revolvimento de suporte fático-probatório dos autos, o que é inviável em sede de recurso especial, a teor do que dispõe a Súmula 7 deste Pretório.

> 3. Agravo interno a que se nega provimento. (AgInt no AREsp 1328085/SP, Rel. Ministro RAUL ARAÚJO, QUARTA TURMA, julgado em 12/03/2019, DJe 20/03/2019)

Vale destacar, por fim, que, a despeito do disposto no art. 382, § 4º, do CPC/2015, no sentido que "neste procedimento, não se admitirá defesa ou recurso, salvo contra decisão que indeferir totalmente a produção da prova pleiteada pelo requerente originário", é entendimento dominante aquele no sentido de que o direito de defesa deve ser assegurado no âmbito da produção antecipada de prova, ao menos para permitir que sejam alegados temas como condições da ação, pressupostos processuais e garantias constitucionais (tais como a inadmissibilidade de provas obtidas por meios ilícitos e preservação da intimidade, privacidade e sigilo).

4.15. HONORÁRIOS ADVOCATÍCIOS SUCUMBENCIAIS EM CASO DE REVELIA

Aspecto interessante diz respeito à disciplina do cabimento de honorários advocatícios sucumbenciais em caso de ausência de participação da parte ré no processo, tendo em vista sua revelia (art. 844 da CLT).

Tratando-se de Processo Trabalhista, a grande maioria das demandas está sujeita à realização de audiência, seja para recebimento da defesa, seja para a realização da instrução processual (arts. 843, 844, 846, 849, 852-C, CLT; 1º, da I.N. n. 27/05, TST). Na audiência inaugural, a ausência do autor implica arquivamento (desistência), e, no caso do réu, revelia, e, a depender das circunstâncias, confissão quanto a matéria de fato (art. 844, "caput", CLT).

Desse modo, no que toca à designação de audiências inaugurais, diante das características da simplicidade e da oralidade, o Processo do Trabalho sempre foi visto como um "processo de partes", ou seja, o comparecimento na audiência é obrigatório (arts. 844 e 847, CLT), e, em caso de ausência, há efeitos de ordem processual, tanto para a parte autora quanto para a parte ré.

É oportuno lembrar que, em que pese a existência de corrente em sentido contrário, diante da redação do art. 843, § 1º, CLT, prevalecia na doutrina e na jurisprudência (TST, Súmula n. 377) o entendimento de que, exceto quanto à reclamação de empregado doméstico, ou contra micro ou pequeno empresário, o preposto deveria ser necessariamente empregado do reclamado.

Desse modo, a mera presença do advogado da parte ré não impedia a revelia e confissão, ainda que munido de procuração, podendo ser ilidida a revelia apenas mediante a apresentação de atestado médico, declarando, expressamente, a impossibilidade de locomoção do preposto no dia da audiência.

A Lei n. 13.467/2017 – Reforma Trabalhista, contudo, trouxe duas alterações substanciais quanto ao tema. Primeiro, apesar de não alterar o § 1º do art. 843, CLT, incluiu o § 3º, dispondo, de modo expresso, que o preposto do empregador não precisa ser seu empregado, superando, desse modo, o entendimento cristalizado na mencionada Súmula n. 377, TST.

Segundo, ampliou os poderes de atuação do advogado desacompanhado do preposto na audiência, ao inserir o § 5º no art. 844, CLT, no sentido de que ainda que ausente a parte ré, uma vez presente o seu advogado na audiência, serão aceitos a contestação e os documentos eventualmente apresentados.

Pois bem, independentemente de eventual irregularidade de representação da parte ré, o certo é que a revelia, a princípio, não tem o condão de alterar as regras de distribuição do ônus de sucumbência, de modo que, em tese, à parte ré, ainda que revel, caberá o pagamento dos honorários advocatícios ao advogado da parte autora, se sucumbente, ainda que em parte, for.

Contudo, mesmo diante da ocorrência de revelia, é possível que as pretensões formuladas pela parte autora (no todo ou em parte) sejam julgadas improcedentes, já que o principal efeito da revelia é a confissão ficta, que gera, contudo, presunção meramente relativa dos fatos articulados pela parte autora.

Neste caso, é fundamental deixar claro que a parte autora somente será responsabilizada pelo pagamento de honorários advocatícios caso a parte ré tenha sido representada, em audiência, por advogado, e que este tenha apresentado contestação, tudo na forma do art. 844, § 5º, da CLT.

4.16. HONORÁRIOS ADVOCATÍCIOS SUCUMBENCIAIS DEVIDOS À ADVOGADOS E PROCURADORES DA ADMINISTRAÇÃO PÚBLICA

Inovando em relação ao CPC/1973, o CPC/2015 dispõe que "Os advogados públicos perceberão honorários de sucumbência, nos termos da lei." (art. 85, § 19, CPC/2015), cabendo, assim, à Lei específica de cada entidade federativa dispor acerca do tema.

Aplicando o disposto no art. 85, § 19, CPC/2015, a seguinte decisão do TRT da 5º Região:

> HONORÁRIOS SUCUMBENCIAIS. ADVOGADOS PÚBLICOS. É devido o pagamento da verba sucumbencial aos advogados públicos, por força do disposto no § 19 do art. 85 do CPC, no art. 27 da Lei 13.327/2016 e no art. 791-A da CLT. (Processo0001274-25.2017.5.05.0491, Origem PJE, Relator(a) Desembargador(a) PAULINO CESAR MARTINS RIBEIRO DO COUTO, Quinta Turma, DJ 15/05/2020)

Vale destacar que, recentemente, o STF, em sede de julgamento de diversas Ações Diretas de Inconstitucionalidade (ADIns 6.165, 6.178, 6.181 e 6.197), por maioria, declarou a constitucionalidade do art. 85,

§ 19, CPC/2015, ao tempo em que julgou parcialmente procedente o pedido, conferindo interpretação conforme a Constituição, de modo a estabelecer que a somatória dos subsídios e honorários advocatícios sucumbenciais percebidos mensalmente pelos advogados públicos não poderá exceder ao teto dos Ministros do STF, consoante o que dispõe o art. 37, XI, CRFB/88.

4.17. HONORÁRIOS ADVOCATÍCIOS SUCUMBENCIAIS DEVIDOS AOS ADVOGADOS EMPREGADO

O Estatuto da Advocacia, Lei n. 8.906/94, ao tratar dos honorários advocatícios sucumbenciais do advogado empregado dispõe que "Nas causas em que for parte o empregador, ou pessoa por este representada, os honorários de sucumbência são devidos aos advogados empregados." (art. 21).

Entretanto, o STF, ao julgar a ADI n. 1194-4, deu interpretação conforme a Constituição, a fim de, reconhecendo o caráter disponível da parcela, permitir a livre estipulação entre o empregado advogado e seu empregador. Na ausência de pactuação, a verba é pertence ao advogado, sendo possível, outrossim, a estipulação de cláusula contratual em sentido contrário.

4.18. HONORÁRIOS ADVOCATÍCIOS EM CASO DE LITISCONSÓRCIO

Aspecto de importante efeito prático diz respeito à disciplina do cabimento de honorários advocatícios sucumbenciais em caso de litisconsórcio, situação comum no Processo do Trabalho.

É o caso, por exemplo, de litisconsórcio ativo, em que há mais de um autor, e do litisconsórcio passivo, em que há mais de um réu, ou, ainda, de mais de um autor e mais de um réu (litisconsórcio misto). Há, pois, uma pluralidade de sujeitos em um ou ambos os polos da demanda.

O CPC/2015, tem uma disciplina detalhada do litisconsórcio, indicando no seu art. 113 as hipóteses em que se admite o litisconsórcio ativo e passivo:

> Art. 113. Duas ou mais pessoas podem litigar, no mesmo processo, em conjunto, ativa ou passivamente, quando:
>
> I - entre elas houver comunhão de direitos ou de obrigações relativamente à lide;
>
> II - entre as causas houver conexão pelo pedido ou pela causa de pedir;
>
> III - ocorrer afinidade de questões por ponto comum de fato ou de direito.
>
> § 1º O juiz poderá limitar o litisconsórcio facultativo quanto ao número de litigantes na fase de conhecimento, na liquidação de sentença ou na execução, quando este comprometer a rápida solução do litígio ou dificultar a defesa ou o cumprimento da sentença.
>
> § 2º O requerimento de limitação interrompe o prazo para manifestação ou resposta, que recomeçará da intimação da decisão que o solucionar.

A CLT trata de modo sucinto do tema. No seu art. 842 dispõe que "Sendo várias as reclamações e havendo identidade de matéria, poderão ser acumuladas num só processo, em se tratando de empregados da mesma empresa ou estabelecimento." Trata-se de hipótese de litisconsórcio ativo facultativo, sendo a aglutinação de partes no polo ativo decorrente da estratégia processual traçada pelas partes e seus advogados.

Além disso, relevante lembrar que a Reforma Trabalhista – Lei n. 13.467/2017, inseriu na CLT o § 5º do art. 611, segundo o qual os sindicatos subscritores de convenção coletiva ou de acordo coletivo de trabalho deverão participar, como litisconsortes necessários, em ação individual ou coletiva, que tenha como objeto a anulação de cláusulas desses instrumentos.

Relevante apontar, entretanto, que a doutrina tece diversas críticas a tal dispositivo, argumentando que não se trata, tecnicamente, de litisconsórcio necessário (art. 114, CPC/2015), na medida em que não há necessidade de se vincular o sindicato a eventual decisão proferida em sede de demanda individual. Propõe-se, desse modo, que tal dispositivo seja interpretado como obrigatório apenas para as demandas coletivas, conforme doutrina de Homero Batista[80]:

> Por fim, o legislador num lance ousado, criou uma espécie anômala de litisconsórcio necessário, obrigando o sindicato a figurar no polo passivo da demanda judicial em que se postula a nulidade de cláusula. Na verdade, a figura do litisconsórcio necessário não seria a mais adequada, pois o trabalhador, quando aciona a empresa reivindicando pagamentos decorrentes de cláusulas normativas ilegais, não possui relação jurídica com o sindicato, direta ou indiretamente, que justifique a figura da intervenção de terceiro do processo civil. Pior ainda se a gente imaginar que também o sindicato patrona terá de vir ao processo, se se tratar de convenção coletiva. Quando muito, poderíamos imaginar a hipótese de assistência simples – que é aquela modalidade de intervenção em que o terceiro, como o sindicato, concorre com as provas e argumentos em busca de uma prestação favorável ao assistido, como a empresa, a fim de não deixar que uma decisão judicial possa acarretar prejuízos indiretos.
>
> Obrigar o trabalhador a demanda contra seu sindicato evidentemente foi uma estratégia bem pensada para minar a resistência, demovendo-o da ideia, ou, até mesmo para colocar seu sindicato contra ele próprio. Causa ainda mais espanto o fato de que o processo do trabalho, durante décadas, nem ao menos admitia a intervenção de terceiros, resistência ligeiramente abrandada após a EC 45/2004, que passou a admitir outras

80. SILVA, Homero Batista Mateus da. **Comentários à reforma trabalhista.** São Paulo: Editora Revista dos Tribunais, 2017, p.115.

> formas de relação de trabalho e algumas competências não afetas à relação de emprego senso estrito. A obrigatoriedade do litisconsórcio passivo vale também para a ação civil pública e as ações coletivas que veicularem pedido de anulação de cláusula. Evidentemente o art.611-A, § 5º, perde seu objeto se o autor da ação anulatória for a própria entidade sindical.

Nesse sentido, inclusive, disciplinou a MP n. 808/2017, cuja vigência encontra-se encerrada, em face da não apreciação pelo Congresso Nacional, ao alterar § 5º do art. 611-A, CLT, exigindo o litisconsórcio apenas no caso de demandas coletivas.

Quanto à classificação do litisconsórcio, ele pode ser, conforme já destacado, ativo, passivo ou misto; originário (que se forma no início da demanda) ou ulterior (formado após a propositura da demanda); necessário (art. 114, CPC/2015 – quando a formação é obrigatória, seja por disposição de lei, seja por conta da natureza jurídica) ou facultativo (quando a formação decorre da conveniência da parte, sendo, portanto, uma opção da parte); unitário (art. 116, CPC/2015 – a decisão deve ser uniforme para todos os litisconsortes) e simples (a decisão pode ter conteúdo diferente para os litisconsortes).

Serão analisadas, a partir de agora, as hipóteses mais comuns de litisconsórcio no Processo do Trabalho, com as possíveis consequências na disciplina do pagamento de honorários advocatícios sucumbenciais.

4.18.1. A noção de distribuição proporcional prevista no CPC/2015

A CLT, quando da regulamentação dos honorários advocatícios, nada mencionou acerca da hipótese de litisconsórcio, de modo que, por força dos arts. 769 da CLT e 15 do CPC/2015, cabe ao processo do trabalho valer-se das regras contidas no CPC e à Justiça do Trabalho se valer da experiência jurisprudencial da Justiça Comum sobre o tema, para que possamos, no âmbito dos processos trabalhistas, enfrentar a referida situação.

Nesse sentido, importante destacar que o CPC/2015, repetindo, em parte, o disposto no art. 23, CPC/1973, disciplina a distribuição das despesas processuais, inclusive no que toca ao pagamento de honorários advocatícios sucumbenciais, em caso de litisconsórcio. De acordo com o seu art. 87:

> Art. 87. Concorrendo diversos autores ou diversos réus, os vencidos respondem proporcionalmente pelas despesas e pelos honorários.
>
> § 1º A sentença deverá distribuir entre os litisconsortes, de forma expressa, a responsabilidade proporcional pelo pagamento das verbas previstas no *caput*.
>
> § 2 º Se a distribuição de que trata o § 1º não for feita, os vencidos responderão solidariamente pelas despesas e pelos honorários.

Desse modo, percebe-se que o CPC/2015, na hipótese de litisconsórcio, contempla uma responsabilidade proporcional pelos honorários devidos, impondo ao juiz o dever de distribuir entre os litisconsortes, de forma expressa, a responsabilidade proporcional pelo pagamento dos honorários devidos.

Diz ainda o CPC que, na hipótese de não ser feita a distribuição proporcional, os vencidos responderão solidariamente pelos honorários devidos ao advogado da parte contrária.

Assim é que se faz fundamental identificar qual o sentido e o alcance da expressão "responsabilidade proporcional" trazida pelo CPC/2015.

4.18.1.1. A proporcionalidade em relação à base de cálculo

Como resultado de uma primeira interpretação, possível entender que a proporcionalidade prevista no art. 87, "caput" e § 1º, CPC/2015, refere-se à base de cálculo e não ao percentual dos honorários a serem fixados.

Diz-se, assim, pois, que, na hipótese de litisconsórcio ativo, uma vez observados os critérios do art. 791-A, § 2º, da CLT, cada parte autora pode ser condenada individualmente ao pagamento de até 15% de honorários devidos ao advogado da parte ré, hipótese na qual o referido percentual incidirá proporcionalmente ao conteúdo econômico buscado na demanda por cada parte autora individualmente.

Exemplificando, se dois trabalhadores (Rodolfo e Luciano) ajuízam, em litisconsórcio ativo, uma mesma ação em face da empresa Céu Azul, pretendendo, no caso de Rodolfo, verbas que somam R$ 20.000,00 (vinte mil reais) e, no caso de Luciano, verbas que somam R$ 30.000,00 (trinta mil reais), em caso de improcedência total das pretensões de ambos, caberia ao juiz fixar os honorários advocatícios devidos ao advogado da parte ré da seguinte maneira: 5 a 15% (percentuais fixados pela CLT) devidos por Rodolfo, a serem calculados sobre R$ 20.000,00 (vinte mil reais) e 5 a 15% (percentuais fixados pela CLT) devidos por Luciano, a serem calculados sobre R$ 30.000,00 (trinta mil reais).

Assim, caso o Juiz, observados os critérios previstos no art. 791-A, § 2º, da CLT, fixasse os honorários no percentual de 15%, caberia ao juiz condenar Rodolfo ao pagamento de R$ 3.000,00 (três mil reais) a título de advogados ao advogado da parte ré e Luciano ao pagamento de R$ 4.500,00 (quatro mil e quinhentos reais) a título de advogados ao advogado da parte ré.

De acordo com essa linha interpretativa, portanto, cada parte autora pode ser condenada individualmente ao pagamento de até 15% (limite máximo previsto na CLT) de honorários devidos ao advogado da parte ré, hipótese na qual o referido percentual incidirá proporcionalmente ao conteúdo econômico buscado na demanda por cada parte autora individualmente.

4.18.1.2. A proporcionalidade em relação ao valor total devido: a noção de rateio proporcional

A partir de uma outra interpretação, seria possível entender que a proporcionalidade prevista no art. 87, "caput" e § 1º, CPC/2015, refere-se ao valor total devido a título de honorários, sendo que a proporcionalidade prevista na Lei leva a uma espécie de rateio proporcional.

De acordo com essa linha interpretativa, portanto, os honorários são fixados de forma única (respeitado os percentuais mínimo e máximo previstos em Lei), sendo feita uma espécie de rateio proporcional, entre os litisconsortes, acerca da responsabilidade pelo pagamento da "cota parte" de cada um, levando-se em consideração a pretensão econômica de cada um deles quando provocou o Judiciário, no caso de litisconsórcio ativo, e levando-se em consideração o proveito econômico decorrente do que deixou de perder, no caso de litisconsórcio passivo.

Diz-se, assim, pois, que, na hipótese de litisconsórcio ativo, uma vez observados os critérios do art. 791-A, § 2º, da CLT, o juiz deve fixar um percentual "x" (de 5% a 15% no processo do trabalho) a título de honorários e, uma vez fixado este percentual, deve fixar a responsabilidade individual proporcional de cada parte autora no "rateio" dos honorários fixados, de modo que, contudo, não seja ultrapassado o limite máximo previsto em Lei.

De acordo com o mesmo exemplo citado no tópico acima, no qual dois trabalhadores (Rodolfo e Luciano) ajuízam, em litisconsórcio ativo, uma mesma ação em face da empresa Céu Azul, pretendendo, no caso de Rodolfo, verbas que somam R$ 20.000,00 (vinte mil reais) e, no caso de Luciano, verbas que somam R$ 30.000,00 (trinta mil reais), em caso de improcedência total das pretensões de ambos, caberia ao juiz fixar os honorários advocatícios devidos ao advogado da parte ré da seguinte maneira: 5% a 15% (percentuais máximos fixados pela CLT) sobre o proveito econômico obtido pela parte ré (R$ 50.000,00, no caso, já que houve sucumbência total das partes autoras).

Assim, uma vez fixado, por exemplo, 15% (sobre R$ 50.000,00) a título de honorários advocatícios ao advogado da parte ré (R$ 7.500,00), caberá ao Juiz fazer o rateio proporcional à pretensão econômica de cada parte autora, de modo que, por exemplo, poderia determinar que Rodolfo respondesse por 6% a título de honorários advocatícios (totalizando R$ 3.000,00) e Luciano respondesse por 9% a título de honorários advocatícios (totalizando R$ 4.500,00).

Percebe-se que, no exemplo em questão, de acordo com as duas linhas interpretativas, as duas partes autoras acabaram (sendo os percentuais de honorários fixados pelo Juiz os mesmos) sendo responsabilizadas pelo pagamento do mesmo valor a título de honorários advocatícios devidos ao advogado da parte ré: R$ 3.000,00 (Rodolfo) e R$ 4.500,00 (Luciano), motivo pelo qual, neste exemplo em particular, tanto pelo critério da proporcionalidade em relação à base de cálculo, quanto pelo critério da proporcionalidade em relação ao valor total devido ("rateio proporcional"), encontra-se a noção de responsabilidade proporcional prevista na Lei.

Contudo, ao exemplificarmos a partir de um caso de responsabilização subsidiária decorrente de terceirização de serviços (algo extremamente comum na Justiça do Trabalho), percebemos que os critérios acabam alcançando resultados distintos.

Imaginemos, pois, uma ação trabalhista ajuizada por Alberto em face da empresa Céu Azul (real empregadora/devedora principal) e das empresas Terra Vermelha (tomadora de serviços) e Mar Verde (tomadora de serviços).

No âmbito da referida ação, tomemos como exemplo uma pretensão contra a devedora principal que soma R$ 50.000,00 (cinquenta mil reais) referentes a cinco anos de contrato e pedidos de responsabilização subsidiária em face das tomadoras, sendo o período de prestação de serviços em favor da Terra Vermelha apontado como sendo de dois anos (equivalente a R$ 20.000,00) e o período de prestação de serviços em favor da Mar Verde apontado como sendo de três anos (equivalente a R$ 30.000,00).

Desde já, destacamos que, considerando o disposto no § 5º do art. 5º-A da Lei n. 6.019/74 no sentido de que "A empresa contratante é subsidiariamente responsável pelas obrigações trabalhistas **referentes ao período em que ocorrer a prestação de serviços** (...)", o nosso entendimento é no sentido de que eventual "proveito econômico obtido" obtido pela tomadora de serviços em decorrência improcedência (total ou parcial) das pretensões formuladas contra si deve ser pensado com base no alegado período de prestação de serviços em seu favor.

Pois bem.

Supondo que, no caso do exemplo em questão, a sentença concluiu pela procedência em parte das pretensões formuladas em face da devedora principal/real empregadora, somando R$ 25.000,00 (vinte e cinco mil reais) de crédito em favor do trabalhador, e concluiu pela procedência do pedido de responsabilização subsidiária em face da tomadora de serviços Terra Vermelha (que, por via de consequência, passou a ser responsabilizada por R$ 10.000,00, já que sua responsabilidade está limitada ao valor equivalente a dois anos de prestação de serviços em seu favor, do total de cinco anos que somaram R$ 25.000,00 de condenação) e pela improcedência do pedido de responsabilização subsidiária em face da tomadora de serviços Mar Verde, partindo-se do pressuposto de que o juízo fixou honorários advocatícios de sucumbência recíproca no percentual de 10%, vejamos como ficaria a realidade a partir de cada uma das teorias propostas:

a) utilizando-se da teoria da proporcionalidade em relação à base de cálculo:

Com base nesta teoria, no caso em questão, Alberto teria que pagar 10% sobre R$ 25.000,00 (vinte e cinco mil reais) em favor do advogado da parte ré Céu Azul (real empregadora) + 10% sobre R$ 10.000,00 (dez mil reais) em favor do advogado da parte ré Terra Vermelha e 10% sobre R$ 30.000,00 (trinta mil reais) em favor do advogado da parte ré Mar Verde, somando, assim, R$ 6.500,00 (seis mil e quinhentos reais) total a título de honorários advocatícios devidos aos advogados das partes rés.

Por sua vez, a parte ré Céu Azul teria que pagar 10% sobre R$ 25.000,00 (vinte e cinco mil reais) em favor do advogado da parte autora (totalizando R$ 2.500,00) e a parte ré Terra Vermelha 10% sobre R$ 10.000,00 (dez mil reais) em favor do advogado da parte autora (totalizando R$ 1.000,00), ficando, assim, cada parte ré, individualmente, responsável pelo pagamento dos honorários devidos ao advogado da parte autora, que, por sua vez, receberia, no total, o equivalente a R$ 3.500,00 a título de honorários advocatícios.

Não haveria, neste caso, condenação da parte ré Mar Verde ao pagamento de honorários advocatícios em benefício do advogado da parte autora, já que a parte ré Mar Verde restou totalmente vencedora nos pedidos formulados em seu desfavor.

b) utilizando-se da teoria da proporcionalidade em relação ao valor total devido: a noção de rateio proporcional:

Por sua vez, utilizando-se da teoria do rateio proporcional, teríamos uma realidade distinta.

Comecemos, para ficar didático, da responsabilidade das partes rés (que formam um litisconsórcio) quanto ao pagamento de honorários advocatícios ao advogado da parte autora.

De acordo com a teoria em questão, como vimos, o juiz deve fixar um percentual "x" (de 5% a 15% no processo do trabalho) a título de honorários devidos ao advogado da parte contrária e, uma vez fixado este percentual, deve fixar a responsabilidade individual proporcional de cada parte integrante do litisconsórcio (no caso em análise, passivo) no "rateio" dos honorários fixados, de modo que, contudo, não seja ultrapassado o limite máximo previsto em Lei.

Dessa maneira, fixando o Juiz o percentual de 10% a título de honorários devidos ao advogado da parte autora, caberia ao Juiz, observando a regra da responsabilidade proporcional, atribuir a cada parte ré sucumbente, de maneira expressa, a sua cota de responsabilidade.

Portanto, fixado o percentual de 10% a título de honorários advocatícios devidos ao advogado da parte autora, calculados sobre R$ 25.000,00 (vinte e cinco mil reais – valor total do crédito fixado em favor da parte autora), totalizando R$ 2.500,00 (dois mil e quinhentos reais), cabe ao juiz atribuir à parte ré Céu Azul (devedora principal) a proporcionalidade da sua responsabilidade e à parte ré Terra Vermelha a proporcionalidade de sua responsabilidade.

Assim, por exemplo, poderia o Juiz atribuir à devedora principal a responsabilidade pelo pagamento de 60% (sessenta por cento) do total dos honorários advocatícios fixados em favor do advogado da parte autora (o que seria equivalente, no caso, a R$ 1.500,00 > mil e quinhentos reais) e à devedora subsidiária condenada (empresa Terra Vermelha) a responsabilidade pelo pagamento de 40% (quarenta por cento) do total dos honorários advocatícios fixados em favor do advogado da parte autora (o que seria equivalente, no caso, a R$ 1.000,00 > mil reais).

De acordo com a aplicação da teoria em questão, pois, o advogado da parte autora receberia, no total, o equivalente a R$ 2.500,00 a título de honorários advocatícios e não R$ 3.500,00 (três mil e quinhentos reais) como no caso da teoria da proporcionalidade em relação à base de cálculo.

Quanto à responsabilidade de Alberto pelo pagamento dos honorários advocatícios aos advogados das partes rés, seria possível dizer que, não havendo litisconsórcio no polo ativo, nada seria diferente valendo-se de uma teoria ou de outra, já que caberia a Alberto responder, individualmente, pelo pagamento dos honorários advocatícios devidos a cada um dos advogados de cada parte ré, já que cada advogado é detentor, autonomamente, dos honorários advocatícios decorrentes do seu labor.

Ocorre que, em assim se entendendo, haveria uma desigualdade de tratamento injustificada, já que o valor a ser recebido pelo advogado da parte autora seria diferente a depender das teorias aplicadas, mas o valor a ser recebido pelos advogados das partes rés seria o mesmo, em que pese todos os advogados tenham desempenhado os mesmos trabalhos, havendo consequências diferentes apenas e tão somente por conta de possibilidades interpretativas distintas.

Assim é que entendemos que, ao se aplicar a teoria do rateio proporcional, a responsabilidade da parte autora também deve ser apurada a partir de um valor/percentual único, fazendo-se, após isto, um rateio proporcional não da responsabilidade pelo pagamento neste caso, mas sim em benefício dos credores (advogados das partes rés).

Exemplificando, fixado o percentual de 10% a título de honorários advocatícios devidos ao advogado pela parte autora, calculados sobre R$ 25.000,00 (vinte e cinco mil reais – valor total do crédito fixado em favor da parte autora), totalizando R$ 2.500,00 (dois mil e quinhentos reais), cabe ao juiz atribuir a cada advogado das partes rés a sua cota parte, de maneira que, a partir dos critérios previstos no § 2º do art. 791-A da CLT, poderia o juiz fixar, por exemplo, 40% ao advogado da parte ré que foi totalmente vitoriosa na demanda (Mar Verde), 30% ao advogado da parte ré real empregadora (Céu Azul) e 30% ao advogado da parte ré Terra Vermelha (tomadora de serviços).

É nesse sentido, inclusive, a doutrina de Nelson Nery Junior e Rosa Maria de Andrade Nery, para quem "Havendo vários réus vencedores na demanda, a condenação do autor deve ater-se ao limite legal de 20%, que deverá ser rateado entre os vencedores, sendo inadmissível sua condenação em 20% para cada um dos corréus (JTACivSP 38/286)."[81]

E, afinal, qual teoria deve ser aplicada?

Como se trata de tema que passou a ser realidade prática em caráter geral no processo do trabalho apenas a partir da entrada em vigor da Lei n. 13.467/2017 (ações ajuizadas a partir de sua entrada em vigor), nada melhor do que buscar, na jurisprudência da justiça comum, orientações interpretativas.

Neste particular, digno de destaque o julgado abaixo, do ano de 2020, por meio do qual se deixa claro que "havendo pluralidade de vencedores, os honorários da sucumbência deverão ser partilhados entre eles, na proporção das respectivas pretensões", o que levou, inclusive, o STJ a dar parcial provimento ao recurso especial, a fim de fixar os honorários advocatícios em 10% sobre o valor atualizado da causa, nos termos do art. 85, § 2º, do CPC/2015, **a serem repartidos entre os advogados dos vencedores**":

> AGRAVO INTERNO NO AGRAVO EM RECURSO ESPECIAL. COMPRA E VENDA DE IMÓVEL. RESCISÃO DO CONTRATO A PEDIDO DO COMPRADOR. EXTINÇÃO DO PROCESSO EM RELAÇÃO À INCORPORADORA. ILEGITIMIDADE PASSIVA. IMPROCEDÊNCIA DO PEDIDO EM RELAÇÃO À VENDEDORA. HONORÁRIOS ADVOCATÍCIOS DE SUCUMBÊNCIA. EQUIDADE. DESCABIMENTO. ART. 85, § 2º, DO CPC/2015. VALOR DA CAUSA. PLURALIDADE DE VENCEDORES. RATEIO PROPORCIONAL. RECURSO PROVIDO. 1. A jurisprudência firmada na Segunda Seção desta eg. Corte é no sentido de que os honorários advocatícios sucumbenciais devem ser fixados, em regra,

81. NERY JUNIOR, Neslon. NERY, Rosa Maria de Andrade. **Código de Processo Civil Comentado.** 17. ed. São Paulo: Editora Revista dos Tribunais, 2018, pg. 258.

> com observância dos limites percentuais e da ordem de gradação da base de cálculo estabelecida pelo art. 85, § 2º, do CPC/2015, inclusive nas demandas julgadas improcedentes ou extintas sem resolução do mérito, sendo subsidiária a aplicação do art. 85, § 8º, do CPC/2015, possível apenas quando ausente qualquer das hipóteses do § 2º do mesmo dispositivo (REsp 1.746.072/PR, Rel. p/ acórdão Ministro RAUL ARAÚJO, SEGUNDA SEÇÃO, DJe de 29/3/2019). 2. Conforme entendimento já manifestado por esta Corte, "A regra da proporcionalidade - art. 23 do CPC - também se aplica nos casos em que há vencedores plúrimos" (REsp 1.370.152/RJ, Rel. Ministro RICARDO VILLAS BÔAS CUEVA, TERCEIRA TURMA, julgado em 10/11/2015, DJe de 13/11/2015, g.n.). Nesses termos, "havendo pluralidade de vencedores, os honorários da sucumbência deverão ser partilhados entre eles, na proporção das respectivas pretensões" (AgRg no Ag 1.241.668/RS, Rel. Ministro OG FERNANDES, SEXTA TURMA, julgado em 17/03/2011, DJe de 11/05/2011, g.n.). 3. Agravo interno parcialmente provido, para dar parcial provimento ao recurso especial, a fim de fixar os honorários advocatícios em 10% sobre o valor atualizado da causa, nos termos do art. 85, § 2º, do CPC/2015, a serem repartidos entre os advogados dos vencedores. (STJ - AgInt no AREsp: 1495240 SP 2019/0122155-2, Relator: Ministro RAUL ARAÚJO, Data de Julgamento: 17/12/2019, T4 - QUARTA TURMA, Data de Publicação: DJe 04/02/2020)

Como se vê, portanto, há de prevalecer a tese do rateio proporcional, de maneira que, em caso de litisconsórcio, há de ser aplicado o disposto no art. 87, § 1º, do CPC/2015, o que implica dizer que os honorários devem ser fixados de forma única/valor único (respeitados os percentuais mínimo e máximo previstos em Lei), sendo feita uma espécie de rateio proporcional, entre os litisconsortes, acerca da responsabilidade pelo pagamento da "cota parte" de cada um, levando-se em consideração a pretensão econômica de cada um deles quando provocou o Judiciário, no caso de litisconsórcio ativo, e levando-se em consideração o proveito econômico decorrente do que deixou de perder, no caso de litisconsórcio passivo.

4.18.1.3. A possibilidade de responsabilidade solidária.

Como visto, havendo sucumbência na hipótese de litisconsórcio, os vencidos devem responder proporcionalmente pelo pagamento de honorários advocatícios sucumbenciais, devendo a sentença distribuir, de modo expresso, tal responsabilidade, sendo possível, inclusive, a oposição de embargos de declaração, a fim de que haja manifestação expressa a respeito (art. 897-A, CLT; art. 1.023, CPC/2015).

Contudo, sabendo da possibilidade de não ser feita a referida distribuição proporcional expressa, o art. 87, § 2º, CPC/2015, traz uma disciplina subsidiária para a hipótese de não haver na sentença manifestação expressa acerca da responsabilidade de cada litisconsórcio a respeito do tema, conferindo responsabilidade solidária dos litigantes vencidos, de modo que cada devedor fica obrigado à dívida toda (art. 264, CC/2002). Trata-se, assim, de responsabilidade resultante de expressa disposição legal (art. 265, CC/2002).

Nesse caso, são aplicáveis as disposições relativas às obrigações solidárias (arts. 264 a 285, CC/2002), tendo maior importância prática ao presente estudo a norma segundo a qual o "credor tem direito a exigir e receber de um ou de alguns dos devedores, parcial ou totalmente, a dívida comum; se o pagamento tiver sido parcial, os demais devedores continuam obrigados solidariamente pelo resto." (art. 265, CC/2002).

4.18.2. Litisconsórcio ativo

A hipótese mais frequente diz respeito ao quanto previsto no art. 842, CLT, de modo que os trabalhadores propõem ação em face do antigo empregador, postulando o pagamento de parcelas contratuais e legais inadimplidas durante a relação de emprego.

Nesse caso, em que se tem, ilustrativamente, duas (ou mais) partes autoras e uma parte ré, pode haver dúvidas de como seriam distribuídos os encargos relativos ao pagamento de honorários advocatícios.

Feitas tais considerações, cabe analisar as consequências na distribuição da responsabilidade de pagamento de honorários advocatícios sucumbenciais de acordo com os possíveis resultados da demanda.

4.18.2.1. Dois autores formulando pedidos distintos com resultado de improcedência total

Na grande maioria dos casos de litisconsórcio ativo na Justiça do Trabalho, os autores formulam pedidos distintos (a despeito de ser possível haver identidade das parcelas pretendidas), já que cada contrato de trabalho possui uma realidade específica com relação às datas de admissão e saída, à função exercida, ao salário pago, além de outros elementos que individualizam os contratos.

Desse modo, por mais que os dois autores, por exemplo, formulem pedidos de pagamento de aviso prévio, estes pedidos, por conta das especificidades dos contratos de trabalho, serão considerados distintos para os efeitos de sucumbência.

Diante disso, em caso de improcedência total dos pedidos formulados pelas partes autoras, há sucumbência de ambos, de modo que elas serão condenadas ao pagamento de honorários advocatícios sucumbenciais (até o limite total de 15%) em favor do advogado da parte ré, cabendo ao Juiz fixar, de modo proporcional ao conteúdo econômico de cada um deles buscado na demanda (art. 87, "caput" e § 1º, CPC/2015), a responsabilidade de cada uma das partes autoras. Em caso de omissão na decisão a respeito da fixação proporcional, as partes autoras responderão, de modo solidário, por todo o valor devido a título de honorários (art. 87, § 2º, CPC/2015).

Percebe-se, portanto, que a proporcionalidade prevista no art. 87, "caput" e § 1º, CPC/2015, implica uma espécie de "rateio proporcional", o que impede, pois, que cada parte autora, uma vez observados os critérios do art. 791-A, § 2º, da CLT, possa ser condenada individualmente ao pagamento de até 15% de honorários devidos ao advogado da parte ré.

4.18.2.2. Dois autores formulando pedidos distintos com resultado de procedência total

Na hipótese de procedência integral dos pedidos formulados pelas partes autoras, há sucumbência da parte ré, que deverá arcar com os honorários advocatícios devidos ao advogado das partes autoras, também de modo proporcional ao conteúdo econômico de cada um deles buscado na demanda (art. 87, "caput" e § 1º, CPC/2015).

Vale destacar que, independente das partes autores estarem representadas por advogado único ou distintos, a parte ré sucumbente deverá ser responsabilizada pelos honorários em um percentual único (até 15%), devendo ser feito pelo juiz um rateio proporcional entre os advogados das partes autoras vencedoras.

Desse modo, a parte ré, uma vez observados os critérios do art. 791-A, § 2º, da CLT, pode ser condenada ao pagamento de honorários advocatícios entre 5% e 15% devidos ao(s) advogados(s) da parte autora, hipótese na qual o referido percentual incidirá sobre o valor total de sua sucumbência e, após isso, será dividido proporcionalmente entre o(s) advogado(s) das partes autoras.

4.18.2.3. Dois autores formulando pedidos distintos com resultados distintos para cada um: procedência total de um e improcedência total do outro

Se houver procedência integral dos pedidos formulados por um dos litisconsortes e improcedência total dos pedidos formulados pelo outro, haverá sucumbência exclusiva de um dos integrantes do polo ativo, que deverá arcar, sozinho, com o pagamento de honorários advocatícios sucumbenciais ao advogado da parte ré, bem assim haverá sucumbência da parte ré em relação apenas a uma das partes autoras, devendo, pois, arcar com os honorários advocatícios devidos apenas ao advogado do litisconsorte vitorioso.

Nesse caso, o arbitramento do valor dos honorários advocatícios sucumbenciais deverá levar em consideração os critérios já analisados nessa obra, sobretudo o valor do conteúdo econômico dos pedidos formulados pelo litisconsorte ativo derrotado (devidos ao advogado da parte ré), e o valor da condenação imposta à parte ré (devidos ao advogado da parte autora).

4.18.2.4. Dois autores formulando pedidos distintos com resultados distintos para cada um: procedência parcial de um e improcedência total do outro

Já no caso de procedência parcial dos pedidos formulados por um dos litisconsortes e improcedência dos pedidos formulados pelo outro, haverá sucumbência de ambos integrantes do polo ativo (um de modo total e o outro de modo parcial), os quais deverão arcar com o pagamento de honorários advocatícios sucumbenciais ao advogado da parte ré (respondendo proporcionalmente pelo valor fixado pelo juiz), bem assim haverá sucumbência parcial da parte ré, que deverá arcar com o pagamento de honorários advocatícios ao advogado do litisconsorte parcialmente vitorioso.

Nesse caso, a distribuição proporcional do valor dos honorários advocatícios sucumbenciais devidos deverá levar em consideração os critérios já analisados nessa obra, sobretudo o valor do conteúdo econômico dos pedidos formulados pelos litisconsortes ativos tanto o parcialmente quanto o integralmente derrotado (devidos ao advogado da parte ré), e o valor da condenação imposta à parte ré (devidos ao advogado da parte autora).

4.18.2.5. Dois autores formulando pedidos distintos com resultados de procedência parcial para ambos

Já no caso de procedência parcial dos pedidos formulados ambos os litisconsortes, haverá sucumbência parcial dos integrantes do polo ativo, os quais deverão arcar com o pagamento de honorários advocatícios sucumbenciais ao advogado da parte ré, bem assim haverá sucumbência parcial da parte ré, que deverá arcar com o pagamento de honorários advocatícios ao advogado dos litisconsortes parcialmente vitoriosos, distribuindo-se proporcionalmente os valores devidos, conforme critério do "rateio proporcional" anteriormente tratado.

Nesse caso, o arbitramento do valor dos honorários advocatícios sucumbenciais deverá levar em consideração os critérios já analisados nessa obra, sobretudo o valor do conteúdo econômico dos pedidos formulados pelos litisconsortes ativos, na proporção de cada um (devidos ao advogado da parte ré), e o valor da condenação imposta à parte ré (devidos ao advogado da parte autora).

Na linha do já mencionado, em todas as hipóteses, em caso de omissão na sentença da distribuição da sucumbência, os vencidos responderão solidariamente pelas despesas e pelos honorários.

4.18.3. Litisconsórcio passivo

Assim como ocorre com o litisconsórcio ativo, nas hipóteses de litisconsórcio passivo, é fundamental analisar a forma de responsabilização pelos honorários devidos.

4.18.3.1. Responsabilidade pelo pagamento de honorários advocatícios na hipótese de litisconsórcio passivo em decorrência de pedido de responsabilidade subsidiária fruto de uma terceirização de serviços

Entre as hipóteses mais comuns na Justiça do Trabalho de litisconsórcio passivo, há as demandas em que se discute a responsabilidade do tomador de serviços (art. 5-A, § 5º, da Lei n. 6.019/74 ; TST, Súmula n. 331, IV, V e VI) e do dono da obra (art. 455, CLT; Orientação Jurisprudencial n. 191, SDI 1, TST), além da existência de grupo econômico (art. 2º. CLT).

Cabe apontar, desde logo, e esse ponto é de suma relevância, que não são aplicáveis ao tema da responsabilidade pelo pagamento de honorários advocatícios sucumbenciais as disposições de direito material que atribuem a responsabilidade pelo pagamento de eventuais créditos devidos ao trabalhador, quer as decorrentes de expresso texto de lei, quer as decorrentes de interpretação sistemática do ordenamento jurídico.

Ilustrativamente, no caso em que se busca o reconhecimento da responsabilidade do tomador de serviços terceirizados (art. 5-A, § 5º, da Lei n. 6.019/74 ; TST, Súmula n. 331, IV, V e VI), há formação do litisconsórcio passivo, com a integração de duas empresas no polo passivo da demanda. Cabe analisar as consequências na distribuição da responsabilidade de pagamento de honorários advocatícios sucumbenciais de acordo com os possíveis resultados da demanda.

Nesse caso, na linha do mencionado, é inaplicável, quanto ao tema da responsabilidade pelo pagamento de honorários advocatícios sucumbenciais, o entendimento cristalizado na Súmula n. 331, TST, haja vista que não se trata de crédito resultante da relação de trabalho, mas, sim, da relação jurídica processual, de modo que não há como se condenar, subsidiariamente, a tomadora de serviços, pelos honorários advocatícios devidos pela parte ré real empregadora ao advogado da parte autora.

Não por outra razão, é fundamental que se aplique a estes casos a tese do "rateio proporcional", já exemplificada anteriormente.

Assim é que, em caso de procedência integral dos pedidos em face das partes rés, haverá sucumbência de ambas, as quais responderão pelo pagamento de honorários advocatícios sucumbenciais devidos ao advogado da parte autora. Assim, os vencidos (integrantes do polo passivo) devem responder proporcionalmente (de acordo com o conteúdo de cada um) pelo pagamento de honorários advocatícios sucumbenciais fixados pelo juiz, devendo a sentença distribuir, de modo expresso, tal responsabilidade, sendo certo que, em caso de omissão na decisão, responderão solidariamente.

Se houver improcedência dos pedidos formulados pela parte autora em face de ambas as partes rés, haverá a sucumbência da parte autora, a qual responderá pelo pagamento de honorários advocatícios sucumbenciais em favor dos advogados das partes rés, devendo o juiz, outrossim, fixar o percentual de honorários devidos e distribui-los proporcionalmente aos advogados de cada uma das partes rés vencedoras.

Na hipótese de improcedência dos pedidos em face de uma das partes rés (ilustrativamente, da tomadora de serviços) e procedência integral dos pedidos formulados em face da outra parte ré, haverá sucumbência da parte autora em relação a uma das partes ré e sucumbência de uma das partes rés. Assim, a parte autora arcará com o pagamento de honorários advocatícios sucumbenciais devidos ao advogado da litisconsorte vitoriosa, ao passo que a parte ré derrotada deverá pagar honorários advocatícios ao advogado da parte autora.

Já no caso de improcedência dos pedidos em face de uma das partes rés (ilustrativamente, da tomadora de serviços) e procedência parcial dos pedidos formulados em face da outra parte ré, haverá sucumbência da parte autora em relação a cada das partes rés, total em face de uma e parcial em face da outra, e sucumbência parcial de uma das partes rés em face da parte autora. Assim, a parte autora arcará com o pagamento de honorários advocatícios sucumbenciais ao advogado da litisconsorte integralmente vitoriosa e ao advogado da litisconsorte parcialmente vitoriosa (mediante rateio proporcional fixado pelo Juiz), ao passo que esta (parte ré parcialmente derrotada) deverá pagar honorários advocatícios ao advogado da parte autora (parcialmente vitorioso).

Cumpre, ainda, analisar a possibilidade de procedência parcial dos pedidos formulados pela parte autora em face de ambas as partes rés, quando, então, há sucumbência de todas as partes do processo. Aqui, a parte autora deverá arcar com os honorários advocatícios sucumbenciais em favor de cada um dos advogados das partes rés, ou seja, tanto ao advogado da empresa tomadora quanto ao advogado da empresa prestadora (mediante distribuição proporcional a ser feita pelo juiz), ao passo que as partes rés responderão proporcionalmente (de acordo com o conteúdo de cada um) pelo pagamento de honorários advocatícios sucumbenciais ao advogado da parte autora, devendo também a sentença distribuir, de modo expresso, tal responsabilidade, sendo certo que, em caso de omissão na decisão, responderão solidariamente.

Conclui-se, desse modo, que, independentemente da natureza da relação de direito material levada a juízo (responsabilidade na terceirização, dona da obra ou grupo econômico), os parâmetros analisados para distribuição proporcional da responsabilidade pelo pagamento de honorários advocatícios sucumbenciais devem ser observados nas hipóteses de litisconsórcio passivo, haja vista que a disciplina fixada pelo art. 87, CPC/2015, independe da natureza jurídica da relação de direito material discutida.

4.18.3.2. Análise do tema na fase de execução.

De outro giro, uma questão que merece ser analisada diz respeito a particularidade relacionada à condenação de honorários advocatícios na fase de execução.

No que diz respeito aos honorários advocatícios devidos na fase de conhecimento, não há particularidade, aplicando-se, integralmente, o raciocínio já desenvolvido linhas acima. A questão, de relativa complexidade, diz respeito aos honorários devidos na fase de execução, hipótese defendida nessa obra.

De acordo com o defendido nessa obra, são aplicáveis ao Processo do Trabalho o disposto nos arts. 85, § 1º e 523, "caput", § § 1º e 2º, CPC/2015, no ponto em que dispõem sobre a incidência de honorários advocatícios na fase de execução, autônomos em relação aos arbitrados na fase de conhecimento.

Assim, uma vez transitada em julgado a decisão da fase de conhecimento, com a execução forçada em face da devedora principal (empresa prestadora de serviços), possível o arbitramento de honorários advocatícios específicos da fase de execução. Se a execução tiver sucesso em face devedora principal, nada há que se discutir acerca da responsabilidade da tomadora, seja pelas verbas trabalhistas deferida em sentença, seja pelos honorários advocatícios arbitrados, tanto na fase de conhecimento quanto na fase de execução.

Aspecto mais complexo diz respeito a hipótese insucesso da execução em face da devedora principal.

A despeito de possível corrente em sentido contrário, entende-se que o simples fato da executada principal não ter cumprido espontaneamente a decisão (art. 523, §1º, CPC/2015), e, até mesmo, ter apresentado impugnação à execução (art. 827, § 2º, CPC/2015), o que tem o condão de permitir a elevação do percentual em mais 5% – limite máximo fixado em cada fase do Processo do Trabalho, em razão do disposto no art. 791-A, CLT, não autoriza a imputação a devedora subsidiária a responsabilidade pelo pagamento desses honorários devidos em razão da execução.

A responsabilidade subsidiária da empresa tomadora, por comportar benefício de ordem, pressupõe que a execução tenha sido infrutífera em face da devedora principal, não abarcando, a princípio, atos e omissões processuais da empresa prestadora.

Assim, não se mostra razoável atribuir à devedora subsidiária a omissão da tomadora de cumprir a determinação no prazo legal e de ter apresentado impugnação a execução, pelo que os honorários advocatícios decorrentes desses fatos processuais apenas são imputáveis a quem deu causa, a empresa prestadora (devedora principal).

Logo, a devedora subsidiária apenas responderá por honorários advocatícios arbitrados de modo autônomo na fase de execução, caso, citada, não cumpra a sentença, sendo ainda possível a majoração se embargar à execução.

Como visto, em caso de título executivo judicial, com o cumprimento de sentença, serão fixados, provisoriamente, os honorários advocatícios, específicos dessa fase e autônomos em relação ao fixado na sentença na fase de conhecimento, no percentual de 10% (previsto no art. 523, § 1º, CPC/2015), os quais devem constar no despacho que determinar a citação do devedor (art. 880, CLT), a fim de que cumpra a decisão ou o acordo no prazo, pelo modo e sob as cominações estabelecidas ou, quando se tratar de pagamento em dinheiro, inclusive de contribuições sociais devidas à União, para que o faça em 48 (quarenta e oito) horas ou garanta a execução, sob pena de penhora.

Havendo cumprimento integral da determinação, não haverá a incidência dos honorários advocatícios fixados no mandado; não ocorrendo pagamento voluntário no prazo, o débito será acrescido de honorários de advogado de dez por cento (10%), na forma da já mencionada Súmula n. 517, STJ; efetuado o pagamento parcial no prazo, os honorários incidirão sobre o restante (art. 523, "caput", §§ 1º e 2º, CPC/2015; se houver a apresentação de embargos à execução, os honorários advocatícios podem ser acrescidos de mais 5% – em respeito ao percentual máximo de honorários advocatícios em cada fase, no Processo do Trabalho – art. 791-A, CLT, conforme art. 827, § 2º, CPC/2015.

05

HONORÁRIOS PERICIAIS NA JUSTIÇA DO TRABALHO

5.1. REALIDADE ANTERIOR À LEI N. 13.467/2017

O estudo da disciplina dos honorários periciais no Processo do Trabalho está inserido no estudo de um tema mais amplo, o das despesas processuais. Os direitos, de modo geral, possuem um custo para sua realização, e com o serviço judiciário, espécie de serviço público, não é diferente.

As despesas devem ser compreendidas em sentido amplo, abrangendo as custas dos atos do processo, a indenização de viagem, a remuneração do assistente técnico e a diária de testemunha (art. 84, CPC/2015).

Tratando do tema das despesas processuais, Rodolfo Pamplona Filho e Tércio Roberto Peixoto Souza[82] apontam que

82. PAMPLONA FILHO, Rodolfo; SOUZA, Tércio Roberto Peixoto. **Curso de Direito Processual do Trabalho.** – 2º ed. São Paulo: Saraiva Educação, 2020, p. 373/374.

> A prestação dos serviços, de ordinário, é passível de identificação e quantificação. Acontece que não se pode, muitas vezes, medir a prestação jurisdicional a partir de uma previsão puramente aritmética, na medida em que nem sempre se pode dizer quanto vale o dinheiro de alguém, ou mesmo sua cidadania. É possível, em algumas oportunidades, a apuração do reflexo material de um direito, por exemplo, conversão em dinheiro das horas extras não pagas, mas a satisfação, a ideia de fazer justiça, que é aquilo que justifica ideologicamente a existência de um Poder Judiciário, isso, por certo, não tem preço.
>
> Entretanto, como medida de Justiça, não se poderia impor ao Estado a assunção exclusiva dos custos da operação da máquina judiciária. De outro lado, como veremos, há hipóteses em que a participação de outros agentes no curso da demanda processual implica despesas que devem ser ressarcidas pelas partes.
>
> Por isso a parte, a não ser quando é beneficiária pela gratuidade de justiça, deve pagar as despesas decorrentes do processo.

Com efeito, estão compreendidas como despesas processuais os gastos realizados pela parte, dentro ou fora do processo, para concretização do seu direito. Os honorários periciais, quando necessária a realização da perícia, estão, evidentemente, inseridos nesse contexto.

E não poderia ser diferente. É que a CRFB/88 garante o direito fundamental à prova, numa perspectiva de acesso à justiça (art. 5º, XXXV, da CRFB/88).

Sendo provar o ato de formar a convicção do órgão julgador sobre a existência ou não de fatos relevantes do processo, a parte pode lançar mão de todos os meios legais, bem como os moralmente legítimos, ainda que não especificados pela Lei (art. 332 do CPC/73; art. 369 do CPC/2015).

Entre eles, nesse contexto, inclui-se a prova pericial, que consiste em exame, vistoria ou avaliação, sendo imprescindível quando a prova do fato depender de conhecimento especial de técnico (arts. 156 e 464 do CPC/2015), o que ocorre, por exemplo, na verificação da autenticidade das assinaturas constantes de um recibo, bem assim, de modo geral, nas ações em que há pedido de pagamento de adicional de insalubridade ou periculosidade (art. 195, § 2º, CLT).

A disciplina dos honorários periciais na CLT, no período anterior a vigência da Lei n. 13.467/2017, encontrava-se no art. 790-B, "caput", CLT, dispositivo que foi alterado, a fim de constar com nova redação do seu "caput", bem assim com a inserção de quatro parágrafos, conforme adiante será analisado.

Pela redação anterior, a responsabilidade pelo pagamento dos honorários periciais era da parte sucumbente na pretensão objeto da perícia, SALVO se beneficiária de justiça gratuita, dispositivo que estava alinhado, de maneira harmônica, com a CRFB/88 na perspectiva do direito fundamental de acesso à justiça e do direito fundamental à assistência judiciária gratuita.

A partir deste comando normativo, o TST consolidara entendimento jurisprudencial no sentido de que:

> A União é responsável pelo pagamento dos honorários de perito quando a parte sucumbente no objeto da perícia for beneficiária da assistência judiciária gratuita, observado o procedimento disposto nos arts. 1º, 2º e 5º da Resolução n.º 66/2010 do Conselho Superior da Justiça do Trabalho – CSJT. (Súmula n. 457 do TST).

O referido entendimento, pois, deixava claro que, sendo a parte sucumbente na pretensão objeto da perícia beneficiária da justiça gratuita, seria da União a responsabilidade pelo pagamento dos honorários do perito, garantindo, assim, ao beneficiário da justiça gratuita, a efetividade do direito fundamental à prova, no caso, pericial.

5.2. REALIDADE A PARTIR DA LEI N. 13.467/2017

Com a Reforma Trabalhista – Lei n. 13.467/2017, o art. 790-B, CLT, passou a contar com a seguinte redação:

> Art. 790-B. A responsabilidade pelo pagamento dos honorários periciais é da parte sucumbente na pretensão objeto da perícia, ainda que beneficiária da justiça gratuita. (Redação dada pela Lei nº 13.467, de 2017)
>
> § 1º Ao fixar o valor dos honorários periciais, o juízo deverá respeitar o limite máximo estabelecido pelo Conselho Superior da Justiça do Trabalho. (Incluído pela Lei nº 13.467, de 2017)
>
> § 2º O juízo poderá deferir parcelamento dos honorários periciais. (Incluído pela Lei nº 13.467, de 2017)
>
> § 3º O juízo não poderá exigir adiantamento de valores para realização de perícias. (Incluído pela Lei nº 13.467, de 2017)
>
> § 4º Somente no caso em que o beneficiário da justiça gratuita não tenha obtido em juízo créditos capazes de suportar a despesa referida no caput, ainda que em outro processo, a União responderá pelo encargo. (Incluído pela Lei nº 13.467, de 2017)

As consequências jurídicas decorrentes da nova redação do "caput" (substituição da expressão "salvo" pela expressão "ainda que") e da inserção do § 4º, no art. 790-B, CLT, serão analisadas em capítulo específico dessa obra, mais precisamente no capítulo 06. Nesse momento, serão analisadas as consequências das inserções dos § § 1º, 2º e 3º no art. 790-B, da CLT.

5.2.1. O limite máximo estabelecido pelo Conselho Superior da Justiça do Trabalho

Uma das alterações promovidas pela Lei n. 13.467/2017 foi a inserção da regra no sentido de que "Ao fixar o valor dos honorários periciais, o juízo deverá respeitar o limite máximo estabelecido pelo Conselho Superior da Justiça do Trabalho" (art. 790-B, § 1º, CLT).

Como se sabe, o CSJT é órgão constitucional, com função de exercer, na forma da lei, a supervisão administrativa, orçamentária, financeira e patrimonial da Justiça do Trabalho de primeiro e segundo graus, como órgão central do sistema, cujas decisões terão efeito vinculante (art. 111-A, § 2º, II, CRFB/88).

A ideia do Legislador, pois, foi impor limites ao arbitramento dos honorários periciais, certamente com o objetivo de reduzir a margem de discricionariedade do magistrado na fixação do valor devido ao perito judicial.

Há, entretanto, dúvidas quanto ao alcance da norma prevista no art. 790-B, § 1º, CLT.

De um lado, há quem entenda que restrição do arbitramento do valor dos honorários periciais se aplique em toda e qualquer situação, seja quando a responsabilidade pelo pagamento for de um particular, seja quando da responsabilidade pelo pagamento for da União, a quem cabe realizar o pagamento dos honorários periciais na hipótese de concessão da Gratuidade da Justiça (art. 790-B, § 4º, da CLT), consoante será analisado no capítulo 06 dessa obra.

De outro lado, há quem defenda, corrente seguida nesta obra, que os limites fixados apenas são aplicáveis quando a responsabilidade pelo pagamento for da União, na hipótese da parte sucumbente na pretensão objeto da perícia ser beneficiária da Gratuidade da Justiça (art. 790-B, § 4º, da CLT).

Nesse sentido, vale destacar que o CSJT editou a Resolução n. 247/2019, esclarecendo, no seu art. 21[83], a correta interpretação do disposto no art. 790-B, § 1º, CLT, isto é, que o limite máximo (fixado

83. Art. 21. Em caso de pagamento com recursos vinculados à gratuidade judiciária, o valor dos honorários periciais, observado o limite máximo de R$ 1.000,00 (um mil reais), será fixado pelo juiz, atendidos:

I – a complexidade da matéria;

II – o nível de especialização e o grau de zelo profissional ou do órgão;

III – o lugar e o tempo exigidos para prestação do serviço;

IV – as peculiaridades regionais.

em R$ 1.000,00) para o arbitramento do valor dos honorários apenas se aplica apenas no caso de pagamento, pela União, dos honorários periciais com recursos (públicos) vinculados à gratuidade judiciária.

Assim, quando a responsabilidade pelo pagamento dos honorários periciais for assumida pela própria parte, não há falar em aplicação do limite previsto no § 1º do art. 790-B da CLT.

5.2.2. O parcelamento dos honorários periciais

Esclarece o art. 790-B, § 2º, CLT, também inserido pela Lei n. 13.467/2017, que o magistrado poderá autorizar o parcelamento de honorários periciais – regra implicitamente já acolhida no Processo do Trabalho antes mesmo da Reforma Trabalhista.

É que, desde a vigência do CPC/2015, já havia norma expressa permitindo o parcelamento (art. 98, § 6º, CPC/2015[84]), não havendo óbice de sua aplicação ao Processo do Trabalho.

---

§ 1º Os Tribunais Regionais do Trabalho poderão fixar, por meio de atos regulamentares, os valores passíveis de pagamento pela União, a título de honorários periciais, até o limite estabelecido no caput deste artigo. (Redação dada pela Resolução CSJT nº 256, de 14 de fevereiro de 2020)

§ 2º A fixação dos honorários periciais em valor superior ao limite estabelecido pelo Regional, até o limite disposto no caput deste artigo, deverá ser devidamente fundamentada e submetida ao Presidente do Tribunal para análise e autorização.

§ 3º Os limites estabelecidos neste capítulo não se aplicam às perícias, traduções e interpretações custeadas pelas partes, nas quais os honorários serão arbitrados e pagos nos termos da legislação vigente e em consonância com os critérios avaliados pelo magistrado responsável. (Incluído pela Resolução CSJT nº 256, de 14 de fevereiro de 2020)

§ 4º O custeio dos honorários pelas partes, mencionado no parágrafo anterior, não isenta o profissional de proceder ao regular cadastro no Sistema AJ/JT. (Incluído pela Resolução CSJT nº 256, de 14 de fevereiro de 2020)

84. Art. 98. A pessoa natural ou jurídica, brasileira ou estrangeira, com insuficiência de recursos para pagar as custas, as despesas processuais e os honorários advocatícios tem direito à

Trata-se de importante autorização, permitindo que a parte, não beneficiária da Justiça Gratuita, mas sem condições que arcar com o pagamento do valor dos honorários periciais em uma única parcela, possa produzir a prova em juízo.

5.2.3. Honorários provisórios

Com o advento da Lei n. 13.467/2017, a vedação de exigência de antecipação, pelo juiz, do pagamento dos honorários periciais, passa a ter expressa previsão legal (art. 790-B, § 3º, CLT), acabando, em definitivo, portanto, com os chamados honorários periciais provisórios ou provisionais.

Analisando as razões para a previsão legal em questão, Rodolfo Pamplona Filho e Tércio Roberto Peixoto Souza[85] ponderam que

> A redação legal determina, em relação ao momento em que deva ser realizado o pagamento daquelas despesas, que sua responsabilidade será do sucumbente na pretensão objeto da perícia, seguindo redação legal.
>
> Diante de tais premissas, somente se pode concluir que apenas ao final da demanda, com julgamento do pleito objeto da perícia, é que será definida a responsabilidade pelo pagamento dos aludidos honorários.
>
> Em outro sentido, se a hipótese fosse a de exigir a cobrança antecipada das despesas periciais, a prática nos permite concluir que haveria, no mínimo, um sério risco de inviabilizar o próprio exercício do direito pelo trabalhador, que, normalmente dispensado, não teria condições de dispor

gratuidade da justiça, na forma da lei. (...). § 6º Conforme o caso, o juiz poderá conceder direito ao parcelamento de despesas processuais que o beneficiário tiver de adiantar no curso do procedimento.

85. PAMPLONA FILHO, Rodolfo; SOUZA, Tércio Roberto Peixoto. **Curso de Direito Processual do Trabalho**. – 2ª ed. São Paulo: Saraiva Educação, 2020, p. 393/394.

> de recursos em favor do funcionamento da máquina judiciária de forma antecipada.
>
> Não se pode ignorar, todavia, que acontece em alguns locais de os peritos particulares recusarem-se a iniciar os trabalhos sem receber o valor relativo ao menos às despesas para a confecção do próprio laudo (o combustível para a análise do local, ou mesmo as despesas com exames etc), em que pese a previsão legal proibindo a recusa injustificada no art. 14 da Lei n. 1.060/50.

O ponto mencionado pelos referidos autores, relativo a negativa por parte de alguns profissionais de realização da perícia sem a antecipação de qualquer valor, é um ponto, de fato, delicado.

É que, embora ninguém possa se eximir do dever de colaborar com o Poder Judiciário para o descobrimento da verdade (art. 378, CPC/2015) e eventual recusa do perito deva ser pautada em motivos legais (ou considerados razoáveis pelo juiz), muitas vezes, sobretudo nas cidades do interior, a realização de perícia demanda gastos extraordinários, com deslocamento e hospedagem, custos que nem sempre podem ser assumidos, ainda que provisoriamente, pelo perito.

Entretanto, o certo é que a antecipação da exigência dos honorários periciais passou a constar com expressa previsão legal, valendo lembrar, ademais, que, mesmo no período anterior ao da vigência da Lei n. 13.467/2017, a jurisprudência do TST, retratada na Orientação Jurisprudencial n. 98, SDI 2, já era nesse sentido:

> OJ-SDI2-98. MANDADO DE SEGURANÇA. CABÍVEL PARA ATACAR EXIGÊNCIA DE DEPÓSITO PRÉVIO DE HONORÁRIOS PERICIAIS (nova redação) - DJ 22.08.2005
>
> É ilegal a exigência de depósito prévio para custeio dos honorários periciais, dada a incompatibilidade com o processo do trabalho, sendo cabível o mandado de segurança visando à realização da perícia, independentemente do depósito.

Também nesse sentido, o art. 6º da Instrução Normativa n. 27/2005, do TST, editada antes da vigência da Lei n. 13.467/2017, excetuando expressamente a exigência do depósito prévio dos honorários periciais nas disputas decorrentes da relação de emprego.

Desse modo, independentemente da parte que tenha requerido a prova pericial, não se mostra juridicamente correta a exigência prévia do pagamento da verba honorária.

5.3. HONORÁRIOS DO ASSISTENTE TÉCNICO

As despesas processuais podem ser obrigatórias, em relação as quais a vontade da parte é desconsiderada, ou não obrigatórias (voluntárias), aquelas que podem existir ou não, de acordo com a opção da parte.

Entre as despesas processuais obrigatórias, pode-se citar o pagamento, pela parte vencida, das custas processuais (art. 789, "caput" e § 1º, CLT)

Já quanto às despesas não obrigatórias, o principal exemplo, no Processo do Trabalho, é justamente o valor despendido pela parte em razão da indicação de um assistente técnico, profissional indicado pela parte para auxiliá-la na perícia, na defesa do seu direito.

O assistente técnico é, pois, profissional de confiança da parte, não se se sujeitando, consequentemente, a impedimento ou suspeição (art. 466, §1º, CPC/2015), ao contrário do perito judicial, que deve atuar com isenção e imparcialidade, sob pena de ser recusado (art. 467, CPC/2015).

Aqui cabe, desse modo, uma especificidade do Processo do Trabalho quanto à disciplina da remuneração do assistente técnico. Enquanto no Processo Civil ela tem natureza jurídica de despesa processual, a ser paga pela parte sucumbente (arts. 82 e 84, CPC/2015), no Processo do Trabalho, ela é de responsabilidade da parte que indica o profissional, ainda que tenha se sagrado vencedora no objeto que motivou a perícia (Súmula n. 314, TST[86]).

5.4. DOIS PESOS E DUAS MEDIDAS: A QUESTÃO DOS HONORÁRIOS DO INTÉRPRETE

Conforma já destacado, a temática da responsabilidade do beneficiário da justiça gratuita pelo pagamento dos honorários periciais será tratada em capítulo específico, com o enfrentamento das consequências jurídicas decorrentes da nova redação do "caput" (substituição da expressão "salvo" pela expressão "ainda que") e da inserção do § 4º, no art. 790-B, CLT.

Contudo, desde já, é válido destacar que o advento da Lei n. 13.660/2018 comprova que a Reforma Trabalhista (Lei n. 13.467/2017), em certa medida, acabou por representar um verdadeiro momento legislativo de exceção na história do Direito Material do Trabalho e do Direito Processual do Trabalho nacionais.

Isto porque a Lei n. 13.467/2017, como visto, alterou o caput do art. 790-B da CLT para substituir a expressão "salvo se beneficiário da justiça gratuita" pela expressão "ainda que beneficiário da justiça gratuita", provocando, a depender da interpretação que se faça da expressem capítulo específico), uma flagrante violação a direitos fundamentais de índole processual.

Curiosamente, contudo, pouco tempo depois da entrada em vigor da Reforma Trabalhista, a CLT foi novamente alterada, agora pela Lei n.

---

86. SUM-341 HONORÁRIOS DO ASSISTENTE TÉCNICO (mantida) - Res. 121/2003, DJ 19, 20 e 21.11.2003

A indicação do perito assistente é faculdade da parte, a qual deve responder pelos respectivos honorários, ainda que vencedora no objeto da perícia.

13.660/2018, para dar nova redação ao § 2º do art. 819 da CLT, passando a prever que "As despesas decorrentes do disposto neste artigo correrão por conta da parte sucumbente, salvo se beneficiária de justiça gratuita".

Percebe-se, portanto, que uma norma, posterior à Reforma Trabalhista, incluiu na mesma CLT alterada pouco antes pela referida Reforma, um dispositivo, também tratando de um tipo de despesa processual (honorários do intérprete), que deixa claro que a referida despesa não será, em nenhum caso, assumida por quem seja beneficiário da justiça gratuita, realidade, como visto, que também existia, até o advento da Reforma Trabalhista, com os honorários periciais (antiga redação do *caput* do art. 790-B da CLT).

Duas normas tão próximas (cronologicamente), mas tão distantes (na essência). Difícil explicar!

06

A SISTEMÁTICA DA JUSTIÇA GRATUITA NO PROCESSO DO TRABALHO

6.1. O SIGNIFICADO CONTEMPORÂNEO DE ACESSO À JUSTIÇA

A CRFB/88 prevê uma série de direitos e garantias fundamentais, inclusive de natureza processual. Entre eles, com íntima relação com o acesso à justiça (art. 5º, XXXV, CRFB/88), o direito à assistência judiciária gratuita, conforme previsto no art. 5º, LXXIV, segundo o qual "o Estado prestará assistência jurídica integral e gratuita aos que comprovarem insuficiência de recursos"

Desse modo, as normas infraconstitucionais que tratam do tema devem ser interpretadas à luz da CRFB/88 (interpretação conforme a Constituição), tendo sempre em vista a necessidade de promover a efetivação de direitos fundamentais, ante a ocorrência do fenômeno denominado "neoconstitucionalismo".

Além disso, importante destacar que a assistência judiciária gratuita, expressamente prevista no texto constitucional, é gênero, consistindo no direito da parte de ter um advogado do Estado gratuitamente, bem como estar isenta de todas as despesas e taxas processuais, abrangendo, portanto, a ideia de justiça gratuita.

O direito fundamental de acesso à justiça, consagrado pela CRFB/88 no inciso XXXV do art. 5º, além de revelar, internamente, um dos direitos fundamentais garantidos aos brasileiros e aos estrangeiros residentes no País, revela um estágio de amadurecimento de uma sociedade e o seu grau de democracia.

Isto porque, em uma perspectiva democrática de Estado, a sociedade necessita de instrumentos efetivamente capazes para que todo e qualquer cidadão, caso sofra alguma lesão (ou ameaça) em seu direito, possa, concretamente, recorrer ao Poder Judiciário, não somente batendo à sua porta, mas sobretudo valendo-se dos princípios do Juiz natural (art. 5º, LIII, da CRFB/88), do devido processo legal (art. 5º, LIV, da CRFB/88), do contraditório e da ampla defesa (art. 5º, LV, da CRFB/88).

Para tanto, torna-se imprescindível que o Estado, em sentido amplo, elime barreiras, muitas vezes intransponíveis, ao acesso à justiça, de modo que o Poder Judiciário seja, de forma efetiva, acessível a todo e qualquer cidadão:

> Nenhum aspecto de nossos sistemas jurídicos modernos é imune à crítica. Cada vez mais pergunta-se como, a que preço e em benefício de quem estes sistemas de fato funcionam. (CAPPELLETTI, Mauro; GARTH, Bryant, p. 7)
>
> A expressão 'acesso à justiça' é reconhecidamente de difícil definição, mas serve para determinar duas finalidades básicas do sistema jurídico – o sistema pelo qual as pessoas podem reivindicar seus direitos e/ou resolver seus litígios sob os auspícios do Estado. Primeiro, o sistema deve ser igualmente acessível a todos; segundo, ele deve produzir resultados que sejam individual e socialmente justos. (CAPPELLETTI, Mauro; GARTH, Bryant, p. 8)

Neste sentido, se há, o que é uma realidade inexorável nos sistemas capitalistas de produção, uma desigualdade social que faz com que, conforme dados estatísticos divulgados pelo Instituto Brasileiro de Geografia e Estatística (IBGE), o rendimento médio real domiciliar per capita seja de R$ 1.157,07, sendo que metade dos brasileiros possuem renda menor que um salário-mínimo[87], é necessário que haja, por parte do Estado, outorga de instrumentos para que esta grande parte da sociedade possa, materialmente, exercer o direito fundamental de acesso à justiça.

Estes dados objetivos, números contra os quais não há discussão, revelam não somente a concentração de renda que marca as sociedades capitalistas, como o caso brasileiro onde, em 2016, 1% dos trabalhadores com os maiores rendimentos recebia por mês, em média, R$ 27.085,00 - o equivalente a 36,3 vezes mais do que a metade da população com os menores rendimentos, que ganhava, em média, R$ 747,00, revelando, também, que, para os fins legais (o tema será explorado mais a frente), a sociedade brasileira é economicamente pobre, havendo, portanto, uma barreira verdadeiramente intransponível ao acesso à justiça: as despesas do processo.

6.1.1. A evolução do significado do acesso à justiça

Nos Estados tipicamente liberais, marcados por direitos tipicamente individuais, o processo e o procedimento estavam voltados para os litígios destes direitos, reinando o formalismo processual.

87. Segundo dados levantados pela Pesquisa Nacional por Amostra de Domicílios Contínua (Pnad Contínua), em 2017, no país, o rendimento médio real domiciliar per capita foi R$ 1.157,07, sendo que, no Estado de menor renda per capita mensal, Maranhão, encontra-se o valor de R$ 597,00, e no Distrito Federal, local de maior renda per capita mensal, encontra-se o valor de R$ 2.548,00. (ftp://ftp.ibge.gov.br/Trabalho_e_Rendimento/Pesquisa_Nacional_por_Amostra_de_Domicilios_continua/Renda_domiciliar_per_capita/Renda_domiciliar_per_capita_2017.pdf).

Nestes modelos de Estado, este simplesmente assegurava o direito de acesso à justiça, mantendo-se passivo, evitando tão somente que esse direito fosse infringido/violado por outrem, de modo que o Estado não se preocupava com a incapacidade de algumas pessoas de, na prática, exercerem o direito de acesso à justiça, revelando uma realidade na qual a Justiça só era possível para aqueles que pudessem enfrentar seus custos: era um acesso simplesmente formal ao direito de acesso à justiça:

> Nos estados liberais 'burgueses' dos séculos dezoito e dezenove, os procedimentos adotados para solução dos litígios civis refletiam a filosofia essencialmente individualista dos direitos, então vigorante. Direito ao acesso à proteção judicial significava essencialmente o direito formal do indivíduo agravado de propor ou contestar uma ação. (CAPPELLETTI, Mauro; GARTH, Bryant, p. 9)

A segunda dimensão dos direitos fundamentais marca, por sua vez, a outorga pelo Estado de direitos sociais, cuja satisfação dependia de uma atuação positiva do Estado, momento em que as ações e relacionamentos assumiram, cada vez mais, caráter coletivo e a noção de acesso à justiça revelava um "sistema jurídico moderno e igualitário que pretendia garantir, e não apenas proclamar os direitos de todos":

> Não é surpreendente, portanto, que o direito ao acesso efetivo à justiça tenha ganho particular atenção na medida em que as reformas do welfare state têm procurado armar os indivíduos de novos direitos substantivos em sua qualidade de consumidores, locatários, empregados e, mesmo, cidadãos. De fato, o direito ao acesso efetivo tem sido progressivamente reconhecido como sendo de importância capital entre os novos direitos individuais e sociais, uma vez que a titularidade de direitos é destituída de sentido, na ausência de mecanismos para sua efetiva reivindicação". (CAPPELLETTI, Mauro; GARTH, Bryant, p. 11)
>
> O acesso à justiça pode, portanto, se encarado como o requisito fundamental – o mais básico dos direitos humanos – de um sistema jurídico moderno e igualitário que pretenda garantir, e não apenas proclamar os direitos de todos. (CAPPELLETTI, Mauro; GARTH, Bryant, p. 12)

> Os juristas precisam, agora, reconhecer que as técnicas processuais servem a funções sociais; que as cortes não são a única forma de solução de conflitos a ser considerada e que qualquer regulamentação processual, inclusive a criação ou o encorajamento de alternativas ao sistema judiciário formal tem um efeito importante sobre a forma como opera a lei substantiva – com que frequência ela é executada, em benefício de quem e com que impacto social. (CAPPELLETTI, Mauro; GARTH, Bryant, p. 12)

Na atualidade, seja a partir da noção dos direitos fundamentais previstos na CRFB/88, já citados, seja a partir das normas fundamentais do processo trazidas pela Lei n. 13.105/2015 (CPC/2015), necessário, portanto, que se conceba exatamente um sistema jurídico moderno e igualitário que pretenda garantir, e não apenas proclamar os direitos de todos.

6.1.2. A primeira onda do movimento de acesso à justiça

Para se conceber um sistema jurídico moderno e igualitário que consiga, efetivamente, garantir, e não apenas proclamar os direitos de todos, é imprescindível que se eliminem as barreiras intransponíveis ao acesso à justiça, a começar pelos custos do processo. A solução para o obstáculo dos custos processuais é a concessão de Assistência Judiciária Gratuita aos necessitados – A "primeira onda" do movimento de acesso efetivo à justiça (CAPPELLETTI, Mauro; GARTH, Bryant, p. 31).

Não se está falando de algo novo, percebe-se. Se está, aqui, apenas relembrando em que contexto surgiram os institutos da assistência judiciária gratuita e da justiça gratuita, para que não se perca, jamais, o seu sentido primordial, qual seja: materializar um sistema jurídico igualitário que consiga, efetivamente, garantir, e não apenas proclamar os direitos de todos.

6.2. ASSISTÊNCIA JUDICIÁRIA GRATUITA E JUSTIÇA GRATUITA

Apesar de próximos, os institutos da assistência judiciária gratuita e da justiça gratuita se diferenciam enquanto, respectivamente, gênero e espécie.

6.2.1. A assistência judiciária gratuita

A assistência judiciária gratuita revela o direito da parte de ter um advogado do Estado gratuitamente, bem como estar isenta de todas as despesas e taxas processuais, consagrado no art. 5º, LXXIV, da CRFB/88: "o Estado prestará assistência jurídica integral e gratuita aos que comprovarem insuficiência de recursos".

No Brasil, em geral, a assistência judiciária gratuita é prestada pela Defensoria Pública, ou por quem exerça cargo equivalente, sendo que, se no Estado não houver serviço de assistência judiciária, por ele mantido, caberá a indicação à Ordem dos Advogados, por suas Seções Estaduais, ou Subseções Municipais (arts. 1º e 5º, § 2º e §5º, da Lei n. 1.060/50).

No âmbito da Justiça do Trabalho, por sua vez, a Assistência Judiciária Gratuita é disciplinada pela Lei n. 5.584 de 1970, que eu seu artigo 14 diz que "Na Justiça do Trabalho, a assistência judiciária a que se refere a Lei nº 1.060, de 5 de fevereiro de 1950, será prestada pelo Sindicato da categoria profissional a que pertencer o trabalhador", deixando, portanto, a responsabilidade pela concessão de defensor para representar, em Juízo, o trabalhador necessitado.

Supletivamente, a obrigatoriedade de concessão de assistência judiciária gratuita, na Justiça do Trabalho, deve ser concedida pelo Estado, através de Promotores ou Defensores Públicos, conforme art. 17 da Lei n. 5.584 de 1970: "Quando, nas respectivas comarcas, não houver

Juntas de Conciliação e Julgamento ou não existir Sindicato da categoria profissional do trabalhador, é atribuído aos Promotores Públicos ou Defensores Públicos o encargo de prestar assistência judiciária prevista nesta lei".

6.2.2. O benefício da justiça gratuita

O instituto da justiça gratuita ou da gratuidade da justiça, por sua vez, é uma espécie do gênero assistência judiciária gratuita, garantindo ao cidadão, na forma do art. 98, §1º, do CPC/2015[88], a isenção das seguintes despesas processuais: I - as taxas ou as custas judiciais; II - os selos postais; III - as despesas com publicação na imprensa oficial, dispensando-se a publicação em outros meios; IV - a indenização devida à testemunha que, quando empregada, receberá do empregador salário integral, como se em serviço estivesse; V - as despesas com a realização de exame de código genético - DNA e de outros exames considerados essenciais; VI - os honorários do advogado e do perito e a remuneração do intérprete ou do tradutor nomeado para apresentação de versão em português de documento redigido em língua estrangeira; VII - o custo com a elaboração de memória de cálculo, quando exigida para instauração da execução; VIII - os depósitos previstos em lei para interposição de recurso, para propositura de ação e para a prática de outros atos processuais inerentes ao exercício da ampla defesa e do contraditório; IX - os emolumentos devidos a notários ou registradores em decorrência da prática de registro, averbação ou qualquer outro ato notarial necessário à efetivação de decisão judicial ou à continuidade de processo judicial no qual o benefício tenha sido concedido".

88. Importante destacar que o art. 1.072, III, do CPC/2015 revogou os arts. 2º, 3º, 4º, 6º, 7º, 11, 12 e 17 da Lei no 1.060, de 5 de fevereiro de 1950 que, até então, regulava o tema.

Registre-se, entretanto, desde já, que, como será melhor analisado adiante, a concessão de gratuidade não afasta a responsabilidade do beneficiário pelas despesas processuais e pelos honorários advocatícios decorrentes de sua sucumbência (art. 98, § 2º, CPC/15).

Importante destacar, ainda, que, conforme art. 98, § 4º, do CPC/2015, "A concessão de gratuidade não afasta o dever de o beneficiário pagar, ao final, as multas processuais que lhe sejam impostas", revelando, assim, que eventual multa por litigância de má-fé não é isentada ao beneficiário da justiça gratuita.

Por fim, vale destacar que, quanto ao inciso VIII do art. 98, §1º, do CPC/2015 (regra que, anteriormente, havia sido inserida, pela Lei Complementar n. 132/2009, no art. 3º, VII, da Lei n. 1.060/50), o entendimento até então predominante no âmbito do Tribunal Superior do Trabalho era no sentido de que a isenção dos depósitos previstos em lei para interposição de recurso, para propositura de ação e para a prática de outros atos processuais inerentes ao exercício da ampla defesa e do contraditório não abrangia o depósito recursal previsto no art. 899 da CLT e no art. 40 da Lei n. 8.177/91.

O entendimento do TST partia da natureza jurídica do depósito recursal que, conforme item I da IN 3/1993 do TST, possui natureza jurídica de garantia do juízo recursal e não de taxa de recurso.

Neste particular, contudo, a Lei n. 13.467/2017, alterando a sistemática até então vigente, incluiu o § 10 do art. 899 da CLT, passando a prever, de forma expressa, que **"São isentos do depósito recursal** os beneficiários da justiça gratuita, as entidades filantrópicas e as empresas em recuperação judicial." (grifamos).

Trata-se de alteração que, na linha substancial do acesso à justiça, visa permitir que aquele que não tenha condições de arcar com as despesas processuais, lembrando que, no caso da Pessoa Jurídica, é imprescindível que esta demonstre, de forma inequívoca, sua impossibilidade de arcar com os encargos processuais (Súmula n. 481 do STJ e item II da Súmula n. 463 do TST), possa interpor um recurso, exercendo, assim, seu direito fundamental ao acesso à justiça.

6.2.2.1. Hipóteses de concessão do benefício da justiça gratuita

As hipóteses de concessão do benefício da justiça gratuita, no processo do trabalho, precisam ser divididas entre o período anterior ao advento da Lei n. 13.467/2017 e o momento a partir da entrada em vigor dessa Lei.

6.2.2.1.1. A realidade antes da Lei n. 13.467/2017

Até o advento da Lei n. 13.467/2017, a concessão do benefício da justiça gratuita, no processo do trabalho, estava prevista apenas no § 3º do art. 790, da CLT, que contemplava duas hipóteses de concessão, a requerimento ou de ofício, do referido benefício: a) receber salário igual ou inferior ao dobro do mínimo legal ou; b) declarar, sob as penas da lei, que não possui condições de pagar as custas do processo sem prejuízo do sustento próprio ou de sua família.

A primeira hipótese (receber salário igual ou inferior ao dobro do mínimo legal) contemplava uma presunção legal de veracidade do estado de pobreza, baseada em um critério objetivo: recebimento de salário igual ou inferior ao dobro do mínimo legal.

A segunda hipótese, por sua vez, estava relacionada àqueles que, a despeito de receberem salário superior ao dobro do mínimo legal (afinal, se recebessem salário até o dobro do mínimo legal, estariam contemplados na primeira hipótese), declarassem, sob as penas da lei, que não possuíam condições de pagar as custas do processo sem prejuízo do sustento próprio ou de sua família.

Importante destacar, neste particular, que, no âmbito da Justiça do Trabalho, sempre se entendeu, tanto por força do art. 1º da Lei n. 7.115/83, quanto por força, depois, do art. 99, § 3º, do CPC/2015, que, quando firmada por pessoa natural, a declaração de pobreza era presumidamente verdadeira, de modo que bastava que a parte juntasse declaração de pobreza, cabendo à parte contrária, se fosse o caso, produzir provas capazes de infirmar a referida declaração.

A declaração de pobreza, para produzir seus efeitos, precisa ser, necessariamente, assinada pela própria parte ou por advogado com poderes específicos para tanto, nos termos do art. 105 do CPC/2015.[89]

6.2.2.1.2. A realidade após a Lei n. 13.467/2017

A Lei n. 13.467/2017 (Reforma Trabalhista), alterando a sistemática para a concessão do benefício da justiça gratuita até então existente na CLT, conferiu nova redação ao § 3º do art. 790 e incluiu, neste mesmo artigo, o § 4º.

No que tange ao § 3º, passou a prever "É facultado aos juízes, órgãos julgadores e presidentes dos tribunais do trabalho de qualquer instância conceder, a requerimento ou de ofício, o benefício da justiça gratuita, inclusive quanto a traslados e instrumentos, àqueles que perceberem salário

---

89. Não por outra razão, o TST, após a entrada em vigor do CPC/2015, cancelou a OJ n. 331 da SDI-1, que dizia que "Desnecessária a outorga de poderes especiais ao patrono da causa para firmar declaração de insuficiência econômica, destinada à concessão dos benefícios da justiça gratuita." e, em seguida, editou a Súmula n. 463, dizendo que: "I – A partir de 26.06.2017, para a concessão da assistência judiciária gratuita à pessoa natural, basta a declaração de hipossuficiência econômica firmada pela parte ou por seu advogado, desde que munido de procuração com poderes específicos para esse fim (art. 105 do CPC de 2015); II – No caso de pessoa jurídica, não basta a mera declaração: é necessária a demonstração cabal de impossibilidade de a parte arcar com as despesas do processo".

igual ou inferior a 40% (quarenta por cento) do limite máximo dos benefícios do Regime Geral de Previdência Social.".

Neste particular, a alteração promovida pela Reforma Trabalhista ampliou o acesso à justiça, na medida em que, alterando a hipótese que contempla uma presunção legal de veracidade do estado de pobreza, substituiu o critério até então vigente (recebimento de salário igual ou inferior ao dobro do mínimo legal, o que, considerando os valores atuais, significaria receber salário igual ou inferior a R$ 2.090,00) pelo critério de recebimento de salário igual ou inferior a 40% (quarenta por cento) do limite máximo dos benefícios do Regime Geral de Previdência Social[90], o que, considerando os valores atuais, significa receber salário igual ou inferior a R$ 2.440,42).

Assim, como dito, ampliou-se o acesso à justiça, na medida em que passou a permitir ao Juiz, a requerimento ou de ofício, a concessão do benefício da justiça gratuita a quem receba salário entre R$ 2.090,01 a 2.440,42, o que não seria possível caso mantido o critério do recebimento de salário igual ou inferior ao dobro do salário mínimo.

Já com relação ao § 4º do art. 790, a Reforma Trabalhista, diante da redação deste novo dispositivo, vem despertando diversas reflexões.

Isto porque, pela redação anterior (do § 3º do art. 790), a segunda hipótese de concessão do benefício da justiça gratuita estava relacionada ao fato da parte, a despeito de receber salário superior ao dobro do mínimo legal, declarasse, sob as penas da lei, que não possuía condições de pagar as custas do processo sem prejuízo do sustento próprio ou de sua família.

Pois bem. Com a redação do § 4º do art. 790 da CLT, possível identificar, na prática, uma ou duas mudanças substanciais. A primeira está

90. Para o ano de 2020, o valor máximo dos benefícios do Regime Geral de Previdência Social é de R$ 6.101,06.

relacionada, agora, à impossibilidade de concessão, de ofício, do benefício da justiça gratuita àqueles que recebam salário superior a 40% do teto do INSS, já que a possibilidade de concessão, de ofício, da justiça gratuita, está prevista apenas no § 3º do art. 790 da CLT, que, após a Reforma Trabalhista, passou a contemplar apenas uma hipótese de concessão do benefício: receber salário igual ou inferior a 40% (quarenta por cento) do limite máximo dos benefícios do Regime Geral de Previdência Social.

Assim, diante do novo artigo 790 da CLT, na hipótese de a parte receber salário superior a 40% (quarenta por cento) do limite máximo dos benefícios do Regime Geral de Previdência Social, a concessão do benefício da justiça gratuita está condicionado ao seu requerimento, sendo vedada, portanto, a sua concessão de ofício pelo Magistrado.

A outra conclusão que se pode extrair da alteração promovida pela Reforma Trabalhista está diretamente relacionada à substituição da expressão "declarar" pela expressão "comprovar", de modo que é possível entender que, a partir da Reforma Trabalhista, não basta que a parte que receba salário superior a 40% (quarenta por cento) do limite máximo dos benefícios do Regime Geral de Previdência Social declare, sob as penas da lei, que não possui condições de pagar as custas do processo sem prejuízo do sustento próprio ou de sua família, sendo imprescindível, portanto, que a parte requerente comprove, mediante documentos que evidenciem seus gastos mensais (comprometimento dos seus rendimentos), que, mesmo recebendo salário superior a 40% (quarenta por cento) do limite máximo dos benefícios do Regime Geral de Previdência Social, não possui condições de pagar as custas do processo sem prejuízo do sustento próprio ou de sua família.

Tratar-se-ia, contudo, de interpretação distante da CRFB/88 (art. 5º, XXXV) e isolada, na medida em que o regramento da concessão do benefício da justiça gratuita encontra-se previsto em outras normas do sistema jurídico, o que impõe, assim, uma interpretação sistemática do novo dispositivo da CLT.

Desta maneira, ao interpretar o § 4º do art. 790 da CLT ("O benefício da justiça gratuita será concedido à parte que comprovar insuficiência de recursos para o pagamento das custas do processo") é possível, sem maiores esforços interpretativos, concluir que, em verdade, exceto quanto à impossibilidade de, neste caso, o Magistrado conceder, de ofício, o benefício, nada mudou!

Isto porque, na hipótese de a parte receber salário superior ao equivalente a 40% do limite máximo dos benefícios do Regime Geral de Previdência Social, caso a parte junte aos autos declaração pessoal de pobreza (assinada pela própria parte ou assinada por advogado com poderes específicos para esse fim – art. 105 do CPC/2015 e Súmula n. 463 do TST), esta declaração não dependerá de qualquer outra prova.

A conclusão acima decorre do fato de que, nos termos do art. 99, §3º, do CPC/2015 e do art. 1º da Lei n. 7.115/83 (aplicáveis ao processo do trabalho por força do art. 769 da CLT e do art. 15 do CPC/2015), a declaração pessoal de pobreza goza de presunção legal de veracidade, presunção esta que, diante da ausência de provas em sentido contrário, prevalece, afinal, nos termos do art. 374, IV, do CPC/2015, não dependem de prova os fatos em cujo favor milita presunção legal de existência ou de veracidade, o que é o caso, como visto, da declaração de pobreza.

Assim, se a parte, a despeito de receber salário superior ao equivalente a 40% do limite máximo dos benefícios do Regime Geral de Previdência Social, juntar aos autos declaração de pobreza (assinada pela própria parte ou assinada por advogado com poderes específicos para esse fim – art. 105 do CPC/2015 e Súmula n. 463 do TST), caberá (continuará cabendo, na verdade, já que, antes da Reforma Trabalhista, era exatamente isto o que ocorria) à parte contrária produzir provas capazes de infirmar a referida declaração de pobreza.

Foi justamente nesse sentido o entendimento trazido pela 3ª Turma do TST quando do julgamento do processo de número RR-1000 683-69.2018.5.02.0014:

> II – RECURSO DE REVISTA. ASSISTÊNCIA JUDICIÁRIA GRATUITA. DECLARAÇÃO DE HIPOSSUFICIÊNCIA. RECLAMAÇÃO TRABALHISTA AJUIZADA NA VIGÊNCIA DA LEI Nº 13.467/2017. NECESSIDADE DE COMPROVAÇÃO DO ESTADO DE MISERABILIDADE. Cinge-se a controvérsia a se saber se é necessária a comprovação do estado de miserabilidade no processo do trabalho para fins de concessão dos benefícios da assistência judiciária gratuita.
>
> (...)
>
> No entanto, em 11/11/2017, entrou em vigor a Lei nº 13.467/2017 (Reforma Trabalhista), que inseriu o parágrafo 4º ao art. 790 da CLT. Dessa forma, as ações ajuizadas a partir da entrada em vigor da reforma trabalhista estão submetidas ao que dispõe o § 4º do art. 790 da CLT, que exige a comprovação, pela parte requerente, da insuficiência de recursos para a concessão dos benefícios da justiça gratuita. Sem dúvida, o referido dispositivo inaugurou uma condição menos favorável à pessoa natural do que aquela prevista no Código de Processo Civil.
>
> No entanto, em se tratando de norma específica que rege o Processo do Trabalho, não há espaço, a priori, para se utilizar somente as disposições do CPC. Logo, o referido dispositivo implicaria, no ponto de vista do trabalhador, um retrocesso social, dificultando o acesso deste ao Poder Judiciário. Assim, a par da questão da constitucionalidade ou não do § 4º do art. 790 da CLT, a aplicação do referido dispositivo não pode ocorrer isoladamente, mas sim deve ser interpretado sistematicamente com as demais normas, quer aquelas constantes na própria CLT, quer aquelas previstas na Constituição Federal e no Código de Processo Civil. Dessa forma, à luz do que dispõe o próprio § 3º do art. 790 da CLT c/c com os arts. 15 e 99, § 3º, do CPC, entende-se que a comprovação a que alude o § 4º do art. 790 da CLT pode ser feita mediante a simples declaração da parte, a fim de viabilizar o pleno acesso do trabalhador ao Poder Judiciário, dando, assim, cumprimento ao art. 5º, XXXV e LXXIV da Constituição Federal.

> Isso porque não se pode atribuir ao trabalhador que postula, junto a esta Especializada, uma condição menos favorável àquela destinada aos cidadãos comuns que litigam na justiça comum, sob pena de afronta ao princípio da isonomia, previsto no caput do art. 5º da CF. Não conceder à autora, no caso dos autos, os benefícios da gratuidade de justiça, é o mesmo que impedir o amplo acesso ao Poder Judiciário (art. 5º, XXXV, da CF) e discriminar o trabalhador em relação às pessoas naturais que litigam na justiça comum (art. 5º, caput, da CF). Recurso de revista conhecido por violação dos arts. 5º, XXXV da CF 99, § 3º, do CPC e provido. (PROCESSO Nº TST-RR-1000683-69.2018.5.02.0014 – 3ª TURMA – RELATOR MINISTRO ALEXANDRE AGRA BELMONTE – DEJT 10/10/2019) (grifos não originais)

Nada impede, por exemplo, que a parte contrária, com base nos próprios recibos de pagamento da parte autora, alegue (e eleja os referidos documentos como prova para tanto) que a renda mensal da parte autora (já comprovada nos autos e, neste caso, necessariamente superior a 40% do teto do INSS) comprova sua possibilidade de arcar com as custas do processo e elide, assim, a presunção de veracidade da declaração de pobreza juntada aos autos.

Neste caso, caberá ao Magistrado, antes de indeferir o benefício da justiça gratuita, determinar à parte autora a comprovação (agora sim é necessário falar em comprovação, já que o Magistrado, diante da alegação da parte contrária, concluiu haver, nos autos, elementos que evidenciam a falta dos pressupostos legais para a concessão de gratuidade) do preenchimento do referido pressuposto, qual seja: não possuir condições de pagar as custas do processo sem prejuízo do sustento próprio ou de sua família.

Esta sistemática, contudo, já existia na redação anterior à Reforma Trabalhista, na medida em que, por mais que o § 3º do art. 790 utilizasse a expressão declaração, a declaração gozava apenas de presunção relativa de veracidade, nada impedindo que, no caso concreto, o Magistrado entendesse que havia, nos autos, elementos que evidenciassem a falta dos pressupostos legais para a concessão de gratuidade, hipótese na qual, antes de indeferir o benefício, teria que intimar a parte para que esta comprovasse o preenchimento do referido pressuposto. A título de exemplo, pode ser citado o caso a seguir:

> Justiça gratuita. Indeferimento. Hipossuficiência econômica afastada por circunstâncias reveladas nos autos. Presunção relativa.
>
> A presunção legal que decorre da declaração de hipossuficiência econômica é relativa, de modo que pode ser afastada por elementos constantes dos autos ou por prova em sentido contrário. No caso em apreço, o autor teve indeferido seu pedido de gratuidade de justiça pela Corte Regional ao fundamento de que, quem oferta o segundo maior lanço em hasta realizada no processo principal, destinada à alienação de imóvel de elevado valor, e, no próprio dia do leilão, deposita a quantia de R$ 1.340.000,00, não faz jus à referida benesse. Assim, ante o contexto desvelado nos próprios autos, e ausente prova da alegada miserabilidade jurídica, a SBDI-II, por unanimidade, conheceu do recurso ordinário e, no mérito, por maioria, negou-lhes provimento, mantendo, portanto, a decisão do TRT que indeferira os benefícios da justiça gratuita. Vencidos os Ministros Delaíde Miranda Arantes e Alexandre Agra Belmonte. TST-RO-76-80.2013.5.06.0000, SBDI-II, rel. Min. Douglas Alencar Rodrigues, 6.3.2018

Como se vê, mesmo com o advento da Lei n. 13.467/2017 (que alterou o art. 790 da CLT), nada mudou na sistemática da concessão do benefício da justiça gratuita. A sistemática, quando às pessoas físicas, continua a mesma, qual seja:

a) se a parte recebe salário igual ou inferior a 40% do teto do INSS, a concessão do benefício da justiça gratuita é medida que se impõe de maneira objetiva (com possibilidade, inclusive, de concessão de ofício nesse caso), ou seja, bastando apenas e tão somente a comprovação dessa circunstância (ou, com mais razão ainda, da circunstância de desemprego) relacionada ao valor do salário recebido mensalmente pela parte que pretende o benefício da justiça gratuita.[91]

b) se a parte recebe salário superior a 40% do teto do INSS, junta declaração de pobreza (assinada pela própria parte ou assinada por advogado com poderes específicos para esse fim – art. 105 do CPC/2015 e Súmula n. 463 do TST) e não há, nos autos, elementos que evidenciem a falta dos pressupostos legais para a concessão de gratuidade, o Magistrado deve conceder o benefício da justiça gratuita, já que, neste caso, a declaração de pobreza, em face da presunção legal de veracidade que ostenta (art. 99, § 3º, do CPC/2015) não exige outra prova do estado de insuficiência econômica (art. 374, IV, do CPC/2015);

c) se a parte recebe salário superior a 40% do teto do INSS, junta declaração de pobreza (assinada pela própria parte ou assinada por advogado com poderes específicos para esse fim – art. 105 do CPC/2015 e Súmula n. 463 do TST), mas há (provas preexistentes ou produzidas pela parte contrária), nos autos, elementos que evidenciem a falta dos pressupostos legais para a concessão de gratuidade (impossibilidade de arcar com as custas do processo), restará elidida a presunção de pobreza resultante da declaração juntada, cabendo ao Magistrado, neste caso, antes de indeferir o benefício da justiça gratuita, determinar à parte a comprovação do preenchimento do referido pressuposto, qual seja: não possuir condições de pagar as custas do processo sem prejuízo do sustento próprio ou de sua família, o que poderá ser feito mediante documentos que comprovem seus gastos mensais (comprometimento dos seus rendimentos), comprovando, assim, que, mesmo recebendo salário superior a 40% (quarenta por cento) do limite máximo dos benefícios do Regime

91. A título de exemplo, vale destacar o caso julgado pela 5ª Turma do TST, já no contexto da Lei n. 13.467/2017: PROCESSO Nº TST-RR-1000048-43.2018.5.02.0320 – 5ª TURMA – RELATOR MINISTRO BRENO MEDEIROS – DEJT 27/06/2019.

Geral de Previdência Social, não possui condições de pagar as custas do processo sem prejuízo do sustento próprio ou de sua família.

6.3. OS EFEITOS DA CONCESSÃO DA JUSTIÇA GRATUITA

Para correta interpretação dos efeitos da concessão da Justiça Gratuita no Processo do Trabalho, necessário retornar no tempo, a fim de analisar como o tema era tratado e disciplinado antes das alterações promovidas pela Lei n. 13.467/2017 – Reforma Trabalhista.

Nesse ponto, cumpre lembrar que a CLT, há muito, ao tratar do tema, se limitava a indicar os requisitos para a sua concessão, deixando claro que o benefício era devido "(...) àqueles que perceberem salário igual ou inferior ao dobro do mínimo legal, ou declararem, sob as penas da lei, que não estão em condições de pagar as custas do processo sem prejuízo do sustento próprio ou de sua família" (art. 790, § 3º). Além das custas, o mesmo dispositivo fazia referência aos "traslados" e "instrumentos".

Além da norma celetista, a Lei n. 5.584/70 fazia (e faz) algumas referências ao instituto, na perspectiva do seu gênero assistência judiciária gratuita, arts. 14 a 18, destacando-se a norma segundo a qual "Na Justiça do Trabalho, a assistência judiciária a que se refere a Lei nº 1.060, de 5 de fevereiro de 1950, será prestada pelo Sindicato da categoria profissional a que pertencer o trabalhador" (art. 14 da citada Lei).

Ocorre que a doutrina e a jurisprudência trabalhista, talvez influenciadas pela ausência de aplicação do princípio da sucumbência recíproca no Processo do Trabalho, nas lides decorrentes da relação de emprego (art. 3º, § 3º e art. 5º da Instrução Normativa n. 27/05, TST; Súmulas n. 219 e 329, TST), nunca se preocuparam, efetivamente, com os reais efeitos da concessão da Justiça Gratuita.

Nesse ponto, cabe analisar se a concessão da Justiça Gratuita implica reconhecimento do direito da parte beneficiária de ser dispensada (definitivamente) do pagamento das despesas processuais ou implica inexigibilidade (mera isenção, temporária, de tais despesas), refletindo, assim, se, uma vez concedida a Justiça Gratuita, a parte poderá ser cobrada quanto às despesas processuais.

Nesse ponto, muito importante analisar como o tema era tratado no Processo Civil, antes mesmo do CPC/2015. A matéria era disciplinada pelo art. 12 da Lei n. 1.060/50, segundo o qual: "Art. 12. A parte beneficiada pela isenção do pagamento das custas ficará obrigada a pagá-las, desde que possa fazê-lo, sem prejuízo do sustento próprio ou da família, se dentro de cinco anos, a contar da sentença final, o assistido não puder satisfazer tal pagamento, a obrigação ficará prescrita."

Da leitura do dispositivo em questão, concluiu-se que a Justiça Gratuita não consiste em uma dispensa (definitiva) do pagamento das despesas processuais, mas mera inexigibilidade (temporária) quanto a tais despesas, enquanto mantida a condição de insuficiência de recursos que justificou a concessão da medida. Vale dizer, uma vez alteradas as condições econômicas da parte, de modo a permitir concluir não ser mais insuficiente para arcar com despesas processuais, sem prejuízo do sustento próprio e/ou e sua família, tais despesas podem ser integralmente exigidas, desde que isso ocorra no prazo de cinco anos, a contar do trânsito em julgado da decisão.

Desde logo, importante destacar que essa norma sempre foi aplicável ao Processo do Trabalho, ante a expressa determinação constante, até o advento do CPC/2015, do art. 2º da mencionada Lei n. 5.584/70: "Art. 2º. Gozarão dos benefícios desta Lei os nacionais ou estrangeiros residentes no país, que necessitarem recorrer à Justiça penal, civil, militar ou do trabalho.".

Atualmente, com a parcial revogação da lei n. 1.060/50, a disciplina do tema se encontra no art. 98, §§ 2º e 3º, do CPC/2015, nos seguintes termos:

> Art. 98. A pessoa natural ou jurídica, brasileira ou estrangeira, com insuficiência de recursos para pagar as custas, as despesas processuais e os honorários advocatícios tem direito à gratuidade da justiça, na forma da lei.
>
> (...)
>
> § 2º A concessão de gratuidade não afasta a responsabilidade do beneficiário pelas despesas processuais e pelos honorários advocatícios decorrentes de sua sucumbência.
>
> § 3º Vencido o beneficiário, as obrigações decorrentes de sua sucumbência ficarão sob condição suspensiva de exigibilidade e somente poderão ser executadas se, nos 5 (cinco) anos subsequentes ao trânsito em julgado da decisão que as certificou, o credor demonstrar que deixou de existir a situação de insuficiência de recursos que justificou a concessão de gratuidade, extinguindo-se, passado esse prazo, tais obrigações do beneficiário.
>
> (...)

Como se vê, o CPC/2015, no particular, repete a disciplina da Lei n. 1.060/50, no sentido de prever a inexigibilidade das despesas processuais enquanto a parte gozar da gratuidade. A diferença consiste no fato que ele inova ao assentar que, passado os cinco (5) anos da sentença, não mais ocorre a prescrição, mas, sim, extinção da obrigação.

Nesse sentido, ainda sob a vigência do CPC/73, a seguinte decisão:

> (...) concedido o benefício, fica suspensa a exigibilidade de pagamento das despesas enquanto perdurar a situação econômica que justifique o benefício legal, prescrevendo a obrigação em cinco anos (...) (STJ, REsp 977.444/RS, 2.ª T., j 19.05.2009, rel. Min. Herman Benjamin)

A doutrina especializada do Processo Civil é nesse mesmo sentido:

> "(...) Mesmo tendo sido concedido o benefício da assistência judiciária, a parte continua a ser condenada a pagar as verbas de sucumbência, sendo nesse sentido o art. 98, § 2º, do Novo CPC, ao prever que a concessão de gratuidade não afasta a responsabilidade do beneficiário pelas despesas decorrentes de sua sucumbência. No § 3º do artigo comentado continua

> a regra de suspensão da exigibilidade pelo prazo de cinco anos contados do trânsito em julgado, período em que a cobrança se legitimara se o exequente demonstrar que a situação se insuficiência de recursos deixou de existir. Ao final desse prazo, a obrigação será extinta, não havendo previsão da prescrição como estava consagrada no revogado art. 12 da Lei 1.060/50." (NEVES, 2016).

Em conclusão, percebe-se, pois, que, nas causas sujeitas à disciplina dos honorários advocatícios de sucumbência, a gratuidade da justiça não dispensa (e nunca dispensou) o pagamento dos honorários, mas apenas o adiantamento da despesa, e, se sucumbente, suspende a exigibilidade das despesas processuais e honorários advocatícios.

6.4. A POSSIBILIDADE DE EXECUÇÃO (COBRANÇA) DO BENEFICIÁRIO DA JUSTIÇA GRATUITA DAS DESPESAS PROCESSUAIS

Com efeito, conforme visto anteriormente, a Justiça Gratuita, uma vez deferida, não permite concluir que a parte jamais será cobrada das despesas processuais. Apenas há uma suspensão de sua exigibilidade (enquanto durar a situação de miserabilidade que justificou a concessão do benefício da justiça gratuita ou até que a obrigação seja extinta em face do decurso do tempo previsto em lei).

Destarte, é possível que a Justiça Gratuita deferida em determinado momento pelo Juízo não se justifique mais, tendo em vista o desaparecimento da condição de insuficiência de recurso que justificou a medida.

Assim, a principal consequência da revogação da Justiça Gratuita é a exigibilidade das despesas que a parte deixou de efetuar.

Tratam do tema, além do já mencionado art. 98, § § 2º e 3º, os arts. 100, parágrafo único, e 102, ambos do CPC/15:

> Art. 100. Deferido o pedido, a parte contrária poderá oferecer impugnação na contestação, na réplica, nas contrarrazões de recurso ou, nos casos de pedido superveniente ou formulado por terceiro, por meio de petição simples, a ser apresentada no prazo de 15 (quinze) dias, nos autos do próprio processo, sem suspensão de seu curso.
>
> Parágrafo único. Revogado o benefício, a parte arcará com as despesas processuais que tiver deixado de adiantar e pagará, em caso de má-fé, até o décuplo de seu valor a título de multa, que será revertida em benefício da Fazenda Pública estadual ou federal e poderá ser inscrita em dívida ativa.
>
> Art. 102. Sobrevindo o trânsito em julgado de decisão que revoga a gratuidade, a parte deverá efetuar o recolhimento de todas as despesas de cujo adiantamento foi dispensada, inclusive as relativas ao recurso interposto, se houver, no prazo fixado pelo juiz, sem prejuízo de aplicação das sanções previstas em lei. (...)

No Processo do Trabalho, contudo, certamente em face da inexistência, até o advento da Lei n. 13.467/2017, da regra de honorários advocatícios pela mera sucumbência, nunca se cobrou nenhuma despesa processual do beneficiário da Justiça Gratuita em momento posterior a sentença, mesmo se desaparecida a condição de insuficiência de recurso que justificou a medida. Nunca se aplicou o art. 12 da Lei n. 1.060/50, a despeito de, como visto, o seu art. 2º sempre ter sido expresso quanto à aplicabilidade das referidas regras ao processo do trabalho.

Entretanto, com o novo regime de custas, honorários periciais e honorários advocatícios, com a previsão de sucumbência recíproca, deve o tema ser revisitado, a fim de fixar a correta interpretação dos dispositivos inseridos na CLT pela Lei n. 13.467/2017 – Reforma Trabalhista.

07

A COBRANÇA DE HONORÁRIOS (PERICIAIS E/OU ADVOCATÍCIOS) DA PARTE BENEFICIÁRIA DA JUSTIÇA GRATUITA

7.1. HONORÁRIOS PERICIAIS

Conforme destacado, no Processo do Trabalho, ao longo do tempo, não foi dada a devida atenção para os reais efeitos da concessão da gratuidade. Vigorou, até o advento da Lei n. 13.467/2017, uma indevida equiparação entre a completa inexistência de responsabilidade pelas despesas processuais e a sua mera isenção/inexigibilidade temporária.

Desse modo, especificamente quanto aos honorários periciais, e por conta da antiga redação do art. 790-B da CLT[92], sempre se entendeu que, em caso de sucumbência na pretensão objeto do pedido pela parte beneficiária da Justiça Gratuita, a União seria automaticamente responsável

92. "A responsabilidade pelo pagamento dos honorários periciais é da parte sucumbente na pretensão objeto da perícia, ainda que beneficiária da justiça gratuita."

pelo pagamento da referida despesa processual (Resolução n. 66/2010, do CSJT; Súmula n. 457, TST). No Processo do Trabalho, portanto, nunca se cobrou, em momento posterior a sentença, do beneficiário da Justiça Gratuita, eventuais despesas processuais, mesmo que, porventura, o beneficío da justiça gratuita tivesse, ao longo do processo, alterado sua realidade socioeconômica a ponto de não ser mais, para os fins da lei, credor do referido benefício. Em outras palavras, ou seja, nunca se aplicou o art. 12 da Lei n. 1.060/50.

Entretanto, consoante a disciplina do instituto da gratuidade, tanto na Lei n. 1.060/50, quanto no CPC/2015, o mais coerente sempre foi entender que a parte, mesmo beneficiária da justiça gratuita, permanecia responsável pelo pagamento dos honorários periciais, sendo a responsabilidade da União temporária, de modo que seria possível executar o beneficiário, inclusive reclamante, caso desaparecida a situação de insuficiência de recursos que justificou a medida.

Na mesma linha do revogado art. 12 da Lei n. 1060/50 (matéria disciplinada no atual art. 98, § 2º, e art. 95, CPC/15), a nova redação do art. 790-B, CLT, inserida pela Lei n. 13.467/2017, deixa claro que a responsabilidade pelas despesas decorrentes da sucumbência, inclusive honorários periciais, é da parte sucumbente, ainda que beneficiária da Justiça Gratuita: "Art. 790-B. A responsabilidade pelo pagamento dos honorários periciais é da parte sucumbente na pretensão objeto da perícia, ainda que beneficiária da justiça gratuita. (...)".

Ou seja, não há falar em substancial alteração quanto a responsabilidade pelo pagamento dos honorários periciais, no processo do trabalho, a partir da Reforma Trabalhista.

Na verdade, pela aplicação da Lei n. 1.060/50 e do CPC/15, ante o disposto no art. 769 da CLT, com a regulamentação apenas parcial do instituto da Justiça Gratuita pelas normas processuais trabalhistas, o correto sempre foi a condenação da parte sucumbente na pretensão objeto da perícia no pagamento de honorários periciais, ainda que beneficiária da justiça gratuita, ficando suspensa, entretanto, a exigibilidade, enquanto mantida a condição de insuficiência de recursos. A União responderia, assim, num primeiro momento, sendo possível a cobrança dos valores adiantados pela União se, em até 5 anos, a contar da decisão, a parte (normalmente o reclamante) deixasse a condição de insuficiência de recursos.

Desse modo, percebe-se que a norma inserida no § 4º do art. 790-B, segundo a qual "Somente no caso em que o beneficiário da justiça gratuita não tenha obtido em juízo créditos capazes de suportar a despesa referida no caput, ainda que em outro processo, União responderá pelo encargo", a depender da interpretação que se faça da expressão "créditos capazes de suportar a despesa", não conflita com o princípio constitucional de acesso à justiça e garantia da gratuidade.

É que a expressão "créditos capazes de suportar a despesa, ainda que em outro processo" deve, sob pena, aí sim, de violação do direito fundamental de acesso à justiça (art. 5º, XXXV, da CRFB/88), ser entendida como a obtenção de um crédito que permita a revogação da Justiça Gratuita, ante o desaparecimento da situação de insuficiência de recursos que, anteriormente, justificara a concessão do benefício. Não significa, portanto, uma possibilidade "meramente matemática", ou seja, um mero acerto de contas como ocorreria no exemplo a seguir: se um reclamante tem R$ 5.000,00 (cinco mil reais) de créditos a receber, mas deve R$ 2.500,00 (dois mil e quinhentos reais) de honorários periciais, faz-se a retenção, dos créditos do reclamante, do valor relativo aos honorários periciais, já que R$ 5.000,00 é maior do que R$ 2.500,00. Esse "acerto de contas", sem dúvidas, contraria toda a lógica da relação sistemática entre despesas processuais e gratuidade de justiça, bem como viola, de maneira flagrante, os direitos fundamentais de índole processual previstos na CRFB/88.

A impossibilidade do mero acerto de contas decorre do fato de que a concessão e a manutenção da Justiça Gratuita não estão ligadas ao resultado do processo, mas sim à situação da parte de "insuficiência" de recursos.

Desse modo, ao fazer alusão a "créditos capazes de suportar a despesa, ainda que em outro processo", deve-se compreender que se trata apenas de uma das hipóteses que pode provocar a revogação da Justiça Gratuita, ante o desaparecimento da situação de insuficiência de recursos, o que poderá ocorrer também, por exemplo, se a parte for sorteada na loteria ou receber valores consideráveis provenientes de uma herança. Todas as hipóteses, contudo, estão vinculadas a um eixo central, qual seja: desaparecimento da situação de insuficiência de recursos da pessoa que foi beneficiária dos benefícios da justiça gratuita.

Vale registrar, por fim, que, talvez para evitar que interpretações literais da norma (como aquela que permite o mero acerto de contas acima referido) provoquem a denegação de direitos fundamentais, a Procuradoria Geral da República – PGR ajuizou ADIN, tombada sob o número 5766, em face de algumas alterações introduzidas pela Reforma Trabalhista (arts. 790-B, caput e § 4º; 791-A, § 4º, e 844, § 2º).

Segundo a PGR, a "alteração promoveu **restrições inconstitucionais à garantia de gratuidade judiciária** aos que comprovem insuficiência de recursos, na Justiça do Trabalho, **violando as garantias constitucionais de amplo acesso à jurisdição e a assistência judiciária integral aos necessitados**", além de gerar "**ônus desproporcionais** para que cidadãos vulneráveis e desassistidos busquem o Judiciário. Impõem a utilização de recursos obtidos em processos trabalhistas para custeio de honorários, sem considerar o possível caráter alimentar de tais valores ou a possibilidade de comprometimento de necessidades essenciais do trabalhador". (destaques nossos)

Pretende a PGR, em sede de cautelar, a suspensão da eficácia da expressão **"desde que não tenha obtido em juízo, ainda que em outro processo, créditos capazes de suportar a despesa".** (destaques nossos)

A referida inconstitucionalidade, conforme já dito, não existirá caso a expressão "créditos capazes de suportar a despesa referida no caput, ainda que em outro processo" seja entendida como a obtenção de um crédito que permita a revogação da Justiça Gratuita, ante o desaparecimento da situação de insuficiência de recursos que, anteriormente, justificara a concessão do benefício, e não um mero "acerto de contas".

7.2. HONORÁRIOS ADVOCATÍCIOS

Sem dúvidas, o art. 791-A da CLT é uma das maiores novidades da Reforma Trabalhista, no que toca ao Direito Processual, provocando, ao longo já dos quase 3 (três) anos de vigência da Reforma Trabalhista, reflexões das mais variadas espécies.

Na disciplina anterior à Reforma Trabalhista, sob influência na Lei n. 5.584/70, pacificou-se o entendimento no sentido de que a condenação em honorários advocatícios, em regra, no processo do trabalho, não decorria da mera sucumbência. Conforme Súmulas n. 219 e 329 do TST, na Justiça do Trabalho, em regra, a condenação ao pagamento de honorários advocatícios não decorria pura e simplesmente da sucumbência, devendo a parte, concomitantemente: a) estar assistida por sindicato da categoria profissional; b) comprovar a percepção de salário inferior ao dobro do salário-mínimo ou encontrar-se em situação econômica que não lhe permitisse demandar sem prejuízo do próprio sustento ou da respectiva família (art.14, § 1º, da Lei nº 5.584/1970).

Na sistemática da Reforma Trabalhista, contudo, os honorários advocatícios, mesmo nas lides decorrentes das relações de emprego, passam a decorrer da mera sucumbência, inclusive recíproca, prevendo o art. 791--A, caput, da CLT, que "Ao advogado, ainda que atue em causa própria, serão devidos honorários de sucumbência, fixados entre o mínimo de 5% (cinco por cento) e o máximo de 15% (quinze por cento) sobre o valor que resultar da liquidação da sentença, do proveito econômico obtido ou, não sendo possível mensurá-lo, sobre o valor atualizado da causa", bem como o seu § 3º que "Na hipótese de procedência parcial, o juízo arbitrará honorários de sucumbência recíproca, vedada a compensação entre os honorários".

Registre-se que, no particular, a Reforma Trabalhista ratificou o entendimento no sentido de que os honorários constituem direito do advogado, não sendo admissível a compensação pelas partes dos respectivos valores, sendo, inclusive, de natureza alimentar (art. 85, § 14, do CPC/15 e Súmula Vinculante n. 47 do STF):

> Art. 85. A sentença condenará o vencido a pagar honorários ao advogado do vencedor.
>
> (...)
>
> § 14. Os honorários constituem direito do advogado e têm natureza alimentar, com os mesmos privilégios dos créditos oriundos da legislação do trabalho, sendo vedada a compensação em caso de sucumbência parcial.
>
> (...)
>
> Súmula Vinculante 47
>
> Os honorários advocatícios incluídos na condenação ou destacados do montante principal devido ao credor consubstanciam verba de natureza alimentar cuja satisfação ocorrerá com a expedição de precatório ou requisição de pequeno valor, observada ordem especial restrita aos créditos dessa natureza.

No que tange à responsabilidade do beneficiário da justiça gratuita ao pagamento dos honorários advocatícios, como visto anteriormente, a concessão de gratuidade **não afasta a responsabilidade** do beneficiário pelas despesas processuais e pelos honorários advocatícios decorrentes de sua sucumbência (art. 98, § 2º, CPC/15), apenas suspende sua exigibilidade. Consoante a § 3º do art. 98, CPC/15:

> Vencido o beneficiário, as obrigações decorrentes de sua sucumbência ficarão sob condição suspensiva de exigibilidade e somente poderão ser executadas se, nos **5 (cinco) anos** subsequentes ao trânsito em julgado da decisão que as certificou, **o credor demonstrar que deixou de existir a situação de insuficiência de recursos que justificou a concessão de gratuidade**, extinguindo-se, passado esse prazo, tais obrigações do beneficiário. (destaques nossos)

Em sentido semelhante, a nova disciplina do tema pela CLT, consoante alteração promovida pela Lei n. 13.467/2017 – Reforma Trabalhista (art. 791-A, §4º, da CLT):

> Vencido o beneficiário da justiça gratuita, desde que não tenha obtido em juízo, ainda que em outro processo, **créditos capazes** de suportar a despesa, as obrigações decorrentes de sua sucumbência ficarão sob condição suspensiva de exigibilidade e somente poderão ser executadas se, nos **dois anos** subsequentes ao trânsito em julgado da decisão que as certificou, **o credor demonstrar que deixou de existir a situação de insuficiência de recursos que justificou a concessão de gratuidade**, extinguindo-se, passado esse prazo, tais obrigações do beneficiário. (destaques nossos)

Assim como foi destacado quando da análise dos efeitos da concessão da Justiça Gratuita quanto ao pagamento dos honorários periciais, quanto aos honorários advocatícios, necessário que se compreenda a referida norma pela adequada interpretação da expressão "créditos capazes de suportar a despesa", devendo esta expressão ser entendida como crédito capaz de retirar a parte (beneficiária da Justiça gratuita) da condição de insuficiência de recursos que justificou a anterior concessão do benefício.

Não se trata, pois, de uma capacidade apenas "matemática" de suportar a despesa, ou seja, não se trata de dizer que o mero fato da parte, beneficiária da justiça gratuita, ter recebido, no processo trabalhista ou em qualquer outro processo judicial, um crédito superior ao valor do seu débito de honorários, permite, por si só, que se cobre dela o valor relativo aos honorários advocatícios, mediante retenção deste valor devido a título de honorários do valor do seu crédito obtido no processo.

Desse modo, tal qual deve ocorrer com relação aos honorários periciais, para que se torne exigível a cobrança dos honorários advocatícios da parte beneficiária da justiça gratuita, não basta que seja faça um mero acerto de contas, não basta que seja tenha uma mera capacidade matemática.

Fundamental, pois, para tanto, que o crédito a ser recebido pela parte beneficiária do benefício da justiça gratuita seja suficiente para retirar-lhe a condição de insuficiência de recursos que justificou a anterior concessão do benefício: capacidade efetiva, portanto, de suportar a despesa.

Neste sentido, inclusive, importante destacar o enunciado 201 do Fórum Permanente de Processualistas do Trabalho - FPPT, aprovados no V FPPT, em Salvador:

> 201. (art. 5º, inciso XXXV da CF/88 e art. 791-A, § 4º da CLT) É inconstitucional, por violação ao princípio do acesso à justiça, impor que a parte, beneficiária da justiça gratuita, que tenha obtido créditos em qualquer processo judicial, arque com honorários advocatícios, exceto se finda, comprovadamente, a condição de insuficiência econômica que justificou a concessão do benefício da justiça gratuita.

A diferença da disciplina da CLT em relação ao CPC/2015, nesse particular, pois, se refere apenas ao prazo que antecede a extinção da obrigação, já que a CLT prevê que ele será de dois anos, ao passo que o CPC/2015, como visto, fala em cinco anos.

Afasta-se, portanto, a ideia de que seja possível promover um "encontro de contas" de modo a retirar do crédito devido ao reclamante (se beneficiário da gratuidade) os valores devidos a título de honorários ao advogado da parte contrária. A interpretação da possibilidade do mero acerto de contas, conforme também ocorre com os honorários periciais, viola o direito fundamental de acesso à justiça (art. 5º, XXXV, da CRFB/88), bem como esvazia, por completo, o direito à gratuidade de justiça (art. 5º, LXXIV, da CRFB/88), sendo, pois, inconstitucional.

Ademais, importante que se diga que a retenção decorrente da interpretação do mero acerto de contas (capacidade matemática) também violaria um dispositivo trazido pela própria Reforma Trabalhista, qual seja: o art. 878 da CLT, que passou a vedar, salvo na hipótese de *jus postulandi* da parte, o início, de ofício pelo Magistrado, da execução.

Isso porque, se o Magistrado entender ser possível reter, do crédito que o reclamante tem a receber, o valor dos honorários advocatícios devidos ao advogado da parte contrária, estará o Magistrado, de ofício, executando o referido crédito do advogado da parte contrária, violando, assim, o art. 878 da CLT.

Neste sentido, inclusive, importante destacar o enunciado 202 do Fórum Permanente de Processualistas do Trabalho - FPPT, aprovados no V FPPT, em Salvador:

> 202. (arts. 791-A, §4º e 878, da CLT) O §4º do art. 791-A da CLT, não permite a retenção, pelo Juiz, do valor devido ao advogado da parte contrária, já que se trataria, neste caso, de execução de ofício, vedada pelo art. 878 da CLT.

Portanto, a sistemática da exigibilidade da cobrança de honorários advocatícios em face do beneficiário da justiça gratuita exige uma execução autônoma (leia-se, nos mesmos autos do processo, porém iniciada pelo próprio advogado), com respeito ao contraditório da parte que fora beneficiada com a gratuidade de justiça (arts. 10 e 99, § 2º, do CPC/2015), de modo que reste comprovado que o crédito (seja ele decorrente de processo judicial, de loteria, de herança ou de qualquer outra via lícita) recebido (ou a ser recebido) pela parte foi (ou, pelo montante calculado, será) suficiente para retirar-lhe a condição de insuficiência econômica que justificou a concessão do benefício da justiça gratuita.

Assim, para que a parte, beneficiária da justiça gratuita, venha a ser cobrada/executada em relação a seu débito de honorários advocatícios, necessário será: primeiro, que o credor (advogado da parte contrária) demonstre que deixou de existir a situação de insuficiência de recursos que justificou a concessão de gratuidade, seja pela obtenção, em juízo, ainda que em outro processo, de créditos capazes de suportar a despesa, seja pelo recebimento de herança, prêmio de loteria ou qualquer outro fato suficiente, em qualquer caso, para retirar a parte beneficiária da Justiça gratuita da condição de insuficiência de recursos e; segundo, que, diante desta demonstração, o Juiz, respeitado o contraditório (arts. 10 e 99, § 2º, do CPC/2015), revogue a decisão que concedeu à parte os benefícios da justiça gratuita, para, somente a partir daí, ser possível, efetivamente, cobrar/executar da parte, antes beneficiária da justiça gratuita, os valores relativos às obrigações decorrentes de sua sucumbência, desde que, é claro, ainda se esteja dentro do prazo de dois anos previsto no § 4º do art. 791-A da CLT.

Neste sentido, inclusive, importante destacar o enunciado 205 do Fórum Permanente de Processualistas do Trabalho - FPPT, aprovados no V FPPT, em Salvador:

> 205. (arts. 790-B, *caput*, e 791-A, § 4º, da CLT) A revogação do benefício da justiça gratuita, necessária para viabilizar a execução dos honorários periciais ou advocatícios em face do beneficiário da justiça gratuita, somente pode ocorrer na fase de execução, quando do efetivo pagamento do crédito, que retire a sua condição de insuficiência econômica.

Também nesse ponto, e certamente com o mesmo propósito, a PGR ajuizou ADIN, já citada, pretendendo a declaração de inconstitucionalidade do art. 791-A, § 4º, com a suspensão da expressão "desde que não tenha obtido em juízo, ainda que em outro processo, créditos capazes de suportar a despesa".

A referida inconstitucionalidade, conforme já dito, não existirá caso a expressão "créditos capazes de suportar a despesa referida no caput, ainda que em outro processo" seja entendida como a obtenção de um crédito que permita a revogação da Justiça Gratuita, ante o desaparecimento da situação de insuficiência de recursos que, anteriormente, justificara a concessão do benefício, e não um mero "acerto de contas".

7.2.1. Jurisprudência sobre o tema

Passados já quase 03 (três) anos da entrada em vigor da Lei n. 13.467/2017 (Reforma Trabalhista), a jurisprudência sobre o tema da cobrança de honorários em face da parte beneficiária da justiça gratuita começa, mesmo que de maneira ainda tímida, a se formar.

7.2.1.1. O STF e a ADI 5766

Conforme destacado ao longo do texto, a Procuradoria Geral da República – PGR ajuizou ADIN, tombada sob o número 5766, em face de algumas alterações introduzidas pela Reforma Trabalhista (arts. 790-B, caput e § 4º; 791-A, § 4º, e 844, § 2º).

Segundo a PGR, a "alteração promoveu **restrições inconstitucionais à garantia de gratuidade judiciária** aos que comprovem insuficiência de recursos, na Justiça do Trabalho, **violando as garantias constitucionais de amplo acesso à jurisdição e a assistência judiciária integral aos necessitados**", além de gerar "**ônus desproporcionais** para que cidadãos vulneráveis e desassistidos busquem o Judiciário. Impõem a utilização de recursos obtidos em processos trabalhistas para custeio de honorários, sem considerar o possível caráter alimentar de tais valores ou a possibilidade de comprometimento de necessidades essenciais do trabalhador". (destaques nossos)

Pretende a PGR, em sede de cautelar, a suspensão da eficácia da expressão **"desde que não tenha obtido em juízo, ainda que em outro processo, créditos capazes de suportar a despesa".** (destaques nossos)

A referida inconstitucionalidade, conforme já dito, contudo, conforme interpretação adotada nesse texto, não existirá caso a expressão "créditos capazes de suportar a despesa referida no caput, ainda que em outro processo" seja entendida como a obtenção de um crédito que permita a revogação da Justiça Gratuita, ante o desaparecimento da situação de insuficiência de recursos que, anteriormente, justificara a concessão do benefício, e não um mero "acerto de contas".

Nesse particular, pelo andamento atual do julgamento da ADI 5766, é justamente o que parece que irá acontecer. Isso porque, no dia 10/05/2018, o Relator do processo, Ministro Luís Roberto Barroso, em seu voto, "propôs a procedência parcial da ação para restringir o dispositivo que estipula que, no caso de honorários periciais, haverá compensação com créditos obtidos em juízo mesmo que em outro processo. O ministro estabeleceu limites para o alcance da obrigação a outros processos. O limite fixado foi de 30% do crédito, e um piso estabelecido no mesmo valor do teto do benefício do Regime Geral da Previdência Social, hoje em pouco mais de R$ 5 mil".[93]

Como se vê, o Relator, Ministro Luís Roberto Barroso, mesmo admitindo a possibilidade de cobrança/execução dos honorários advocatícios devidos pela parte beneficiária da justiça gratuita (sem que seja comprovado que a parte obteve créditos capazes de retirar-lhe a condição de insuficiência econômica), propôs que isso seja feito apenas e tão somente se o

93. Disponível: http://www.stf.jus.br/portal/cms/verNoticiaDetalhe.asp?idConteudo=378076&caixaBusca=N.

crédito (de natureza alimentar[94]) a ser recebido pela parte for superior ao valor do teto do INSS, hoje em dia no valor de R$ 6.101,06, e, mesmo assim, limitando o desconto ao percentual de 30% do que exceder esse valor.

Exemplificando, de acordo com o critério de harmonização proposto pelo Ministro Relator, se um trabalhador, beneficiário da justiça gratuita, ajuizar uma ação trabalhista cuja soma total dos pedidos alcança R$ 100.000,00 (cem mil reais) e obtiver a procedência parcial de suas pretensões, somando um crédito (todo ele de parcelas de natureza alimentar) no valor de R$ 15.000,00 (quinze mil reais), tornando-o sucumbente no valor de R$ 85.000,00 (oitenta e cinco mil reais), na hipótese do Juiz ter condenando-o ao pagamento de honorários advocatícios ao advogado da parte ré no percentual de 10% sobre o total do valor que foi sucumbente, resultando assim em um débito de honorários no valor de R$ 8.500,00 (oito mil e quinhentos reais), o Juiz somente poderá reter do crédito do trabalhador o valor equivalente a 30% do que exceder R$ 6.101,06. Assim, considerando que o excesso, nesse caso, alcança o valor de R$ 8.898,94, apenas poderá ser retido, do crédito total a ser recebido pelo trabalhador (R$ 15.000,00) o valor de R$ 2.669,68 (30% de R$ 8.898,94). O restante do débito de honorários (R$ 8.500,00 – 2.669,68 = R$ 5.830,32) ficará sob condição suspensiva de exigibilidade pelo prazo de até dois anos.

Percebe-se, portanto, que, de acordo com o critério proposto pelo Ministro Relator, não se trata, quanto às parcelas de natureza alimentar, de um mero "acerto de contas", afinal, se a interpretação proposta pelo Ministro Relator fosse nesse sentido, do crédito a ser recebido pelo trabalhador

94. Em seu voto, o Ministro Luís Roberto Barroso propôs que a cobrança de honorários sucumbenciais da parte beneficiária da justiça gratuita possa incidir: a) sobre verbas não alimentares, a exemplo de indenizações por danos morais, em sua integralidade; e b) sobre o percentual de até 30% do valor que exceder ao teto do Regime Geral de Previdência Social, quando pertinente a verbas remuneratórias.

(R$ 15.000,00) seria retido o valor total do débito de honorários advocatícios (R$ 8.500,00), ficando o trabalhador apenas e tão somente com o valor de R$ 6.500,00, mesmo ainda sendo beneficiário da justiça gratuita, ou seja, mesmo ainda estando em condições de insuficiência econômica.

É importante destacar, desde já, que a definição do crédito ser ou não de natureza alimentar encontra previsão constitucional, especificamente no art. 100, § 1º, que prevê que "os débitos de natureza alimentícia compreendem aqueles decorrentes de salários, vencimentos, proventos, pensões e suas complementações, benefícios previdenciários e indenizações por morte ou por invalidez, fundadas em responsabilidade civil, em virtude de sentença judicial transitada em julgado".

Em seguida, o Ministro Edson Fachin "abriu a divergência em relação ao voto do relator e posicionou-se pela procedência do pedido. Ele sustentou que os dispositivos questionados mitigaram em situações específicas o direito fundamental à assistência judicial gratuita e o direito fundamental ao acesso à Justiça. Para Fachin, as restrições impostas trazem como consequência o esvaziamento do interesse dos trabalhadores em demandar na Justiça do Trabalho, tendo em vista a pouca perspectiva de retorno. Para ele, há a imposição de barreiras que tornam inacessíveis os meios de reivindicação judicial de direitos a hipossuficientes econômicos".

Assim é que, pelo voto do Ministro Edson Fachin, não há sequer falar em constitucionalidade da cobrança de honorários (periciais e/ou advocatícios) da parte originariamente beneficiária da justiça gratuita, nem se cogitando, portanto, a tese do mero "acerto de contas".

Após o pedido de vistas do Ministro Luiz Fux o julgamento foi suspenso (em 10/05/2018), ficando, contudo, ao que parece, rejeitada de plano (afinal sequer cogitada nem mesmo no voto de procedência parcial do Ministro Luís Roberto Barroso) a tese interpretativa no sentido de que os arts. 790-B, § 4º, e 791-A, § 4º, ambos da CLT, permitem que a cobrança/execução do débito de honorários da parte beneficiária da justiça gratuita seja feita a partir de uma análise meramente matemática, como se um mero "acerto" de contas fosse.

7.2.1.2. O tema no âmbito do TST

No âmbito do TST, o tema foi objeto de Arguição de Inconstitucionalidade (ArgInc - 10378-28.2018.5.03.0114), tendo como Relator o Ministro Augusto César Leite de Carvalho, o que demonstra, por si só, a importância do tema.

Em termos de decisões de mérito já publicadas sobre o tema, merece destaque a decisão da 3ª Turma do TST proferida nos autos do TST-AIRR-2054-06.2017.5.11.0003, de 30/05/2019.

Com Relatoria do Ministro Alberto Bresciani, a 3ª Turma do TST deixou claro que:

> (...)
>
> 3. Não obstante, a redação dada ao art. 791, § 4º, da CLT, demonstrou essa preocupação por parte do legislador, uma vez que só será exigido do beneficiário da Justiça gratuita o pagamento de honorários advocatícios se ele obtiver créditos suficientes, neste ou em outro processo, para retirá-lo da condição de miserabilidade. Caso contrário, penderá, por dois anos, condição suspensiva de exigibilidade. A constatação da superação do estado de miserabilidade, por óbvio, é casuística e individualizada. (PROCESSO Nº TST-AIRR-2054-06.2017.5.11.0003 – 3ª TURMA – MINISTRO RELATOR Alberto Bresciani – DEJT 30/05/2019)

Assim, fica evidente o posicionamento da 3ª Turma do TST no sentido de que a interpretação do art. 791, § 4º, da CLT, deve seguir no sentido de, conforme proposto nesse livro, entender que a expressão "créditos suficientes de suportar a despesa" deve ser lida como créditos capazes de retirar a parte beneficiária da justiça gratuita da condição de miserabilidade que justificou a concessão do benefício.

Por outro lado, no âmbito da 4ª Turma do TST, o tema, quando enfrentado (TST-RR-20556-23.2018.5.04.0271), parece ter caminhado pela adoção da tese do mero "acerto de contas". Nesse sentido, é importante destacar que, em um dos trechos da Ementa do acórdão, chegou-se a dar a entender que a 4ª Turma também adotara a tese de a expressão "créditos suficientes de suportar a despesa" deve ser lida como créditos capazes de retirar a parte beneficiária da justiça gratuita da condição de miserabilidade que justificou a concessão do benefício:

> (...)
>
> 8. Ainda, convém ressaltar não ser verdadeira a assertiva de que a imposição de pagamento de honorários de advogado àquele que se declara pobre na forma da lei implica desvio de finalidade da norma, onerando os que necessitam de proteção legal, <u>máxime porque no próprio § 4º do art. 791-A da CLT se visualiza a preocupação do legislador com o estado de hipossuficiência financeira da parte vencida, ao exigir o pagamento da verba honorária apenas no caso de existência de crédito em juízo em favor do beneficiário da justiça gratuita, neste ou em outro processo, capaz de suportar a despesa que lhe está sendo imputada, situação, prima facie, apta a modificar a sua capacidade financeira, até então de miserabilidade, que justificava a concessão de gratuidade, prestigiando</u>, de um lado, o processo responsável, e desestimulando, de outro, a litigância descompromissada. (grifos não originais)

Assim, o item 8 da Ementa chegou a dialogar com a necessidade de se estar diante de uma situação na qual o beneficiário da justiça gratuita recebe um crédito capaz de suportar a despesa que lhe está sendo imputada, ou seja, crédito apto "a modificar a sua capacidade financeira, até então de miserabilidade, que justificava a concessão de gratuidade".

Contudo, na conclusão do acórdão, a tese do mero "acerto de contas" parece, de fato, ter sido a tese prevalecente nesse julgamento. Isso porque, quando do comando decisório, a 4ª Turma concluiu que:

> ACORDAM os Ministros da Quarta Turma do Tribunal Superior do Trabalho, por unanimidade:
>
> (...)
>
> II – conhecer e dar provimento ao recurso de revista patronal, em face de sua transcendência jurídica e por violação do art. 5º, II, da CF, para, reformando a decisão regional, estabelecer que os honorários advocatícios decorrentes da sucumbência da Autora, beneficiária da justiça gratuita, arbitrados pelo Juízo de origem a favor do patrono do Reclamado, primeiramente sejam compensados dos créditos obtidos em juízo, ainda que em outro processo, e, tão somente na hipótese de inexistência ou de insuficiência dos ganhos, incida a condição suspensiva de exigibilidade da verba honorária prevista no art. 791-A, § 4º, da CLT. (TST-RR-20556-23.2018.5.04.0271, 4ª Turma, rel. Min. Ives Gandra Martins Filho, julgado em 6/5/2020) (grifos não originais)

Ao se determinar, pois, que, quanto ao débito de honorários advocatícios a cargo da parte autora, beneficiária da justiça gratuita, primeiro seja feita a "compensação" dos créditos obtidos em juízo, ainda que em outro processo, e, tão somente na hipótese de inexistência ou de insuficiência dos ganhos (o que sugere uma conta/operação meramente matemática), incida a condição suspensiva de exigibilidade da verba honorária, fica relativamente claro que a 4ª turma do TST, de fato, adotou a tese do mero "acerto de contas".

7.2.1.3. O tema no âmbito dos TRT's

Alguns Tribunais Regionais do Trabalho já se debruçaram sobre a análise da constitucionalidade ou não do § 4º do art. 791-A da CLT, tendo havido declaração de inconstitucionalidade no âmbito dos TRT's da 10ª Região (Processo nº 0000163-15.2019.5.10.0000), 7ª Região (Processo nº 0080026-04.2019.5.07.0000), da 01ª Região (0102282-40.2018.5.01.0000), da 04ª Região (0020024-05.2018.5.04.0124), da 08ª Região (0000944-91.2019.5.08.0000) e da 19ª Região (0000206-34.2018.5.19.0000).

Trata-se, portanto, de um tema cuja complexidade demanda, naturalmente, uma análise cuidadosa e criteriosa, de modo a harmonizar (ou ao menos tentar) o regramento introduzido pela Lei n. 13.467/2017 com os direitos fundamentais de índole processual previstos na CRFB/88.

7.3. CRITÉRIOS PARA DEFINIÇÃO DE UM CRÉDITO CAPAZ DE SUPORTAR A DESPESA (CAPAZ DE RETIRAR A CONDIÇÃO DE INSUFICIÊNCIA QUE JUSTIFICOU A CONCESSÃO DO BENEFÍCIO DA JUSTIÇA GRATUITA)

A tese proposta no presente livro é no sentido de que, ao se conferir uma interpretação conforme à CRFB/88 dos arts. 790-B, §4º, e 791-A, § 4º, ambos da CLT, chega-se à conclusão de que é necessário que se compreenda que a expressão "créditos capazes de suportar a despesa" não permite um mero "acerto de contas" (fruto de uma mera operação matemática entre o valor do crédito a ser recebido pelo beneficiário da justiça gratuita e o valor do débito de honorários advocatícios que esse possui), mas sim deve ser entendida como um crédito capaz de retirar a parte (beneficiária da Justiça gratuita) da condição de insuficiência de recursos que justificou a anterior concessão do benefício.

Conforme também já proposto ao longo do livro, para tanto, ou seja, para que a parte, beneficiária da justiça gratuita, venha a ser cobrada/executada em relação a seu débito de honorários advocatícios, necessário será: primeiro, que o credor (advogado da parte contrária) demonstre que deixou de existir a situação de insuficiência de recursos que justificou a concessão de gratuidade, seja pela obtenção, em juízo, ainda que em outro processo, de créditos capazes de suportar a despesa, seja pelo recebimento de herança, prêmio de loteria ou qualquer outro fato suficiente, em qualquer caso, para retirar a parte beneficiária da Justiça gratuita da condição de insuficiência de recursos e; segundo, que, diante desta demonstração, o Juiz, respeitado o contraditório (arts. 10 e 99, § 2º, do CPC/2015), revogue a decisão que concedeu à parte os benefícios da justiça gratuita, para, somente a partir daí, ser possível, efetivamente, cobrar/executar da parte, antes beneficiária da justiça gratuita, os valores relativos às obrigações decorrentes de sua sucumbência, desde que, é claro, ainda se esteja dentro do prazo de dois anos previsto no § 4º do art. 791-A da CLT.

Trata-se, portanto, a expressão "créditos capazes de suportar a despesa", de um conceito jurídico indeterminado, que deve, num contexto ideal, ser preenchido pelo intérprete (no caso, o Juiz) no caso concreto, sempre levando em consideração as particularidades de cada situação.

Contudo, é muito comum, em situações como essas, haver uma grande ansiedade por um critério objetivo, capaz de permitir ao Juiz, em cada caso concreto, aplicar uma determinada fórmula preestabelecida, que lhe leve ao resultado necessário para se adotar uma determinada decisão.

7.3.1. O critério proposto pelo Ministro Luís Roberto Barroso

No âmbito do julgamento da ADI 5766, o Ministro Luís Roberto Barroso propôs um critério objetivo, qual seja: a cobrança/execução de honorários sucumbenciais da parte beneficiária da justiça gratuita pode incidir: a) sobre verbas não alimentares, a exemplo de indenizações por danos morais, em sua integralidade (como um mero "acerto de contas"); e b) sobre o percentual de até 30% do valor que exceder ao teto do Regime Geral de Previdência Social, quando pertinente a verbas remuneratórias (de natureza alimentar).

A principal crítica que se pode fazer a esse critério proposto é a necessidade de se deixar claro, caso prevaleça, que o conceito de verbas de natureza alimentar (que somente admitem retenção para pagamento de honorários advocatícios no que exceder 30% do valor do teto do INSS) deve ser aquele previsto constitucionalmente, especificamente no art. 100, § 1º, que prevê que "os débitos de natureza alimentícia compreendem aqueles decorrentes de salários, vencimentos, proventos, pensões e suas complementações, benefícios previdenciários e indenizações por morte ou por invalidez, fundadas em responsabilidade civil, em virtude de sentença judicial transitada em julgado".

Assim, devem ser entendidos, para os fins de cobrança dos honorários advocatícios da parte beneficiária da justiça gratuita, como créditos de natureza alimentar, aqueles vinculados a todas as verbas trabalhistas em sentido estrito (principais e reflexas) e as indenizações decorrentes de acidentes de trabalho e doenças ocupacionais (indenizações por morte ou por invalidez, fundadas em responsabilidade civil).

7.3.2. O critério do que exceder 50 salários-mínimos mensais

Possível ainda entender que a cobrança/execução de honorários sucumbenciais da parte beneficiária da justiça gratuita pode incidir apenas e tão somente naquilo que exceder 50 (cinquenta) salários-mínimos mensais do crédito da parte.

A referida construção é feita a partir da leitura combinada do disposto no art. 833, inciso IV e §2º, do CPC/2015, que deixam claro ser impenhoráveis (e, por isso, não sujeitos a execução) "os vencimentos, os subsídios, os soldos, os salários, as remunerações, os proventos de aposentadoria, as pensões, os pecúlios e os montepios, bem como as quantias recebidas por liberalidade de terceiro e destinadas ao sustento do devedor e de sua família, os ganhos de trabalhador autônomo e os honorários de profissional liberal", abrangendo aí, no mínimo, os créditos de natureza alimentar previstos no § 1º do art. 100 da CRFB/88.

Trata-se, pois, de uma construção semelhante àquela proposta pelo Ministro Luís Roberto Barroso, mas que, ao invés de criar um novo critério, se utiliza de um critério já existente na própria legislação processual.

É bem verdade que, ao se utilizar de um critério já existente na própria legislação processual, a tese em questão acaba por permitir uma crítica com base no próprio art. 833, IV e § 2º, do CPC/2015, na medida em que, pela leitura combinada dos referidos dispositivos, a impenhorabilidade dos créditos trabalhistas (salários e remunerações) "não se aplica à hipótese de penhora para pagamento de prestação alimentícia".

Assim, como os honorários constituem, na forma da Súmula Vinculante n. 47 do STF, créditos/verbas de natureza alimentar, o próprio art. 833, IV e § 2º, do CPC/2015, utilizado para fixar o critério do que exceder 50 salários-mínimos mensais, acaba por autorizar a "penhora"/ execução do crédito do trabalhador obtido na ação, de qualquer valor, para pagamento dos honorários advocatícios do advogado da parte contrária.

Lado outro, trazendo uma crítica da crítica, dizer que a impenhorabilidade dos créditos trabalhistas (salários e remunerações) "não se aplica à hipótese de penhora para pagamento de prestação alimentícia" e que, por isso, o crédito do trabalhador obtido na ação, de qualquer valor, pode ser utilizado para pagamento dos honorários advocatícios do advogado da parte contrária, acaba por ignorar a própria jurisprudência que se construiu acerca do art. 833, IV e § 2º, do CPC/2015, no sentido de que, como forma de garantir a subsistência tanto do credor (no caso da cobrança de honorários de sucumbência, o advogado da parte contrária), quanto do devedor (no caso da cobrança de honorários de sucumbência, a parte contrária), a penhora de um crédito de natureza alimentar não deve extrapolar 30% (percentual extraído do disposto nos art. 1º, § 1º e § 2º, I, da Lei n. 10.820/2003[95]) dos ganhos líquidos mensais do devedor.

Desse modo, a melhor harmonização do critério baseado no art. 833, IV e § 2º, do CPC/2015 seria a seguinte:

a) para o que exceder 50 salários-mínimos mensais do crédito da parte beneficiária da justiça gratuita, pode ser utilizado todo o valor para pagamento dos honorários devidos ao advogado da parte contrária;

b) para o que não exceda 50 salários-mínimos mensais do crédito da parte beneficiária da justiça gratuita, pode ser utilizado apenas e tão somente até 30% para pagamento dos honorários devidos ao advogado da parte contrária, ficando eventual débito remanescente sob condição suspensiva de exigibilidade pelo prazo de até dois anos.

95. Esses dispositivos deixam claro que o limite de desconto do empréstimo consignado, como regra, é de 30% (trinta por cento), já que o percentual adicional de 5% é específico para operações por meio de cartão de crédito.

08

RESUMO DOS CAPÍTULOS 6 E 7

Na linha do quanto exposto, é possível resumir nossas conclusões da seguinte maneira:

a) ao alterar a redação do § 3º do art. 790 da CLT, substituindo o critério do recebimento de salário igual ou inferior ao dobro do salário mínimo pelo critério de recebimento de salário igual ou inferior a 40% do teto do INSS, a Lei n. 13.467/2017 ampliou o acesso à justiça, na medida em que passou a permitir ao Juiz, a requerimento ou de ofício, a concessão do benefício da justiça gratuita a quem receba salário entre R$ 2.090,01 a 2.440,42, o que não seria possível caso mantido o critério do recebimento de salário igual ou inferior ao dobro do salário mínimo;

b) ao alterar a redação do § 3º do art. 790 da CLT e incluir, neste artigo, o § 4º, consagrou a impossibilidade de concessão, de ofício, do benefício da justiça gratuita àqueles que recebam salário superior a 40% do teto do INSS, já que a possibilidade de concessão, de ofício, da justiça gratuita, está prevista apenas no § 3º do art. 790 da CLT, que, após a Reforma Trabalhista, passou a contemplar apenas uma hipótese de concessão do benefício: receber salário igual ou inferior a 40% (quarenta por cento) do limite máximo dos benefícios do Regime Geral de Previdência Social;

c) a substituição da expressão "declarar" pela expressão "comprovar", para fins de concessão do benefício da justiça gratuita, não teve o condão de promover qualquer alteração na sistemática processual até então vigente, de modo que a sistemática continua a mesma, qual seja: c.1) se a parte recebe salário superior a 40% do teto do INSS, junta declaração de pobreza (assinada pela própria parte ou assinada por advogado com poderes específicos para esse fim — art. 105 do CPC/2015 e Súmula n. 463 do TST) e não há, nos autos, elementos que evidenciem a falta dos pressupostos legais para a concessão de gratuidade, o Magistrado deve conceder o benefício da justiça gratuita, já que, neste caso, a declaração de pobreza, em face da presunção legal de veracidade que ostenta (art. 99, § 3º, do CPC/2015) não exige prova do estado de insuficiência econômica (art. 374, IV, do CPC/2015); c.2) se a parte recebe salário superior a 40% do teto do INSS, junta declaração de pobreza (assinada pela própria parte ou assinada por advogado com poderes específicos para esse fim — art. 105 do CPC/2015 e Súmula n. 463 do TST), mas há (provas preexistentes ou produzidas pela parte contrária), nos autos, elementos que evidenciem a falta dos pressupostos legais para a concessão de gratuidade (impossibilidade de arcar com as custas do processo), restará elidida a presunção de pobreza resultante da declaração juntada, cabendo ao Magistrado, neste caso, antes de indeferir o benefício da justiça gratuita (art. 99, § 2º, do CPC/2015), determinar à parte a comprovação do preenchimento do referido pressuposto, qual seja: não possuir condições de pagar as custas do processo sem prejuízo do sustento próprio ou de sua família, o que poderá ser feito mediante documentos que comprovem seus gastos mensais (comprometimento dos seus rendimentos), comprovando, assim, que, mesmo recebendo salário superior a 40% (quarenta por cento) do limite máximo dos benefícios do Regime Geral de Previdência Social, não possui condições de pagar as custas do processo sem prejuízo do sustento próprio ou de sua família;

d) a Justiça Gratuita não consiste em uma dispensa (definitiva) do pagamento das despesas processuais, mas mera inexigibilidade (temporária) quanto a tais despesas, enquanto mantida a condição de insuficiência de recursos que justificou a concessão da medida. Vale dizer, uma vez alteradas as condições econômicas da parte, de modo a permitir concluir não ser mais insuficiente para arcar com despesas processuais, sem prejuízo do sustento próprio e/ou e sua família, tais despesas podem ser integralmente exigidas, desde que isso ocorra no prazo de cinco anos (no caso do processo comum, sendo o prazo de dois anos, no caso do processo do trabalho), a contar do trânsito em julgado da decisão, respeitado o contraditório;

e) a gratuidade de justiça não dispensa o pagamento, mas apenas o adiantamento da despesa, e, se sucumbente, suspende a exigibilidade das despesas processuais e honorários advocatícios;

f) os arts. 790-B, §4º, e 791-A, § 4º, ambos da CLT, reclamam uma interpretação conforme à CRFB/88, o que leva à conclusão de que é necessário que se compreenda que a expressão "créditos capazes de suportar a despesa" não permite um mero "acerto de contas" (fruto de uma mera operação matemática entre o valor do crédito a ser recebido pelo beneficiário da justiça gratuita e o valor do débito de honorários advocatícios que esse possui), mas sim deve ser entendida como um crédito capaz de retirar a parte (beneficiária da Justiça gratuita) da condição de insuficiência de recursos que justificou a anterior concessão do benefício;

g) para tanto, ou seja, para que a parte, beneficiária da justiça gratuita, venha a ser cobrada/executada em relação a seu débito de honorários advocatícios, necessário será: primeiro, que o credor (advogado da parte contrária) demonstre que deixou de existir a situação de insuficiência de recursos que justificou a concessão de gratuidade, seja pela obtenção, em juízo, ainda que em outro processo, de créditos capazes de suportar a despesa, seja pelo recebimento de herança, prêmio de loteria ou qualquer outro fato suficiente, em qualquer caso, para retirar a parte beneficiária da Justiça gratuita da condição de insuficiência de recursos e; segundo, que, diante desta demonstração, o Juiz, respeitado o contraditório (arts. 10 e 99, § 2º, do CPC/2015), revogue a decisão que concedeu à parte os benefícios da justiça gratuita, para, somente a partir daí, ser possível, efetivamente, cobrar/executar da parte, antes beneficiária da justiça gratuita, os valores relativos às obrigações decorrentes de sua sucumbência, desde que, é claro, ainda se esteja dentro do prazo de dois anos previsto no § 4º do art. 791-A da CLT;

h) trata-se, portanto, a expressão "créditos capazes de suportar a despesa", de um conceito jurídico indeterminado, que deve, num contexto ideal, ser preenchido pelo intérprete (no caso, o Juiz) no caso concreto, sempre levando em consideração as particularidades de cada situação;

i) caso se entenda necessário um critério objetivo para se compreender a noção de crédito capaz de retirar a parte beneficiária da Justiça gratuita da condição de insuficiência de recursos e, assim, permitir a utilização do seu crédito para o pagamento dos honorários advocatícios devidos ao advogado da parte contrária, a critério mais adequado se revela a partir da leitura harmônica e sistemática do art. 833, IV e § 2º, do CPC/2015, de modo a se entender que:

i.1) para o que exceder 50 salários-mínimos mensais do crédito da parte beneficiária da justiça gratuita, pode ser utilizado todo o valor para pagamento dos honorários devidos ao advogado da parte contrária;

i.2) para o que não exceda 50 salários-mínimos mensais do crédito da parte beneficiária da justiça gratuita, pode ser utilizado apenas e tão somente até 30% para pagamento dos honorários devidos ao advogado da parte contrária, ficando eventual débito remanescente sob condição suspensiva de exigibilidade pelo prazo de até dois anos.

09

JURISPRUDÊNCIA DO STF, STJ, TST E TRT'S SEPARADA POR ASSUNTOS SOBRE OS TEMAS TRATADOS NO LIVRO

Reservamos o último capítulo do livro para compilar para vocês as principais decisões dos temas (justiça gratuita, honorários periciais e honorários advocatícios) abordados nesta obra.

Esperamos que seja bastante útil para a vida profissional de vocês!

9.1. SÚMULAS, ORIENTAÇÕES JURISPRUDENCIAIS, TESES JURÍDICAS PREVALECENTES – SEPARADAS POR TEMA – HONORÁRIOS ADVOCATÍCIOS.

9.1.1. Natureza jurídica dos honorários advocatícios

▶ Súmula Vinculante n. 47, STF

Súmula Vinculante 47. Os honorários advocatícios incluídos na condenação ou destacados do montante principal devido ao credor consubstanciam verba de natureza alimentar cuja satisfação ocorrerá com a expedição de precatório ou requisição de pequeno valor, observada ordem especial restrita aos créditos dessa natureza.

▶ Súmula 256, STJ

Súmula 256. É dispensável pedido expresso para condenação do réu em honorários, com fundamento nos arts. 63 ou 64 do Cód. de Proc. Civil.

9.1.2. Titularidade dos honorários advocatícios

▶ Súmula Vinculante n. 47, STF

Súmula Vinculante 47. Os honorários advocatícios incluídos na condenação ou destacados do montante principal devido ao credor consubstanciam verba de natureza alimentar cuja satisfação ocorrerá com a expedição de precatório ou requisição de pequeno valor, observada ordem especial restrita aos créditos dessa natureza.

▶ Súmula n. 306, STJ

Súmula 306. Os honorários advocatícios devem ser compensados quando houver sucumbência recíproca, assegurado o direito autônomo do advogado à execução do saldo sem excluir a legitimidade da própria parte.

▶ Orientação Jurisprudencial n. 83 do TRT da Quarta Região

Orientação Jurisprudencial n. 83. A renúncia de créditos pelo exequente para viabilizar a expedição de RPV não implica na proporcional redução dos honorários advocatícios.

▶ Súmula n. 303, STJ

Súmula 303.Em embargos de terceiro, quem deu causa à constrição indevida deve arcar com os honorários advocatícios.

▸ Súmula n. 326, STJ

Súmula n. 326. Na ação de indenização por dano moral, a condenação em montante inferior ao postulado na inicial não implica sucumbência recíproca.

9.1.3. Hipóteses de cabimento e não cabimento de honorários advocatícios na justiça do trabalho

▸ Súmula n. 219, TST

Súmula n. 219. HONORÁRIOS ADVOCATÍCIOS. CABIMENTO (alterada a redação do item I e acrescidos os itens IV a VI em decorrência do CPC de 2015) - Res. 204/2016, DEJT divulgado em 17, 18 e 21.03.2016.

I - Na Justiça do Trabalho, a condenação ao pagamento de honorários advocatícios não decorre pura e simplesmente da sucumbência, devendo a parte, concomitantemente: a) estar assistida por sindicato da categoria profissional; b) comprovar a percepção de salário inferior ao dobro do salário mínimo ou encontrar-se em situação econômica que não lhe permita demandar sem prejuízo do próprio sustento ou da respectiva família. (art.14,§1º, da Lei nº 5.584/1970). (ex-OJ nº 305da SBDI-I).

II - É cabível a condenação ao pagamento de honorários advocatícios em ação rescisória no processo trabalhista.

III – São devidos os honorários advocatícios nas causas em que o ente sindical figure como substituto processual e nas lides que não derivem da relação de emprego.

IV – Na ação rescisória e nas lides que não derivem de relação de emprego, a responsabilidade pelo pagamento dos honorários advocatícios da sucumbência submete-se à disciplina do Código de Processo Civil (arts. 85, 86, 87 e 90).

V - Em caso de assistência judiciária sindical ou de substituição processual sindical, excetuados os processos em que a Fazenda Pública for parte, os honorários advocatícios são devidos entre o mínimo de dez e o máximo de vinte por cento sobre o valor da condenação, do proveito econômico obtido ou, não sendo possível mensurá-lo, sobre o valor atualizado da causa (CPC de 2015, art. 85, § 2º).

VI - Nas causas em que a Fazenda Pública for parte, aplicar-se-ão os percentuais específicos de honorários advocatícios contemplados no Código de Processo Civil.

▶ Súmula n. 329, TST

Súmula nº 329 do TST. HONORÁRIOS ADVOCATÍCIOS. ART. 133 DA CF/1988 (mantida) - Res. 121/2003, DJ 19, 20 e 21.11.2003.

Mesmo após a promulgação da CF/1988, permanece válido o entendimento consubstanciado na Súmula nº 219 do Tribunal Superior do Trabalho.

▶ OJ n. 421, SDI 1, TST

421. HONORÁRIOS ADVOCATÍCIOS. AÇÃO DE INDENIZAÇÃO POR DANOS MORAIS E MATERIAIS DECORRENTES DE ACIDENTE DE TRABALHO OU DE DOENÇA PROFISSIONAL. AJUIZAMENTO PERANTE A JUSTIÇA COMUM ANTES DA PROMULGAÇÃO DA EMENDA CONSTITUCIONAL Nº 45/2004. POSTERIOR REMESSA DOS AUTOS À JUSTIÇA DO TRABALHO. ART. 85 DO CPC DE 2015. ART. 20 DO CPC DE 1973. INCIDÊNCIA. (atualizada em decorrência do CPC de 2015) – Res. 208/2016, DEJT divulgado em 22, 25 e 26.04.2016.

A condenação em honorários advocatícios nos autos de ação de indenização por danos morais e materiais decorrentes de acidente de trabalho ou de doença profissional, remetida à Justiça do Trabalho após ajuizamento na Justiça comum, antes da vigência da Emenda Constitucional nº

45/2004, decorre da mera sucumbência, nos termos do art. 85 do CPC de 2015 (art. 20 do CPC de 1973), não se sujeitando aos requisitos da Lei nº 5.584/1970.

▶ Súmula n. 517, STJ

Súmula n. 517. São devidos honorários advocatícios no cumprimento de sentença, haja ou não impugnação, depois de escoado o prazo para pagamento voluntário, que se inicia após a intimação do advogado da parte executada.

▶ Súmula n. 519, STJ

Súmula n. 519. Na hipótese de rejeição da impugnação ao cumprimento de sentença, não são cabíveis honorários advocatícios.

9.1.4. Não cabimento de indenização em decorrência dos honorários advocatícios contratuais (indenização por perdas e danos)

▶ Súmula n. 52 do TRT da Primeira Região

Súmula n. 52. Perdas e danos decorrentes da contratação de advogado. Não cabimento. No processo trabalhista, o pagamento de honorários advocatícios e contratuais deve observar os requisitos da Lei nº 5.584/70 e o disposto nas Súmulas 219 e 329 do TST.

▶ Súmula n. 18 do TRT da Segunda Região

Súmula n. 18. Indenização. Artigo 404 do Código Civil. (Res. nº 01/2014 – DOEletrônico 02/04/2014). O pagamento de indenização por despesa com contratação de advogado não cabe no processo trabalhista, eis que inaplicável a regra dos artigos 389 e 404, ambos do Código Civil.

▶ Súmula n. 37 do TRT da Terceira Região

Súmula n. 37. Postulado da reparação integral. Honorários advocatícios. Perdas e danos. Inteligência dos artigos 389 e 404 do código civil.

É indevida a restituição à parte, nas lides decorrentes da relação de emprego, das despesas a que se obrigou a título de honorários advocatícios contratados, como dano material, amparada nos arts. 389 e 404 do Código Civil. (RA 105/2015, disponibilização: DEJT/TRT-MG/Cad.Jud. 21/05/2015, 22/05/2015 e 25/05/2015).

▶ Súmula n. 60 do TRT da Quinta Região

Súmula n. 60. Os honorários advocatícios, na Justiça do Trabalho, somente são devidos, quando preenchidos, concomitantemente, os requisitos exigidos no artigo 14 da Lei n.º 5.584/70, o direito ao benefício da justiça gratuita e à assistência do sindicato. A concessão desses honorários, a título ressarcitório, com fundamento nos artigos 389 e 404 do Código Civil, não encontra guarida no processo do trabalho, que tem regramento próprio.

▶ Súmula n. 67 do TRT da Décima Região

Súmula n. 67.HONORÁRIOS ADVOCATÍCIOS. INDENIZAÇÃO. DANOS MATERIAIS. SÚMULAS 219 E 329 DO COLENDO TST.

Consoante orientação das Súmulas 219 e 329 do TST, o deferimento de honorários advocatícios é restrito à hipótese prevista na Lei nº 5.584/1970, sendo incabível a indenização por danos materiais a tal título.

9.1.5. Base de cálculo dos honorários advocatícios

▶ Súmula n. 201, STJ

Súmula 201. Os honorários advocatícios não podem ser fixados em salários-mínimos.

▶ Orientação Jurisprudencial n. 348, da SDI 1, TST:

348 HONORÁRIOS ADVOCATÍCIOS. BASE DE CÁLCULO. VALOR LÍQUIDO. LEI Nº 1.060, DE 05.02.1950 (DJ 25.04.2007).

Os honorários advocatícios, arbitrados nos termos do art. 11, § 1º, da Lei nº 1.060, de 05.02.1950, devem incidir sobre o valor líquido da condenação, apurado na fase de liquidação de sentença, sem a dedução dos descontos fiscais e previdenciários.

▶ Tese Jurídica Prevalecente n. 4 do TRT da Terceira Região

Tese Jurídica Prevalecente n. 4. Honorários advocatícios. Base de cálculo. Contribuição Previdenciária. Cota-parte do empregador. A cota-parte de contribuição previdenciária do empregador não integra a base de cálculo dos honorários advocatícios, porquanto não constitui crédito do empregado, já que se trata de obrigação tributária do empregador junto à União. (RA 192/2015, disponibilização: DEJT/TRT-MG/Cad. Jud. 25, 26 e 27/08/2015)

▶ Orientação Jurisprudencial n. 57 do TRT da Quarta Região

Orientação Jurisprudencial n. 57. AGRAVO DE PETIÇÃO. HONORÁRIOS ADVOCATÍCIOS/ASSISTENCIAIS. PARCELAS VINCENDAS. Os honorários advocatícios/assistenciais são devidos sobre as parcelas objeto da condenação, incidindo sobre as vincendas até doze parcelas mensais seguintes ao trânsito em julgado do título executivo judicial.

9.1.6. Competência para julgamento das controvérsias relativas aos honorários advocatícios

▶ Súmula n. 07 do TRT da Décima Quarta Região:

Súmula n. 07. INCIDENTE DE UNIFORMIZAÇÃO DE JURISPRUDÊNCIA. SINDICATO. SUBSTITUIÇÃO PROCESSUAL.

DISSENSO JURISPRUDENCIAL ACERCA DA RETENÇÃO DE HONORÁRIOS ADVOCATÍCIOS CONTRATUAIS. INCIDENTE ENTRE SINDICATO SUBSTITUTO E TRABALHADOR SUBSTITUÍDO. COMPETÊNCIA DA JUSTIÇA DO TRABALHO. ART. 114, III, DA CONSTITUÇÃO DA REPÚBLICA. À exegese do art. 114, III, da Carta Magna, na hipótese de substituição processual, é a da Justiça do Trabalho a competência para autorizar ou não a retenção de honorários advocatícios contratuais do crédito dos trabalhadores substituídos pelo respectivo sindicato.

▶ Súmula n. 63 do TRT da Décima Oitava Região:

SÚMULA N. 63.ASSISTÊNCIA JUDICIÁRIA GRATUITA. ADVOGADO INDICADO PELO SINDICATO. HONORÁRIOS COBRADOS DO TRABALHADOR. RESTITUIÇÃO. PRETENSÃO DIRECIONADA AO SINDICATO. COMPETÊNCIA DA JUSTIÇA DO TRABALHO. DANOS MORAIS. INOCORRÊNCIA.

I – Compete à Justiça do Trabalho apreciar a restituição de honorários cobrados por advogado indicado pelo sindicato que presta assistência judiciária gratuita quando tal pedido for formulado em face da referida entidade sindical.

II – Não compete à Justiça do Trabalho apreciar a restituição de honorários cobrados por advogado indicado pelo sindicato que presta assistência judiciária gratuita quando tal pedido for formulado em face do causídico ou da sociedade de advogados.

III – A retenção de honorários advocatícios do crédito trabalhista reconhecido em juízo por parte do patrono indicado pelo sindicato que presta assistência judiciária gratuita, embora ilícita, não enseja, por si só, indenização por danos morais."

(RA nº 90/2017 – DEJT: 17.08.2017, 18.08.2017, 21.08.2017)

9.1.7. Comprovação da assistência sindical para efeito de deferimento de honorários advocatícios

▶ Súmula n. 90 do TRT da Décima Quinta Região

Súmula n. 90. HONORÁRIOS ADVOCATÍCIOS. PETIÇÃO E/OU PROCURAÇÃO COM TIMBRE DO SINDICATO. COMPROVAÇÃO DA ASSISTÊNCIA SINDICAL. LEI 5.584/70.

A Lei nº 5.584/70 não estabelece uma forma específica para a comprovação da assistência sindical, razão pela qual, em atenção ao princípio da boa-fé, a apresentação de petição e/ou de procuração contendo o timbre do órgão sindical é suficiente para presumir a representação.

9.1.8. Honorários no caso de indenização por danos morais

▶ Súmula n. 326, STJ

Súmula n. 326. Na ação de indenização por dano moral, a condenação em montante inferior ao postulado na inicial não implica sucumbência recíproca.

9.2. DECISÕES DIVERSAS, SEPARADAS POR TEMA, SOBRE HONORÁRIOS ADVOCATÍCIOS

9.2.1. Responsabilidade pelo pagamento de honorários advocatícios

HONORÁRIOS ADVOCATÍCIOS. SUCUMBÊNCIA RECÍPROCA. BASE DE CÁLCULO. 1) Considerando a sucumbência parcial de ambas as partes, são devidos honorários advocatícios recíprocos, mesmo em se tratando de reclamante beneficiário da Justiça Gratuita, nos termos dos arts. 791-A, §§3º e 4º, da CLT. 2) Em relação a base de cálculos dos honorários devidos ao patrono do reclamante, basta a leitura do art. 791--A, *caput*, da CLT c/c OJ nº 348 da SBDI-1 do TST, no qual estabelecem como parâmetros o valor líquido da condenação, do proveito econômico ou o valor da causa. Por outro lado, no caso dos honorários sucumbenciais do advogado da reclamada, a base de cálculo a ser utilizada será a somatória dos pedidos julgados improcedentes devidamente atualizada, observados o mesmo percentual deferido ao causídico do reclamante, em atenção ao princípio da igualdade, uma vez que remuneram o profissional e não a parte. (TRT da 8ª Região; Processo: 0000202-54.2019.5.08.0004 ROT; Data: 31/05/2020; Órgão Julgador: 4ª Turma; Relator: GEORGENOR DE SOUSA FRANCO FILHO)

Os honorários de sucumbência recíproca apenas são aplicados aos casos de indeferimento total do pedido específico formulado. Significa dizer que, acolhido o pedido, ainda que com quantificação inferior ao postulado, não há a caracterização de sucumbência parcial, concluindo-se que a verba pretendida foi acolhida. A referência à "procedência parcial" do § 3º do artigo 791-A da CLT refere-se ao acolhimento de parte dos pedidos formulados na petição inicial, não se reportando a pedido específico. (TRT da 4ª Região, 7ª Turma, 0021237-43.2017.5.04.0104 ROPS, em 14/06/2018, Desembargadora Denise Pacheco – Relatora)

RAZÕES DE DECIDIR: RECURSO DA RECLAMADA. HONORÁRIOS ADVOCATÍCIOS. SUCUMBÊNCIA DO AUTOR. A decisão de origem afasta a condenação do autor em honorários da sucumbência pela adoção do entendimento insculpido na PROPOSTA 2 da Comissão nº 05 da I Jornada sobre a Reforma Trabalhista realizada por este Regional, assim redigida: "PROPOSTA 2: SUCUMBÊNCIA RECÍPROCA. O juízo arbitrará honorários de sucumbência recíproca (art. 791-A, § 3º, da CLT) apenas em caso de indeferimento total do pedido específico. O acolhimento do pedido, com quantificação inferior ao postulado, não caracteriza sucumbência parcial, pois a verba postulada restou acolhida. Quando o legislador mencionou "sucumbência parcial", referiu-se ao acolhimento de parte dos pedidos formulados na petição inicial. Aprovada por maioria". A reclamada busca a reforma da decisão, alegando que a redação dada pelo art. 791-A da CLT não comporta interpretação restrita, de modo que, havendo sucumbência, ainda que parcial, deve ser aplicada a regra nela insculpida. Salienta ter havido acolhimento parcial dos pedidos do recorrido, devendo ser reformada a sentença, para o fim de condená-lo ao pagamento de honorários advocatícios pela sucumbência parcial, a teor da previsão contida na citada regra da CLT. Sem razão. A ação foi ajuizada em 06.02.2018, já sob a égide da Lei 13.467/2017, que alterou a CLT e reconheceu o direito aos honorários sucumbenciais ao patrono da parte vencedora. No caso, incide o entendimento presente na Súmula nº 326 do E. STJ: "Na ação de indenização por dano moral, a condenação em montante inferior ao postulado na inicial não implica sucumbência recíproca". Vencedor o demandante, os honorários sucumbenciais são devidos ao seu procurador, e não ao procurador da parte reclamada, esta sim sucumbente na demanda. A Proposta 2 adotada pelo Juízo também é adotada por este Relator. Nego provimento, embora por diverso fundamento. (TRT da 4ª Região, 6ª Turma, 0020077-22.2018.5.04.0791 ROPS, em 12/07/2018, Desembargador Raul Zoratto Sanvicente).

Consoante se observa da petição inicial, a presente reclamatória foi ajuizada em 02.12.2019. Assim, tendo em conta que a reforma trabalhista entrou em vigor em 11.11.2017, à hipótese são aplicáveis as diretrizes da Lei 13.467/2017 relativas aos honorários advocatícios pela mera sucumbência.

Conforme estabelecido pelo artigo 791-A da CLT, "Ao advogado, ainda que atue em causa própria, serão devidos honorários de sucumbência, fixados entre o mínimo de 5% (cinco por cento) e o máximo de 15% (quinze por cento) sobre o valor que resultar da liquidação da sentença, do proveito econômico obtido ou, não sendo possível mensurá-lo, sobre o valor atualizado da causa".

Quanto à sucumbência recíproca, penso que nos pedidos em que houve indeferimento parcial de pedido específico deveria a parte autora ser compelida ao pagamento da verba em comento.

Entretanto, ressalvando o entendimento pessoal, sigo a tese prevalecente na Turma, no sentido de que somente são devidos honorários advocatícios de sucumbência pela reclamante (artigo 791-A, § 3º, da CLT) em caso de indeferimento integral do pedido específico, porquanto a quantificação inferior à postulada não caracteriza sucumbência parcial, vez que essa se dá em razão do pedido e não de seu valor monetário.

No caso, observa-se que o pedido de condenação da reclamada ao pagamento da multa prevista no art. 467 da CLT foi indeferido, o que já configura, portanto, a sucumbência parcial.

Assim, deve ser mantida a condenação ao empregado de pagar os honorários de sucumbência, no percentual já indicado na sentença (5% - cinco por cento) sobre a parcela indeferida.

Nego provimento. (TRT da 6º Região - Processo: 0001434-09.2019.5.06.0182; Classe Processual: Recurso Ordinário – Rito Sumaríssimo; Redator: Ana Claudia Petruccelli de Lima Orgão Colegiado: Quarta Turma Data da Assinatura: 28/05/2020 Data de Julgamento: 28/05/2020)

HONORÁRIOS ADVOCATÍCIOS SUCUMBENCIAIS. ART. 791-A, § 3º DA CLT. SUCUMBÊNCIA PARCIAL OU RECÍPROCA. Cabíveis honorários advocatícios de sucumbência recíproca (§ 3º do art. 791-A da CLT) apenas no caso de indeferimento total do pedido específico. O acolhimento da pretensão em quantificação inferior ao postulado não caracteriza a sucumbência parcial, uma vez que a referência à "sucumbência parcial" contida no art. 791-A, § 3º da CLT relaciona-se ao acolhimento, ainda que parcial, dos pedidos formulados na inicial, e não à quantificação de cada pedido pelo autor. (TRT da 12º Região - ROT - 0000159-56.2018.5.12.0032, Rel. NIVALDO STANKIEWICZ , 3ª Câmara , Data de Assinatura: 13/05/2020)

RECURSO DA RECLAMADA. HONORÁRIOS ADVOCATÍCIOS SUCUMBENCIAIS. ART. 791 -A da CLT. A sucumbência recíproca, que autoriza a aplicação do artigo 791-A da CLT, é caracterizada pelo indeferimento total do pedido específico da exordial. Recurso parcialmente provido. RECURSO DA RECLAMANTE. GOZO REGULAR DE FÉRIAS. ART. 137 DA CLT. Comprovado nos autos que a parte reclamante não gozava integralmente de seu período de férias, o empregador pagará em dobro a respectiva remuneração, nos termos do artigo 137 da CLT. No entanto, como já houve pagamento de forma simples, é devida ao reclamante apenas a dobra respectiva. Recurso parcialmente provido. (TRT da 13º Região- RO: 00002767920195130001 0000276-79.2019.5.13.0001, 2ª Turma, Data de Publicação: 14/11/2019)

9.2.2. Não cabimento de indenização pelos gastos realizados com advogado

EMBARGOS INTERPOSTOS NA VIGÊNCIA DA LEI Nº 13.015/2014. ARTIGO 894, § 2º, DA CLT. ITERATIVA E NOTÓRIA JURISPRUDÊNCIA DA SBDI-1 DO TST. HONORÁRIOS ADVOCATÍCIOS. PERDAS E DANOS. ARTIGOS 389 E 404 DO CÓDIGO CIVIL. INAPLICABILIDADE NA JUSTIÇA DO TRABALHO. ASSISTÊNCIA SINDICAL. NÃO CONFIGURAÇÃO.SÚMULA Nº 219, I, DO TRIBUNAL SUPERIOR DO TRABALHO

1. A jurisprudência pacífica da SBDI-1 do TST sedimentou-se no sentido de que os artigos 389 e 404 do Código Civil são inaplicáveis ao Processo do Trabalho. Precedentes. 2. Na Justiça do Trabalho, a condenação em honorários advocatícios continua a não decorrer pura e simplesmente da

sucumbência. Permanece a exigência de satisfação dos requisitos de assistência jurídica por sindicato da categoria profissional e de apresentação de declaração de hipossuficiência econômica, exceto nas causas em que o ente sindical figure como substituto processual e nas lides que não derivem da relação de emprego. Incidência da Súmula nº 219, I, do TST, em pleno vigor. 3. A partir da vigência da Lei nº 13.015/2014, nos termos da redação do artigo 894, § 2º, da CLT, não viabiliza o conhecimento de embargos, por divergência jurisprudencial, a indicação de arestos cuja tese jurídica encontre-se superada por iterativa e notória jurisprudência da Subseção I. Especializada em Dissídios Individuais do TST. 4. Embargos da Reclamante de que não se conhece, com fundamento na norma do artigo 894, § 2º, da CLT. (TST-E-ED-RR-758-06.2010.5.03.0006, Relator Ministro João Oreste Dalazen, Subseção I Especializada em Dissídios Individuais, DEJT 12/02/2016).

RECURSO DE REVISTA. HONORÁRIOS ADVOCATÍCIOS. INDENIZAÇÃO POR PERDAS E DANOS. PRINCÍPIO DA RESTITUIÇÃO INTEGRAL. IMPOSSIBILIDADE. EXISTÊNCIA DE LEI ESPECÍFICA (LEI Nº 5.584/70).

É firme a jurisprudência deste Tribunal Superior quanto à impossibilidade jurídica do reconhecimento de perdas e danos pela contratação de advogado particular para atuar na Justiça do Trabalho, dada a não aplicação dos arts. 389, 395 e 404 do Código Civil às ações trabalhistas, em que os honorários advocatícios são cabíveis apenas nas hipóteses previstas na Súmula nº 219 do TST. Recurso de revista conhecido e provido. (TST-RR-10356-82.2013.5.14.0002, Relator Ministro Walmir Oliveira da Costa, 1ª Turma, Data de Publicação: DEJT 11/03/2016).

CIVIL E PROCESSUAL CIVIL. VALORES DESPENDIDOS A TÍTULO DE HONORÁRIOS ADVOCATÍCIOS CONTRATUAIS. PERDAS E DANOS. PRINCÍPIO DA RESTITUIÇÃO INTEGRAL.

1. Aquele que deu causa ao processo deve restituir os valores despendidos pela outra parte com os honorários contratuais, que integram o valor devido a título de perdas e danos, nos termos dos arts. 389, 395 e 404 do CC/02. 2. Recurso especial a que se nega provimento. (STJ – Resp 1.134.725/MG – 3ª Turma – Rel. Min. Nancy Andrighi – j. 14.06.11 – g.n.)

DIREITO CIVIL E PROCESSUAL CIVIL. PREQUESTIONAMENTO. AUSÊNCIA. SÚMULA 211/STJ. DISSÍDIO JURISPRUDENCIAL. COTEJO ANALÍTICO E SIMILITUDE FÁTICA. AUSÊNCIA. VIOLAÇÃO DA COISA JULGADA. RECLAMAÇÃO TRABALHISTA. HONORÁRIOS CONVENCIONAIS. PERDAS E DANOS. PRINCÍPIO DA RESTITUIÇÃO INTEGRAL. APLICAÇÃO SUBSIDIÁRIA DO CÓDIGO CIVIL.

1. A ausência de decisão acerca dos dispositivos legais indicados como violados, não obstante a interposição de embargos de declaração, impede o conhecimento do recurso especial.

2. O dissídio jurisprudencial deve ser comprovado mediante o cotejo analítico entre acórdãos que versem sobre situações fáticas idênticas.

3. A quitação em instrumentos de transação tem de ser interpretada restritivamente.

4. Os honorários convencionais integram o valor devido a título de perdas e danos, nos termos dos arts. 389, 395 e 404 do CC/02.

5. O pagamento dos honorários extrajudiciais como parcela integrante das perdas e danos também é devido pelo inadimplemento de obrigações trabalhistas, diante da incidência dos princípios do acesso à justiça e da restituição integral dos danos e dos arts. 389, 395 e 404 do CC/02, que podem ser aplicados subsidiariamente no âmbito dos contratos trabalhistas, nos termos do art. 8º, parágrafo único, da CLT.

6. Recurso especial ao qual se nega provido. (STJ – Resp 1.027.797 - MG (2008/0025078-1) – 3ª Turma – Rel. Min. Nancy Andrighi – DJE 23/02/2011)

AGRAVO INTERNO NO AGRAVO EM RECURSO ESPECIAL. HONORÁRIOS ADVOCATÍCIOS CONTRATUAIS. AUSÊNCIA DE PRÉVIA PACTUAÇÃO. NECESSIDADE DE ARBITRAMENTO JUDICIAL. MAGISTRADO QUE NÃO ESTÁ VINCULADO AOS PERCENTUAIS ESTABELECIDOS NA TABELA DA SECCIONAL DA OAB.IMPRESCINDIBILIDADE DE QUE SEJAM CONSIDERADAS AS PARTICULARIDADES DO CASO CONCRETO, QUE PODEM JUSTIFICAR O ARBITRAMENTO DE VALOR DISTINTO. IMPOSSIBILIDADE DE APLICAÇÃO DOS PARÂMETROS ESTABELECIDOS NO CÓDIGO DE PROCESSO CIVIL, QUE DISPÕE SOBRE HONORÁRIOS SUCUMBENCIAIS. RELAÇÃO JURÍDICA ABSOLUTAMENTE DISTINTA. AGRAVO INTERNO A QUE SE NEGA PROVIMENTO. (AgInt no AREsp 1406711/DF, Rel. Ministro PAULO DE TARSO SANSEVERINO, TERCEIRA TURMA, julgado em 20/04/2020, DJe 24/04/2020)

RECURSOS ESPECIAIS. PROCESSUAL CIVIL. AÇÃO DE RESCISÃO CONTRATUAL CUMULADA COM PEDIDO INDENIZATÓRIO. PARCERIA AGRÍCOLA. LUCROS CESSANTES. COMPROVAÇÃO. AUSÊNCIA. DEVER DE FUNDAMENTAÇÃO. ART. 489, § 1º, IV, DO CPC/2015. OBSERVÂNCIA. HONORÁRIOS ADVOCATÍCIOS CONTRATUAIS. RESSARCIMENTO. INADMISSIBILIDADE. GRAU DE SUCUMBÊNCIA.

AFERIÇÃO. MATÉRIA FÁTICA. REEXAME. IMPOSSIBILIDADE. SÚMULA Nº 7/STJ.

1. Recurso especial interposto contra acórdão publicado na vigência do Código de Processo Civil de 2015 (Enunciados Administrativos nºs 2 e 3/STJ).

2. Ação de resolução de contratos de parceria agrícola cumulada com pedido de indenização por lucros cessantes.

3. Nos termos do art. 489, § 1º, IV, do CPC/2015, não se considera fundamentada a decisão judicial que não enfrenta todos os argumentos deduzidos no processo capazes de, em tese, infirmar a conclusão adotada pelo julgador.

4. Apresenta fundamentação adequada o acórdão que, ao entender que a parte autora não comprovou a existência de lucros cessantes, deixa de se pronunciar a respeito das conclusões do laudo pericial que, no contexto examinado, serviriam apenas para a quantificação de eventuais prejuízos.

5. Os custos decorrentes da contratação de advogados não são indenizáveis, sob pena de atribuir ilicitude a qualquer pretensão questionada judicialmente. Ademais, a atuação judicial na defesa de interesses das partes é inerente ao exercício regular de direitos constitucionais, como o contraditório, a ampla defesa e o amplo acesso à Justiça.

6. A jurisprudência do Superior Tribunal de Justiça é firme no sentido de ser inviável, em recurso especial, a revisão do grau de sucumbência em que autor e réu saíram vencidos na demanda, porquanto implicaria análise do conteúdo fático-probatório. Incidência da Súmula nº 7/STJ.

7. Recursos especiais parcialmente conhecidos e, nessa extensão, não providos.

(REsp 1837453/SP, Rel. Ministro RICARDO VILLAS BÔAS CUEVA, TERCEIRA TURMA, julgado em 10/03/2020, DJe 13/03/2020)

9.2.3. Base de cálculo e percentuais dos honorários advocatícios

HONORÁRIOS ADVOCATÍCIOS SUCUMBENCIAIS. FAZENDA PÚBLICA. APLICAÇÃO SUPLETIVA DO ART. 85 §3º DO CPC. Dispondo o §3º do art. 85 do CPC, especificamente, sobre a fixação de percentuais para as condenações em honorários sucumbenciais em face da Fazenda Pública, norma concebida com o desiderato de não onerar demasiadamente o Erário, há fundamento para a sua aplicação supletiva nas reclamatórias trabalhistas. Patente a necessidade de uniformidade na condenação em honorários advocatícios sucumbenciais contra a Fazenda Pública, qualquer que seja o juízo de tramitação da ação, razão suficiente para que o parágrafo único do art. 791-A da CLT se limitasse a estabelecer a possibilidade de condenação em honorários sucumbenciais, o que não remete, necessariamente aos percentuais gerais fixados no caput. (TRT – 5 ; Processo 0000444-23.2018.5.05.0621, Origem PJE, Relator(a) Desembargador(a) ANA PAOLA SANTOS MACHADO DINIZ, Segunda Turma, DJ 19/05/2020)

RECLAMAÇÃO TRABALHISTA PROPOSTA NA VIGÊNCIA DA LEI N. 13.467/2017. ENTE PÚBLICO. PERCENTUAL DOS HONORÁRIOS ADVOCATÍCIOS. O Magistrado de Origem, considerando os critérios previstos no art. 791-A, 2º, CLT, arbitrou os honorários advocatícios a serem pagos pelo ente público em 10% sobre o valor da condenação. Saliente-se que o Juiz acompanhou todo o desenvolvimento da relação processual, desde a propositura da reclamação até a sentença, entendendo que o trabalho desenvolvido pelos advogados que patrocinaram a causa da Reclamante deve ser remunerado com o valor correspondente a 10% da condenação, com o que concorda este Órgão ad quem.

(TRT 5 – Processo 0000097-53.2019.5.05.0621, Origem PJE, Relator(a) Desembargador(a) PAULINO CESAR MARTINS RIBEIRO DO COUTO, Quinta Turma, DJ 26/05/2020)

RECURSO ORDINÁRIO. HONORÁRIOS SUCUMBENCIAIS. ARBITRAMENTO DO PERCENTUAL EM CONFORMIDADE COM O § 2º DO ART. 791-A DA CLT. O § 2º DO ART. 791-A DA CLT PREVÊ QUE: 'AO FIXAR OS HONORÁRIOS, O JUÍZO OBSERVARÁ: I - O GRAU DE ZELO DO PROFISSIONAL; II - O LUGAR DE PRESTAÇÃO DO SERVIÇO; III - A NATUREZA E A IMPORTÂNCIA DA CAUSA; IV - O TRABALHO REALIZADO PELO ADVOGADO E O TEMPO EXIGIDO PARA O SEU SERVIÇO'. NO CASO, A AÇÃO É DE NOTÓRIA SIMPLICIDADE, CONSISTINDO EM MERA REPETIÇÃO DE TANTAS OUTRAS JÁ AJUIZADAS CONTRA O MESMO MUNICÍPIO E SOBRE EXATAMENTE A MESMA MATÉRIA, DE MODO QUE A POUCA COMPLEXIDADE DESAUTORIZA A FIXAÇÃO DOS HONORÁRIOS ADVOCATÍCIOS EM SEU PATAMAR MÁXIMO PREVISTO NO ÂMBITO TRABALHISTA. POR TAIS RAZÕES, ALTERA-SE A SENTENÇA PARA FIXAR OS HONORÁRIOS ADVOCATÍCIOS SUCUMBENCIAIS EM 10% (DEZ POR CENTO) SOBRE O VALOR DA CONDENAÇÃO. RECURSO PARCIALMENTE PROVIDO. II.(TRT-19 - RO: 00004441020195190003 0000444-10.2019.5.19.0003, Relator: Eliane Arôxa, Data de Publicação: 12/12/2019)

HONORÁRIOS ADVOCATÍCIOS. SUCUMBÊNCIA RECÍPROCA. BASE DE CÁLCULO. 1) Considerando a sucumbência parcial de ambas as partes, são devidos honorários advocatícios recíprocos, mesmo em se tratando de reclamante beneficiário da Justiça Gratuita, nos termos dos arts. 791-A, §§3º e 4º, da CLT. 2) Em relação a base de cálculos dos honorários devidos ao patrono do reclamante, basta a leitura do art. 791-A, caput, da CLT c/c OJ nº 348 da SBDI-1 do TST, no qual estabelecem como parâmetros o valor líquido da condenação, do proveito econômico ou o valor da causa. Por outro lado, no caso dos honorários sucumbenciais do advogado da reclamada, a base de cálculo a ser utilizada será a somatória dos pedidos julgados improcedentes devidamente atualizada, observados o mesmo percentual deferido ao causídico do reclamante, em atenção ao princípio da igualdade, uma vez que remuneram o profissional e não a parte. (TRT da 8ª Região; Processo: 0000202-54.2019.5.08.0004 ROT; Data: 31/05/2020; Órgão Julgador: 4ª Turma; Relator: GEORGENOR DE SOUSA FRANCO FILHO)

HONORÁRIOS DE SUCUMBÊNCIA A CARGO DO RECLAMANTE. QUANTIFICAÇÃO COM BASE NO VALOR EQUIVALENTE AOS TÍTULOS INDEFERIDOS. ART. 791-A DA CLT. Constatando-se que a quantificação dos honorários de sucumbência devidos pelo reclamante foi feita com base no valor da causa, sem excluir as parcelas contempladas na sentença, impõe-se determinar que aquela verba honorária seja calculada com base nos valores correspondentes aos títulos trabalhistas indeferidos, a fim de se ajustar às disposições do art. 791-A da CLT. Recurso parcialmente provido.(TRT-13 - RO: 00000038820195130005 0000003-88.2019.5.13.0005, 2ª Turma, Data de Publicação: 26/08/2019)

HONORÁRIOS ADVOCATÍCIOS DE SUCUMBÊNCIA. BASE DE CÁLCULO. Não tendo havido proveito econômico no feito, os honorários advocatícios sucumbenciais devem ser fixados sobre o valor atualizado da causa, nos termos do art. 791-A da CLT. (TRT 5 ; Processo 0000897-82.2018.5.05.0341, Origem PJE, Relator(a) Juiz(a) Convocado(a) SEBASTIAO MARTINS LOPES, Quarta Turma, DJ 18/05/2020)

RECURSO DE REVISTA. RECLAMANTE. LEI Nº 13.467/2017. LEI Nº 13.015/2014. INSTRUÇÃO NORMATIVA Nº 40 DO TST. HONORÁRIOS ADVOCATÍCIOS. INCIDÊNCIA SOBRE O VALOR DE FGTS DEPOSITADO NO CURSO DA AÇÃO. [...] Acerca da base de cálculo dos honorários advocatícios, o CPC/15 determina que estes devem incidir, nos casos de desistência, renuncia e reconhecimento do pedido. Partindo de tais dispositivos, verifica-se que há previsão expressa para que os valores objeto de reconhecimento do pedido pelo demandado constem da base de cálculo dos honorários advocatícios. Isso porque, mesmo nos casos de reconhecimento do pedido - como na hipótese dos autos - há um proveito econômico para o reclamante, que possivelmente não receberia as verbas pleiteadas se não tivesse ingressado em juízo. O art. 90, caput e §1º, do CPC/15 demonstra a preocupação do legislador - além de valorizar o trabalho do advogado que, independente do reconhecimento do pedido, precisou provocar o Judiciário, e o dispêndio de tempo e recursos da parte reclamante - em penalizar o demandado que reconheceu seus débitos apenas em razão da provocação judicial. Excluir da base de cálculo dos honorários advocatícios os valores dos pedidos quitados no curso da ação, antes da prolação de sentença, serve de estímulo para que os devedores protelem a quitação de seus débitos, uma vez que, mesmo sendo necessário mover a máquina pública para lhes retirar da inércia, não haverá prejuízos pecuniários superiores aos anteriormente devidos. [...] (RR-1183-98.2017.5.12.0018, Relatora Ministra: Kátia Magalhães Arruda, Data de Julgamento: 29/05/2019, 6ª Turma, Data de Publicação: DEJT 31/05/2019)

9.2.4. Competência para julgamento das controvérsias relativas aos honorários advocatícios

RECURSO ADMINISTRATIVO. EXECUÇÃO DE HONORÁRIOS ADVOCATÍCIOS CONTRATUAIS. DESCONTO EM FOLHA DE PENSÃO RECONHECIDA PELO SUPREMO TRIBUNAL FEDERAL EM RECURSO ORDINÁRIO EM MANDADO DE SEGURANÇA. COMPETÊNCIA DA JUSTIÇA COMUM.

A possibilidade de ser determinado o pagamento diretamente ao advogado da causa por dedução do valor recebido por seu constituinte, como previsto no art. 22, § 4º, do Estatuto do Advogado, está limitada à hipótese de não haver insurgência ou resistência sobre a verba devida. Com a impugnação da pensionista, exsurge controvérsia sobre o contrato de honorários advocatícios, o que demanda pronunciamento jurisdicional, impossível de ser dirimido em sede administrativa ou nos autos em que originariamente foi debatida a relação estável da pensionista com o servidor aposentado falecido. A relação entre o mandante e mandatário é regida pelo art. 653 do CC e não configura relação de trabalho a ensejar a competência da Justiça do Trabalho nos moldes do art. 114, I, "d", da Constituição Federal. O STJ já pacificou a celeuma advinda com a alteração do art. 114 da Constitucional por meio da EC 45/2004 e fixou que é da competência da Justiça Comum o arbitramento de honorários advocatícios, ante a sua natureza civil e não trabalhista. Recurso administrativo não provido. (TST - PROCESSO Nº TST-PA-3102-49.2016.5.00.0000; Órgão Especial ; Relator Ministro Augusto César Leite de Carvalho; julgado em 02/05/2016).

CONFLITO DE COMPETÊNCIA. ARBITRAMENTO DE HONORÁRIOS. RELAÇÃO JURÍDICA DE NATUREZA CIVIL. COMPETÊNCIA DA JUSTIÇA ESTADUAL INALTERADA PELA EC 45/2004.

1. Discute-se a competência para julgamento de ação de arbitramento de honorários referentes aos serviços prestados em ação de cobrança de valores devidos a título de FGTS.

2. Ao dar nova redação ao art. 114 da Carta Magna, a EC 45/2004 aumentou de maneira expressiva a competência da Justiça Laboral, passando a estabelecer, no inciso I do retrocitado dispositivo, que compete à Justiça do Trabalho processar e julgar 'as ações oriundas da relação de trabalho, abrangidos os entes de direito público externo e da administração pública direta e indireta da União, dos Estados, do Distrito Federal e dos Municípios'.

3. Entretanto, a competência para julgamento de causas como a dos autos não foi atraída para a Justiça do Trabalho. Isso porque a demanda em questão possui natureza unicamente civil e se refere a contrato de prestação de serviços advocatícios, celebrado entre profissionais liberais e seus clientes, razão pela qual a relação jurídica existente entre os autores e os réus não pode ser considerada como de índole trabalhista.

4. Conflito conhecido para declarar a competência do Juízo de Direito da 3ª Vara Cível da Comarca de Mogi Guaçu/SP, o suscitado.(CC 48.976/MG, Rel. Ministro JOÃO OTÁVIO DE NORONHA, PRIMEIRA SEÇÃO, julgado em 09/08/2006, DJ 28/08/2006).

9.2.5. Inadmissibilidade de cumulação de honorários advocatícios sucumbenciais e assistenciais

HONORÁRIOS ASSISTENCIAIS. HONORÁRIOS SUCUMBENCIAIS. CUMULAÇÃO. NÃO CABIMENTO. O § 1º do art. 791-A da CLT, introduzido pela Lei 13.467/17, dispõe que os honorários advocatícios sucumbenciais, previstos no caput, serão devidos inclusive nas ações em que a parte estiver assistida pelo sindicato de sua categoria. Em sendo assim, uma vez que a Lei 13.467/17 disciplinou integralmente a matéria dos honorários sucumbenciais na Justiça do Trabalho, não há que se falar em condenação cumulativa em honorários assistenciais e em honorários de sucumbência, pois, a rigor, ambos visam remunerar o trabalho prestado pelo advogado no processo trabalhista. (Processo 0000695-62.2018.5.05.0032, Origem PJE, Relator(a) Desembargador(a) ANA LUCIA BEZERRA SILVA, Quarta Turma, DJ 01/06/2020)

9.2.6. Aplicação do princípio da causalidade na definição da responsabilidade pelo pagamento de honorários advocatícios

O princípio absoluto da fixação da responsabilidade pelo pagamento dos honorários advocatícios e demais despesas processuais, com base no fato objetivo da derrota sofreu significativa modificação ante as complexas relações sócios-jurídicas atuais, merecendo a intervenção do princípio da causalidade, segundo o qual aquele que deu causa à instauração do processo deve arcar com as despesas dele decorrentes. (STJ, Primeira Turma, REsp 642.107/PR, rel. Min. Luiz Fux, DJ de 29.11.2004).

I - AGRAVO DE INSTRUMENTO EM RECURSO DE REVISTA REGIDO PELAS LEIS 13.015/2014 E 13.467/2017. TRANSCENDÊNCIA JURÍDICA.CONFIGURAÇÃO. PETIÇÃO INICIAL. PEDIDOS ILÍQUIDOS. PROCESSO EXTINTO SEM RESOLUÇÃO DO MÉRITO. HONORÁRIOS ADVOCATÍCIOS. CONDENAÇÃO. CABIMENTO. PRINCÍPIO DA CAUSALIDADE.

Caracterizada a existência de transcendência jurídica, em razão de possível violação do art. 791-A da CLT, dá-se provimento ao agravo de instrumento para determinar o prosseguimento do recurso de revista. Agravo de instrumento provido.

II - RECURSO DE REVISTA REGIDO PELAS LEIS 13.015/2014 E 13.467/2017. TRANSCENDÊNCIA JURÍDICA. CONFIGURAÇÃO. PETIÇÃO INICIAL. PEDIDOS ILÍQUIDOS. PROCESSO EXTINTO SEM RESOLUÇÃO DO MÉRITO. HONORÁRIOS ADVOCATÍCIOS. CONDENAÇÃO. CABIMENTO. PRINCÍPIO DA CAUSALIDADE.

1. Discussão centrada na possibilidade de condenação em honorários advocatícios, na hipótese em que o processo foi extinto sem resolução do mérito, por descumprimento da exigência prevista no § 1º do art. 840 da CLT. 2. Questão de direito ainda não examinada por este Tribunal Superior do Trabalho, caracterizando transcendência jurídica e autorizando a admissão do recurso de revista (art.896-A, § 1º, IV da CLT). 3. No ordenamento jurídico brasileiro, a condenação em honorários advocatícios está fundada na ideia central da causalidade, segundo a qual a parte responsável pela movimentação do Poder Judiciário deve suportar os ônus econômicos decorrentes, nas situações em que for sucumbente ou em que o processo for extinto sem resolução do mérito (art. 85 e § 6º do CPC) ou nos casos em que desistir ou renunciar ou em que for reconhecida pelo

Réu a procedência do pedido (art. 90 do CPC). Desse modo, o critério da sucumbência, enquanto causa de imposição de honorários, representa apenas um dos desdobramentos da noção ampla de causalidade, estando por ela abarcada.4. A ausência de disciplina específica para situações outras na legislação processual do trabalho não autoriza a exclusão do direito à verba honorária dos advogados, reputados essenciais à administração da Justiça (CF, art. 133) e que são instados, como no caso, a dedicarem tempo para estudo das causas e preparação de peças processuais, além de deslocamentos aos fóruns judiciais.

Cenário em que se faz necessário o recurso à disciplina processual comum, por imposição dos artigos 769 da CLT e 15 do CPC. 5. Assim, a Corte Regional, ao entender devida a condenação à verba honorária, na hipótese de extinção do processo, sem resolução do mérito, por descumprimento do § 1ºdo art. 840 da CLT, decidiu em consonância com o art. 791-A da CLT. Recurso de revista não conhecido. (Processo: RR - 10806-86.2018.5.18.0083 - Fase Atual: RR (Lei 13.467/2017 - Lei 13.015/2014 - Conector PJe-JT - eSIJ - Julgado com análise de transcendência - Tramitação Eletrônica; Número no TRT de Origem: AIRR-10806/2018-0083-18.Órgão Judicante: 5ª Turma; Relator: Ministro Douglas Alencar Rodrigues; Publicado acórdão em 07/02/2020).

RECURSO DE REVISTA. RECLAMANTE. LEI Nº 13.467/2017. LEI Nº 13.015/2014. INSTRUÇÃO NORMATIVA Nº 40 DO TST. HONORÁRIOS ADVOCATÍCIOS. INCIDÊNCIA SOBRE O VALOR DE FGTS DEPOSITADO NO CURSO DA AÇÃO. [...] Acerca da base de cálculo dos honorários advocatícios, o CPC/15 determina que estes devem incidir, nos casos de desistência, renúncia e reconhecimento do pedido. Partindo de tais dispositivos, verifica-se que há previsão expressa para que os valores objeto de reconhecimento do pedido pelo demandado constem da base de cálculo dos honorários advocatícios. Isso porque, mesmo nos casos de reconhecimento do pedido - como na hipótese dos autos - há um proveito econômico para o reclamante, que possivelmente não receberia as verbas pleiteadas se não tivesse ingressado em juízo. O art. 90, caput e §1º, do CPC/15 demonstra a preocupação do legislador - além de valorizar o trabalho do advogado que, independente do reconhecimento do pedido, precisou provocar o Judiciário, e o dispêndio de tempo e recursos da parte reclamante - em penalizar o demandado que reconheceu seus débitos apenas em razão da provocação judicial. Excluir da base de cálculo dos honorários advocatícios os valores dos pedidos quitados no curso da ação, antes da prolação de sentença, serve de estímulo para que os devedores protelem a quitação de seus débitos, uma vez que, mesmo sendo necessário mover a máquina pública para lhes retirar da inércia, não haverá prejuízos pecuniários superiores aos anteriormente devidos. [...] (RR-1183-98.2017.5.12.0018, Relatora Ministra: Kátia Magalhães Arruda, Data de Julgamento: 29/05/2019, 6ª Turma, Data de Publicação: DEJT 31/05/2019)

DESISTÊNCIA DA AÇÃO. HONORÁRIOS DE SUCUMBÊNCIA. A teor do disposto no artigo 90 do CPC, em caso de sentença proferida com fundamento em desistência da ação, ainda que antes da apresentação de contestação, são devidos honorários de sucumbência, cuja isenção, em tais casos, restringe-se às hipóteses de julgamento de causas repetitivas reguladas pelos artigos 1.039 e seguintes do CPC. (TRT da 3ª Região; PJe: 0011713-12.2017.5.03.0084 (RO); Disponibilização: 18/07/2018, DEJT/TRT3/Cad. Jud, Página 1040; Órgão Julgador: Nona Turma; Relator: Maria Stela Alvares da S. Campos)

HONORÁRIOS ADVOCATÍCIOS: AÇÃO AJUIZADA APÓS A VIGÊNCIA DA 13.467/2017. Ajuizada a presente ação na vigência da Lei 13.467/2017, deve ser observada a sistemática dos honorários advocatícios prevista no art. 791-A, §§ 2º, 3º e 4º, da CLT. O arquivamento dos autos, ante a ausência injustificada do reclamante na audiência, por si só, no entendimento deste Relator, não afasta a condenação ao pagamento de honorários sucumbenciais em favor do advogado da parte ré, a qual, antes mesmo da audiência inicial, manifestou-se na lide, colacionando a defesa e os documentos pertinentes, inclusive com a contratação de advogado para tanto. (TRT da 3ª Região; PJe: 0010602-53.2018.5.03.0182 (RO); Disponibilização: 08/11/2018, DEJT/TRT3/Cad. Jud, Página 1672; Órgão Julgador: Quinta Turma; Relator: Convocado Alexandre Wagner de Morais Albuquerque)

RECURSO ORDINÁRIO. DESISTÊNCIA DA AÇÃO. CONDENAÇÃO EM HONORÁRIOS ADVOCATÍCIOS. CRITÉRIOS PARA FIXAÇÃO. Considerando os balizamentos contemplados nos incisos I e IV, do § 2º, do art. 791-A, isto é, no grau de zelo do profissional, no trabalho realizado pelo advogado e no tempo estimado para o seu serviço, impõe-se reduzir ao importe de 5% o percentual dos honorários de sucumbência devidos pela reclamante. Recurso parcialmente provido. (TRT da 6º Região - Processo: ROT - 0001849-97.2017.5.06.0008, Redator: Martha Cristina do Nascimento Cantalice, Data de julgamento: 29/08/2019, Quarta Turma, Data da assinatura: 30/08/2019)

RECURSO ORDINÁRIO DO RECLAMADO. DIREITO PROCESSUAL DO TRABALHO. HONORÁRIOS ADVOCATÍCIOS. ART. 791-A DA CLT. A norma esculpida no parágrafo 4º, do art. 791-A da CLT compatibiliza a previsão dos honorários sucumbenciais trabalhistas com o princípio da inafastabilidade da jurisdição, expresso no art. 5º, incisos XXXIV e XXXV, da CRFB. Com efeito, ao prever a possibilidade de suspensão da exigibilidade das obrigações decorrentes da sucumbência, bem como a sua extinção, conclui-se que o legislador observou a condição do beneficiário da justiça gratuita. Destaque-se que, em observância à teoria da causalidade, a extinção da ação sem resolução do mérito não afasta a condenação dos honorários advocatícios em favor do patrono daquele contra o qual se moveu à ação. Recurso ordinário a que se dá provimento parcial. (TRT da 6º Região - RO: 00006675520195060251, Data de Julgamento: 15/04/2020, Primeira Turma)

ARQUIVAMENTO DO FEITO. HONORÁRIOS SUCUMBENCIAIS. NÃO CABIMENTO. O arquivamento da reclamação previsto no artigo 844 da CLT não implica em sucumbência de qualquer das partes litigantes, ou seja, não há enquadramento no art. 791-A da CLT, que trata apenas dos honorários de sucumbência. (TRT da 3ª Região; PJe: 0010921-23.2018.5.03.0052 (RO); Disponibilização: 16/08/2018; Órgão Julgador: Nona Turma; Relator: Rodrigo Ribeiro Bueno).

RECURSO ORDINÁRIO. ARQUIVAMENTO DO PROCESSO. AUSÊNCIA DO RECLAMANTE NA AUDIÊNCIA INAUGURAL. SUCUMBÊNCIA. INEXISTENTE. HONORÁRIOS ADVOCATÍCIOS. ART. 791-A DA CLT. INDEVIDOS. No processo do trabalho, os honorários advocatícios somente são devidos quanto uma das partes resta sucumbente, o que não ocorre na hipótese em que o processo é arquivado em razão da ausência do reclamante à audiência inaugural. Recurso ordinário conhecido e desprovido. (TRT-14 - RO: 00005735720185140401 RO-AC 0000573-57.2018.5.14.0401, Relator: ILSON ALVES PEQUENO JUNIOR, SEGUNDA TURMA, Data de Publicação: 19/07/2019)

DESISTÊNCIA DA AÇÃO ANTES DO RECEBIMENTO DA DEFESA. HONORÁRIOS SUCUMBENCIAIS. INDEVIDOS. Indevido o pagamento de honorários advocatícios sucumbenciais, na hipótese de desistência da ação, devidamente homologada, quando sequer houve o recebimento da defesa em audiência. Afigura-se eloquente o silêncio do art. 791-A da CLT, que disciplina os honorários advocatícios sucumbenciais no âmbito trabalhista, ao contrário do CPC que é expresso no sentido de que os honorários nos seus limites e critérios são devidos "independentemente de qual seja o conteúdo da decisão, inclusive aos casos de improcedência ou de sentença sem resolução do mérito". (CPC, art. 85, § 6º). (TRT da 3ª Região; PJe: 0010277-05.2019.5.03.0001 (RO); Disponibilização: 22/08/2019, DEJT/TRT3/Cad.Jud, Página 1050; Órgão Julgador: Quarta Turma; Relator: Denise Alves Horta)

9.2.7. Constitucionalidade da generalização do cabimento dos honorários advocatícios pela Reforma Trabalhista – Lei n. 13.467/2017

AGRAVO DE INSTRUMENTO. RECURSO DE REVISTA INTERPOSTO SOB A ÉGIDE DAS LEIS Nos 13.015/2014, 13.105/2015 E 13.467/2017. HONORÁRIOS ADVOCATÍCIOS SUCUMBENCIAIS. AÇÃO AJUIZADA APÓS A VIGÊNCIA DA LEI Nº 13.467/2017. CONSTITUCIONALIDADE DO ART. 791-A, § 4º, DA CLT. 1. A Reforma Trabalhista, implementada pela Lei nº 13.467/2017, sugere uma alteração de paradigma no direito material e processual do trabalho. No âmbito do processo do trabalho, a imposição pelo legislador de honorários sucumbenciais ao reclamante reflete a intenção de desestimular lides temerárias. É uma opção política. 2. Por certo, sua imposição a beneficiários da Justiça gratuita requer ponderação quanto à possibilidade de ser ou não tendente a suprimir o direito fundamental de acesso ao Judiciário daquele que demonstrou ser pobre na forma da Lei. 3. Não obstante, a redação dada ao art. 791, § 4º, da CLT, demonstrou essa preocupação por parte do legislador, uma vez que só será exigido do beneficiário da Justiça gratuita o pagamento de honorários advocatícios se ele obtiver créditos suficientes, neste ou em outro processo, para retirá-lo da condição de miserabilidade. Caso contrário, penderá, por dois anos, condição suspensiva de exigibilidade. A constatação da superação do estado de miserabilidade, por óbvio, é casuística e individualizada. 4. Assim, os condicionamentos impostos restauram a situação de isonomia do atual beneficiário da Justiça gratuita quanto aos demais postulantes. Destaque-se que o acesso ao Judiciário é amplo, mas não incondicionado. Nesse contexto, a ação contramajoritária do Judiciário, para a declaração de inconstitucionalidade de norma, não pode ser exercida no caso, em que não se demonstra violação do princípio constitucional de acesso à Justiça. Agravo de instrumento conhecido e desprovido.(AIRR-2054-06.2017.5.11.0003, 3ª Turma, Relator Ministro Alberto Luiz Bresciani de Fontan Pereira, DEJT 31/05/2019)

DECLARAÇÃO INCIDENTAL DE INCONSTITUCIONALIDADE. CONFRONTO DO ART. 790-B, caput e § 4º DA CLT COM REDAÇÃO DA LEI 13.467/2017 COM PRECEITOS CONSTITUCIONAIS QUE GARANTEM A ASSISTÊNCIA JUDICIÁRIA GRATUITA INTEGRAL E O ACESSO À JUSTIÇA. É inconstitucional parte da norma inserida no art. 790-B, caput e § 4º da CLT, por força da Lei 13.467 de 13.07.2017, na medida em que impõe ao trabalhador beneficiário do instituto da assistência judiciária gratuita limitação ao exercício do amplo direito de ação e aos efeitos da concessão da justiça gratuita de forma integral, como garantem os preceitos constitucionais expressos nos incisos XXXV e LXXIV do art 5º da CF/88, in verbis: "o Estado prestará assistência jurídica integral e gratuita aos que comprovarem insuficiência de recursos." e " a lei não excluirá da apreciação do Poder Judiciário lesão ou ameaça a direito." (TRT da 4ª Região, Tribunal Pleno, 0020044-76.2018.5.04.0841 Pet, em 26/06/2019, Desembargadora Beatriz Renck)

ARGUIÇÃO DE INCONSTITUCIONALIDADE. HONORÁRIOS ADVOCATÍCIOS SUCUMBENCIAIS. SUCUMBÊNCIA RECÍPROCA. § 3º DO ART. 791-A DA CLT. CONSTITUCIONALIDADE. A previsão de sucumbência recíproca, no bojo do § 3º do art. 791-A da CLT, introduzido pela Lei nº 13.467/2017, não ofende a Constituição Federal de 1988, adequando-se, inclusive, ao Código de Processo Civil, quando venda a compensação de honorários, consoante seu art. 85, § 14. A Súmula nº 306 do STJ, que compreendia pela compensação de honorários sucumbenciais, encontra sua aplicabilidade restrita à vigência do CPC de 1973. Inconstitucionalidade rejeitada. (TRT-7 – Incidente De Arguição de Inconstitucionalidade Cível: 00800260420195070000, Relator: JOSE ANTONIO PARENTE DA SILVA, Data de Julgamento: 08/11/2019, Data de Publicação: 20/11/2019)

ARGUIÇÃO DE INCONSTITUCIONALIDADE. PARÁGRAFO QUARTO DO ART. 791-A, DA CLT. Declara-se a inconstitucionalidade do parágrafo quarto do art. 791-A da CLT, incluído pela Lei nº 13.467/17, por violação aos princípios e garantias fundamentais consagrados no artigo 1º, III (princípio da dignidade da pessoa humana), artigo 5º, caput (princípio da igualdade), artigo 5º, XXXV (princípio de amplo acesso à jurisdição) e artigo 5º, LXXIV (garantia fundamental da assistência jurídica integral e gratuita), da Constituição Federal em vigor. (TRT da 8ª Região; Processo: 0000944-91.2019.5.08.0000 ArgIncCiv; Data: 11/02/2020; Órgão Julgador: Pleno; Relator: GABRIEL NAPOLEAO VELLOSO FILHO)

HONORÁRIOS ADVOCATÍCIOS. GRATUIDADE JUDICIÁRIA. ART. 791-A, § 4º, DA CLT. INCONSTITUCIONALIDADE PARCIAL.

É inconstitucional a expressão "...desde que não tenha obtido em juízo, ainda que em outro processo, créditos capazes e suportar a despesa...", do art. 791-A da CLT, devendo ser suspensa a exigibilidade dos honorários advocatícios, assim como afastada a sua compensação com outros créditos trabalhistas, quando se tratar de parte hipossuficiente (art. 5º, incisos II e LXXIV da CF).

Decisão adotada por maioria absoluta do Tribunal Pleno na ArgInc-0000163.15.2019.5.10.0000 para os fins do art. 97 da Constituição Federal.

HONORÁRIOS DE SUCUMBÊNCIA RECÍPROCA. CONSTITUCIONALIDADE DO ART. 791-A DA CLT. Na forma do art. 791-A, § 4º, da CLT, o pagamento dos honorários, pelo beneficiário da assistência judiciária gratuita, quando não obtidos em juízo créditos capazes de suportar a despesa, fica sob condição de exigibilidade suspensa enquanto durar a condição de insuficiência de recursos, extinguindo-se após dois anos. Portanto, não há conflito entre a citada norma legal e o art. 5º, inc. LXXIV, da Constituição Federal, o qual dispõe que o Estado prestará assistência jurídica integral e gratuita aos que comprovarem insuficiência de recursos. (TRT12 - ROT - 0000211-88.2019.5.12.0041 , Rel. MARIA DE LOURDES LEIRIA , 5ª Câmara , Data de Assinatura: 14/02/2020)

HONORÁRIOS ADVOCATÍCIOS SUCUMBENCIAIS. BENEFICIÁRIO DA JUSTIÇA GRATUITA. OBSERVÂNCIA DO § 4º DO ART. 791-A DA CLT. Permanece incólume a condenação do beneficiário da justiça gratuita ao pagamento de honorários sucumbenciais, a qual deve observar as diretrizes do § 4º do art. 791-A da CLT. Se o demandante não obteve em juízo créditos capazes de suportar a despesa, as obrigações decorrentes de sua sucumbência ficarão sob condição suspensiva de exigibilidade e somente poderão ser executadas se, nos dois anos subsequentes ao trânsito em julgado da decisão que as certificou, o credor demonstrar que deixou de existir a situação de insuficiência de recursos que justificou a concessão de gratuidade, extinguindo-se, passado esse prazo, tais obrigações do beneficiário. (TRT12 - ROT - 0000956-98.2019.5.12.0031 , Rel. HELIO BASTIDA LOPES , 1ª Câmara , Data de Assinatura: 02/06/2020)

AGRAVO DE PETIÇÃO. JUSTIÇA GRATUITA. HONORÁRIOS ADVOCATÍCIOS. SUCUMBÊNCIA. CONDIÇÃO SUSPENSIVA DE EXIGIBILIDADE. ART. 791-A, § 4º, CLT. ABRANGÊNCIA. A questão da Constitucionalidade do art. 791-A da CLT está sendo examinada pelo Plenário do STF no julgamento da ADI 5.766. Em seu voto, o relator, Ministro Luís Roberto Barroso, julgou parcialmente provido o processo, firmando a seguinte tese para a cobrança de honorários advocatícios do hipossuficiente: "a cobrança de honorários sucumbenciais do hipossuficiente poderá incidir: (i) sobre verbas não alimentares, a exemplo de indenizações por danos morais, em sua integralidade; e (ii) sobre o percentual de até 30% do valor que exceder ao teto do Regime Geral de Previdência Social, mesmo quando pertinente a verbas remuneratórias". No caso, há verba indenizatória suficiente para o pagamento integral dos honorários advocatícios devidos aos patronos da agravada-reclamada, razão pela qual descabe falar em suspensão da exigibilidade prevista no § 4º do artigo 791-A da CLT. (TRT-13 - AP: 00007567920185130005 0000756-79.2018.5.13.0005, 1ª Turma, Data de Publicação: 12/09/2019)

TRABALHADOR BENEFICIÁRIO DA JUSTIÇA GRATUITA. CONDENAÇÃO EM HONORÁRIOS SUCUMBENCIAIS. INCIDENTE DE ARGUIÇÃO DE INCONSTITUCIONALIDADE. ART. 791-A, 4º DA CLT. No julgamento do Arginc n. 0000147-84.2018.5.14.0000, este Regional, por maioria, declarou a inconstitucionalidade material da seguinte expressão contida no 4º do art. 791-A da CLT, com redação dada pela Lei n. 13.467/2017: "desde que não tenha obtido em juízo, ainda que em outro processo, créditos capazes de suportar a despesa", porquanto atenta contra a previsão contida no art. 5º, incisos XXXV e LXXIV, da Constituição Federal. Logo, no caso concreto, os honorários sucumbenciais a cargo da reclamante ficarão sob condição suspensiva de exigibilidade. (TRT-14 - AP: 00007954620185140006 RO-AC 0000795-46.2018.5.14.0006, Relator: CARLOS AUGUSTO GOMES LOBO, SEGUNDA TURMA, Data de Publicação: 10/10/2019)

HONORÁRIOS ADVOCATÍCIOS DEVIDOS PELO RECLAMANTE. INTERPRETAÇÃO DO ARTIGO 791-A, § 4º DA CLT. A exigibilidade dos honorários advocatícios, segundo regra do § 4º da CLT, está condicionada à capacidade econômica da parte, com a obtenção em juízo, ainda que em outro processo, de créditos capazes de suportar a despesa ou a alteração superveniente da situação de insuficiência de recursos. Assim, se o reclamante, quando da propositura da reclamação, não tinha condições de custear eventuais despesas de seu processo a exemplo de honorários advocatícios, agora, com a condenação da reclamada ao pagamento de várias verbas trabalhistas, passa a ter condições de arcar com a verba honorária. Portanto, até o julgamento definitivo da ADI 5766, considero razoáveis os limites fixados pelo Eminente Ministro Relator. (TRT-15 - ROT: 00107991920185150038 0010799-19.2018.5.15.0038, Relator: LORIVAL FERREIRA DOS SANTOS, 5ª Câmara, Data de Publicação: 15/05/2020)

9.2.8. Eficácia intertemporal das normas que versam sobre honorários advocatícios

[...] 2. HONORÁRIOS ADVOCATÍCIOS. SUCUMBÊNCIA DA PARTE AUTORA. APLICAÇÃO DO ART. 791-A DA CLT A AÇÕES AJUIZADAS ANTES DA ENTRADA EM VIGOR DA LEI Nº 13.467/2017. IMPOSSIBILIDADE. TRANSCENDÊNCIA JURÍDICA RECONHECIDA. CONHECIMENTO E PROVIMENTO. I. Trata-se de controvérsia em que se discute a aplicação do art. 791-A da CLT. II. Pelo prisma da transcendência, trata-se de questão jurídica nova, em que se discute a aplicação do art. 791-A da CLT, cujo texto versa sobre o cabimento dos honorários advocatícios sucumbenciais à causa em exame, matéria que ainda não está pacificada no âmbito do Tribunal Superior do Trabalho ou em decisão de efeito vinculante no Supremo Tribunal Federal. Logo, reconhece-se a transcendência jurídica da causa (art. 896-A, § 1º, IV, da CLT). III. Esta Corte Superior elaborou e publicou a Instrução Normativa nº 41/2018, a fim de regulamentar a aplicação das normas processuais previstas na Lei nº 13.467/2017. No art. 6º da referida Instrução, determina-se que os honorários advocatícios sucumbenciais serão aplicados apenas nas causas propostas após 11/11/2017 e que, nas ações ajuizadas anteriormente, mantêm-se as regras previstas no art. 14 da Lei nº 5.584/1970 e nas Súmulas nº 219 e 329 do TST. IV. No caso em apreço, a presente ação coletiva foi ajuizada em 27/07/2017. Portanto, antes da entrada em vigor da Lei nº 13.467/2017, razão pela qual o Tribunal Regional aplicou mal o disposto no art. 791-A da CLT, razão pela qual o provimento do recurso de revista é medida que se impõe. IV. Recurso de revista de que se conhece e a que se dá provimento. (TST-RR-1072-36.2017.5.06.0001, 4ª Turma, rel. Min. Alexandre Luiz Ramos, julgado em 4/8/2020).

AGRAVO INTERNO. RECURSO EXTRAORDINÁRIO COM AGRAVO. HONORÁRIOS ADVOCATÍCIOS NO PROCESSO DO TRABALHO. ART. 791-A DA CONSOLIDAÇÃO DAS LEIS DO

TRABALHO, INTRODUZIDO PELA LEI 13.467/2017. INAPLICABILIDADE A PROCESSO JÁ SENTENCIADO. 1. A parte vencedora pede a fixação de honorários advocatícios na causa com base em direito superveniente – a Lei 13.467/2017, que promoveu a cognominada "Reforma Trabalhista". 2. O direito aos honorários advocatícios sucumbenciais surge no instante da prolação da sentença. Se tal crédito não era previsto no ordenamento jurídico nesse momento processual, não cabe sua estipulação com base em lei posterior, sob pena de ofensa ao princípio da irretroatividade da lei. 3. Agravo interno a que se nega provimento. (ARE 1014675 AgR ; Órgão julgador: Primeira Turma ; Relator(a): Min. ALEXANDRE DE MORAES; Julgamento: 23/03/2018; Publicação:12/04/2018).

HONORÁRIOS ADVOCATÍCIOS DE SUCUMBÊNCIA. ART. 791-A DA CLT ACRESCIDO PELA LEI N.º 13.467/2017. CONDENAÇÃO DEVIDA CONFORME A NORMA PROCESSUAL VIGENTE NO MOMENTO DA PROLAÇÃO DA SENTENÇA. Conforme a decisão, proferida pelo STF no julgamento do Agravo em Recurso Extraordinário (ARE 1.014.675), em 23/03/2018, o direito aos honorários advocatícios sucumbenciais surge no instante da prolação da sentença. Desta maneira, deve ser observada a norma processual vigente no momento da prolação da sentença trabalhista, que no caso dos autos, era o art. 791-A e § 4º da CLT. Recurso não provido.(TRT-1 – RO: 01009964620185010511 RJ, Relator: ROBERTO NORRIS, Data de Julgamento: 02/10/2019, Quinta Turma, Data de Publicação: 15/10/2019)

HONORÁRIOS ADVOCATÍCIOS SUCUMBENCIAIS. REFORMA TRABALHISTA. ART. 791 -A da CLT. SENTENÇA PROFERIDA NA VIGÊNCIA DA LEI Nº 13.467, DE 13 DE JULHO DE 2017. SISTEMA DO ISOLAMENTO DOS ATOS PROCESSUAIS. DEVIDOS. Por aplicação do sistema do isolamento dos atos processuais, adotado pelo Código de Processo Civil (arts. 15 e 1.046), a lei nova, embora aplicável aos processos em andamento, não interfere nos atos processuais já praticados sob a vigência da lei revogada. No caso dos honorários advocatícios, o respectivo direito da parte vencedora surge com o julgamento, no qual é estabelecida a sucumbência e fixada a responsabilidade da parte vencida (art. 85 do CPC). Dessa maneira, se o processo é julgado já na vigência da Lei nº 13.467/2017, ou seja, a partir de 11 de novembro de 2017, o juiz, independentemente de pedido expresso da parte vencedora (Súmula nº 256 do STF), deverá condenar a parte vencida ao pagamento da verba honorária, destinada ao advogado ex adverso. Precedentes do STJ (REsp nº 1.465.535-SP) e do STF (Ag. Reg. no Recurso Extraordinário com Agravo nº 1.014.675-MG). (TRT-15 - ROPS: 00104167220165150018 0010416-72.2016.5.15.0018, Relator: JORGE LUIZ COSTA, 6ª Câmara, Data de Publicação: 29/10/2018)

HONORÁRIOS ADVOCATÍCIOS. APLICAÇÃO DA REGRA CONTIDA NO ART. 791-A DA CLT. Pelos ditames da Instrução Normativa n. 41/2018, aprovada pela Resolução n. 221, de 21/06/2018, do C. TST, não cabem honorários sucumbenciais nas ações ajuizadas antes da vigência do artigo 791-A da CLT, com redação dada pela Lei nº 13.467/17. (TRT-1 – RO: 01017626720175010242 RJ, Relator: ANGELA FIORENCIO SOARES DA CUNHA, Data de Julgamento: 14/05/2019, Gabinete da Desembargadora Angela Fiorencio Soares da Cunha, Data de Publicação: 21/05/2019)

HONORÁRIOS DE ADVOGADO. INCONSTITUCIONALIDADE DO ARTIGO 791-A DA CLT. NÃO CONFIGURAÇÃO. A condenação ao pagamento de honorários advocatícios sucumbenciais, nesta Justiça Especializada, somente se aplica aos processos distribuídos após a vigência da Lei n.º 13.467/17 (11.11.2017), o que está em conformidade com a segurança jurídica e o princípio da proteção à confiança das partes de não serem surpreendidas por regramento diverso do existente à época da prática do ato processual. Considerando que a ação em foco foi distribuída em 29.05.2018, ou seja, em data posterior ao início da vigência da

Lei 13.467/17, não há que se falar no afastamento da condenação imposta ao reclamante, visto que lastreada no art. 791-A, da CLT. As disposições legais não se revelam inconstitucionais, tendo não só observado os requisitos formais de sua aprovação pelo Poder Legislativo, como também o seu aspecto material. Quanto a este último, inclusive, não há que se falar que a principiologia do Direito do Trabalho impede a novidade legislativa de cabimento de honorários advocatícios em qualquer relação de trabalho discutida nesta Justiça Especializada, visto que observada a paridade das partes no âmbito processual. Segundo porque o acesso à justiça não restou obstaculizado ao autor, que inclusive atua no feito com assistência de profissionais devidamente habilitados.(TRT-2 10004192320185020444 SP, Relator: SERGIO ROBERTO RODRIGUES, 11ª Turma - Cadeira 5, Data de Publicação: 02/06/2020)

HONORÁRIOS ADVOCATÍCIOS. ART. 791-A DA CLT. PROCESSOS EM CURSO. NÃO CABIMENTO. Nos processos em curso quando da entrada em vigor da Lei 13.467/2017 não há falar em condenação ao pagamento de honorários advocatícios, pois em que pese a sua previsão esteja inserida na legislação processual, sua natureza jurídica é de direito material, o que impede a aplicação imediata do novo dispositivo aos processos em curso, seja em atenção ao princípio da segurança jurídica, seja pelo fato de não haver requerimento no sentido da sua condenação. (TRT-3 – RO: 00112300420175030012 0011230-04.2017.5.03.0012, Relator: Jose Murilo de Morais, Sexta Turma)

HONORÁRIOS SUCUMBENCIAIS. PROCESSO AJUIZADO NA VIGÊNCIA DA LEI 13.467/17. BENEFICIÁRIO DA GRATUIDADE DE JUSTIÇA . O benefício da justiça gratuita não resulta em isenção absoluta do pagamento dos honorários sucumbenciais, mas na inexigibilidade do pagamento enquanto perdurar o estado de hipossuficiência da parte, tal como previsto no art. 791-A, § 4º, da CLT, observada a declaração de inconstitucionalidade parcial dada pelo Tribunal Pleno deste TRT no processo nº 0020068-88.2018.5.04.0232. Recurso ordinário da reclamante parcialmente provido.(TRT 4; Data: 18/05/2020; Órgão Julgador: 7ª Turma ; Redator: WILSON CARVALHO DIAS; Acórdão - Processo 0020554-44.2018.5.04.0371).

RECURSO ORDINÁRIO. AÇÃO AUTUADA ANTES DA VIGÊNCIA DA LEI 13.467/17. HONORÁRIOS ADVOCATÍCIOS INDEVIDOS. Não obstante já em vigor a Lei 13.467/17 (que introduziu na CLT o art. 791-A, implementando a previsão de pagamento de honorários advocatícios em razão da sucumbência), deverá ser preservada, excepcionalmente, a ultratividade da norma processual mais benéfica à época da propositura da ação, quando, dado o caráter híbrido de alguns institutos processuais, caracterizados por atos complexos, com efeitos diferidos e repercussões de aspecto material (a exemplo dos honorários advocatícios), as alterações no regramento do processo judicial impliquem ônus financeiros imprevisíveis no momento de avaliação dos custos e riscos da demanda, tendo em vista a vedação à decisão surpresa (art. 10 do CPC/2015 e da Instrução Normativa 39 do TST) e ao princípio constitucional do devido processo legal. Aliás, quanto a este último, oportuno reproduzir o ensinamento de Luiz Rodrigues Wambier: “(...) toda e qualquer consequência processual que as partes possam sofrer, tanto na esfera da liberdade pessoal quanto no âmbito de seu patrimônio, deve necessariamente decorrer de decisão prolatada num processo que tenha tramitado de conformidade com antecedente previsão legal. O devido processo legal significa o processo cujo procedimento e cujas consequências tenham sido previstas na lei” (In Curso avançado de processo civil. 7. ed. São Paulo: Revista dos Tribunais, 2005. p. 73. v. 1) (destaquei). Recurso da reclamada a que se nega provimento. (Processo: ROT – 0000524-54.2016.5.06.0192, Redator: Jose Luciano Alexo da Silva, Data de julgamento: 30/04/2020, Quarta Turma, Data da assinatura: 30/04/2020)

HONORÁRIOS SUCUMBENCIAIS. ART. 791-A DA CLT (ACRESCIDO PELA LEI Nº 13.467/2017). Por mais que as normas de Direito Processual possuam aplicação imediata, sujeitando-se ao princípio do "tempus regit actum" (art. 1.046 do CPC), há a necessidade de se ressalvar que mesmo os atos processuais estão sujeitos a uma consumação, nos termos do que preveem os artigos 14 do CPC e 912 da CLT. Por isso, é necessário proceder uma limitação à aplicação imediata das normas processuais aos processos em curso, mediante uma análise da etapa em que estes se encontrem. Não fosse isso, os honorários advocatícios não encerram questão meramente processual, uma vez que influenciam diretamente nas situações de direito material subjacentes (direito da parte e do advogado), concluindo-se pela sua natureza híbrida (instituto bifronte). À luz do princípio da causalidade, os ônus processuais são assumidos pela parte no momento do ajuizamento da ação. Isto é, a avaliação dos custos e riscos do processo é realizada de acordo com as regras em vigor à época da propositura da demanda. Deste modo, a condenação à verba sucumbencial somente poderia ser imposta nos processos iniciados após a vigência da Lei nº 13.467/2017, sob pena de violação aos princípios da segurança jurídica, devido processo legal (art. 5º, LIV, CRFB/1988) e da vedação à decisão surpresa (art. 10, CPC). Assim, o entendimento que prevalece perante esta E. Primeira Turma, é no sentido de que o disposto no art. 791-A da CLT, introduzido pela Lei nº 13.467/2017, aplica-se apenas às ações ajuizadas depois de 11-11-2017. Recurso do autor ao qual se dá provimento. (TRT-9 - RO: 00009663020155090658 PR, Data de Julgamento: 02/08/2019 ; Relator Edmilson Antônio de Lima)

HONORÁRIOS ADVOCATÍCIOS SUCUMBENCIAIS. ART. 791-A, § 3º, DA CLT. APLICABILIDADE. Com o advento da Lei nº 13.467/2017, vigente a partir de 11/11/2017, o princípio da sucumbência passou a ser aplicado no Processo do Trabalho de forma mais abrangente, nos termos do art. 791-A, 3º da CLT. Assim, constatado o ajuizamento da demanda em data sob os efeitos da referida norma, tornam-se devidos os honorários advocatícios sucumbenciais fixados na sentença em favor da parte autora, vencedora em suas pretensões apresentadas na inicial. (TRT12 - ROT - 0000155-15.2018.5.12.0001 , Rel. NIVALDO STANKIEWICZ , 3ª Câmara , Data de Assinatura: 13/05/2020)

HONORÁRIOS SUCUMBENCIAIS. ARTIGO 791-A DA CLT. NATUREZA HÍBRIDA. Considerando a natureza híbrida das normas que regem os honorários advocatícios, o disposto no art. 791-A na CLT, somente terá aplicação quanto as ações ajuizadas após a vigência da Lei nº 13.467/2017 que o instituiu, ou seja, após 11-11-2017, com o espeque de se evitar surpresa nas decisões judiciais (art. 9º e 10 do CPC) e também com fundamento no princípio da causalidade, porquanto a expectativa de custos e riscos é aferida no momento da propositura da reclamatória trabalhista. (TRT-14 - RO: 00005117820175140004 RO-AC 0000511-78.2017.5.14.0004, Relator: FRANCISCO JOSE PINHEIRO CRUZ, PRIMEIRA TURMA, Data de Publicação: 27/06/2018)

HONORÁRIOS ADVOCATÍCIOS. ART. 791-A, § 2º, DA CLT. O ajuizamento da ação após a vigência da Lei nº 13.467/2017, torna plenamente aplicável a novel sistemática dos honorários advocatícios prevista no art. 791-A, da CLT, cuja fixação deve levar em conta os critérios estipulados no § 2º do mesmo dispositivo legal. Reexame necessário conhecido e improvido. Recurso ordinário conhecido e parcialmente provido. (TRT-16 00177993620185160008 0017799-36.2018.5.16.0008, Relator: JOSE EVANDRO DE SOUZA, Data de Publicação: 05/09/2019)

HONORÁRIOS ADVOCATÍCIOS. DEMANDA AJUIZADA ANTERIORMENTE À VIGÊNCIA DA LEI 13.467/17. INAPLICABILIDADE DO ART. 791-A DA CLT. Sem olvidar de toda discussão acerca da natureza híbrida dos honorários sucumbenciais, ou instituto de direito processual material, na concepção da Corte Especial do STJ, bem como o posicionamento já sedimentado pela jurisprudência do STJ de que a sucumbência é regida pela lei vigente na data da sentença, adoto entendimento no sentido de que a sucumbência é regida pela lei vigente na data do ajuizamento da ação, uma vez que é fator de peso para que a parte decida pela propositura da demanda. Tal raciocínio preza pela segurança jurídica enquanto previsibilidade dos resultados. (TRT 17ª R., ROT 0001716-31.2017.5.17.0014, Divisão da 3ª Turma, DEJT 21/11/2019).

HONORÁRIOS SUCUMBENCIAIS - ARTIGO 791-A DA CLT - AÇÃO AJUIZADA ANTERIORMENTE AO INÍCIO DA VIGÊNCIA DA LEI 13.467/17 - INAPLICABILIDADE. Para a reclamação trabalhista ajuizada antes da vigência do art. 791-A da CLT (11/11/2017), que trata dos honorários de sucumbência pelas partes, no âmbito da Justiça do Trabalho, e diante do princípio da não surpresa e da segurança jurídica, aliado à jurisprudência majoritária do C. TST que predominava à época, não há como se aplicar automaticamente o mencionado instituto. Recurso patronal improvido.(TRT-20 00013349020175200002, Relator: JORGE ANTONIO ANDRADE CARDOSO, Data de Publicação: 19/03/2020)

AÇÃO TRABALHISTA AJUIZADA ANTES DA VIGÊNCIA DA REFORMA TRABALHISTA. CONDENAÇÃO EM HONORÁRIOS ADVOCATÍCIOS SUCUMBENCIAIS. ART. 791-A DA CLT. LEI 13.467/2017. INDEVIDOS. Na Justiça do Trabalho, a condenação aos honorários advocatícios sucumbenciais, prevista no art. 791-A da CLT, será aplicável apenas às ações propostas após 11/11/2017. Recurso provido para excluir a condenação imposta ao reclamante de pagamento de honorários de sucumbência. (TRT-24 00257389120175240004, Relator: RICARDO GERALDO MONTEIRO ZANDONA, Data de Julgamento: 25/09/2018, 2ª Turma)

Considerando as regras de pagamento dos honorários advocatícios com o advento da Lei n.º 13.467/2017 – aplicáveis no caso vertente (inteligência do artigo 6º da IN 41/2018/TST) - e da sucumbência recíproca com o acolhimento parcial do apelo da reclamante, dou provimento à pretensão recursal para condenar a reclamada ao pagamento dos honorários advocatícios de sucumbência aos advogados da autora, no percentual de 10% sobre o valor que resultar da liquidação da sentença, já considerados os critérios consubstanciados nos incisos I a IV do § 2º do artigo 2º do artigo 791-A da CLT.

Considerando ainda que o artigo 791-A da CLT também se trata de norma processual, sendo implícita a apreciação dos honorários advocatícios por esta Especializada nas ações ajuizadas após o advento da Lei n.º 13.467/2017 (inteligência dos artigos 322, § 1º, do NCPC e 6º da IN 41/2018/TST), devidos inclusive na hipótese de sucumbência recíproca (art. 791-A, § 3º, da CLT), e que a reclamante obteve em juízo parte dos créditos trabalhistas postulados na lide em relevo, condeno a autora ao pagamento de honorários advocatícios de sucumbência aos advogados da reclamada, no percentual de 5% sobre o total dos valores atribuídos em relação aos pedidos que não foram acolhidos na presente demanda ("proveito econômico obtido"), conforme se apurar no petitório. O valor da verba honorária deverá ser deduzido do crédito apurado em favor da reclamante na presente demanda (inteligência do artigo 791-A, caput e §§ 2º 3º 4º, da CLT). (TRT da 3.ª Região; PJe: 0010429-31.2018.5.03.0149 (RO); Disponibilização: 03/06/2019, DEJT/TRT3/Cad.Jud, Página 630; Órgão Julgador: Segunda Turma; Redator: Sebastiao Geraldo de Oliveira)

INTERPRETAÇÃO CONFORME A CONSTITUIÇÃO. ART. 791-A, § 4º DA CLT. Não se pode presumir que o cidadão que obteve em seu favor, durante o trâmite processual, a concessão da assistência judiciária gratuita, pelo simples fato de ter sido parcialmente vencedor na demanda (ou em outras), tenha superado a situação de miserabilidade e se tornado capaz de arcar com as despesas processuais (honorários advocatícios). E, considerando que o reclamante foi integralmente sucumbente nesta demanda, bem como que não há nos autos comprovação de eventuais créditos obtidos em outros processos, que sejam capazes de alterar a condição de hipossuficiência do reclamante, beneficiário da justiça gratuita, é devida a suspensão prevista no mencionado dispositivo legal.

(TRT-17 - RO: 00007239020185170001, Relator: JAILSON PEREIRA DA SILVA, Data de Julgamento: 06/05/2019, Data de Publicação: 23/05/2019)

HONORÁRIOS ADVOCATÍCIOS SUCUMBENCIAIS. ARTIGO 791-A, § 4º, DA CLT. Os honorários advocatícios sucumbenciais também são devidos pelos beneficiários da justiça gratuita, não sendo o Princípio do Acesso ao Judiciário violado pelo disposto no § 4º do artigo 791-A da CLT. Assim, afigura-se legítimo que o beneficiário da justiça gratuita sucumbente seja compelido ao pagamento da referida verba com os créditos que porventura auferir com a demanda em curso ou noutro feito. (TRT18, RORSum - 0011225-55.2019.5.18.0121, Rel. KATHIA MARIA BOMTEMPO DE ALBUQUERQUE, 2ª TURMA, 18/05/2020)

EMENTA: "HONORÁRIOS DE SUCUMBÊNCIA. APLICAÇÃO DO § 4º DO ARTIGO 791-A DA CLT. De acordo com o § 4º do artigo 791-A da CLT, vencido o beneficiário da justiça gratuita e tendo este obtido em juízo créditos capazes de suportar as despesas advindas das obrigações decorrentes de sua sucumbência, para tais fins serão utilizados os créditos obtidos. Assim, face a previsão específica em legislação trabalhista, não há que se falar em aplicação subsidiária ou supletiva do CPC, não podendo haver limitação do pagamento da verba honorária apenas se o crédito do autor superar quantia de 50 salários-mínimos." (0010917-90.2018.5.18.0141. Relatora: Desembargadora Kathia Maria Bomtempo de Albuquerque. 2ª Turma, julgado em 08/11/2018.) (TRT18, RORSum - 0010981-26.2019.5.18.0122, Rel. GERALDO RODRIGUES DO NASCIMENTO, 2ª TURMA, 05/03/2020)

HONORÁRIOS ADVOCATÍCIOS SUCUMBENCIAIS. INCONSTITUCIONALIDADE DO ART. 791-A, § 4º, DA CLT. Considerando que matéria é objeto de julgamento no Excelso Supremo Tribunal Federal e que ainda não houve pronunciamento definitivo daquela Suprema Corte, a qual detém a competência máxima para declarar a inconstitucionalidade de uma lei, e cujas decisões são dotadas de eficácia erga omnes e efeito vinculante, bem como, ainda, também não houve determinação da suspensão da aplicabilidade do referido dispositivo, impõe-se aguardar a manifestação daquela Suprema Corte sobre a constitucionalidade, ou não, do art. 791-A, § 4º. Até que isso ocorra, o citado artigo permanece vigente e eficaz. (TRT18, RORSum - 0010334-51.2019.5.18.0083, Rel. ALDON DO VALE ALVES TAGLIALEGNA, 1ª TURMA, 09/08/2019)

HONORÁRIOS ADVOCATÍCIOS. ART. 791-A DA CLT. ACESSO À JUSTIÇA. Não há inconstitucionalidade no fato de haver sido instituído para o processo do trabalho os honorários de sucumbência, porque coexiste com a gratuidade judiciária e não obsta de forma alguma o acesso à Justiça, tampouco qualquer outro princípio ou regra constitucional, sobretudo ante a regra que consta do § 4º do art. 791-A da CLT. Portanto, a teor dessa disposição legal, o reclamante que beneficiário da gratuidade judiciária não será executado a prima facie da sua obrigação de arcar com os honorários de sucumbência, sendo que a exigibilidade do crédito ficará suspensa por dois anos, e, somente se o credor conseguir comprovar que a parte não se encontra mais em situação de pobreza que justificou a concessão do benefício, ou seja, auferiu renda capaz de arcar com o pagamento dos honorários é que o trabalhador será compelido a cumprir com a sua obrigação. Caso contrário, será extinta tal exigência. (TRT-24 00240073220185240002, Relator: JOAO DE DEUS GOMES DE SOUZA, Data de Julgamento: 11/06/2019, 2ª Turma)

9.2.9. Honorários advocatícios em ação civil pública e ação civil coletivas

HONORÁRIOS ADVOCATÍCIOS – AÇÃO CIVIL PÚBLICA – MINISTÉRIO PÚBLICO. Longe fica de vulnerar o inciso II do § 5º do artigo 128 da Constituição Federal pronunciamento judicial no sentido de não se mostrarem devidos honorários advocatícios em ação civil pública ajuizada pelo Ministério Público e julgada procedente considerada a articulação de a verba ser recolhida à Fazenda Pública. (STF - RE: 428324 DF, Relator: Min. MARCO AURÉLIO, Primeira Turma, Data de Publicação: DJe-208 DIVULG 05-11-2009 PUBLIC 06-11-2009 EMENT VOL-02381-06 PP-01281)

AGRAVO EM RECURSO DE REVISTA – ACÓRDÃO PUBLICADO NA VIGÊNCIA DA LEI Nº 13.015/2014 E DO CPC/2015 - ANTERIOR À LEI Nº 13.467/2017 – "BENEFÍCIO DA JUSTIÇA GRATUITA.

1. O Sindicato é pessoa jurídica (art. 44, I, do Código Civil), não se confundindo com as pessoas físicas dos substituídos. Dessa maneira, a declaração genérica de pobreza destes não aproveita àquele.

2. Embora o Sindicato conste do polo ativo no interesse dos substituídos, nos moldes do art. 18, parte final, do CPC/15, é ele quem deve preencher os requisitos como pessoa jurídica que provocou a prestação jurisdicional.

3. A Súmula 463 do TST, em seu item II, é clara ao exigir da pessoa jurídica a comprovação da alegada insuficiência econômica.

4. Antes mesmo da edição da Súmula 463 do TST, o entendimento que vinha prevalecendo nesta esfera recursal é no sentido de que a concessão do benefício da gratuidade da justiça à pessoa jurídica, inclusive em se tratando de entidade sindical ou sem fins lucrativos, somente é devida quando provada a insuficiência de recursos.

5. O Sindicato Autor deveria ter trazido ao processo provas da sua própria insuficiência econômica, não tendo direito aos benefícios da justiça gratuita pelo simples fato de ter juntado aos autos declaração de insuficiência das pessoas físicas substituídas.

6. O art. 99, § 3º, do CPC/15, é plenamente compatível com o processo do trabalho, tanto é que foi observado pela jurisprudência deste Tribunal Superior, provocando a posterior edição do item II da Súmula 463 do TST.

7. Conclui-se que o Agravante não logrou demonstrar o alegado direito ao benefício da justiça gratuita."

Agravo desprovido.

SUBSTITUIÇÃO PROCESSUAL – SINDICATO SUCUMBENTE – HONORÁRIOS ADVOCATÍCIOS SUCUMBENCIAIS – LIDE QUE DERIVA DA RELAÇÃO DE EMMPREGO.

Evidenciado equívoco da decisão monocrática que não conheceu do recurso de revista no tópico atinente aos honorários advocatícios sucumbenciais, impõe-se o provimento do agravo neste capítulo porquanto demonstrada a violação do art. 87 da Lei nº 8.078/1990.

Agravo conhecido e provido para determinar o processamento do recurso de revista.

RECURSO DE REVISTA DO SINDICATO AUTOR – INTERPOSTO NA VIGÊNCIA DA LEI Nº 13.015/2014 E DO CPC/2015 – ANTERIOR À LEI Nº 13.467/2017 – HONORÁRIOS ADVOCATÍCIOS – SINDICATO – AÇÃO COLETIVA – SUBSTITUIÇÃO PROCESSUAL– MÁ-FÉ – COMPROVAÇÃO – INOCORRÊNCIA.

A atuação coletiva dos sindicatos como associação está sujeita às disposições do Código de Defesa do Consumidor e da Lei da Ação Civil Pública, inclusive quanto aos honorários advocatícios. Nessas leis, há previsão específica no tocante à condenação da parte autora ao pagamento da verba em comento, que somente ocorrerá quando for comprovada a má-fé, conforme os arts. 87, parágrafo único, do CDC e 18 da Lei da Ação Civil Pública. Uma vez que não foi registrada nenhuma deslealdade processual do sindicato autor a ensejar a caracterização da litigância de má-fé, impõe-se a exclusão da condenação ao pagamento de honorários advocatícios. Recurso de revista conhecido e provido. (Processo: RR - 1026-29.2016.5.12.0029 – Fase Atual: RR Número no TRT de

Origem: RO-1026/2016- 0029-12.Órgão Judicante: 7ª Turma Relator: Ministro Luiz Philippe Vieira de Mello Filho; Publicado em 23/08/2019)

RECURSO ORDINÁRIO EM AÇÃO ANULATÓRIA AJUIZADA PELO MINISTÉRIO PÚBLICO DO TRABALHO. PEDIDO DE CONDENAÇÃO DO AUTOR DA AÇÃO AO PAGAMENTO DOS HONORÁRIOS ADVOCATÍCIOS EM RAZÃO DA SUCUMBÊNCIA. Conquanto se considere a legitimidade do advogado da empresa ré para pleitear, em nome próprio, como terceiro interessado, o pagamento dos honorários advocatícios em razão da sucumbência, há de se considerar que, no caso em tela, a parte sucumbente na ação é o Ministério Público do Trabalho, autor da ação. Ainda que a questão dos honorários advocatícios esteja regulamentada no art. 85 do CPC e na Súmula nº 219 do TST, os referidos dispositivos nada falam acerca dessa particularidade. Nesse contexto, e considerando que o Ministério Público do Trabalho , ao ajuizar a ação anulatória, atuou na defesa de direitos dos trabalhadores, exercendo sua função de defesa da ordem jurídica, do regime democrático, dos interesses sociais e dos interesses individuais indisponíveis, deve-se aplicar, por analogia, o art. 18 da Lei nº 7.347/1985, o qual, ao se referir às ações civis públicas, estabelece que não haverá condenação da associação autora em honorários de advogado, salvo comprovada má-fé, o que não se evidenciou no caso destes autos . Recurso ordinário conhecido e não provido. fls. PROCESSO Nº TST-RO-513-28.2017.5.08.0000 Firmado por assinatura digital em 10/10/2018 pelo sistema AssineJus da Justiça do Trabalho, conforme MP 2.200-2/2001, que instituiu a Infra-Estrutura de Chaves Públicas Brasileira.(TST - RO: 5132820175080000, Relator: Dora Maria da Costa, Data de Julgamento: 08/10/2018, Seção Especializada em Dissídios Coletivos, Data de Publicação: DEJT 15/10/2018)

PROCESSUAL CIVIL. EMBARGOS DE DIVERGÊNCIA EM AGRAVO EM RECURSO ESPECIAL. DISSENSO CONFIGURADO ENTRE O ARESTO EMBARGADO E ARESTO PARADIGMA

ORIUNDO DA QUARTA TURMA. AÇÃO CIVIL PÚBLICA INTENTADA PELA UNIÃO. CONDENAÇÃO DA PARTE REQUERIDA EM HONORÁRIOS ADVOCATÍCIOS.

AUSÊNCIA DE MÁ-FÉ. DESCABIMENTO. ART. 18 DA LEI N. 7.347/1985.

PRINCÍPIO DA SIMETRIA. EMBARGOS DE DIVERGÊNCIA A QUE SE NEGA PROVIMENTO.

1. Trata-se de recurso interposto em ação civil pública, de que é autora a União, no qual pleiteia a condenação da parte requerida em honorários advocatícios, sob o fundamento de que a regra do art. 18 da Lei n. 7.347/1985 apenas beneficia o autor, salvo quando comprovada má-fé.

2. O acórdão embargado aplicou o princípio da simetria, para reconhecer que o benefício do art. 18 da Lei n. 7.347/1985 se aplica, igualmente, à parte requerida, visto que não ocorreu má-fé.

Assim, o dissenso para conhecimento dos embargos de divergência ocorre pelo confronto entre o aresto embargado e um julgado recente da eg. Quarta Turma, proferido nos EDcl no REsp 748.242/RJ, Rel. Ministro Antonio Carlos Ferreira, Quarta Turma, julgado em 12/4/2016, DJe 25/4/2016.

3. Com efeito, o entendimento exposto pelas Turmas, que compõem a Primeira Seção desta Corte, é no sentido de que, "em favor da simetria, a previsão do art. 18 da Lei 7.347/1985 deve ser interpretada também em favor do requerido em ação civil pública.

Assim, a impossibilidade de condenação do Ministério Público ou da União em honorários advocatícios - salvo comprovada má-fé - impede serem beneficiados quando vencedores na ação civil pública" (STJ, AgInt no AREsp 996.192/SP, Rel. Ministro Benedito Gonçalves, Primeira Turma, DJe 30/8/2017). No mesmo sentido: AgInt no REsp 1.531.504/CE, Rel.

Ministro Mauro Campbell Marques, Segunda Turma, DJe 21/9/2016; AgInt no REsp 1.127.319/SC, Rel. Ministro Sérgio Kukina, Primeira Turma, DJe 18/8/2017; AgInt no REsp 1.435.350/RJ, Rel. Ministro Humberto Martins, Segunda Turma, DJe 31/8/2016; REsp 1.374.541/RJ, Rel. Ministro Gurgel de Faria, Primeira Turma, DJe 16/8/2017.

4. De igual forma, mesmo no âmbito da Terceira e Quarta Turmas do Superior Tribunal de Justiça, ainda que o tema não tenha sido analisado sob a óptica de a parte autora ser ente de direito público - até porque falece, em tese, competência àqueles órgãos fracionários quando num dos polos da demanda esteja alguma pessoa jurídica de direito público -, o princípio da simetria foi aplicado em diversas oportunidades: AgInt no REsp 1.600.165/SP, Rel. Ministro Moura Ribeiro, Terceira Turma, julgado em 20/6/2017, DJe 30/6/2017;

REsp 1.438.815/RN, Rel. Ministra Nancy Andrighi, Terceira Turma, julgado em 22/11/2016, DJe 1º/12/2016; REsp 1.362.084/RJ, Rel.

Ministro Luis Felipe Salomão, Quarta Turma, julgado em 16/5/2017, DJe 1º/8/2017.

5. Dessa forma, deve-se privilegiar, no âmbito desta Corte Especial, o entendimento dos órgãos fracionários deste Superior Tribunal de Justiça, no sentido de que, em razão da simetria, descabe a condenação em honorários advocatícios da parte requerida em ação civil pública, quando inexistente má-fé, de igual sorte como ocorre com a parte autora, por força da aplicação do art. 18 da Lei n. 7.347/1985.

6. Embargos de divergência a que se nega provimento.

(EAREsp 962.250/SP, Rel. Ministro OG FERNANDES, CORTE ESPECIAL, julgado em 15/08/2018, DJe 21/08/2018)

9.2.10. Honorários advocatícios e majoração recursal

(...)

Honorários advocatícios

A sentença combatida encerra a condenação das partes ao pagamento da verba honorária no percentual de 10%, conforme excerto transcrito por ocasião do exame do apelo patronal.

A reclamante busca a majoração da verba honorária para 15%.

O percentual de 10% arbitrado pelo Juízo de origem a título de honorários advocatícios sucumbenciais em favor dos advogados da reclamante se revela, a meu sentir, proporcional e razoável ante o grau de zelo demonstrado e a complexidade da causa, devendo ser mantido no percentual fixado.

Nada a prover. (TRT da 3.ª Região; PJe: 0010032-87.2016.5.03.0004 (RO); Disponibilização: 03/06/2019; Órgão Julgador: Segunda Turma; Redator: Sebastião Geraldo de Oliveira)

HONORÁRIOS ADVOCATÍCIOS. MAJORAÇÃO DO PERCENTUAL EM RAZÃO DA INTERPOSIÇÃO DE RECURSO. A d. Turma ressaltou que, no processo trabalhista, são indevidos honorários advocatícios decorrentes, especificamente, da interposição de recursos, tendo em vista que esta possibilidade não foi prevista pelo art. 791-A, da CLT, e considerando que, diante da inexistência de omissão sobre a matéria, o direito processual civil não pode ser utilizado como fonte subsidiária, nos termos do art. 769, da CLT. Desse modo, negou provimento. (TRT da 3.ª Região; PJe: 0010996-13.2018.5.03.0036 (ROPS); Disponibilização: 13/03/2019; Órgão Julgador: Decima Turma; Relator: Taisa Maria M. de Lima)

9.2.11. Honorários advocatícios na fase/processo de execução

RECURSO ESPECIAL. DIREITO CIVIL E PROCESSUAL CIVIL (CPC/15). ART. 85 DO CPC. AÇÃO DE EXECUÇÃO DE TÍTULO EXECUTIVO EXTRAJUDICIAL. PRESCRIÇÃO INTERCORRENTE. HONORÁRIOS ADVOCATÍCIOS SUCUMBENCIAIS EM FAVOR DO ADVOGADO DA PARTE EXECUTADA. DESCABIMENTO. PRINCÍPIO DA CAUSALIDADE. PRECEDENTES DO STJ.

1. Ação de execução de título executivo extrajudicial proposta contra o cliente do advogado que recorre em nome próprio.

2. Controvérsia em torno da possibilidade de condenação da parte exequente ao pagamento de honorários advocatícios sucumbenciais no caso de extinção do processo de execução pela prescrição intercorrente.

3. Apesar da dicção do art. 85 do CPC, nem sempre o "vencedor' e o "vencido" são, respectivamente, os únicos sujeitos passíveis de serem credores e devedores de honorários advocatícios sucumbenciais.

4. Há situações em que, mesmo não sucumbindo no plano do direito material, a parte vitoriosa é considerada como geradora das causas que produziram o processo e todas as despesas a ele inerentes.

5. "O princípio da causalidade não se contrapõe ao princípio da sucumbência. Antes, é este um dos elementos norteadores daquele, pois, de ordinário, o sucumbente é considerado responsável pela instauração do processo e, assim, condenado nas despesas processuais. O princípio da sucumbência, contudo, cede lugar quando, embora vencedora, a parte deu causa à instauração da lide" (REsp 303.597/SP, Rel. Ministra Nancy Andrighi, 3ª Turma, julgado em 17/04/2001, DJ 11/06/2001, p. 209).

6. Caso concreto em que a prescrição intercorrente por ausência de localização de bens não afasta o princípio da causalidade em desfavor da parte executada, nem atrai a sucumbência para a parte exequente.

7. Recurso Especial desprovido. (REsp 1835174/MS, Rel. Ministro Paulo de Tarso Sanseverino, 3ª Turma, julgado em 05/11/2019, DJe 11/11/2019)

C) DOS HONORÁRIOS SUCUMBENCIAIS.

Requer o exequente a reforma da r. sentença de piso para que Ente Municipal seja condenado ao pagamento de honorários sucumbenciais, nos termos do art. 85, §7º, do CPC.

Aprecio.

Neste particular, tenho por certo que oexequente tem razão em seus argumentos.

O caput do art. 791-A, da CLT assim dispõe:

"Ao advogado, ainda que atue em causa própria, serão devidos honorários de sucumbência, fixados entre o mínimo de 5% (cinco por cento) e o máximo de 15% (quinze por cento) sobre o valor que resultar da liquidação da sentença, do proveito econômico obtido ou, não sendo possível mensurá-lo, sobre o valor atualizado da causa."

Em vista disso, entendo que por se tratar de verba decorrente de imposição legal, é devido o pagamento da verba honorária, cujo percentual arbitro em 10% (dez por cento), de acordo com os parâmetros estabelecidos no §2º, do art. 791-A, da CLT e os precedentes nesta e. 4ª Turma.

Consoante o exposto, dou provimento, neste item, para determinar a inclusão, na liquidação, dos honorários sucumbenciais, a serem suportados pelo Município executado, na razão de 10% (dez por cento) sobre o crédito exequendo, que serão revertidos a favor dos patronos da ora agravante. (TRT da 8ª Região; Processo: 0000171-22.2019.5.08.0008

AP; Data: 03/06/2020; Órgão Julgador: 4ª Turma; Relator: WALTER ROBERTO PARO)

Apesar dos embargos à execução, no processo do trabalho, serem processados nos mesmos autos, não lhes retira a natureza de ação autônoma e de cunho incidental, principalmente de natureza declaratória constitutiva pois pode visar não só questões atinentes à relação jurídica processual executiva como o próprio título executivo ou a sentença de liquidação.

Assim sendo, faço a divergência parcial para manter na totalidade a decisão agravada. O art. 791-A, CLT, é aplicável à fase de conhecimento em que se tem a sucumbência, contudo, não se pode negar que, mesmo de forma mitigada, também há o contraditório na fase de execução.

O objetivo dos embargos é desconstituir a relação jurídica processual executiva, assim, há a presença do contraditório.

Por outro lado, mesmo que se entenda que o art. 7991-A é aplicável somente à fase de conhecimento, ante o teor do art. 15, CPC e do art. 769, CLT, há de ser aplicável o art. 885, § 1º, CPC, o qual indica que os honorários também são devidos na execução.

Vide a jurisprudência (TRT – 13ª R. – 1ª T. – AP 0000778-14.2017.5.13.0025 – Relator Desembargador Paulo Maia Filho):

Embargos à execução. Dispensada a manifestação da parte contrária.

Condenação em honorários de sucumbência. Não cabimento.

O exequente pugna pela condenação da executada em honorários de sucumbência, no importe de 15% sobre o valor atualizado devido.

Ressalta que, na sentença agravada, o D. Juízo consignou expressamente que dispensou a manifestação do reclamante, motivo pelo qual não pôde requerer tal benefício antes deste agravo, que foi a primeira oportunidade franqueada para vir aos autos se manifestar.

Defende que a ausência de condenação em honorários de sucumbência decorreu de premissa equivocada de que as novas regras processuais somente poderão incidir sobre as ações ajuizadas na vigência da Lei 13.467/2017, pois desconsiderou a natureza jurídica dos Embargos à Execução, que é de ação autônoma incidental, logo, uma ação proposta em 29/01/2018, inequivocamente após o início da vigência da aludida lei, o que enseja a condenação em honorários advocatícios.

Argumenta que, pela nova lei, os honorários advocatícios são efeitos da sentença e decorrem da mera sucumbência, de modo que, em havendo a sucumbência da ré, decorrente do incidente protelatório que interpôs na fase de execução, nada mais justo do que a sua condenação no pagamento da verba honorária.

Alega que, por qualquer ângulo que se observe a questão, serão devidos honorários de sucumbência à parte autora: quer pelo marco da distribuição da ação de embargos à execução, quer pelo marco da prolação da respectiva sentença, que, por óbvio, também o foi na vigência do art. 791-A da CLT. Cita decisão do STF. Requer assim, a condenação da reclamada ao pagamento de honorários de sucumbência de 15% sobre o valor atualizado devido.

À análise.

É sabido que, enquanto o processo de conhecimento visa dialeticamente aplicar aos fatos uma norma concreta, o processo de execução parte do direito ao crédito de alguém, materializado pelo título executivo, para seguir em direção à satisfação deste direito. Todavia, embora haja divergência na doutrina quanto à natureza dos embargos à execução, ora entendidos como espécie de recurso, ora como defesa, ora como ação autônoma, o entendimento majoritário assentado tanto nesta Corte quanto na jurisprudência dos Tribunais Superiores é de que sua natureza jurídica é de ação de conhecimento incidental ao processo de execução, cujo objeto é destruir no todo ou em parte o direito à execução (seja pela anulação do título, seja em virtude da falta de pressupostos processuais).

Possuem os embargos, portanto, julgamento de mérito, uma vez que são considerados como processo autônomo frente a execução.

Isso porque é nessa via que existe um mérito a ser analisado pelo magistrado, qual seja, a redução ou extinção da execução, estando sujeito, inclusive, aos efeitos da coisa julgada. Ou seja, os embargos à execução têm natureza de ação de cognição incidental de caráter constitutivo negativo, visando a desconstituição da relação processual da execução ou da eficácia do título executivo.

Assim, entendo ser plenamente possível a condenação em honorários advocatícios sucumbenciais em sede de embargos à execução, ajuizados após a vigência da Lei n. 13.467/2017.

Ocorre que, no caso vertente, conforme o próprio exequente destaca no início do seu recurso, o juiz dispensou a manifestação da parte contrária, no caso, o próprio exequente, ante a liminar improcedência do pedido da executada, que contrariou a Súmula n. 18 deste Regional.

Deferiu o MM. Juízo, apenas, a dedução do que já tenha sido pago a título a quo de custas quando da interposição do recurso ordinário, o que em absolutamente nada altera o valor da execução devido ao exequente.

Houve um julgamento liminar, portanto, nos moldes do art. 332, IV, do NCPC, caso em que, se não houvesse recurso, o exequente seria intimado apenas do trânsito em julgado da sentença de mérito proferida em seu favor nos embargos à execução, nos termos do art. 332, § 2º, combinado com o art. 241, ambos do NCPC.

Assim, até o momento em que proferida a sentença agravada, não houve a participação do exequente e seu respectivo advogado, ou seja, estes não atuaram nos embargos à execução e em nada contribuíram para o julgamento pela improcedência do pedido principal formulado, razão pela qual não haveria que se falar em condenação da executada embargante em honorários de sucumbência.

Todavia, diante da interposição do agravo de petição pelo executado, foi o exequente intimado para atuar pela primeira vez no feito após os embargos à execução, para apresentar contraminuta ao agravo de petição interposto pelo embargante, o que, em aplicação analógica do art. 332, § 4º, do NCPC, corresponderia à sua citação para ingresso no feito, passando as partes a arcarem com os ônus da sucumbência nesta fase recursal.

Desse modo, diante do não provimento do agravo de petição da executada, deverá arcar com o ônus de sua sucumbência, razão pela qual condeno-a em honorários advocatícios em favor do patrono do exequente, o que, ante a inicial e baixa complexidade da presente atuação, fixo no importe de 5% (cinco por cento) sobre o valor atualizado do débito em execução. (Número Processo 20190008764;Número Único 01902004320095020009; Relator LUIS AUGUSTO FEDERIGHI; Data de Publicação 18/10/2019).

AÇÃO EXECUTIVA INDIVIDUAL AUTÔNOMA. AJUIZAMENTO POSTERIOR À LEI 13.467/2017. HONORÁRIOS ADVOCATÍCIOS. ART. 791-A DA CLT. Tratando-se de ação individual autônoma de execução de sentença proferida em ação coletiva, ajuizada após a vigência da Lei nº 13.467/2017, o percentual dos honorários advocatícios fica limitado ao teto máximo previsto no art. 791-A da CLT, notadamente quando a sentença proferida nos autos da ação coletiva menciona que os honorários ali fixados são independentes daqueles eventualmente atribuídos nas ações individuais.(TRT-10 - ap: 00008423720195100801 DF, Data de Julgamento: 20/05/2020, 1ªturma, Data de Publicação: 29/05/2020)

HONORÁRIOS ADVOCATÍCIOS EM EXECUÇÃO. APLICAÇÃO SUBSIDIÁRIA DO ART. 85, §1º DO CPC. IMPOSSIBILIDADE. INEXISTÊNCIA DE OMISSÃO NA CLT. A CLT, com a redação dada pela Lei nº 13.467/17, não prevê o pagamento da verba honorária em incidentes no processo de execução trabalhista. O legislador quando disciplinou as hipóteses de cabimento de honorários advocatícios, o fez de forma explícita, tanto que tratou dos honorários de sucumbência na reconvenção de forma destacada no §5º do art. 791-A, cujo caput disciplinou o pagamento da verba honorária, sendo aquela a única previsão de incidência dessa parcela em ações incidentais. Não houve, pois, omissão na legislação trabalhista, de que trata os arts. 8º, 769 e 889 da CLT, mas deliberada intenção do legislador em não contemplar a execução trabalhista com esse ônus da sucumbência, razão pela qual não há falar em aplicação subsidiária do art. 85, §1º do CPC.

(Processo 0000064-62.2019.5.05.0201, Origem PJE, Relator(a) Desembargador(a) MARIA DE LOURDES LINHARES LIMA DE OLIVEIRA, Segunda Turma, DJ 20/05/2020)

I - AGRAVO DE PETIÇÃO. ÍNDICE DE ATUALIZAÇÃO. IPCA-E. PRECLUSÃO. A matéria objeto do presente agravo deveria ter sido enfrentada na fase de conhecimento. Transitada em julgado a sentença, operou-se a preclusão do direito de impugnar as contas de liquidação. II - AGRAVO DE PETIÇÃO. CONDENAÇÃO EM HONORÁRIOS DE SUCUMBÊNCIA NA EXECUÇÃO. IMPOSSIBILIDADE. Diferentemente da esfera cível, o legislador optou por limitar os honorários de sucumbência à fase de conhecimento no processo do trabalho, a teor do art. 791-A, § 5º, da CLT. (TRT da 8ª Região; Processo: 0000762-94.2018.5.08.0015 AP; Data: 31/05/2020; Órgão Julgador: 4ª Turma; Relator: GEORGENOR DE SOUSA FRANCO FILHO)

9.2.12. Honorários advocatícios em sede de procedimento de jurisdição voluntária

RECURSO ESPECIAL. OBRIGAÇÃO DE FAZER. FORNECIMENTO DE DADOS PESSOAIS. MARCO CIVIL DA INTERNET. NECESSIDADE DE DECISÃO JUDICIAL. CAUSALIDADE. NÃO APLICÁVEL. INTERESSE. SUCUMBÊNCIA. INEXISTÊNCIA. [...] 3. O Marco Civil da Internet afirma a obrigatoriedade de ordem judicial para que os provedores de acesso e de aplicação apresentem dados considerados pessoais e sigilosos a interessados. Trata-se de a proteção necessária e esperada à privacidade e à intimidade dos usuários de aplicações da internet. 4. Essa proteção legalmente conferida aos usuários da internet foi o motivo do ajuizamento da ação pela recorrida e seus representantes, como meio de tentar identificar a pessoa que criou o perfil ofensivo à menor adolescente. 5. Na hipótese, não há como afirmar a existência de sucumbência com fundamento no princípio da causalidade, ante a ausência de resistência por parte da recorrente em oferecer as informações solicitadas judicialmente. [...] (REsp 1782212/SP, Rel. Ministra Nancy Andrighi, 3ª Turma, julgado em 05/11/2019, DJe 07/11/2019) (gn). Também nesse sentido: HONORARIOS DE ADVOGADO. AÇÃO DE USUCAPIÃO NÃO CONTESTADA. ARTIGO 20 DO CPC. Tendo a pessoa em cujo nome figura o imóvel no registro imobiliário declarado seu nenhum interesse na demanda, abstendo-se assim de contestar o pedido, não incide o art. 20 do CPC. A ação de usucapião implica em processo necessário, regido, quanto à imposição dos ônus processuais, pelo princípio do interesse e não pelos princípios do sucumbimento ou da causalidade. [...] (REsp 23.369/PR, Rel. Ministro Athos Carneiro, 4ª Turma, julgado em 22/09/1992, DJ 19/10/1992, p. 18248).

RECURSO ORDINÁRIO. INTERPELAÇÃO JUDICIAL. PROCEDIMENTO DE JURISDIÇÃO VOLUNTÁRIA. HONORÁRIOS ADVOCATÍCIOS NÃO SÃO DEVIDOS. ART. 88 DO CPC. A interpelação judicial é um procedimento de jurisdição voluntária pelo qual o requerente manifesta sua vontade no sentido de que o requerido faça ou deixe de fazer algo que o requerente entende ser de seu direito, conforme art. 727 do CPC. Na jurisdição voluntária não há litígio, ou seja, não há conflito de interesses. O Poder Judiciário administra interesses privados. Ao contrário da jurisdição contenciosa na qual o Estado-juiz pacifica os litígios, ou seja, soluciona a controvérsia entre as partes, na jurisdição voluntária o Estado-juiz faz a gestão pública de interesses privados. Já os honorários advocatícios a teor do disposto no art. 791-A da CLT decorrem de um fato objetivo no processo, qual seja, a derrota da parte adversa. Isso significa que os honorários advocatícios somente são devidos no âmbito do processo que espelha uma lide (conflito de interesses). Isso porque o fato gerador dos honorários advocatícios é a sucumbência da parte. Como na jurisdição voluntária não há lide consequentemente não há processo nem vencidos nem vencedores. Por isso, a dicção do art. 88 do CPC é que na jurisdição voluntária as despesas serão adiantadas pelo requerente e rateadas entre os interessados. Assim, não há honorários advocatícios na jurisdição voluntária.(TRT-2 10008432520195020446 SP, Relator: MARCELO FREIRE GONCALVES, 12ª Turma - Cadeira 1, Data de Publicação: 22/05/2020)

PROCEDIMENTO DE JURISDIÇÃO VOLUNTÁRIA. HONORÁRIOS DE SUCUMBÊNCIA. INCABÍVEIS. Em se tratando de produção antecipada de prova, procedimento de jurisdição voluntária, é incabível a condenação ao pagamento de honorários advocatícios de sucumbência. (TRT12 – ROT – 0000721-37.2019.5.12.0030, Rel. ROBERTO LUIZ GUGLIELMETTO, 1ª Câmara, Data de Assinatura: 09/01/2020)

9.2.13. Honorários advocatícios. Execução dos valores em face do beneficiário da Justiça Gratuita

HONORÁRIOS ADVOCATÍCIOS. GRATUIDADE DE JUSTIÇA. ART. 791-A DA CLT. COMPENSAÇÃO DE CRÉDITOS RECONHECIDOS EM JUÍZO. POSSIBILIDADE. Apenas na hipótese de não obtenção de crédito em Juízo, a exigibilidade da obrigação ao pagamento dos honorários sucumbenciais ficará suspensa e somente poderá ser executada se, nos dois anos subsequentes ao trânsito em julgado da decisão que as certificou, o credor demonstrar que deixou de existir a situação de insuficiência de recursos que justificara a concessão de gratuidade, extinguindo-se, passado esse prazo, tais obrigações do beneficiário.(TRT-1 - RO: 01007177120185010281 RJ, Relator: ROQUE LUCARELLI DATTOLI, Data de Julgamento: 22/10/2019, Oitava Turma, Data de Publicação: 15/01/2020)

HONORÁRIOS ADVOCATÍCIOS. SUSPENSÃO DA EXIGIBILIDADE. ART. 791-A, §§ 3º e 4º, DA CLT . Quando impostos à parte beneficiária da gratuidade de justiça honorários advocatícios é consectário legal que fique suspensa a respectiva exigibilidade por dois anos nos termos do art. 791-A, § 4º da CLT, extinguindo-se a obrigação se tal condição não for superada em tal prazo. A procedência parcial dos pedidos no caso em exame é insuscetível de alterar o estado de hipossuficiência do Autor que o fez beneficiário da gratuidade de justiça, de sorte que não há como proceder-se a dedução do crédito que vier a ser apurado em seu favor. Dou provimento.(TRT-1 - RO: 01000145820195010491 RJ, Relator: CARLOS HENRIQUE CHERNICHARO, Data de Julgamento: 11/02/2020, Oitava Turma, Data de Publicação: 13/02/2020)

HONORÁRIOS ADVOCATÍCIOS. ART. 85, § 14, DO CPC. VERBA ALIMENTAR PERTENCENTE AO ADVOGADO, COM OS MESMOS PRIVILÉGIOS DO CRÉDITO TRABALHISTA. ART. 791-A, § 4º, DA CLT. DEDUÇÃO DE CRÉDITOS. DESINCENTIVO A LITIGÂNCIA ABUSIVA. CONSTITUCIONALIDADE. Os honorários advocatícios possuem natureza alimentar, sendo devido ao advogado pela atuação no processo, pelo que não há que se falar em inconstitucionalidade da dedução de eventuais créditos obtidos em juízo. O direito à gratuidade de justiça pode ser regulado de forma a desincentivar a litigância abusiva, inclusive por meio da cobrança de honorários advocatícios. (TRT-2 10013932220185020004 SP, Relator: THAIS VERRASTRO DE ALMEIDA, 17ª Turma - Cadeira 2, Data de Publicação: 12/12/2019)

HONORÁRIOS ADVOCATÍCIOS. ART. 791-A, § 4º, DA CLT. Existindo valores a serem recebidos pelo reclamante, ainda que beneficiário da justiça gratuita, devem eles suportar o pagamento da verba honorária, nos termos do art. 791-A, § 4º, da CLT. (TRT-3 - AP: 00101042720185030094 0010104-27.2018.5.03.0094, Relator: Jose Murilo de Morais, Sexta Turma)

HONORÁRIOS ADVOCATÍCIOS SUCUMBENCIAIS. PAGAMENTO COM CRÉDITO DO RECLAMANTE. O crédito do Reclamante neste processo deve ser utilizado para o pagamento dos honorários advocatícios sucumbenciais e, havendo saldo remanescente, deve ficar em condição suspensiva nos termos do § 4º do artigo 791-A da CLT.

(TRT 5 - Processo 0000445-22.2018.5.05.0002, Origem PJE, Relator(a) Desembargador(a) LEA REIS NUNES, Terceira Turma, DJ 12/05/2020)

AGRAVO DE PETIÇÃO. HONORÁRIOS SUCUMBENCIAIS. BENEFICIÁRIO DA JUSTIÇA GRATUITA. ARTIGO 791-A, § 4º DA CLT. CONDIÇÃO SUSPENSIVA. NÃO CONFIGURADA. Nos termos do § 4º do artigo 791-A da CLT, "vencido o beneficiário da justiça gratuita, desde que não tenha obtido em juízo, ainda que em outro processo, créditos capazes de suportar a despesa, as obrigações decorrentes de sua sucumbência ficarão sob condição suspensiva de exigibilidade e somente poderão ser executadas se, nos dois anos subsequentes ao trânsito em julgado da decisão que as certificou (...)". In casu, o reclamante obteve créditos capazes de honrar com a referida despesa processual, devendo, portanto, ser afastada a condição suspensiva de exigibilidade das obrigações decorrentes de sua sucumbência. (TRT - 6 - Processo: AP - 0000820-53.2018.5.06.0371, Redator: Ana Claudia Petruccelli de Lima, Data de julgamento: 23/04/2020, Quarta Turma, Data da assinatura: 23/04/2020)

AGRAVO DE PETIÇÃO. EXECUÇÃO DE HONORÁRIOS DE SUCUMBÊNCIA. RECLAMANTE BENEFICIÁRIO DA JUSTIÇA GRATUITA. SUSPENSÃO DA EXECUÇÃO. POSSIBILIDADE. No presente caso, verifica-se que se trata de reclamante-executado beneficiário da justiça gratuita, em que a total improcedência dos pedidos, por óbvio, não lhe confere "créditos capazes de suportar a despesa", de modo a desaparecer a situação de hipossuficiência que justificou a concessão do benefício, de modo que o pagamento dos honorários sucumbenciais deve observar os contornos traçados pelo §4º, do artigo 791-A, da CLT, que prevê a suspensão da exigibilidade do crédito pelo prazo de dois anos. Sentença reformada.(TRT da 8ª Região; Processo: 0000465-80.2019.5.08.0103 AP; Data: 28/05/2020; Órgão Julgador: 4ª Turma; Relator: ALDA MARIA DE PINHO COUTO)

AGRAVO DE PETIÇÃO. JUSTIÇA GRATUITA. HONORÁRIOS ADVOCATÍCIOS. SUCUMBÊNCIA. CONDIÇÃO SUSPENSIVA DE EXIGIBILIDADE. ART. 791-A, § 4º, CLT. ABRANGÊNCIA. A questão da Constitucionalidade do art. 791-A da CLT está sendo examinada pelo Plenário do STF no julgamento da ADI 5.766. Em seu voto, o relator, Ministro Luís Roberto Barroso, julgou parcialmente provido o processo, firmando a seguinte tese para a cobrança de honorários advocatícios do hipossuficiente: "a cobrança de honorários sucumbenciais do hipossuficiente poderá incidir: (i) sobre verbas não alimentares, a exemplo de indenizações por danos morais, em sua integralidade; e (ii) sobre o percentual de até 30% do valor que exceder ao teto do Regime Geral de Previdência Social, mesmo quando pertinente a verbas remuneratórias". No caso, há verba indenizatória suficiente para o pagamento integral dos honorários advocatícios devidos aos patronos da agravada-reclamada, razão pela qual descabe falar em suspensão da exigibilidade prevista no § 4º do artigo 791-A da CLT. (TRT-13 - AP: 00007567920185130005 0000756-79.2018.5.13.0005, 1ª Turma, Data de Publicação: 12/09/2019)

HONORÁRIOS ADVOCATÍCIOS DEVIDOS PELO RECLAMANTE. INTERPRETAÇÃO DO ARTIGO 791-A, § 4º DA CLT. A exigibilidade dos honorários advocatícios, segundo regra do § 4º da CLT, está condicionada à capacidade econômica da parte, com a obtenção em juízo, ainda que em outro processo, de créditos capazes de suportar a despesa ou a alteração superveniente da situação de insuficiência de recursos. Assim, se o reclamante, quando da propositura da reclamação, não tinha condições de custear eventuais despesas de seu processo a exemplo de honorários advocatícios, agora, com a condenação da reclamada ao pagamento de várias verbas trabalhistas, passa a ter condições de arcar com a verba honorária. Portanto, até o julgamento definitivo da ADI 5766, considero razoáveis os limites fixados pelo Eminente Ministro Relator. (TRT-15 - ROT: 00107991920185150038 0010799-19.2018.5.15.0038, Relator: LORIVAL FERREIRA DOS SANTOS, 5ª Câmara, Data de Publicação: 15/05/2020)

HONORÁRIOS ADVOCATÍCIOS. CONDIÇÃO DE EXIGIBILIDADE SUSPENSA. ART. 791-A DA CLT. Ajuizada a reclamação na vigência da Lei nº 13.467/2017, correta a sentença ao condenar o reclamante vencido na ação ao pagamento dos honorários advocatícios. Entretanto, estando a parte sucumbente ao abrigo da Justiça Gratuita, fica imune ao pagamento da verba honorária enquanto se mantiver a condição suspensiva do cumprimento da respectiva obrigação, ou seja, a condição de insuficiência econômica, impondo-se ao credor a demonstração quanto a eventual afastamento de tal óbice, no prazo de dois anos do trânsito em julgado da decisão condenatória. Recurso ordinário conhecido e parcialmente provido.

(TRT-16 00170805820175160018 0017080-58.2017.5.16.0018, Relator: JOSE EVANDRO DE SOUZA, Data de Publicação: 03/09/2018)

HONORÁRIOS ADVOCATÍCIOS. APLICAÇÃO DO ART. 791-A, § 4º, DA CLT. Tendo o beneficiário da justiça gratuita obtido em juízo créditos capazes de suportar a despesa com honorários advocatícios, é possível a penhora de verbas salariais obtidas no processo, nos termos do art. 791-A, § 4º, da CLT, devendo essa penhora ser limitada, in casu, a 20% do crédito, utilizando-se, por analogia, o previsto no § 3º do artigo 529 do NCPC. (TRT-17 - RO: 00004159620185170181, Relator: DANIELE CORRÊA SANTA CATARINA, Data de Julgamento: 05/08/2019, Data de Publicação: 16/08/2019)

GRAVO DE PETIÇÃO. EXECUÇÃO DE HONORÁRIOS SUCUMBENCIAIS A QUE SE VIU CONDENADA A RECLAMANTE EMPREGADA DOMÉSTICA BENEFICIÁRIA DA JUSTIÇA GRATUITA. ARTIGO 791-A, § 4º, DA CLT. BLOQUEIO EM CONTA POUPANÇA VIA BACEN-JUD. NÃO DEMONSTRAÇÃO PELO EXEQUENTE DA INEXISTÊNCIA DE SITUAÇÃO DE INSUFICIÊNCIA DE RECURSOS. LEVANTAMENTO DA PENHORA. REFORMA DA SENTENÇA DE EMBARGOS À EXECUÇÃO. In casu,não restando demonstrado nos Autos, pelo Exequente, nos termos do artigo 791-A, § 4º, da CLT, a inexistência de situação de insuficiência de recursos, insuficiência essa que justificou a concessão de gratuidade à Reclamante/Executada, é de ser dado provimento ao Agravo de Petição para, reformando a Sentença de Embargos à Execução, determinar o levantamento da penhora efetivada em valores constantes da conta-poupança da Reclamante/Executada, estabelecendo que, de acordo com o artigo 791-A, § 4º, da CLT, cuja observância se faz necessária, as obrigações decorrentes de sua sucumbência ficarão sob condição suspensiva de exigibilidade, nos termos ali especificados. Agravo de Petição a que se dá provimento. (TRT-20 00007193620185200012, Relator: JOSENILDO DOS SANTOS CARVALHO, Data de Publicação: 18/05/2020)

9.3. SÚMULAS E ORIENTAÇÕES JURISPRUDENCIAIS – SEPARADAS POR TEMA – HONORÁRIOS PERICIAIS

9.3.1. Responsabilidade no caso de beneficiário da justiça gratuita

▶ Súmula n. 457, TST

SUM-457. HONORÁRIOS PERICIAIS. BENEFICIÁRIO DA JUSTIÇA GRATUITA. RESPONSABILIDADE DA UNIÃO PELO PAGAMENTO. RESOLUÇÃO Nº 66/2010 DO CSJT. OBSERVÂNCIA.

(conversão da Orientação Jurisprudencial nº 387 da SBDI-I com nova redação) - Res. 194/2014, DEJT divulgado em 21, 22 e 23.05.2014.

A União é responsável pelo pagamento dos honorários de perito quando a parte sucumbente no objeto da perícia for beneficiária da assistência judiciária gratuita, observado o procedimento disposto nos arts. 1º, 2º e 5º da Resolução n.º 66/2010 do Conselho Superior da Justiça do Trabalho – CSJT.

9.3.2. Exigência de depósito prévio de honorários periciais

▶ Orientação Jurisprudencial n. 98, SDI 2, TST

OJ-SDI2-98 MANDADO DE SEGURANÇA. CABÍVEL PARA ATACAR EXIGÊNCIA DE DEPÓSITO PRÉVIO DE HONORÁRIOS PERICIAIS (nova redação) - DJ 22.08.2005

É ilegal a exigência de depósito prévio para custeio dos honorários periciais, dada a incompatibilidade com o processo do trabalho, sendo cabível o mandado de segurança visando à realização da perícia, independentemente do depósito.

9.4. SÚMULAS, ORIENTAÇÕES JURISPRUDENCIAIS E DECISÕES DIVERSAS – SEPARADAS POR TEMA – JUSTIÇA GRATUITA

9.4.1. Comprovação

▶ Súmula n. 463, TST

SUM-463 ASSISTÊNCIA JUDICIÁRIA GRATUITA. COMPROVAÇÃO (conversão da Orientação Jurisprudencial nº 304 da SBDI-1, com alterações decorrentes do CPC de 2015) - Res. 219/2017, DEJT divulgado em 28, 29 e 30.06.2017 – republicada - DEJT divulgado em 12, 13 e 14.07.2017

I – A partir de 26.06.2017, para a concessão da assistência judiciária gratuita à pessoa natural, basta a declaração de hipossuficiência econômica firmada pela parte ou por seu advogado, desde que munido de procuração com poderes específicos para esse fim (art. 105 do CPC de 2015);

II – No caso de pessoa jurídica, não basta a mera declaração: é necessária a demonstração cabal de impossibilidade de a parte arcar com as despesas do processo.

9.4.2. Momento do requerimento

▶ Orientação Jurisprudencial n. 269, SDI 1, TST

OJ-SDI1-269 JUSTIÇA GRATUITA. REQUERIMENTO DE ISENÇÃO DE DESPESAS PROCESSUAIS. MOMENTO OPORTUNO (inserido item II em decorrência do CPC de 2015 - Res. 219/2017, DEJT divulgado em 28, 29 e 30.06.2017 – republicada – DEJT divulgado em 12, 13 e 14.07.2017)

I - O benefício da justiça gratuita pode ser requerido em qualquer tempo ou grau de jurisdição, desde que, na fase recursal, seja o requerimento formulado no prazo alusivo ao recurso;

II - Indeferido o requerimento de justiça gratuita formulado na fase recursal, cumpre ao relator fixar prazo para que o recorrente efetue o preparo (art. 99, § 7º, do CPC de 2015)

9.4.3. Recolhimento de multa

▶ Orientação Jurisprudencial n. 389, SDI 1, TST

OJ-SDI1-389 MULTA PREVISTA NO ART. 1.021, §§ 4º E 5º, DO CPC DE 2015. ART. 557, § 2º, DO CPC DE 1973. RECOLHIMENTO.

PRESSUPOSTO RECURSAL. BENEFICIÁRIO DA JUSTIÇA GRATUITA E FAZENDA PÚBLICA. PAGAMENTO AO FINAL. (nova redação em decorrência do CPC de 2015) – Res. 209/2016 – DEJT divulgado em 01, 02 e 03.06.2016

Constitui ônus da parte recorrente, sob pena de deserção, depositar previamente a multa aplicada com fundamento nos §§ 4º e 5º, do art. 1.021, do CPC de 2015 (§ 2º do art. 557 do CPC de 1973), à exceção da Fazenda Pública e do beneficiário de justiça gratuita, que farão o pagamento ao final.

9.4.4. Comprovação do estado de insuficiência de recursos

II – RECURSO DE REVISTA. ASSISTÊNCIA JUDICIÁRIA GRATUITA. DECLARAÇÃO DE HIPOSSUFICIÊNCIA. RECLAMAÇÃO TRABALHISTA AJUIZADA NA VIGÊNCIA DA LEI Nº 13.467/2017. NECESSIDADE DE COMPROVAÇÃO DO ESTADO DE MISERABILIDADE. Cinge-se a controvérsia a se saber se é necessária a comprovação do estado de miserabilidade no processo do trabalho para fins de concessão dos benefícios da assistência judiciária gratuita.

(...)

No entanto, em 11/11/2017, entrou em vigor a Lei nº 13.467/2017 (Reforma Trabalhista), que inseriu o parágrafo 4º ao art. 790 da CLT. Dessa forma, as ações ajuizadas a partir da entrada em vigor da reforma trabalhista estão submetidas ao que dispõe o § 4º do art. 790 da CLT, que exige a comprovação, pela parte requerente, da insuficiência de recursos para a concessão dos benefícios da justiça gratuita. Sem dúvida, o referido dispositivo inaugurou uma condição menos favorável à pessoa natural do que aquela prevista no Código de Processo Civil.

No entanto, em se tratando de norma específica que rege o Processo do Trabalho, não há espaço, a priori, para se utilizar somente as disposições do CPC. Logo, o referido dispositivo implicaria, no ponto de vista do trabalhador, um retrocesso social, dificultando o acesso deste ao Poder Judiciário. Assim, a par da questão da constitucionalidade ou não do § 4º do art. 790 da CLT, a aplicação do referido dispositivo não pode ocorrer isoladamente, mas sim deve ser interpretado sistematicamente com as demais normas, quer aquelas constantes na própria CLT, quer aquelas previstas na Constituição Federal e no Código de Processo Civil. Dessa forma, à luz do que dispõe o próprio § 3º do art. 790 da CLT c/c com os arts. 15 e 99, § 3º, do CPC, entende-se que a comprovação a que alude o § 4º do art. 790 da CLT pode ser feita mediante a simples declaração da parte, a fim de viabilizar o pleno acesso do trabalhador ao Poder Judiciário, dando, assim, cumprimento ao art. 5º, XXXV e LXXIV da Constituição Federal.

Isso porque não se pode atribuir ao trabalhador que postula, junto a esta Especializada, uma condição menos favorável àquela destinada aos cidadãos comuns que litigam na justiça comum, sob pena de afronta ao princípio da isonomia, previsto no caput do art. 5º da CF. Não conceder à autora, no caso dos autos, os benefícios da gratuidade de justiça, é o mesmo que impedir o amplo acesso ao Poder Judiciário (art. 5º, XXXV, da CF) e discriminar o trabalhador em relação às pessoas naturais que litigam na justiça comum (art. 5º, caput, da CF). Recurso de revista conhecido por violação dos arts. 5º, XXXV da CF 99, § 3º, do CPC e provido. (PROCESSO Nº TST-RR-1000683-69.2018.5.02.0014 – 3ª TURMA – RELATOR MINISTRO ALEXANDRE AGRA BELMONTE – DEJT 10/10/2019) (grifos não originais)

Justiça gratuita. Indeferimento. Hipossuficiência econômica afastada por circunstâncias reveladas nos autos. Presunção relativa.

A presunção legal que decorre da declaração de hipossuficiência econômica é relativa, de modo que pode ser afastada por elementos constantes dos autos ou por prova em sentido contrário. No caso em apreço, o autor teve indeferido seu pedido de gratuidade de justiça pela Corte Regional ao fundamento de que, quem oferta o segundo maior lanço em hasta realizada no processo principal, destinada à alienação de imóvel de elevado valor, e, no próprio dia do leilão, deposita a quantia de R$ 1.340.000,00, não faz jus à referida benesse. Assim, ante o contexto desvelado nos próprios autos, e ausente prova da alegada miserabilidade jurídica, a SBDI-II, por unanimidade, conheceu do recurso ordinário e, no mérito, por maioria, negou-lhes provimento, mantendo, portanto, a decisão do TRT que indeferira os benefícios da justiça gratuita. Vencidos os Ministros Delaíde Miranda Arantes e Alexandre Agra Belmonte. TST-RO-76-80.2013.5.06.0000, SBDI-II, rel. Min. Douglas Alencar Rodrigues, 6.3.2018

3. Não obstante, a redação dada ao art. 791, § 4º, da CLT, demonstrou essa preocupação por parte do legislador, uma vez que só será exigido do beneficiário da Justiça gratuita o pagamento de honorários advocatícios se ele obtiver créditos suficientes, neste ou em outro processo, para retirá-lo da condição de miserabilidade. Caso contrário, penderá, por dois anos, condição suspensiva de exigibilidade. A constatação da superação do estado de miserabilidade, por óbvio, é casuística e individualizada. (PROCESSO Nº TST-AIRR-2054-06.2017.5.11.0003 – 3ª TURMA – MINISTRO RELATOR Alberto Bresciani – DEJT 30/05/2019)

ACORDAM os Ministros da Quarta Turma do Tribunal Superior do Trabalho, por unanimidade:

(...)

II – conhecer e dar provimento ao recurso de revista patronal, em face de sua transcendência jurídica e por violação do art. 5º, II, da CF, para, reformando a decisão regional, estabelecer que os honorários advocatícios decorrentes da sucumbência da Autora, beneficiária da justiça gratuita, arbitrados pelo Juízo de origem a favor do patrono do Reclamado, primeiramente sejam compensados dos créditos obtidos em juízo, ainda que em outro processo, e, tão somente na hipótese de inexistência ou de insuficiência dos ganhos, incida a condição suspensiva de exigibilidade da verba honorária prevista no art. 791-A, § 4º, da CLT. (TST-RR-20556-23.2018.5.04.0271, 4ª Turma, rel. Min. Ives Gandra Martins Filho, julgado em 6/5/2020) (grifos não originais)

RECURSO DO RECLAMANTE. JUSTIÇA GRATUITA. RECLAMAÇÃO TRABALHISTA AJUIZADA NA VIGÊNCIA DA LEI Nº 13.467/2017. DECLARAÇÃO DE POBREZA. PROVA BASTANTE DE SUA HIPOSSUFICIÊNCIA ECONÔMICA. 1. A declaração de pobreza é prova bastante da hipossuficiência econômica do demandante, a teor do artigo 99, §3º, do Código de Processo Civil: "Presume-se verdadeira a alegação de insuficiência deduzida exclusivamente por pessoa natural.". 2. Pertinente se revela destacar que, se na esfera do Processo Civil - lides entre pessoas em mesmo plano de igualdade - a declaração de hipossuficiência é presumida verídica, independente da renda percebida pelo postulante, com bem mais razão a declaração do autor terá o mesmo efeito no litígio trabalhista. 3. Considerando que o acionante colacionou ao caderno processual a declaração em comento, outro caminho não há senão o de lhe conceder os benefícios da justiça gratuita. Apelo do autor provido, no aspecto. (Processo: ROT - 0000263-1.2018.5.06.0007, Redator: Ana Claudia Petruccelli de Lima, Data de julgamento: 28/05/2020, Quarta Turma, Data da assinatura: 28/05/2020).

REFERÊNCIAS

BUENO, Cassio Scarpinella. **Manual de direito processual civil**: volume único / Cassio Scarpinella Bueno. – 5.ed. – São Paulo: Saraiva Educação, 2019.

CAHALI, Yussef Said. **Honorários advocatícios**. 3. ed. São Paulo: RT, 1997.

DINAMARCO, Cândido Rangel. **Capítulos de sentença**. 3. ed. São Paulo: Malheiros, 2006.

MEDINA, José Miguel Garcia. **Novo Código de Processo Civil Comentado com remissões e notas comparativas ao CPC/1973**. 1 ed – São Paulo: Ed. Revista dos Tribunais, 2015.

MIESSA, Élisson et al. **Honorários advocatícios na Justiça do Trabalho**. Salvador: Editora Juspodivm, 2019.

NERY JUNIOR, Neslon. NERY, Rosa Maria de Andrade. **Código de Processo Civil Comentado.** 17. ed. São Paulo: Editora Revista dos Tribunais, 2018.

NEVES, Daniel Amorim Assumpção. **Manual de direito processual civil** – Volume único. 8. ed. Salvador: Ed. Juspodivm, 2016.

PAMPLONA FILHO, Rodolfo; SOUZA, Tércio Roberto Peixoto. **Curso de Direito Processual do Trabalho**. - 2. ed. São Paulo: Saraiva Educação, 2020.

SILVA, Homero Batista Mateus da. **Comentários à reforma trabalhista**. São Paulo. Editora Revista dos Tribunais, 2017.

EDITORA
JusPODIVM
www.editorajuspodivm.com.br
RENOVA
GRAF
www.renovagraf.com.br